DIE AMTSTERMINOLOGIE

Joseph Ysebaert

DIE AMTSTERMINOLOGIE

im

NEUEN TESTAMENT

und in der

ALTEN KIRCHE

Eine lexikographische Untersuchung

EUREIA – BREDA – 1994

Erste Auflage 1994
Uitgeverij EUREIA
Postbus 4925, NL 4803 EX Breda
Fax (o)76602322
na 10.10.1994 (o)765602322

ISBN 9075027036

Inhaltsverzeichnis

Vorwort

'Nicht nur die Pastoralbriefe..., sondern auch andere Quellen zur Verfassungsgeschichte gleichen einem Kaleidoskop, das man so und auch anders schütteln kann,' lautet eine oft zitierte Aussage von F. Loofs.[1] Es handelt sich dabei im Grunde um die Bedeutung bzw. die Bedeutungsentwicklung einiger in diesen Quellen verwendeter Vokabeln. Die Verschiedenheit der Meinungen, die darüber vor allem seit dem 19. Jh. besteht, berührt wesentlich ein Problem der Lexikographie. Und da diese Wissenschaft Mittel entwickelt und Regeln angegeben hat, die selbstverständlich auch für die Vokabeln im NT gültig sind, sollte eine Lösung des Problems von der Lexikographie her versucht werden.[2]

An vielen Stellen verwendet das NT Namen für Glaubensverkünder, die herumziehen, Gemeinden gründen, besuchen und verwalten. Für die Lexikographie ist es grundsätzlich, bei den Bedeutungen der hier verwendeten Vokabeln erstens die Chronologie der Quellen zu beachten, dann den eigentlichen und den übertragenen Gebrauch zu trennen, zwischen technischen und nichttechnischen Amtstiteln zu unterscheiden, und die Verwendung von Synonymen festzustellen. Bei dieser Untersuchung ist es, um eine Petitio principii zu vermeiden, notwendig, immer nur von möglichst sicheren Tatsachen aus dem unmittelbaren Kontext eines Wortes auszugehen. An sich dürften diese Feststellungen selbstverständlich sein, aber wie oft sie vernachlässigt werden, wird sich an vielen Beispielen zeigen.

Es sei deshalb nachdrücklich hervorgehoben, daß die Bedeutungen der Wörter oder Termini untersucht werden, nicht die Begriffe.[3] Die Methode der Untersuchung ist also nicht die literar-kritische, sondern die lexikographische. Um das klar zu machen, werden einfache Beispiele aus den modernen Sprachen herangezogen. Weil nicht ein einzelnes Wort, sondern eine Wortgruppe oder ein 'Sprachfeld' untersucht wird, war es oft notwendig auf andere Stellen hinzuweisen, und erschien es angebracht die Kapitel mit Hauptbuchstaben zu bezeichnen. Eine Verantwortung der lexikographischen Methode folgt zum Schluß. Die weitere Auswertung der gefundenen Bedeutungen, wie das in der literar-kritischen Methode der Exegese üblich ist, ist nicht eine Aufgabe der Lexikographie. Sie wird hier auch nicht versucht.

Die Ergebnisse dieser Untersuchung sind manchmal nicht neu. Durch

---

[1] F. Loofs, *Die urchristliche Gemeindeordnung:* ThStKr 63, 1890, 619–658, ebd. 637.
[2] Vgl z.B. J. Hainz (Hg.), *Kirche im Werden. Studien zum Thema Amt und Gemeinde im NT*, Paderborn 1976, der im Vorwort neue Methodiken der Forschung in den letzten Jahrzehnten nennt, die eine Lösung bringen könnten, darunter aber nicht die Lexikographie.
[3] Im übrigen spricht man manchmal von 'Begriff', wo 'Wort' oder 'Terminus' gemeint ist. Siehe unten bei M 1.

die lexikographische Methode können aber oft alte Erklärungen neu begründet werden. Und die Anerkennung dieser Tatsache hat für die Auslegung wichtiger Stellen im NT weitgehende Folgen.

Die Feststellung einer Wortbedeutung ist grundsätzlich nur für die Abfassungszeit einer Schrift gültig. Das trifft auch für das NT zu. Man kann namentlich bei den Evangelien versuchen, daraus Rückschlüsse zu ziehen, um festzustellen, in welcher Bedeutung Jesus und seine Umgebung ein Wort verwendet haben. Hier wird das nur versucht, insofern die Lexikographie dazu Möglichkeiten bietet.

Die Untersuchung der Terminologie in der Alten Kirche beschränkt sich meistens auf die Texte bis um 200, weil die im NT angefangene Bedeutungsentwicklung dann gut belegt ist. Bei der Untersuchung nach dem Diakoninnenamt in den Kirchen des Ostens war es aber notwendig, darüber hinauszugehen. Für dieses Amt in den Kirchen des Westens verweise ich auf meinen diesbezüglichen Aufsatz.[1]

Aus der umfangreichen Literatur werden meistens Studien besprochen aus den letzten Jahrzehnten und zwar solche, die lexikographische Bermerkungen enthalten.[2] Versucht wird, die Punkte herauszuholen, die von der Lexikographie her als richtig oder falsch gekennzeichnet werden müssen. Eine solche Auseinandersetzung macht es fast immer möglich, ein Problem besser zu erfassen. Deswegen bin ich den Fachkollegen zu Dank verpflichtet, gerade wenn an ihrer Arbeit Kritik geübt wird. Das trifft besonders zu für Professor Christine Mohrmann (†1988), die mich 1953–1955 in das Studium des altchristlichen Griechisch und Latein eingeführt und mich zur Untersuchung der Taufterminologie angeregt hat.

Zu danken habe ich ferner den Kollegen und Freunden, die mir Hilfe und Anregung geboten haben, dazu besonders Frau Christa Langhans, die die deutsche Fassung überprüft und korrigiert, und Dr. A. Hilhorst, der die Korrekturbogen mitgelesen hat.

Ulvenhout, im September 1994
NL 4851 EA Slotlaan 11

---

[1] J. YSEBAERT, *The deaconesses in the Western Church of late Antiquity and their origin:* Festschrift A.A.R.Bastiaensen, Steenbrugge 1991, 421–436.
[2] Für die ältere Literatur und die Diskussion seit 1880 siehe O. LINTON, *Das Problem der Urkirche in der neueren Forschung. Eine kritische Darstellung,* Uppsala 1932, auch K. KERTELGE, *Das kirchliche Amt im NT,* Darmstadt 1977. Viel neuere Literatur im ThWNT 10 s.v., in A. LEMAIRE, *Les ministères aux origines de l'Église. Naissance de la triple hiérarchie,* Paris 1971, 219–235, und in J. DUPONT, *Nouvelles études sur les Actes des Apôtres,* Paris 1984, 133–185: *Les ministères de l'Église naissante d'après les Actes des Apôtres.* Siehe auch J. YSEBAERT, *Greek baptismal terminology. Its origins and early development,* Nijmegen 1962, ebd. 271–281 und 367–374.

A. Die Zwölf, die Apostel, die δοκοῦντες

1. Die Zwölf (Elf)

Daß οἱ δώδεκα[1] für die zwölf Apostel in den Evangelien ein technischer Terminus ist, geht daraus hervor, daß das Wort im Zusammenhang ohne weiteres in dieser Bedeutung gebraucht werden kann, wie in: προσκαλεῖται τοὺς δώδεκα Mk 6.7, und in der Leidensgeschichte: ὁ εἷς τῶν δώδεκα 14.10, ein Text, der außerdem als sehr alt betrachtet wird. Die anderen Evangelien kennen denselben Gebrauch. Nicht ganz technisch ist das Zahlwort mit einem Demonstrativpronomen in: τούτους τοὺς δώδεκα ἀπέστειλεν Mt 10.5, auch nicht wenn es adjektivisch gebraucht wird: τοῖς δώδεκα μαθηταῖς 11.1. Wie technisch das Wort für Paulus um das Jahr 55 geworden ist, wird klar, wenn er 'die Elf' einmal 'die Zwölf' nennt, 1 Kor 15.5. Für die Frage, ob die Zwölf vorösterlich mit den Aposteln identisch waren, siehe bei A 2d.

Das adjektivische Zahlwort ἕνδεκα bezeichnet 'die Zwölf minus Judas' in: οἱ δὲ ἕνδεκα μαθηταί Mt 28.16, μετὰ τῶν ἕνδεκα ἀποστόλων Act 1.26, und das substantivierte οἱ ἕνδεκα wird ohne weiteres als technischer Terminus gebraucht in Mk 16.14, Lk 24.9, 33; dazu einmal 'Petrus und die Elf', Act 2.14; vgl. οἱ δέκα 'die Zehn' ohne die Zebedaiden, Mk 10.41.

K. Kertelge findet in 1 Kor 15.5 'eine Sorglosigkeit bezüglich der Zwölfzahl.' So kann man das zwar nennen, aber das zeigt dann eben auch den technischen Charakter des Terminus, und zwar für die Abfassungszeit des Briefes, also etwa 25 Jahre nach der Auferstehung (siehe auch bei A 2f3). Daß die Erscheinungsberichte in Mt 28.16, Lk 24.9, 33, und in entsprechender Weise Act 1.26, 2.14, auf ein genaueres Nachrechnen schließen lassen, erklärt sich einfach aus der Art dieser Berichte. Ob sie nun früher oder später zu datieren sind, spielt dabei keine Rolle.[2]

Die Belege aus den Evangelien sind fast alle redaktioneller Art, so daß daraus nicht ohne weiteres Rückschlüsse für den Sprachgebrauch Jesu und seiner Umgebung gezogen werden dürfen. In Joh 6.70 aber sagt Jesus selbst: οὐκ ἐγὼ ὑμᾶς τοὺς δώδεκα ἐξελεξάμην, und Mt 19.28: καθήσεσθε καὶ αὐτοὶ ἐπὶ δώδεκα θρόνους κρίνοντες τὰς δώδεκα φυλὰς τοῦ Ἰσραήλ, vgl. Lk 22.30. Die letzte Stelle wird als sehr alt betrachtet, weil sich hier die Verheißung noch auf Israel beschränkt. Wir dürfen also annehmen, daß die Bezeichnung 'die Zwölf' auf Jesus und seine Zeit zurückgeht.

---

[1] Vgl. K.H. RENGSTORF, Art. δώδεκα: ThWNT 2.321–328; A. VÖGTLE, Art. Zwölf: LThK 2. Aufl. 10.1443–1445; T. HOLTZ, Art. δώδεκα: EWNT 1.874–880; dazu die Literatur in ThWNT 10.1061 f.
[2] K. KERTELGE, Die Funktion der 'Zwölf' im Markusevangelium: TThZ 78, 1969, 193–206, ebd. 198.

2. Die Apostel

a. Der Gebrauch des Wortes ἀπόστολος in klassischen und jüdischen Texten ist mehrmals untersucht worden.[1] Nach Liddell-Scott-Jones s.v. sind zwei Grundbedeutungen zu unterscheiden: Das Substantiv kann eine Person und eine Sache bezeichnen. Im ersten Fall bedeutet es 'Bote, Gesandter', so zweimal bei Herodot: ὁ μὲν δὴ ἀπόστολος ἐς τὸν Μίλητον ἦν 1.21.1, αὐτὸς ἐς Λακεδαίμονα τριήρεϊ ἀπόστολος ἐγένετο 5.38.2. Im anderen Fall ist die '(Ausrüstung einer) Flottille' gemeint, so bei Lysias: ἀργυρίου δ' εἰς τὸν ἀπόστολον (von zehn Trieren) ἠπόρουν 19.21, Demosthenes: ἀφεῖτ', ὦ ἄνδρες Ἀθηναῖοι, τὸν ἀπόστολον 3.5; vgl. 18.80, 107. Man findet auch das Neutrum τὸ ἀπόστολον für ein zum Ausfahren fertiges Frachtschiff: ἐν τοῖς ἀποστόλοις πλοίοις ἐμβὰς διενοούμην πλεῖν Platon Ep. 346a, συνεξευρεῖν αὐτῷ πλοῖον... ἐκ μὲν δὴ τοῦ λιμένος οὐδὲν ἦν ἀπόστολον Ps.-Herodot VitHom 19. Josephus hat das Wort in der Bedeutung von ἡ ἀποστολή 'das Absenden' von Boten, Ant 17.300. Für andere spätere Bedeutungen, namentlich in den Papyri, siehe Liddell-Scott-Jones s.v.

Das Neutrum ἀπόστολον wird in der genannten Stelle bei Platon adjektivisch einem allgemeinen Substantiv πλοῖον beigefügt. Im Griechischen findet man in dieser Weise oft ἀνὴρ ῥητώρ, γυνὴ ταμίη usw.[2] An sich läßt sich aus diesem Gebrauch nicht folgern, daß ἀπόστολος ursprünglich ein Adjektiv ist, wie Pape s.v. und nach ihm Rengstorf (1.406.30) annehmen. Das Griechische bildet ein Substantiv στόλος von dem Stamm στελ- mit o-Ablaut, wie λόγος bei λέγω, τόμος bei τέμνω usw., um das Ergebnis einer Handlung zu bezeichnen. Mit dem Präfix ἀπο- wird ein neues Substantiv gebildet wie ἀπόλογος oder ein Adjektiv wie ἀπότομος. Der Übergang zum Neutrum τὸ ἀπόστολον dürfte dann darauf hinweisen, daß das Wort auch ein Adjektiv sein konnte.

b. In der Septuaginta findet sich ἀπόστολος nur einmal. Als die Frau des Königs Jerobeam wegen der Krankheit ihres Sohnes den Propheten Achia aufsucht, sagt dieser zu ihr, daß er eine schlechte Nachricht für sie hat (nach Kodex A, weil B hier fehlt): καὶ ἐγώ εἰμι ἀπόστολος (šålûaḥ) πρὸς σὲ σκληρός (qåšåh) 3 Reg 14.6. Im Hebräischen ist šålûaḥ ein Partizip *qal* mit passiver Bedeutung. Da die Wurzel šlḥ in der Septuaginta sehr regelmäßig mit ἀποστέλλειν übersetzt wird, wäre auch in 3 Reg 14.6 ein

---

[1] Vgl. W. PAPE-M. SENGEBUSCH, *Griechisch-Deutsches Handwörterbuch,* 3. Aufl. Braunschweig 1880, s.v., H.G.LIDDELL-R. SCOTT-H.S.JONES, *A Greek-English Lexicon,* Oxford 9. Aufl. 1925-1940, s.v., K.H.RENGSTORF, Art. ἀπόστολος: ThWNT 1.406-448, J.-A. BÜHNER, Art. ἀπόστολος: EWNT 1.342-351, und die dort genannte Literatur; dazu ThWNT 10.986-989. J.A.KIRK, *Apostleship since Rengstorf: towards a synthesis:* NTS 21, 1974/5, 249-264, bietet eine Besprechung der Literatur in der genannten Zeit.

[2] Siehe dazu bei C 7, S. 77 Anm. 1.

Partizip dieses Verbs zu erwarten, also ἀποσταλείς oder ἀπεσταλμένος. In Verbindung mit εἰμί und dem nachfolgenden prädikativen Adjektiv σκληρός hätte das aber nicht gut gepaßt. Für dieses Problem hat der Übersetzer mit dem Substantiv ἀπόστολος eine gute Lösung bedacht. Wie und wo er das Wort gefunden hat, ist nicht festzustellen, aber Herodot muß für ihn nicht unzugänglich gewesen sein. Aquila hat das Substantiv beibehalten, was darauf hinweist, daß er hier gleichfalls die Übersetzung mit einem Partizip als schwierig empfunden hat. Eine weitere Entwicklung zeigt Symmachus, wenn er das Partizip *haššoleaḥ* Jes 18.2, in der Septuaginta ὁ ἀποστέλλων, im allgemeinen Sinn mit dem Substantiv ἀπόστολος übersetzt.

c. Das von *šlḥ* gebildete Substantiv *šålîaḥ* 'Bote, Gesandter' findet sich nicht im AT, ist aber in der Mischna gut bezeugt. Das Wort ist ein technischer Terminus, zwar nicht für ein Amt in den jüdischen Gemeinden, sondern für jemand, der einen bestimmten Auftrag zu erfüllen hat. Man konnte durch einen *šålîaḥ* ein Verlöbnis rechtsgültig abschließen, eine Ehe auflösen und das Hebeopfer von der Ernte absondern lassen, mQid 2.1, mGitt 4.1, mTer 4.4. Das Institut muß also älter sein als die Mischna, und das Substantiv *šålîaḥ* läßt sich dann in das erste nachchristliche Jahrhundert zurückführen.[1] Zudem hat man selbstverständlich schon immer Boten geschickt. Der König Josaphat z.B. schickt (*šlḥ*) Beamten (*śar*, ἡγούμενος) in die Städte Judas, um sie in der Thora zu unterrichten, 2 Chron. 17.7.

Daß zweisprachige Juden das Substantiv *šålîaḥ* mit ἀπόστολος übersetzt haben, ist durch die stete Verbindung von *šlḥ* und ἀποστέλλειν durchaus nicht unwahrscheinlich. Die Übersetzung des Partizips mit ἀπόστολος in 3 Reg 14.6 kann dazu beigetragen haben. Auf jeden Fall findet sich ἀπόστολος im NT in dieser jüdischen Bedeutung: οὐδὲ ἀπόστολος μείζων τοῦ πέμψαντος Joh 13.16, und einmal für alttestamentliche Boten: (die Weisheit hat gesagt) ἀποστελῶ εἰς αὐτοὺς προφήτας καὶ ἀποστόλους Lk 11.49. Außerdem findet sich in dieser Bedeutung noch eine Umschreibung mit dem Partizip: τοὺς προφήτας καὶ τοὺς ἀπεσταλμένους ebd. 13.34. Es ist also nicht wahr, daß im NT auf einmal ein unbekanntes Wort auftaucht.[2]

d. Als Bezeichnung für die Apostel begegnet das Substantiv ἀπόστολος bei den Synoptikern und zwar als Synonym mit οἱ δώδεκα. Diese

---

[1] Vgl. E. LOHSE, *Ursprung und Prägung des christlichen Apostolates:* ThZ 60, 1953, 259–275, ebd. 261.
[2] F. AGNEW, *On the origin of the term Apostolos:* CBQ 38, 1976, 49–53, weist auf ἀπόστολος in der profanen Bedeutung 'Bote' in einigen späten Papyrustexten aus der arabischen Zeit in Oberägypten. Die Stellen können aber nur belegen, daß dieser Wortgebrauch sich weiter durchgesetzt hat.

Feststellung gilt, wie gesagt, an sich nur für die Abfassungszeit dieser Texte.

Die einzige Stelle bei Markus ist: συνάγονται οἱ ἀπόστολοι 6.30. Gemeint sind die Zwölf aus 6.7: προσκαλεῖται τοὺς δώδεκα. Daß die Vokabeln hier in dieser Weise wechseln, weist daraufhin, daß sie Synonyme sind und daß ἀπόστολος hier zumindest ein ziemlich technischer Terminus ist.

Bei Matthäus begegnet das Wort gleichfalls nur einmal: τῶν δὲ δώδεκα ἀποστόλων τὰ ὀνόματα 10.2. Die Beifügung des Zahladjektivs δώδεκα präzisiert die Bedeutung des Terminus ἀπόστολος. Das könnte darauf hinweisen, daß der Terminus nicht als völlig technisch vorausgesetzt wird, obwohl das Zahlwort auch durch die folgenden zwölf Eigennamen veranlaßt sein kann. Als Adjektiv verweist δώδεκα auf den technischen Terminus οἱ δώδεκα und zeigt, daß die Apostel mit den Zwölf zu identifizieren sind, ist aber in dieser Verbindung nicht der Amtstitel. Dann liegt in der Formel οἱ δώδεκα ἀπόστολοι nicht ein Pleonasmus vor, wie Rengstorf (ThWNT 1.425.20) gemeint hat. Der Text ist aber redaktionell als Einleitung zur folgenden Apostelliste.

Nach Lk 6.13 (Mk 3.14 v.l.) hat der Herr den Zwölf den Namen Apostel gegeben: ἐκλεξάμενος ἀπ᾽ αὐτῶν δώδεκα, οὓς καὶ ἀποστόλους ὠνόμασεν. Lk 9.1 und 10 sind parallel mit den eben genannten Stellen in Mk 6.7 und 30. In Lk 17.5 und 22.14 sind οἱ ἀπόστολοι die Zwölf, in 24.10 die Elf. In 22.14 fügt eine Variante δώδεκα hinzu; sonst wird die Bedeutung ohne weiteres als bekannt vorausgesetzt.

Bei den Synoptikern ist der Sprachgebrauch also klar: οἱ δώδεκα und οἱ ἀπόστολοι sind Synonyme, und ἀπόστολος ist, auch wenn die Belege nicht zahlreich sind, ein technischer Terminus für die Zwölf. Entscheidend ist ja die Art und Weise, wie ein Terminus verwendet wird.[1]

Neben τῶν δώδεκα ἀποστόλων in Mt 10.2 findet sich der Ausdruck οἱ δώδεκα μαθηταί in 10.1 (vgl. 11.1; 20.17; 26.20), aber nirgends wird klar, daß mit οἱ μαθηταί ohne weiteres die Zwölf bezeichnet werden. Die Zwölf bzw. die Apostel sind also Glieder dieses größeren Kreises der μαθηταί. W. Schmithals (62) hat nun darauf hingewiesen, daß die alte syrische Übersetzung statt ἀποστόλων in Mt 10.2 μαθητῶν gelesen hat. Wäre diese Lesart die ursprüngliche, so würde die Stelle als Beleg für die Synonymie wegfallen. Dafür reichen aber die übrigen Stellen.

Schmithals (56ff.) nimmt ohne weiteres an, daß es sich nicht um Synonyme handelt, und daß die Zwölf in Jerusalem bleiben und dort

---

[1] Das beachten nicht H. VON CAMPENHAUSEN, *Der urchristliche Apostelbegriff:* Studia Theologica 1, 1948, 96–130, ebd. 105, und W. SCHMITHALS, *Das kirchliche Apostelamt. Eine historische Untersuchung*, Göttingen 1961, ebd. 61. T. HOLTZ, EWNT 1.874–880, ebd. 879, dreht die Beweisführung um, indem er die Identifikation der Zwölf mit den Aposteln in Mk 6.7, 30 als Irrtum des Evangelisten betrachtet. Zu bemerken ist, daß eine Synonymie total und partiell sein kann; siehe bei M 7.

allmählich verschwinden, während die Apostel, wie das ihr Name sagt, hinausziehen. Tatsache ist nur, daß in den späteren Quellen der Titel ἀπόστολος bevorzugt wird, so wie wir das im modernen Sprachgebrauch tun. Ein Grund dafür ist leicht zu finden. Für 'die Zwölf' gibt es keine Einzahl, was unbequem ist und zu Umschreibungen zwingt wie εἷς (ἐκ) τῶν δώδεκα Mt 26.14, 47, Mk 14.10, 20, 43 und ὄντα ἐκ τοῦ ἀριθμοῦ τῶν δώδεκα Lk 22.47, hier für Judas, aber auch für Thomas, Joh 20.24. Eine solche Wendung ist an sich ehrenvoll. Die Verbindung mit dem Verräter kann einen negativen Eindruck wecken, aber der Gebrauch in der Thomas-Erzählung zeigt, daß das bei der Abfassung des Johannesevangeliums noch nicht der Fall war.[1]

Es bleibt die Frage zu beantworten, inwiefern die Evangelien den vorösterlichen Sprachgebrauch enthalten. Die genannten Stellen sind alle redaktionell und sagen deshalb an sich nichts für eine frühere Zeit. Bleibt aber die Aussage Lk 6.13: οὓς καὶ ἀποστόλους ὠνόμασεν. W. Trilling findet hier eine 'spätere dogmatische Angleichung der Zwölf als «zwölf Apostel», (die) bei Matthäus offenbar vorausgesetzt (wird)', beweist damit aber nicht, daß die Termini jemals nicht Synonyme waren.[2] Der Evangelist schreibt den neuen Terminus ἀπόστολοι wie den alten οἱ δώδεκα ausdrücklich dem Herrn zu, hat aber nur die Absicht, in dieser Weise die Synonymie für die eigene Zeit zu betonen. Das ist der Grund, weshalb die Herkunft des neuen Terminus durch diese Aussage nicht gesichert ist. Der Gebrauch des Substantivs lag aber nahe, weil das Verb ἀποστέλλειν/šlḥ im NT in dieser Bedeutung sehr geläufig war, und zwar für alttestamentliche Propheten, Mt 23.34, 37, für Jesus selbst durch den Vater, Mt. 10.40, für die Siebzig, Lk 10.1, die Zwöf Mk 3.14 usw.

e. Die Apostelgeschichte erwähnt 'die elf Apostel' in 1.26. 'Die Zwölf' werden genannt in 6.2 und heißen dann in 6.6 'Apostel'. Diese Termini sind also synonym, und weil sie ohne weiteres in dieser Bedeutung verwendet werden, beide technisch. Auch wenn der Verfasser alte Quellen benützt (vgl. bei D 1*a*), ist es nicht auszuschließen, daß in 6.6 τῶν δώδεκα durch τῶν ἀποστόλων ersetzt worden ist.

1. Wenn nun in der Apostelgeschichte ἀπόστολος ohne weiteres ein technischer Terminus ist, folgt daraus, daß die Vokabel als Name für die Zwölf verstanden werden muß, solange aus dem Zusammenhang oder aus der Verwendung einer Quelle nicht etwas anderes klar wird. Das heißt, daß neben dem technischen Gebrauch immer andere Bedeu-

---

[1] Dazu G. Schille, *Die urchristliche Kollegialmission*, Zürich 1967, ebd. 120f.
[2] W. Trilling, *Amt und Amtsverständnis bei Matthäus:* Festschrift B. Rigaux, Gembloux 1970, 29–44. Ohne einen Beweis anzuführen, auch T. Holtz, EWNT 1.877–880.

tungen möglich bleiben, aber das muß der Verfasser dann durch den Zusammenhang zeigen.

Man vergleiche dazu den modernen Sprachgebrauch. Das Wort 'Amerika' bezieht sich jetzt ohne weiteres auf die Vereinigten Staaten, das heißt, solange nicht aufgrund des Zusammenhangs eine andere Bedeutung angenommen werden muß, wie z.B. im Satz 'Kolumbus hat Amerika entdeckt.' Schmithals (62) macht einen solchen Unterschied nicht.[1]

Bei der Verbindung ἀπόστολοι καὶ πρεσβύτεροι sechsmal in Act 15.2–16.4 muß deshalb ἀπόστολος als Amtstitel für die Zwölf verstanden werden. Für πρεσβύτερος siehe bei C 1.

2. Eine Ausnahme liegt vor, wenn auch Barnabas und Paulus Apostel genannt werden: οἱ ἀπόστολοι Βαρναβᾶς καὶ Παῦλος 14.14. Sie zeigt, daß der Verfasser das Wort auch in einer mehr umfassenden Bedeutung verwenden konnte. Sie könnte durch die Gegenüberstellung van *die* Juden und *die* Apostel als zwei Parteien veranlaßt sein: σὺν τοῖς Ἰουδαίοις... σὺν τοῖς ἀποστόλοις 14.4, obwohl man auch hier das Wort auf Barnabas und Paulus beziehen kann.[2]

3. Die Belege in der Apostelgeschichte sind alle redaktionell, mit Ausnahme von 15.23. Falls der Acta-Verfasser hier buchstäblich den Brief des Apostelkonvents zitiert, läßt sich ἀπόστολος als Amtsbezeichnung für die Zwölf etwa bis in das Jahr 48 zurückführen. Siehe ferner unten bei *f 1.*

4. Im Bericht über den Apostelkonvent in Jerusalem beschränkt sich οἱ ἀποστολοι als Amtstitel selbstverständlich auf die Anwesenden der Zwölf, und in dieser Weise dürften die Christen in Jerusalem oft von 'den Aposteln' gesprochen haben, ähnlich wie in einem bestimmten Kreis ein Amtstitel wie 'der König', 'der Präsident', 'der Minister' oder im Plural 'die Volksvertreter' sich wohl immer auf dieselben Personen oder auf die Anwesenden bezieht. Der Amtstitel wird dann emphatisch gebraucht (vgl. bei M 5). Nur insofern ergibt das für ἀπόστολος eine neue Bedeutung. S. Dockx macht diesen Unterschied nicht, wenn er meint, daß ἀπόστολος Act 15.2 nur ein Amtstitel für Petrus und Jakobus ist.[3] Andere Beispiele für diesen Gebrauch sind: πάντες... πλὴν τῶν

---

[1] Auch nicht J. Dupont, *Nouvelles Études* 133 ff., obwohl er die Abfassung der Apostelgeschichte in nachapostolischer Zeit datiert (150), d.h. in einer Zeit, als der Terminus sicher technischer Name für die Zwölf geworden war.

[2] So G. Schneider, *Lukas, Theologe der Heilsgeschichte*, Bonn 1985: *Die Apostel als Zeugen,* ebd. 72.

[3] S. Dockx, *Chronologies néotestamentaires et vie de l'Église primitive*, Gembloux 1976: *L'évolution sémantique du terme apôtre* 255–263: 'qui sont ces «apôtres»? Tous les membres du collège apostolique? Ceci est peu vraisemblable... Le terme «apôtre» vise plutôt Pierre et Jacques' ebd. 257, letzter Absatz.

ἀποστόλων, was sich auf die Anwesenden der Apostel bezieht, 8.1, so auch: οἱ ἐν Ἱεροσολύμοις ἀπόστολοι 8.14. Petrus ist nicht eingeschlossen in: ἤκουσαν δὲ οἱ ἀπόστολοι 11.1; vgl. Πέτρος καὶ οἱ ἀπόστολοι 'und die übrigen Apostel' 5.29.

5. K. Haacker hat die Verwendung und die Vermeidung der Vokabel ἀπόστολος im lukanischen Werk untersucht.[1] Er spricht dabei immer von 'Begriff' (siehe M 1), und untersucht nicht, ob und inwiefern das Wort ἀπόστολος ein technischer Terminus geworden ist. Zudem geht er davon aus, daß das Wort im lukanischen Werk nur eine Bedeutung haben kann (siehe M 4). Und so wird die Verwendung Lk 11.49 ein 'Sonderfall' (33). Für den 'Ausnahmefall' in Act 14.4, 14 rechnet er aber mit der Möglichkeit einer engeren und einer weiteren Bedeutung (10f.), lehnt jedoch die Übereinstimmung mit dem weiteren Gebrauch in 2Kor 8.23, Phil 2.25 ab, und rechnet 'mit dem bewußten Gebrauch der "gehobenen" Bedeutung' (37). Dann wird hier bewußt der technische Bedeutung auf jemand übertragen, aber auch Paulus tut das in den zwei genannten Stellen bewußt. Siehe bei *f* 5.

Haacker untersucht ferner das Verhältnis des Wortes zu μάρτυς und Ableitungen. Er stellt fest, daß die Apostel auch Zeugen sind. Es dürfte sogar ihre erste Aufgabe gewesen sein. Das bedeutet aber nicht, daß sie die einzigen Zeugen sind, und wenn nun Stephanus ein Zeuge genannt wird: τὸ αἷμα Στεφάνου τοῦ μάρτυρός σου Act 22.20, läß sich daraus nicht folgern, wie Haacker es tut (38), daß Stephanus auch ein Apostel ist. Aber natürlich kann er so gut wie Andronikus und Bonifatius im übertragenen Sinn ein Apostel genannt werden (*f* 5).

Für die Vermeidung der Vokabel weist Haacker (22) auf Act 10.34–43. Petrus betont hier in seiner Anrede im Haus des Cornelius, daß die Apostel Zeugen sind: καὶ ἡμεῖς μάρτυρες 10.39, vgl. 10.41–43. Es liegt aber auf der Hand, daß der Acta-Verfasser Petrus nicht zu viel auf einmal auslegen läßt. Es hatte auch wenig Sinn, ihn sagen zu lassen: 'Wir sind Apostel' oder 'Wir Apostel sind Zeugen.' So kann von einer Vermeidung doch nur in einem sehr umfassenden Sinn gesprochen werden.

Die Statistik weist aus, bemerkt Haacker (29, 33), daß die Vokabel ἀπόστολος sehr oft in der ersten Hälfte der Apostelgeschichte begegnet, in der zweiten jedoch ab 16.4 nicht mehr. Diese Tatsache erklärt sich aber schon daraus, daß der Verfasser sich nach dem Apostelkonvent auf die Missionsarbeit des Paulus beschränkt. Vgl. auch M 10.

Das Verhältnis zwischen ἀπόστολος und μαθητής kann man einfach so umschreiben, daß jeder Apostel ein Jünger ist, aber nicht umgekehrt jeder Jünger ein Apostel (oben bei *d*). Haacker (31) bemerkt nun, daß

---

[1] K. HAACKER, *Verwendung und Vermeidung des Apostelbegriffs im lukanischen Werk:* NT 30, 1988, 9–38.

μαθητής als Bezeichnung für die Apostel zum letzten Mal in Lk 22.45 (Gethsemane) vorkommt, und dann nach einer Pause von siebeneinhalb Kapiteln wieder in der allgemeinen Bedeutung auftaucht. Er lehnt die theologische Erklärung, die Rengstorf[1] für diese Tatsache gegeben hat, ab und zieht eine semantische vor: Lukas will, daß seine Leser die erste Bedeutung der Vokabel nicht mehr 'präsent haben, wenn er... zu einer anderen Verwendung von μαθητής übergeht.' Man muß sich eher fragen, ob hier überhaupt ein Mißverständnis möglich war.

f. Wenn Paulus für sich den Titel namentlich in den Briefadressen beansprucht, betont er, er sei ἀπόστολος Ἰησοῦ Χριστοῦ, berufen von Gott, nicht von den Menschen. An sich treffen diese Bezeichnungen auch für die Zwölf zu, aber man bekommt den Eindruck, daß Paulus sich von ihnen zu unterscheiden versucht, indem er seine Autorität unmittelbar auf Christus oder Gott zurückführt. Besonders betont er das in Gal 1.12.

1. Die älteste Stelle für den Titel bei Paulus findet sich in seinem ersten Brief: δυνάμενοι ἐν βάρει εἶναι ὡς Χριστοῦ ἀπόστολοι· ἀλλὰ ἐγενή-θημεν ἤπιοι 1 Thess 2.7. Der ganze Satz ist charakteristisch für Paulus. Daß er über sich selbst redet in der 1. Person Pl., ist nicht ungewöhnlich. Dadurch stehen auch die Partizipien und Adjektive wie δυνάμενοι und ἤπιοι in der Mehrzahl. Aber für ein Substantiv wie hier ἀπόστολοι im Plural bei einem 'Wir der Bescheidenheit' bietet Kühner-Gerth kein einziges Beispiel.[2] Man würde sich auch wundern, wenn ein König im Pluralis maiestatis von sich selbst sagt: 'Wir (als) Könige' oder ein Soldat aus Bescheidenheit, wenn er nur über sich selbst spricht: 'Wir (als) Soldaten.' Jeder würde das so verstehen, daß andere Könige bzw. Soldaten mit einbezogen werden.

Paulus will also mit diesem Plural sagen, daß er so gut wie andere ἀπόστολοι einer Gemeinde Forderungen stellen kann. Er geht davon aus, daß die Adressaten den Terminus kennen und verstehen. An sich könnte er so auf die zwei im Briefeingang genannten Mitarbeiter Silvanus und Timotheus hinweisen. Er sagt dann, daß diese nicht auf solche Forderungen verzichten, was wir im übrigen nicht wissen. Ein vorgesetzter Artikel: ὡς οἱ Χριστοῦ ἀπόστολοι hätte den Hinweis auf die zwölf Apostel als eine bestimmte Gruppe der Glaubensverkünder klargemacht, aber auch den Ton in einem unfreundlichen Sinn geändert.

Bei dieser Erklärung ist für Paulus und seine Adressaten zur Abfassungszeit des Briefes ἀπόστολος schon eine Amtsbezeichnung, die sich

---

[1] K.H.Rengstorf, Art. *μαθητής:* ThWNT 4, 417–464, ebd. 444f.
[2] R. Kühner-B. Gerth, *Ausführliche Grammatik der griechischen Sprache,* 3. Aufl. Hannover 1898/Darmstadt 1966, 2.1.82–88. Siehe für ἡμᾶς τοὺς ἀποστόλους 1 Kor 4.9 unten bei *f 3.*

völlig oder doch hauptsächlich auf die Zwölf beschränkt. Dieser Gebrauch stimmt überein mit dem in der Apostelgeschichte.

Man darf annehmen, daß Paulus an die Wurzel *šlḥ* und sogar an das Substantiv *šålîaḥ* gedacht hat. Sie auch bei *h*.

2. In der Formulierung der Briefadressen ist eine Entwicklung zu sehen. In 1 Thess 1.1 nennt Paulus sich, Silvanus und Timotheus ohne Titel. Die gleichen Worte stehen in 2 Thess 1.1. Vielleicht schon um dieselbe Zeit, 50 n.Chr., oder einige Jahre später, nennt Paulus sich und Timotheus δοῦλοι, Phil 1.1, was nicht ein Amtstitel ist, sondern Ehrenname für Glaubensverkünder. Das Wort steht hier gegenüber den Amtstiteln ἐπίσκοποι und διάκονοι (unten bei C 3 *a*). In Phlm 1 nennt Paulus sich δέσμιος, und bei der Annahme, daß der Brief während einer Gefangenschaft in Ephesus geschrieben wurde, gehört er auch in diese frühe Zeit. Vgl. aber bei L 3. Dann folgen 1 Kor 1.1 mit κλητὸς ἀπόστολος und Röm 1.1 mit δοῦλος... καὶ κλητὸς ἀπόστολος. In Röm 11.13 bestimmt er sein Amt genauer als ἐθνῶν ἀπόστολος. Diese Verwendung des Titels führt dazu, daß Paulus seine Mitarbeiter nicht Apostel nennt. Nur indirekt wird 1 Kor 9.6 Barnabas zu den Aposteln gerechnet. Für den übertragenen Gebrauch siehe *f 6*.

3. Da Paulus sich Apostel nennt, kann οἱ ἀπόστολοι im Plural nun die Zwölf bezeichnen, mit und ohne Paulus, in derselben Weise wie wir das noch immer tun. Paulus sagt 1 Kor 9.1: 'Bin ich nicht Apostel (wie die anderen)?' Die Zwölf sind seine Vorgänger: οἱ πρὸ ἐμοῦ ἀπόστολοι Gal 1.17, und heißen 'die übrigen Apostel': οἱ λοιποὶ ἀπόστολοι 1 Kor 9.5. Mit πρὸ ἐμοῦ, aber auch mit λοιποί wird auf einen beschränkten Kreis hingewiesen. Die Adressaten können das nur als einen Hinweis auf die Zwölf verstanden haben. Dann war ἀπόστολος um diese Zeit für Paulus und seine Umgebung ein technischer Terminus für die Zwölf und auch für Paulus.

Im Sinnzusammenhang bekommt also οἱ ἀπόστολοι die Bedeutung 'die Zwölf einschließlich Paulus'. So nennt Paulus sich den Geringsten der Apostel: ὁ ἐλάχιστος τῶν ἀποστόλων 1 Kor 15.9, und wir müssen annehmen, daß er die Zwölf nicht ausschließt bei der Mehrzahl: ἡμᾶς τοὺς ἀποστόλους ἐσχάτους 4.9.

1 Kor 9.5 wird betont, daß die Apostel, aber auch die Herrenbrüder und Petrus, eine Frau auf ihren Reisen mitnehmen. G. Klein bezweifelt, daß diese Aufzählung eine Klimax enthält, weil die Reihenfolge in Gal 2.9 anders ist.[1] Dann hätte Paulus nicht wie jeder Schriftsteller die Freiheit, seinen Text mit stilistischen Mitteln den Verhältnissen anzu-

[1] Vgl. G. KLEIN, *Galater 2.6–9 und die Geschichte der Jerusalemer Urgemeinde*: ZThK 57, 1960, 275–295, ebd. 293 (= *Rekonstruktion und Interpretation. Gesammelte Aufsätze*, München 1969, ebd. 115). Ferner unten bei A 3.

passen. Man verkennt auch den Stil einer solchen Aufzählung, wenn man eine mathematisch genaue Trennung der genannten Gruppen erwartet und die Möglichkeit ausschließt, daß sie sich überschneiden. Man kann also hieraus nicht schließen, daß Petrus nicht Apostel ist,[1] auch nicht, daß, weil Petrus Apostel ist, alle Herrenbrüder Apostel sein müssen. So kann auch aus der Aufzählung in Act 1.14 nicht geschlossen werden, daß *keiner* der Herrenbrüder Apostel war. Siehe auch bei *f 4*.

Nach 1 Kor 15.7 ist der Herr dem Jakobus erschienen und dann allen Aposteln: ἀποστόλοις πᾶσιν. Dieses πᾶσιν könnte einen größeren Kreis als die Zwölf vermuten lassen, aber notwendig ist das nicht, und im Sprachgebrauch des Paulus und seiner Adressaten ist es unwahrscheinlich. Tatsächlich nennt Paulus in 5–7 als Zeugen der Auferstehung 1. Kephas, 2. die Zwölf, 3. über fünfhundert Brüder, 4. Jakobus, 5. alle Apostel, 6. sich selbst. In dem parallelen Aufbau des Textes werden nebeneinander gestellt: 1–4 Kephas und Jakobus, 2–5 die Zwölf und alle Apostel, 3–6 die Brüder und Paulus selbst, der als letzter Zeuge der Auferstehung den Schluß bildet. Diese Absicht im Aufbau und die Tatsache, daß Paulus die Elf die Zwölf nennt (oben A 1), machen klar, daß er nicht ein offizielles Dokument zitiert, oder, wenn schon, daß er dieses umgestaltet, um eine Aufzählung zu machen, die seine eigene Lage berücksichtigt. Daraus geht hervor, daß 'die Zwölf' und '(alle) Apostel' hier Synomyme sind. Gemeint ist dann eine zweite Erscheinung bei dieser Gruppe. Die Beifügung von πᾶσιν betont, daß die Gruppe vollständig war. Daß Kephas und Jakobus einzeln genannt werden, beweist nicht, schließt aber auch nicht aus, daß sie zu den Zwölf bzw. zu 'allen Aposteln' gehörten.[2]

In der Wortverbindung ἀπόστολοι (καὶ) προφῆται 1 Kor 12.28f., Eph 2.20, 3.5, 4.11 und auch Act 18.20, muß nun der Terminus οἱ ἀπόστολοι im technischen Sinn und als synonym mit οἱ δώδεκα, aber unter Einschließung des Paulus verstanden werden. So auch 2 Petr 3.2 und Jud 17. Formal ist Paulus ausgeschlossen bei den zwölf Namen der zwölf Apostel, Apk 21.14.

Zu erwähnen ist noch 1 Kor 4.9. Wie in 1 Thess 2.7 (bei *f 1*) redet Paulus über die eigenen Erlebnisse in der 1. Person Plural (ἡμᾶς): δοκῶ γάρ, ὁ θεὸς ἡμᾶς τοὺς ἀποστόλους ἐσχάτους ἀπέδειξεν ὡς ἐπιθανατίους. Kann sich die Mehrzahl ἀποστόλους nicht auf Paulus allein beziehen, dann ist das Wort als technischer Terminus für die Zwölf zu verstehen, und der Gedanke trifft gut auf sie alle zu. Paulus hat aber im Anfang (V.

---

[1] So SCHMITHALS, *Apostelamt* 70.
[2] Die Auslegung, die SCHMITHALS, *Apostelamt* 64f., versucht, geht davon aus, daß die Termini nicht Synonyme sind. Vgl. SCHILLE, *Kollegialmission* 119f., und W. TRILLING, *Zur Entstehung des Zwölferkreises:* Festschrift H. Schürmann, Freiburg 1977, 201–222. Siehe für Jakobus bei *f 4*.

6) Apollos in seine Betrachtung mit einbezogen, und so brauchen wir ihn hier so wenig wie Silvanus und Timotheus in 1 Thess 2.7 auszuschließen. Für προφῆται siehe unten bei B 3.

4. In Gal 1.19 erwähnt Paulus neben Petrus den Herrenbruder Jakobus: ἕτερον δὲ τῶν ἀποστόλων οὐκ εἶδον, εἰ μὴ Ἰάκωβον τὸν ἀδελφὸν τοῦ κυρίου. Diese Aussage wird jetzt vielfach so verstanden, als sei der Herrenbruder Jakobus nicht Apostel gewesen, aber der Zusammenhang läßt diese Auslegung nicht zu.

Es reicht nicht, für εἰ μή und ἐὰν μή als nebenordnende Konjunktion eine inklusive und eine exklusive Bedeutung zu unterscheiden, nämlich 'außerdem' und 'sondern nur'. Normalerweise handelt es sich um eine Ausnahme im Hinblick auf das Vorangehende, das verneint wird: 'nichts ist verborgen, sondern alles wird offenbar werden' Mk 4.22. Eine solche Ausnahme ist bei Paulus inklusiv: 'ich kenne die Sünde nicht, sondern nur durch das Gesetz' Röm 7.7; 'nichts ist an sich unrein, sondern nur...' Röm 14.14; 'kein anderes Evangelium, sondern nur' Gal 1.6f. Es wird komplizierter, wenn Paulus θεός in zwei Bedeutungen verwendet: 'es gibt keinen (Ab)gott, sondern nur einen (Gott)' 1 Kor 8.4, aber im Griechischen ist die Ausnahme inklusiv. Lukas erweitert die inklusive Ausnahme und macht sie exklusiv, wenn er sagt: 'keine Person in Israel, sondern nur eine außer Israel' 4.26 und 27. Gleichfalls Paulus: 'ein Mensch wird gerechtfertigt nicht durch Werke, sondern nur durch den Glauben' Gal 2.16. Ein Mißverständnis ist in all diesen Texten nicht möglich.

In Gal 1.19 ist nun der Gegensatz zwischen ἕτερον οὐ... εἰ μὴ Ἰάκωβον 'keinen anderen..., sondern nur' inklusiv. Das ist noch besser zu sehen, wenn man den partitiven Genetiv τῶν ἀποστόλων in Betracht zieht, der sich auf ἕτερον und auf Ἰάκωβον τὸν ἀδελφόν bezieht. Paulus hätte, falls er Jakobus nicht zu den Aposteln rechnete, statt εἰ μή einfach schreiben können: εἶδον δέ, oder παρεγενόμην δέ, oder συνέτυχον δέ. Unklar hätte er den Gegensatz ausgedrückt mit: ἕτερον/ἄλλον ἀπόστολον (im Akk. statt eines partitiven Gen.) οὐκ εἶδον εἰ μή, und gerade das findet man in einigen modernen Übersetzungen.[1]

P. Trudiger sieht in Gal 1.19 einen Genetiv des Vergleichs wie in

---

[1] So H. SCHLIER, *Der Brief an die Galater*, 11. Aufl. Göttingen 1951: 'einen anderen Apostel habe ich nicht gesehen, nur Jakobus, den Bruder des Herrn (sah ich).' S. LYONNET, *Bible de Jérusalem*, 1956 und 1973: 'je n'ai pas vu d'autre apôtre, mais seulement Jacques.' F. MUSSNER, *Der Galaterbrief*, Freiburg 1974, 96, dreht die Beweisführung um: Jakobus gehört s. E. nicht zum Zwölferkreis und 'der Ton liegt dann auf dem Genitiv τῶν ἀποστόλων: *Apostel* und *Brüder des Herren* stehen in (zwar nicht gegensätzlicher) Spannung zu einander.' Dagegen J. B. LIGHTFOOT, *Epistle to the Galatians*, London 1900, 85: 'The sense of ἕτερον naturally links it with εἰ μή, from which it cannot be separated without harshness, and ἕτερον carries τῶν ἀποστόλων with it.'

Thukydides 1.28.3: φίλους ποιεῖσθαι... ἑτέρους τῶν νῦν ὄντων. Tatsächlich kann ἕτερος die Bedeutung haben 'unterschieden (von)', z.B. in der eben genannten Stelle Gal 1.6: ἕτερον εὐαγγέλιον, und kann dann mit einem Genetiv verbunden sein. Belege in Liddell-Scott-Jones s.v. III 1. Versucht man diese Bedeutung in Gal 1.19, so sind die möglichen Übersetzungen (wenn man ἕτερον nicht als Neutrum versteht): 'Ich habe nicht einen (Menschen *oder* Apostel) gesehen, der sich unterscheidet von den (übrigen) Aposteln, sondern nur Jakobus.' Jakobus wäre dann entweder der einzige Mensch oder der einzige Apostel, den Paulus gesehen hat.[1]

Daß dieser Jakobus Apostel ist, verstößt nicht gegen die Aufzählung in Act 1.13f., weil es noch mindestens drei Herrenbrüder gab, die nicht Apostel waren. Gehört der Herrenbruder Jakobus zum Zwölferkreis, so muß er in den Apostellisten mit Jakobus Alphaei (Lk 6.15, Act 1.13) identisch sein. Und falls man Μαρία ἡ τοῦ Κλωπᾶ Joh 19.25 als 'Frau des Klopas', und nicht als 'Tochter' oder 'Mutter' versteht, dann sind Alphaeus und Klopas dieselbe Person. Das ist nicht sicher, aber auch nicht unwahrscheinlich, weil die Juden geneigt waren, ihrem Namen ein griechisches Aussehen zu geben und ihn dafür sogar völlig änderten. Daß die Namen Alphaeus und Klopas, obwohl sie sich im Aramäischen lautlich ähneln, etymologisch verschieden sind, ist ein modernes Problem. Man vergleiche das lateinische *paulus* 'klein' für Saul(os).[2]

Lehnt man das alles ab, muß doch aufgrund von Gal 1.19 dem Herrenbruder Jakobus ein Titel ἀπόστολος zugeschrieben werden, dann aber in einem umfassenden oder im übertragenen Sinn, und dazu bietet der Zusammenhang keinen Ansatz. Vgl. dazu bei *f* 5.

Gal 1.17–19 sagt nichts aus über den Sprachgebrauch etwa im Jahre 37, wie S. Dockx gemeint hat (256), sondern nur für die Zeit der Abfassung des Galaterbriefes. Der Grund dafür ist, daß sich im Zusammenhang nicht zeigt, daß Paulus eine Person oder irgendeine Quelle zitiert.

5. Der Gebrauch als technischer Terminus schließt andere Verwendungsmöglichkeiten nicht aus. Es wird nun gerade möglich den Terminus in einem übertragenen Sinn zu verwenden. Der Verfasser muß das jedoch, um ein Mißverständnis zu vermeiden, aus dem Zusammenhang klar machen.

---

[1] P. TRUDIGER, *A note on Galatians 1.19:* NT 17, 1975, 200–202. Vgl. dazu G. HOWARD, *Paul. Crisis in Galatia*, Cambridge 1978, ebd. 89 Anm. 118. W. PRATSCHER, *Der Herrenbruder Jakobus und die Jakobustradition*, Göttingen 1987, ebd. 55 Amn. 31, lehnt die Erklärung Trudigers ab, untersucht aber nicht, was an dieser Stelle εἰ μή bedeutet.
[2] Vgl. F. BLASS-A. DEBRUNNER-F. REHKOPF, *Grammatik des neutestamentlichen Griechisch,* 17. Aufl. Göttingen 1990, §39.3, 53 und 125. Vgl. auch J. BLINZLER, *Brüder Jesu:* LThK 2. Aufl. 1.714–717, und für Mk 3.21, 31ff. PRATSCHER, *Herrenbruder* 13ff. Markus sagt nicht, daß alle Verwandten sich an dem Auftreten Jesu gestört haben, auch nicht, wie lange.

Wenn Paulus 1 Thess 2.7 und 2 Kor 8.23 Mitarbeiter Apostel nennt, ist das, wie bei *f 1* und *f 3* gezeigt wurde, nur indirekt und durch den Zusammenhang bedingt. Dem entspricht, daß Titus 2 Kor 8.23 κοινωνός und συνεργός heißt, aber nicht ἀπόστολος. Wenn dann die Brüder, die die Kollekte betreuen, ebenda ἀπόστολοι τῶν ἐκκλησίων genannt werden, ist gemeint, daß sie 'Boten der Gemeinden' sind, also *šᵉlûḥîm*. Zugleich wird aber auf den Amtstitel des Paulus und der Zwölf angespielt. Das ist nun möglich, weil das Wort in dieser Bedeutung so technisch ist, daß ein Mißverständnis nicht mehr zu fürchten ist. In einem ähnlichen Zusammenhang heißt Epaphroditus Bruder, Mitarbeiter, Mitkämpfer, Gesandter/Apostel der Gemeinde und Helfer: τὸν ἀδελφὸν καὶ συνεργὸν καὶ συστρατιώτην μοῦ, ὑμῶν δὲ ἀπόστολον καὶ λειτουργὸν τῆς χρείας μοῦ Phil 2.25. Auch hier müssen die Adressaten in ἀπόστολος eine Anspielung auf den *šåliaḥ* und auf den Amtstitel gefunden haben, der so als Ehrenname auf Personen, die die neue Lehre verkünden, übertragen wird.

Genauso heißen Andronikus und Junia(s) – möglicherweise eine Frau, aber sonst unbekannt – ἀπόστολοι Röm 16.7.[1] Sie sind ἐπίσημοι ἐν τοῖς ἀποστόλοις 'ausgezeichnet unter den Aposteln', und dieser Wortlaut macht einen subtilen Unterschied klar.[2] Als Landsleute des Paulus und schon vor ihm Christen geworden, bekommen sie beide diese ehrenvolle Erwähnung. Wenn man daraus schließen will, daß es für Junia ein weibliches Substantiv ἡ ἀπόστολος gegeben hat, dann war das nur in diesem übertragenen Sinn, und nicht im technischen Sinn für einen weiblichen Apostel.

[1] Daß es sich um einen Frauennamen handelt, hat neuerdings R. S. CERVIN behauptet, *The name 'Junia(s)' in Romans 16.7:* NTS 40, 1994, 464–470. Die Form IOYNIAN der Majuskelhandschriften wurde in den Minuskeln, offenkundig weil man sich keinen weiblichen Apostel (im eigentlichen Sinn) denken konnte, als männlich aufgefaßt und deshalb als Ἰουνιᾶν akzentuiert, wie Λουκᾶς, was eine Kurzform ist für Λούκιος/*Lucius* oder für *Lucanus*. Lateinische Eigennamen wie *Lucius, Iunius* haben im Griechischen den Akzent auf der drittletzten Silbe: Ἰούνιος, Λούκιος, und die weibliche Form auf der vorletzten Silbe, weil die Endsilbe lang ist: Λουκία, Ἰουνία. Man erklärt nun Ἰουνιᾶν als Kurzform für *Iunianus*. Tatsächlich gibt es bei den männlichen Eigennamen viele Kurzformen auf -ᾶς, auch im NT, z.B. Ἐπαφρᾶς/Ἐπαφρόδιτος, Σιλᾶς/*Siluanus* (vermutlich latinisiert) (s. ferner BLASS-DEBRUNNER-REHKOPF §125.2). Für *Iunianus* kann man hinweisen auf: *homines Latini Iuniani appellantur... quia per legem Iuniam libertatem acceperunt* Gaius Inst. 1.22 (nach P. G. W. GLARE, *Oxford Latin Dictionary*, Oxford 1982, s.v.) für Freigelassene unter der *Lex Iunia Norbana* in 17 v.Chr. oder 19 n.Chr., aber Cervin hat darin recht, daß die Kurzform nur bei christlichen Schriftstellern belegt ist, und dann abhängig von Röm 16.7. Damit weisen *Iunia* und *Iunias* beide auf Juden hin, die Freigelassene oder Nachkommen von Freigelassenen sind. Vgl. dazu P. LAMPE, *Iunia/Iunias: Sklavenherkunft im Kreise der vorpaulinischen Aposteln (Röm 16.7):* ZNW 76, 1985, 132–134.

[2] Es ist nicht gut möglich, ἐπίσημος ἐν als 'ausgezeichnet durch' zu verstehen. In diesem Fall wäre im Griechischen wie im Deutschen ein Partizip Passiv zu erwarten, z.B. τετιμημένος und eher ὑπό.

In der christlichen Literatur findet sich ὁ und ἡ ἀπόστολος im übertragenen Sinn. Die Stellen sind aber nicht zahlreich. Von der Märtyrerin Thekla heißt es: τῆς ἁγίας πρωτομάρτυρος καὶ ἀποστόλου ActPaul Thecl. tit. v.l. (1.235 Lipsius-Bonnet). Ein Beleg aus Hippolyt findet sich in seinem Kommentar auf das Hohelied, tatsächlich mehr eine Predigtsammlung. Der Text, der nur in alten Übersetzungen erhalten ist, zeigt, daß Hippolyt das Wort ἡ ἀπόστολος und den Namen Eva auf die Frauen beim Grab übertragen hat, die ja Botinnen waren: 'diese Frauen..., die Apostel wurden für die Apostel, gesandt durch Christus. ...damit diese Frauen seien Apostel Christi... O neue Tröstung! Eva wird Apostel (genannt)!'[1] Noch zwei spätere Belege in Lampe s.v. ἀπόστολος III D.[2] Genauso überträgt der moderne Sprachgebrauch den Titel auf andere Personen, z.B. wenn Bonifatius 'Apostel Deutschlands' genannt wird. A. Ehrhardt und Elisabeth Schüssler Fiorenza machen diesen Unterschied nicht ausdrücklich.[3]

Tertullian nennt die siebzig Jünger Apostel: *elegit et alios septuaginta apostolos super duodecim* Marc 4.24.1. Eusebius formuliert so, daß er die fünfhundert Brüder aus 1 Kor 15.5 Apostel nennt: κατὰ μίμησιν τῶν δώδεκα πλείστων ὅσων ὑπαρξάντων ἀποστόλων HE 1.12.5.

W. Schmithals sagt über die ἀπόστολοι πάντες 1 Kor 15.7 *(f 3)*: 'Man sollte vernünftigerweise die Worte so nehmen, wie sie dastehen, und dann sind mit «alle Apostel» gemeint: Andronikus und Junias und Barnabas und Paulus und wer sonst noch zu dem bekannten und uns nur in wenigen Vertretern namentlich überlieferten Kreis der Apostel gehört' (66).

Schmithals hat insofern recht, als sich an keiner Stelle bei Paulus beweisen läßt, daß οἱ ἀπόστολοι ohne weiteres als Amtstitel bei ihm synonym mit οἱ δώδεκα ist. Die Frage soll aber genauer lauten, wie die paulinischen Gemeinden etwa um das Jahr 55 den Terminus ἀπόστολος verstanden haben. Wenn das aus den sicher echten Paulinen nicht klar wird, muß man annehmen, daß ihr Sprachgebrauch so war wie in anderen Quellen aus ungefähr derselben Zeit.

Tatsächlich unterscheidet Schmithals in der Vokabel ἀπόστολος die Bedeutungen nicht. Eigentlicher und übertragener Gebrauch werden nicht getrennt. Eine Eigenschaft, die den Aposteln in der einen Bedeutung zugeschrieben wird, z.B. daß sie Zeugen der Auferstehung sind, gilt dann für alle Personen, die in irgendeiner Bedeutung Apostel heißen. Bei dieser Methode stößt man auf Verhältnisse, die unentwirr-

---

[1] Text in G.N. Bonwetsch, *Hippolyts Kommentar zum Hohenlied,* TU 23.2c, Berlin 1902, 67f., auch ders. GCS 1.1, Berlin 1897, 354f.
[2] G.W.H. Lampe, *A Patristic Greek Lexicon,* Oxford 1961.
[3] A. Ehrhardt, *The apostolic succession in the first two centuries of the Church,* London 1953, ebd. 18 Anm. 2; Elisabeth Schüssler Fiorenza, *Neutestamentlich-frühchristliche Argumente zum Thema Frau und Amt:* ThQ 173, 1993, 173–185, ebd. 177.

bar sind, und letzten Endes auf eine Sprache, die unverständlich ist. Vgl.
bei M 4 und 7.

6. Das Wort ἀπόστολος kann nun als technischer Terminus, ohne ein
Mißverständnis zu verursachen, auch auf den Herrn übertragen werden, der Apostel und Hohepriester genannt wird: τὸν ἀπόστολον καὶ
ἀρχιερέα Hebr 3.1. Die falschen Lehrer heißen abwertend ψευδαπόστολοι 2 Kor 11.13, und ironisch: τῶν ὑπερλίαν ἀποστόλων 'die
Überapostel' 11.5, 12.11. Daß die Gegner des Paulus sich selbst als
Apostel verstanden und sich so bezeichnet haben, ist dann möglich, und
es wird später explizit gesagt: τοὺς λέγοντας ἑαυτοὺς ἀποστόλους καὶ οὐκ
εἰσίν Apk 2.2. Über Art und Herkunft dieser falschen Lehrer sagt der
Terminus ἀπόστολος an sich nichts aus.[1] Diese Gegner sind nach 2 Kor
11.22f. Juden, aber auch διάκονοι Χριστοῦ (bei D 1 *f*). Sie sind also zum
Christentum übergetreten.[2]

L. Cerfaux sieht hier keine übertragene Bedeutung und ist der Meinung, es handle sich um eine zweite Sorte Aposteln: 'apôtres de seconde
catégorie'.[3] Er findet diesen Unterschied auch beim Verb ἀποστέλλω
(80). Nun kann man bei der Bedeutung 'wegschicken' ferner unterscheiden, je nachdem das Subjekt der Handlung z.B. Gott oder ein
Mensch ist, und das Objekt ein Mensch oder eine Sache. Überdies sind
übertragene Bedeutungen möglich, wenn irgendeine Handlung mit
einem Senden verglichen wird. So kann man von Übertragung sprechen, wenn das Handeln Gottes ein Senden genannt wird, so beim
Passiv in: ἐὰν μὴ ἀποσταλῶσιν (durch Gott) Röm 10.15. Es macht
jedoch für die Bildsprache nichts aus, ob die Personen, die gesandt
werden, im eigentlichen oder im übertragenen Sinn Apostel heißen.

7. Der technische Terminus wird emphatisch gebraucht (M 5) in: τὰ
σημεῖα τοῦ ἀποστόλου 'die Kennzeichen des wahren Apostels' 2 Kor
12.12. Diesen Gebrauch findet man auch in der Didache 11.3 ff. (unten
bei *h*).

g. Im Johannesevangelium werden die Zwölf nirgends Apostel genannt. Es ist aber schwer anzunehmen, daß dieser Titel dem Verfasser
unbekannt war. Wahrscheinlicher ist es, daß er den Namen οἱ δώδεκα als
alt und ehrwürdig bevorzugt hat. Außerdem vermeidet er den Titel für
sich selbst, wenn er sich den beliebten Jünger nennt: τὸν μαθητὴν... ὃν
ἠγάπα Joh 19.26 (M 10).

---

[1] Vgl. dazu D. GEORGI, *Die Gegner des Paulus im 2. Korintherbrief*, Neukirchen 1964,
39–49.
[2] Vgl. C. K. BARRETT, Ψευδαπόστολοι *(2 Cor 11.13)*: Festschrift B. Rigaux, Gembloux 1970, 377–396.
[3] L. CERFAUX, *Pour l'histoire du titre Apostolos dans le Nouveau Testament:* RSR 48,
1960, 76–92, ebd. 82.

In anderen Schriften des NT ist ἀπόστολος der Amtstitel schlechthin, wie 1 Petr 1.1, 2 Petr 3.2 und Jud 17. Für Apk 18.20, 21.14 s. *f 3.*

h. Ein Sonderfall ist der Terminus ἀπόστολος in der Didache.[1] Der kurze und der lange Titel haben beide τῶν δώδεκα ἀποστόλων und sind mithin eindeutig. Es ist aber für beide Titel fraglich, ob sie ursprünglich sind. Alte Zeugen erwähnen einen Kurztitel Διδαχὴ/Διδαχαὶ τῶν ἀπο-στόλων, bzw. *Doctrina/Doctrinae apostolorum,* was auffallend überein-stimmt mit Act 2.42.[2]

Zur Verständnis der Verhältnisse, die die Didache voraussetzt, ist die Anregung sehr wichtig, daß die Gemeinden sich Episkopen und Dia-kone wählen müssen: χειροτονήσατε οὖν ἑαυτοῖς ἐπισκόπους καὶ διακό-νους... ὑμῖν γὰρ λειτουργοῦσι καὶ αὐτοὶ τὴν λειτουργίαν τῶν προφητῶν καὶ διδασκάλων 15.1. Man ist geneigt, an neugegründete Gemeinden zu denken, die noch organisiert werden müssen, aber Paulus hatte nach Act 14.23 die Gewohnheit, möglichst schnell in neuen Gemeinden Pres-byter einzusetzen, d.h. Episkopen und Diakone (C 4). Man sieht nicht ein, weshalb die Wandermissionare von Did 15.1 diese Gewohnheit nicht kannten. Es muß also für das Fehlen örtlicher Amtsträger in Did 15.1 einen besonderen Grund gegeben haben. Nun wird in Act 8.1 und 11.19 berichtet, daß nach der Steinigung des Stephanus die Brüder aus Jerusalem flohen und sich bis in Phönizien, Kypros und Antiochien zerstreuten. Zudem müssen wir uns vorstellen, daß diese irgendwo bei Verwandten oder Bekannten untergekommen sind, und neue Beke-rungen versucht haben. So zwang diese Flucht die Amtsträger dazu, die Brüder aufzusuchen, auch die Apostel, obwohl die anfangs in Jerusalem blieben (8.1), und weil es sich bei großen Entfernungen um kleine Gruppen handelte, brauchte man neue Missionare. Das sind gerade die Verhältnisse, die in Did 11–13 und 15 vorausgesetzt werden. Diese kleine Gruppen brauchten auch Richtlinien für den Empfang der Mis-sionare und der fliehenden Mitbrüder (Did 12). Wir finden so den "Sitz im Leben" dieses Stückes und stoßen auf den Beginn der Wandermis-sion.

Diese Tätigkeit der Propheten und Lehrer finden wir gleichfalls in Act 11.27; 13.1. Daß sie sich nach 13.1 längere Zeit in Antiochien aufhalten, beweist nicht, daß sie die Verwaltung übernommen haben. Vgl. Did 11.5 (für Apostel) und 13.1, und bei B 2.

---

[1] Für die Datierung und Herkunft vgl. J.-P. AUDET, *La Didachè. Instructions des Apôtres,* Paris 1958, 187–210, W. RORDORF-A. TUILIER, *La Didachè,* SCh 248, Paris 1978, 91–99, K. WENGST, *Didache,* München 1984, 61–63, K. NIEDERWIMMER, *Die Didache,* Göttingen 1989, 64–80, G. SCHÖLLGEN, *Didache. Zwölf-Apostel-Lehre,* Frei-burg 1991, 82–85.
[2] Vgl. AUDET, 91–103, der diesen Titel, und zwar im Plural, als den ursprünglichen betrachtet.

G. Schöllgen betont zu Recht, daß die Abgabe der Erstlingsfrüchte in Did 13 nicht notwendig auf ländliche Gemeinden hinweist, weil auch viele Einwohner einer Stadt Bauern waren.[1] Wahrscheinlich hatte man, zumindest für den eigenen Lebensunterhalt, ein Stück Land und Haustiere.

Man muß sich bei den Regeln für den Empfang klar machen, daß bei diesen kleinen zerstreuten Gruppen mit Neubekehrten viele nicht in der Lage waren, die Gesichter und Stimmen der Missionare und der zwölf Apostel zu kennen. Ohne Empfehlungsschreiben (vgl. Röm 16.1; 2 Kor 3.1; Act 18.27) und, mehr noch, ohne moderne Mittel wie Foto, Tonband usw. konnten diese ganz einfach herumziehenden Apostel nur durch ihre evangelische Lebensweise von den Scharlatanen wie einem Simon Magus unterschieden werden.

Von dieser Sicht her braucht man sich nicht zu staunen über die Richtlinien in Did 11.3–6 für den Empfang der (zwölf) Apostel, obwohl man allgemein annimmt, es handle sich nicht um die Zwölf, sondern um herumziehende Personen, die nur in einem weiteren Sinn Apostel genannt werden, also um 'Wanderapostel'.[2]

Daß es viele wandernde Glaubensverkünder gegeben hat, ist an sich klar. Sie zogen herum, wie der Herr selbst es tat, und das taten auch die Irrlehrer. Man findet sie ohne Titel oder sogar mit Vermeidung eines Titels erwähnt: εἴ τις ἔρχεται 2 Joh 10, παροδεύσαντάς τινας Ignatius Eph 9.1. Nirgends heißen die wandernden Glaubensverkünder ἀπόστολοι. Wir würden dann in der Didache eine neue, sonst völlig unbekannte Bedeutung finden. Tatsächlich nennt Lampe PGL s.v. ἀπόστολος III C. für diese Bedeutung nur diese Stelle. Bei A 2 e und f hat sich gezeigt, wie schnell sich der christliche Gebrauch des Terminus auf die Zwölf beschränkt hat. Sicher fehlt jeder Beweis dafür, daß etwa am Ende des 1. Jh. wandernde Missionare Apostel genannt wurden. Zwar ist Did 11.3 redaktionell und dem Didachisten zuzuschreiben (vgl. Niederwimmer, *Didache* 74), aber der Didachist konnte, je später man seine Arbeit datiert, den Terminus ἀπόστολος nur als Namen für die zwölf Apostel

---

[1] G. Schöllgen, *Die Didache – ein frühes Zeugnis für Landgemeinden?* ZNW 76, 1985, 140–143. Siehe auch bei K 2. Rordorf-Tuilier (98 und 190 Anm. 3) denken aufgrund des Wortes ἐπίσκοπος in Did 15.1 an ländliche Gemeinden von Heidenchristen. Für ἐπίσκοπος siehe bei C 20 b.

[2] So Audet, 446: 'ce ne sont évidemment pas les Douze', auch Rordorf-Tuilier, 51 Anm. 1: 'il ne s'agit évidemment pas ici des Douze apôtres,' und Niederwimmer, *Didache*, 215: 'Der Titel ist hier offenkundig noch nicht auf die Zwölf beschränkt.' Vgl. auch ders. *Zur Entwicklungsgeschichte des Wanderradikalismus:* WS 11, 1977, 145–167, ebd. 155 Anm. 26, 161 Anm. 43. G. Sass, *Die Apostel in der Didache:* In memoriam E. Lohmeier, Stuttgart 1951, 233–239, ebd. 235: 'Die Didache aber bezeugt deutlich genug, daß sie neben den "zwölf Aposteln" andere Apostel kennt.'

verstehen, und um so mehr muß man sich dann wundern, daß er die
Aussagen über die Apostel beibehalten hat.

Eine indirekte Bestätigung dieser Erklärung bietet die Tatsache, daß
Did 13.1–7 bei der Frage über Glaubensverkünder, die seßhaft werden,
und 15.1f. über Episkopen und Diakone, die die Propheten und Lehrer
ersetzen müssen, die Apostel außer Betracht bleiben. Bei der Annahme,
daß es sich um 'Wanderapostel' handle, sollten diese hier wieder
genannt werden.[1]

Für die Charlatane kennt die Didache nur das eine alttestamentliche
und neutestamentliche Wort ψευδοπροφήτης (vgl. B 2), also noch nicht
die von Paulus geprägte Vokabel ψευδαπόστολος. Das stimmt zu
einem hohem Alter, beweist aber nicht, daß die Apostel mit den Propheten teilweise identisch sind, wie Rordorf-Tuilier annehmen (52
Anm. 1).

Die Einleitung (11.1–2), die dem Didachisten zugeschrieben wird, hat
nur einen allgemeinen Terminus zur Bezeichnung eines Glaubens-
verkünders und seiner Tätigkeit: διδάξῃ, διδάσκῃ und das Partizip ὁ
διδάσκων. Dazu wird 11.3 der Inhalt des nächsten Abschnittes umschrieben mit περὶ τῶν ἀποστόλων καὶ προφῆτων, was wieder auf die redaktio-
nelle Tätigkeit des Didachisten zurückgeführt wird. Für die Wortverbindung vgl. B 2. Über den Empfang eines Apostels ist der Text kurz
und klar: wie der Herr (Jesus): πᾶς [δὲ] ἀπόστολος... δεχθήτω ὡς κύριος
ebd. 11.4; vgl. 11.2; 4.1 und Mt 10.40f. Wenn er weiterzieht, nimmt
der Apostel nur Brot mit: ἐξερχόμενος δὲ ὁ ἀπόστολος μηδὲν λαμβανέτω εἰ
μὴ ἄρτον ebd. 11.6. Das Wort is dann emphatisch gebraucht (M 5) im
Sinne des 'wahren Apostels' (f 7). Der Apostel wandert dann so, wie es
Mk 6.8ff. parr. vorgeschrieben wird, und so wie das auch die 'Akten
des Petrus und der zwölf Apostel' erzählen (Nag Hammadi 6.1.1ff.
R.McL. Wilson-D.M. Parrott, Leiden 1979, 205ff.). Wenn er mehr als
drei Tage bleibt oder Geld annimmt, ist er ein falscher Prophet: ψευδοπροφήτης ἐστιν Did 11.5, 6.

Wengst streicht in 11.4 δεχθέτω ὡς κύριος, das in H steht, aber nicht in
der koptischen und in der äthiopischen Übersetzung, und eine Wiederholung aus 11.2 sein kann, ändert dann aber den Gedanken ziemlich,
indem er die Erwartung, die mit dem Futur οὐ μενεῖ 11.5 ausgedrückt
wird, übersetzt als ein Gebot: '(jeder Apostel) soll jedoch nur einen Tag
bleiben' (83). Auch Niederwimmer: '...soll aufgenommen werden wie
der Herr. Er soll aber nicht (länger) bleiben als einen Tag' (215).

Gehört dieser Abschnitt der Didache in jene alte Zeit, so hat προφήτης
die alte christliche Bedeutung von 'herumziehender charismatischer Glaubensverkünder' (B 2). Von den Propheten unterscheiden sich die Apostel,
und das macht es an sich schon wahrscheinlich, daß es sich um die

---

[1] Vgl. G. Schöllgen, *Die Didache als Kirchenordnung:* JACh 29, 1986, 5–26, ebd. 12
Anm. 58.

Zwölf handelt. Der Titel ἀπόστολος für die Zwölf wird dann für eine sehr frühe Zeit bezeugt, und diese Bedeutung muß Paulus und seinen Adressaten in Tessalonich (A 2 *f* 2) schon bekannt gewesen sein.

j. Im 1. Clemensbrief begegnet das Wort ἀπόστολος sechsmal, in 47.1 für Paulus, in 5.3, 42.1, 2 und 47.4 für die Zwölf oder die Zwölf, insofern sie dem Verfasser und den Korinthern bekannt sind. Bleibt die Stelle, wo Clemens sagt, daß die Apostel gewußt haben, daß es Streit geben würde: οἱ ἀπόστολοι ἡμῶν ἔγνωσαν διὰ τοῦ κυρίου ἡμῶν Ἰησοῦ, ὅτι ἔρις ἔσται 44.1 (s. auch bei C 11). Was die Apostel wissen, bezieht sich eindeutig auf die nachapostolische Zeit, wie G. Deussen mit Recht feststellt. Das heißt aber nicht, daß die Apostel, die diese Kenntnis hatten, nach der Auffassung des Clemens gleichfalls in der nachapostolischen Zeit gelebt haben, also Wanderapostel gewesen sind. Falls Clemens das Wort in einer anderen als der zu seiner Zeit technischen Bedeutung gemeint hat, hätte er das aus dem Zusammenhang klar machen müssen. In 44.1 tut er das nicht. Die Beifügung von ἡμῶν bei ἀπόστολοι, wie bei κυρίου, zeigt, daß es um bekannte Personen geht. Das kann darauf hinweisen, daß er besonders an die Apostel denkt, die die Gemeinden in Rom und Korinth begründet haben, also Petrus und Paulus.[1]

Die paulinische Neubildung ψευδαπόστολος findet sich wieder bei Justin Dial 35.3, bei Hegesipp ap. Eus. HE 4.22.6 und in Ps.-ClemHom 16.21.

k. Man kann sich fragen, weshalb nicht ἄγγελος der neutestamentliche Terminus für 'Apostel' geworden ist. Hatch-Redpath nennt für dieses Wort 15 semitische Äquivalente, aber fast immer ist es Übersetzung von *malʾāk* 'Bote, Engel', während dem Verb (ἀπ-)αγγέλλειν 'berichten' die Wurzel *ngd* entspricht.[2] Man könnte einfach antworten, daß ein *šālîaḥ* mehr ist als ein 'Bote', der Nachrichten überbringt, und daß die Wurzel **lʾk* nicht ein Verb in der Bedeutung 'senden' liefert. Die Tatsache, daß das Wort an sich ein technischer Terminus für die Boten Gottes ist, muß entscheidend als ein Nachteil empfunden worden sein. Bezeichnend ist, daß die lateinischen Bibelübersetzer für die technische Bedeutung das griechische Wort als *angelus* beibehalten haben. Im NT wird es nur an zwei Stellen mit *nuntius* wiedergegeben, Lk 7.24 (Boten der Pharisäer bei Johannes) und Jak 2.25 (Boten bei Rahab).

---

[1] Vgl. G. Deussen, *Weisen der Bischofswahl im 1. Clemensbrief und in der Didache:* ThGl 62, 1972, 125–135, ebd. 128 Anm. 18.
[2] E. Hatch-H. A. Redpath, *A Concordance to the Septuagint*, Oxford 1897/Graz 1954 s.v.

Neuerdings hat R. Lülsdorff gute Argumente für ἄγγελος als Amtsbezeichnung im NT angeführt.[1] In 1 Tim 3.16 ist ein Fragment eines
Christushymnus erhalten. Die sechs Verben im Aorist weisen auf
Ereignisse hin, die, wie man annehmen darf, in historischer Reihen-
folge genannt werden. Verstehen wir ἄγγελοι als Boten der ersten
Generation, so handelt es sich um: Geburt Christi, Taufe im Jordan,
öffentliches Auftreten, Verkündigung an die Heiden, Bekehrung und
Parusie. Diese Erklärung wird dadurch bestätigt, daß der Text deutlich
einen dreifachen Chiasmus enthält, der nun nicht durchbrochen wird:
Fleisch – Geist, Boten – Heiden, Welt – Herrlichkeit:

ὃς ἐφανερώθη ἐν σαρκί – ἐδικαιώθη ἐν πνεύματι,
ὤφθη ἀγγέλοις – ἐκηρύχθη ἐν ἔθνεσιν,
ἐπιστεύθη ἐν κόσμῳ – ἀνελήμφθη ἐν δόξῃ.

Das Wort ὤφθη weist im strikten Sinn auf alle Glaubensverkünder, die
noch mit eigenen Augen den Herrn gesehen haben, und auf jeden Fall
dürfen wir das Wort nicht auf die zwölf Apostel beschränken.

Lülsdorff will diese Bedeutung noch für eine zweite Stelle im gleichen Brief belegen (105 f.). Paulus sagt, daß er Timotheus bei Gott, bei
Christus Jesus und bei den auserwählten Engeln beschwört: διαμαρτύρομαι ἐνώπιον τοῦ θεοῦ καὶ Χριστοῦ ᾿Ιησοῦ καὶ τῶν ἐκλεκτῶν ἀγγέλων 1 Tim
5.21. Falls der Verfasser hier irdische Boten gemeint hat, hätte er sich
klarer ausdrücken müssen, denn jetzt weist im unmittelbaren Zusammenhang nichts daraufhin. Vielmehr werden Gott, der Herr und die
Engel als eine himmlische Trias dargestellt.

Mit mehr Recht nennt Lülsdorff die Boten der Gemeinden in der
Johannesapokalypse (106 f.). Unter Verweisung nach Billerbeck
3.790 f.[2] betont er, daß diese ἄγγελοι τῶν ἐκκλησίων 1.20 u.ö. nicht
himmlische, sondern irdische Personen sind, Männer, die als Boten
Gottes eine Stelle in einer Gemeinde innehaben. Gemeint sind also nicht
die Apostel und auch nicht wie in 1 Tim 3.16 Gemeindeleiter, die noch
Augenzeugen des irdischen Herrn gewesen sind. Wahrscheinlich hat
dann der Verfasser das Wort ἄγγελος in der eigentlichen Bedeutung
'Bote' gemeint, aber im dichterischen Stil seiner Apokalypse bewußt
mit einer Anspielung auf die technische Bedeutung 'Engel'.

---

[1] R. LÜLSDORFF, ᾿Εκλεκτοὶ ἄγγελοι: BZ 36, 1992, 104–108, ebd. 104f.
[2] P. BILLERBECK, *Kommentar zum NT aus Talmud und Midrasch,* 2. Aufl. 1956. Vgl.
auch C. J. HEMER, *The Letters to the seven Churches of Asia in their local setting,*
Sheffield 986, ebd. 32–34.

3. *Die* δοκοῦντες *im Galaterbrief*

a. In Gal 2.2ff. bezeichnet Paulus die führenden Personen der Jerusalemer Gemeinde als οἱ δοκοῦντες. Das Verb δοκέω ist ein Iterativum von δέκομαι/δέχομαι und bedeutet 1. etwas '[ins Auge fassen], denken, meinen, glauben', daher 2. emphatisch (s. bei M 5) '(nur) meinen, (nur) den Anschein haben, scheinen' etwas zu tun oder etwas zu sein. – Eine weitere Entwicklung wie δοκεῖ μοι 'es scheint mir gut, ich beschließe' kann hier außer Betracht bleiben. Die Belege findet man in Liddell-Scott-Jones s.v., besonders I 2 und II 3, 5.

Nach Kühner-Gerth 2.1.42 §354 g bedeutet δοκέω mit einem Adjektiv ohne εἶναι 'meinen' und mit εἶναι eher 'scheinen'. Das Fehlen von εἶναι ist als eine Brachylogie zu erklären. An sich kann das auf eine Betonung und daher auf die emphatische Bedeutung hinweisen, aber das ist nicht notwenig.

Die Bedeutung 'scheinen' findet sich schon bei Homer: δοκέεις δέ μοι οὐκ ἀπινύσσειν ε342. Im Zusammenhang ist hier die Bedeutung 'meinen' nicht möglich. An anderen Stellen wird die Bedeutung 'scheinen' klar durch die Emphase: οὔτε ἔδοξε μαθέειν 'sie meinte nur, machte den Eindruck, schien es nicht zu bemerken' Herodot 1.10, vgl. οὐ δοκῶν κλύειν Euripides Med. 67. Die Emphase ist sehr stark, wenn eine Opposition mit der Realität oder der Wahrheit beabsichtigt wird. Die älteste Stelle begegnet beim Lyriker Simonides (um 500): τὸ δοκεῖν καὶ τὰν ἀλάθειαν βιᾶται 93 P (67 B); vgl. Aischylos: οὐ δοκεῖν ἄριστος ἀλλ' εἶναι θέλει 'er will nicht nur der Beste scheinen, d.h. nicht nur den Namen haben, der Beste (zu sein), sondern er will wirklich der Beste sein' Theb 592. Entscheidend für δοκεῖν 'scheinen' ist also die Opposition, nicht das Fehlen von εἶναι. Bei δοκεῖν ἄριστος ist das Verb zu ergänzen.

Die Bedeutung '(nur) scheinen' geht über in: 'den Namen haben' etwas zu sein. Die klassische Gräzität bietet gute Parallelen zu Gal. 2.2ff.: ἐνίοτε γὰρ ἂν καὶ καταψευδομαρτυρηθείη τις ὑπὸ πολλῶν καὶ δοκούντων εἶναί τι 'durch ein falsches Zeugnis angegriffen werden von vielen, die den Namen haben etwas zu sein' Platon Gorg 472a; τὸ δοκεῖν τινὲς εἶναι δι' εὐπορίαν προσειληφότες 'die durch Wohlergehen den Namen bekommen haben, jemand zu sein' Demosthenes 21.213. Auch Paulus selbst bietet eine Parallele: εἰ γὰρ δοκεῖ τις εἶναί τι μηδὲν ὤν Gal 6.3. Man sieht, daß eine abwertende Bedeutung des Ausdrucks nicht zwingend, aber sehr gut möglich ist.

Das Partizip Plural οἱ δοκοῦντες wird nun absolut gebraucht in der Bedeutung 'die Angesehenen'. Bei Euripides weist Odysseus Hekabe darauf hin, daß ihr Wort große Überredungskraft hat: λόγος γὰρ ἔκ τ' ἀδοξούντων ἰὼν κἀκ τῶν δοκούντων αὐτὸς οὐ ταὐτὸν σθένει 'das gleiche Wort von unberühmten und von berühmten (*oder:* von wichtig scheinenden) Personen hat nicht die gleiche Kraft' Hec 294f.' Den ἀδοξοῦντες werden also nicht, wie zu erwarten war, die εὐδοξοῦντες oder εὐδόκιμοι gegenübergestellt, sondern die δοκοῦντες. Dieses Partizip wird nun emphatisch gebraucht und bekommt dann die Bedeutung von εὐδόκιμοι, wie οἱ ἔχοντες bedeuten kann 'die viel Habenden, die Reichen' (M 5). Es ist aber charakteristisch für Euripides, daß er zugleich mit dem Gedanken spielt: 'die nur selbst meinen, bzw. nur scheinen so zu sein.'

Weiter sind Ausdrücke zu vergleichen wie: οἱ δοκοῦντες ἄρχειν τῶν ἐθνῶν 'die den Namen haben, zu herrschen' statt einfach οἱ ἄρχοντες τῶν ἐθνῶν Mk 10.42; ἀνδρὸς ἐν ὑπεροχῇ κειμένου 'ein Mann, der eine hohe Stelle innehatte' 2 Makk 3.11; πάντων τῶν ἐν ὑπεροχῇ ὄντων 1 Tim 2.2, τῶν ἐν ὑπεροχῇ δοκούντων 'die Angesehenen in der Macht' näher erklärt mit τῶν μέγα δυναμένων Epiktet Ench 33.12; und bei Josephus: τοὺς κατὰ τὴν χώραν προέχειν δοκοῦντας Bell 4.141, vgl. 4.159; Ant. 19.307.

G. Kittel folgert aus den aus Euripides, Epiktet und Josephus angeführten Stellen, daß für den Ausdruck οἱ δοκοῦντες in Gal 2.2ff. 'die Vermutung einer ironisierenden Aussage („die etwas sein wollen") unnötig' ist.[1] Dieses Argument trifft aber nicht zu. Tatsächlich kann ein Schriftsteller jedes Wort ironisch verwenden, auch wenn andere das nicht getan haben. Entscheidend ist nur, ob der unmittelbare Zusammenhang die ironische Bedeutung klarmacht.

Als Paulus um das Jahr 37 die Gemeinde in Jerusalem besucht, trifft er dort nur Petrus und Jakobus (Gal 1.18–19). Vierzehn Jahre später beim Apostelkonvent befinden sich dort nach Act 15.2ff. ἀπόστολοι καὶ προφῆται. Die führenden Personen sind Jakobus, Kephas und Johannes (Gal 2.9; vgl. Act 15.2ff.). Paulus nennt sie οἱ δοκοῦντες εἶναί τι 2.6a, οἱ δοκοῦντες στῦλοι εἶναι 2.9, und οἱ δοκοῦντες 2.2, 6b. Die Bedeutung von οἱ δοκοῦντες ist umstritten, aber, weil die vier Stellen eng zusammengehören, werden schwerwiegende Argumente nötig sein, um hier auf mehr als eine Bedeutung für das Partizip zu schließen.

In Gal 2.2 und 2.6b ist οἱ δοκοῦντες absolut gebraucht, und an sich wäre die bei Euripides belegte Bedeutung 'die Angesehenen' möglich, aber in Zusammenhang mit 2.6a und 2.9 kann der absolute Gebrauch hier nur als eine Ellipse für δοκοῦντες εἶναί τι bzw. δοκοῦντες στῦλοι εἶναι verstanden werden. So hat die Vulgata das getan, wenn sie übersetzt: *qui uidebantur aliquid esse* 2.2, 6a, 6b, und *qui uidebantur columnae esse* 2.9. Zudem begegnet der Ausdruck noch in 6.3: εἰ γὰρ δοκεῖ τις εἶναί τι μηδὲν ὤν.

Als Paulus nach Jahren den Galatern über den Apostelkonvent erzählt, ist die Erregung noch gut spürbar in Wendungen wie: ἵνα ἡμᾶς καταδουλώσουσιν 2.5, und: ὁποῖοί ποτε ἦσαν, οὐδέν μοι διαφέρει 2.6. Es geht um die Legitimität seiner Arbeit: μή πως εἰς κενὸν τρέχω ἢ ἔδραμον

---

[1] G. KITTEL, Art. δοκέω: ThWNT 2.235–236, ebd. 236. Vgl. W. FOERSTER, *Die* δοκοῦντες *in Gal 2:* ZNW 37, 1938, 286–292, G. KLEIN, *Galater 2. 6–9,* 236.

2.2. Viele Gespräche darüber mit seinen Gefährten müssen vorangegangen sein. So ist verständlich, daß in diesem kleinen Kreis die Ausdrücke οἱ δοκοῦντές τι εἶναι und δοκοῦντες στῦλοι εἶναι zur Ellipse οἱ δοκοῦντες geführt haben. Es fehlt jeder Beleg für die Vermutung einer weiteren Verbreitung dieser Aussage. Sie ist aber Ausdruck der Spannungen zwischen Paulus und seinen Opponenten in Jerusalem und damit abwertend und ironisierend gemeint, ähnlich wie τῶν ὑπερλίαν ἀποστόλων in 2Kor 11.5; 12.11 für die falschen Lehrer. Deshalb ist aber auch wahrscheinlich, daß bei den δοκοῦντες neben den drei στῦλοι kaum an die Propheten in Jerusalem zu denken ist. Sie auch bei L 3.

Schon Clemens von Rom hat die Ironie nicht mehr verstanden, wenn er schreibt: οἱ μέγιστοι καὶ δικαιότατοι στῦλοι 1 Clem 5.2. Dazu rechnet er die Apostel (5.3), Petrus (5.4) und auch Paulus (5.5).

Hat οἱ δοκοῦντες nicht die Bedeutung 'die Angesehenen, die Prominenten', so fällt die Parallele 'ein angesehener Mensch' im Talmud bTaan 15b, die Billerbeck in seinem Kommentar (3.537) herangezogen hat, weg.[1]

Geht man von der ironisierenden Bedeutung der Wendung aus, so paßt das Imperfekt ἦσαν in 2.6 am besten in den Zusammenhang, wenn man es auf die Zeit des Apostelkonvents bezieht.[2] Es handelt sich nicht um die persönlichen Eigenschaften dieser δοκοῦντες, sondern um den Eindruck, den ihre Stellung in der jungen Kirche macht, denn nur so paßt, was noch folgt: Gott läßt sich nicht von einer solchen Stellung beeindrucken, und sie haben Paulus keine Vorschriften gemacht.

R.D. Aus hat viele Belege aus der rabbinischen Literatur gesammelt, wo Personen bezeichnet werden als 'Säule', 'Grundstein', 'Felsen' und 'Haus'.[3] In einer Aussage, die auf Rabbi Nehorai (130–160 n.Chr.) zurückgeführt wird, werden die drei Patriarchen Säulen genannt (256). Und schon Philon nennt den Geist eines Rechtfertigen eine Säule im Haus: τὸν ὡς ἐν οἰκίᾳ στῦλον νοῦν μὲν ἐν ψυχῇ Migr 124. Das berechtigt aber nicht zur Vermutung, daß in der Jerusalemer Gemeinde Jakobus, Kephas und Johannes schon, wie die Patriarchen, Säulen genannt wurden, wie Aus behauptet. Die Kritik des Paulus wäre dann aber um so schärfer.

Daß Jakobus Gal 2.9 an erster Stelle genannt wird, ist verständlich, da er das Haupt der örtlichen Gemeinde ist (vgl. Act 12.17, C 16a) und beim Apostelkonvent vermittelt hat. Dazu kann man vermuten, daß Paulus noch einmal betonen will, daß die Stellung einer Person für Gott

---

[1] G. SCHUNACK, Art. δοκέω: EWNT 1.822–824, ebd. 824, ist der Meinung, daß οἱ δοκοῦντες auch in Verbindung mit εἶναί τι eine geprägte Wendung für die Angesehenen ist. Diese hätten dann etwa den Titel 'Die meinen, etwas zu sein'.
[2] Vgl. G. KLEIN, Galater 279.
[3] R.D. AUS, *Three Pillars and three Patriarchs: a proposal concerning Gal 2.9*: ZNW 70, 1979, 252–261.

und auch für ihn nicht wichtig ist. Die führende Stelle des Petrus wird angedeutet mit: ἱστορῆσαι Κηφᾶν 1.18, und καθὼς Πέτρος 2.7.

G. Klein macht sich das Verständnis schwierig, indem er Jakobus nicht als Apostel betrachtet, nicht unterscheidet zwischen der Kompetenz des Petrus in der Jerusalemer Gemeinde und der über die Gesamtheit der Gemeinden, und die drei δοϰοῦντες als ein Triumvirat bezeichnet.[1] Mit diesem Amtstitel aus der römischen Verwaltung könnte man versuchen etwa zu umschreiben, was Paulus bei οἱ δοϰοῦντες empfunden hat, nicht aber wie die Verhältnisse in Jerusalem zur Zeit des Apostelkonvents wirklich waren.

b. Man hat sich darüber gewundert, daß Paulus seinen Opponenten in Gal 2.7 und 8 Petrus nennt, in 2.9 aber, wie sonst immer, Kephas. Tatsächlich gebraucht er niemals den persönlichen Namen Sym(e)on/ Simon, sondern immer den aramäischen Ehrennamen oder Amtstitel Κηφᾶς, und zwar viermal in 1 Kor (1.12, 3.22, 9.5, 15.5) und viermal in Gal (1.18, 2.9, 11, 14), hingegen nur zweimal die griechische Übersetzung Πέτρος (Gal 2.7, 8, mit einer Variante in 1.18). Daß er in der Diskussion für seinen Gegner den Ehrennamen und Amtstitel wählt, ist an sich sehr verständlich. Die Frage ist nur, weshalb er in einem griechischen Text die aramäische Fassung Kephas bevorzugt. Weil das ein stilistisches Problem ist, könnte die Antwort demnach sein, daß jeder Mensch ab und zu ein Fremdwort verwendet, um mehr Eindruck zu machen. Für das griechische Πέτρος Gal 2.7, 8 reicht es zu vermuten, daß eine Abwechslung beabsichtigt wird, um sechsmal Κηφᾶς zu vermeiden. An sich ist die Tatsache der Übersetzung ein Hinweis darauf, daß das Wort als Ehrenname und nicht als Eigenname empfunden wurde.[2] Ein gutes Beispiel für eine solche Abwechslung durch Synonyme bietet derselbe Text in 2.7–8, wo in einem antithetischen Aufbau εὐαγγέλιον abwechselt mit dem Synonym ἀποστολή und ἀκροβυστία mit τὰ ἔθνη.[3] Das Stilmittel ist bekannt als *variatio* (μεταβολή).

G. Schwarz hat darauf hingewiesen, daß die Zeilen Gal 2.7bc und 8 in einem langen Satz ziemlich locker eingefügt worden sind und, ohne den Gedankengang zu stören, weggelassen werden können.[4] Er vermutet, daß die Zeilen auf eine aramäische Vorlage zurückgehen, die etwa

---

[1] G. KLEIN, *Galater* 289, 293, und DERS. *Rekonstruktion*, Nachtrag 125–128.
[2] Vgl. O. CULLMANN, Art. Πέτρος, Κηφᾶς: ThWNT 6.99–100; G. KLEIN, *Galater* 282f.; J.D. HESTER, *The use and influence of rhetoric in Galatians 2.1–14*: ThZ 42, 1986, 386–408, ebd. 402.
[3] Das ergibt auch noch einen Chiasmus: τῆς ἀκροβυστίας – τῆς περιτομῆς – τῆς περιτομῆς – εἰς τὰ ἔθνη. Hester (401) beachtet nur die Antithese.
[4] G. SCHWARZ, *Zum Wechsel von «Kephas» zu «Petrus» in Gal 1 und 2*: Biblische Notizen 62, 1992, 46–50.

als Diskussionsstück beim Apostelkonvent in Jerusalem vorgelegen
habe:

7b   ... πεπίστευμαι τὸ εὐαγγέλιον τῆς ἀκροβυστίας
7c   καθὼς Πέτρος τῆς περιτομῆς.
8a   ὁ γὰρ ἐνεργήσας Πέτρῳ εἰς ἀποστολὴν τῆς περιτομῆς
8b   ἐνήργησεν καὶ ἐμοὶ εἰς τὰ ἔθνη.

Schwarz (47) vermutet, daß beim Einfügen des Textes vor πεπίστευμαι die Partikel οὕτως weggefallen ist. Er hätte noch weitergehen können, denn vermutlich wurde bei der Anpassung 7a und b umgestellt. In
der Vorlage hat dann die Antithese in 7b sowie in 8a mit Petrus angefangen:

7c   καθὼς Πέτρος πεπίστευται τὸ εὐαγγέλιον τῆς περιτομῆς
7b   οὕτως Παῦλος ⟨πεπίστευται τὸ εὐαγγέλιον⟩ τῆς ἀκροβυστίας.

Daß ein solcher Text im Aramäischen vorgelegen hat, ist an sich gut
möglich. Schwarz versucht nun zu beweisen, daß Paulus beim Schreiben oder Diktieren diesen Text in einer griechischen Übersetzung
benützt hat, denn dort könnte das aramäische Kephas (*Kwpʾ*) mit Πέτρος
wiedergegeben sein. Diese Annahme ist unnötig kompliziert. Zudem
geht sie von einer Theorie aus, daß Paulus oder sein Sekretär das Wort
Πέτρος zwar übernehmen, aber nicht selbst als Synonym für Kephas
gebrauchen konnten.

4. *Schluß: Die zwölf Apostel*

Daß Paulus einmal die Elf die Zwölf nennt (1 Kor 15.5), ist keine
Aporie, wie sich gezeigt hat. Denn sein Irrtum ist verständlich und zeigt
nur, wie technisch die Bezeichnung 'der Zwölf' damals schon war.
    Bei der Bedeutungsentwicklung von ἀπόστολος muß vor allem zwi-
schen dem eigentlichen und dem übertragenen Gebrauch unterschieden
werden. Im eigentlichen Sinn ist das Wort synonym mit οἱ δώδεκα, es
umfaßt aber auch Paulus und ausnahmsweise Barnabas. Im übertragenen Sinn ist das Wort Ehrentitel für andere Mitarbeiter. In Gal 1.19
kann εἰ μή nur so verstanden werden, daß der Herrenbruder Jakobus zu
den Aposteln gerechnet wird.
    Das Traditionsstück Did 11–15 zeigt sehr alte Verhältnisse, so wie
diese gerade nach dem Tode des Stephanus und nach der Flucht der
Hellenisten aus Jerusalem bis nach Kypros vorstellbar sind. Bei den
herumziehenden Missionaren werden nur die Apostel (im eigentlichen
Sinn) und die Propheten unterschieden. Sie besuchen kleine, zerstreute
Gruppen, die noch eine Gemeinde bilden müssen. Ihre Gesichter und
Stimmen sind dort nicht immer bekannt. Es fehlt jede Angabe dafür,
daß Wandermissionare außer den Zwölf im eigentlichen Sinn Apostel
genannt wurden. Diese Erklärung macht es wahrscheinlich, daß die

Bezeichnung der Zwölf als Apostel vorösterlich ist, so wie es Lk 6.13 aussagt.

Das Wort ἄγγελος ist ein technischer Terminus für die Engel als Boten Gottes, und wird deshalb nur ausnahmsweise in 1 Tim 3.16 für die Glaubensverkünder als irdische Boten verwendet.

Die Wendungen οἱ δοκοῦντες εἶναί τι, οἱ δοκοῦντες στῦλοι εἶναι, und elliptisch οἱ δοκοῦντες in Gal 2.2 ff. sind ironisierende Bezeichnungen für die Apostel, die Paulus in Jerusalem getroffen hat.

Die Abwechslung von Kephas mit Petrus in Gal 2.7 f. läßt sich hinreichend erklären als ein eine *variatio*, ein Stilmittel um Monotonie zu vermeiden.

B. Propheten, Lehrer, Evangelisten, Hirten

1. Προφήτης und διδάσκαλος in der klassischen Gräzität, im AT und in den Evangelien

a. Das Substantiv προφήτης[1] (aus πρό und dem Stamm φη-) ist allgemeingriechisch. Es bezeichnet jemand, der im Namen eines Gottes spricht und dessen Willen offenbart. So seit Pindar: Διὸς προφάτας Nem 1.60. In der Septuaginta ist es regelmäßig Übersetzung von *nabî'* als Bezeichnung für Propheten und Personen, die mit Propheten gleichgestellt werden, wie Abraham, Gen 20.7, und Aaron, Ex 7.1 usw.

Im NT bezeichnet es:

1. einen heidnischen Dichter, Tit 1.12;
2. die alttestamentlichen Propheten: ἐν τῷ Ἡσαΐᾳ τῷ προφήτῃ Mk 1.2 usw., so im weiteren Sinn auch Mt 13.57, und Menschen, die Jesus aussenden wird, 23.34; vgl. 1 Makk 4.46; 14.41;
3. Johannes den Täufer: ὅτι προφήτης ἦν Mk 11.32, Lk 1.76; er ist mehr als ein gewöhnlicher Prophet: περισσότερον προφήτου Mt 11.10; Hanna ist Prophetin, προφῆτις Lk 2.36, Zacharias prophezeit: ἐπροφήτευσεν 1.67, und in ähnlicher Weise reden Elisabeth und Symeon, 1.41f.; 2.25ff.
4. Jesus Mk 6.15, emphatisch gebraucht (M 5): οὗτός ἐστιν ὁ προφήτης Ἰησοῦς *'der* Prophet' Mt 21.11;
5. die Propheten in Apk 10.7 usw.; s. unten bei B 7;
6a. prophetisch begabte Christen, Pneumatiker oder Charismatiker, und
6b. christliche Wanderpropheten.

Für unsere Untersuchung sind nur die Bedeutungen 5 und 6ab wichtig.

b. Das allgemeingriechische Wort ὁ/ἡ διδάσκαλος 'Lehrer(in)', abgeleitet von διδάσκω 'lehren', bezieht sich in der klassischen Gräzität auf die Lehrtätigkeit im Elementarunterricht, z.B. εἰς διδασκάλων... φοιτᾶν 'in die Schule gehen' Platon Prot 326c, und auf den Unterricht in einem bestimmten Fach (τέχνη). So sind Nymphen Lehrerinnen der Weissagung: παρθένοι... μαντείης... διδάσκαλοι HomHymnMerc 556, und heißt ein Musiklehrer: διδάσκαλος μουσικῆς Platon Lach 180d. In Athen haben die Tragödien- und Komödiendichter selbst die Chöre einstudiert, und insofern waren sie selbst auch διδάσκαλοι, wie Aristophanes sagt: πάντες ἐσμὲν οἱ διδάσκαλοι Μουσάων θεράποντες ὀτρηροί, κατὰ τὸν Ὅμηρον Av 912. Ferner ist der philosophische und religiöse Lehrer ein διδάσκαλος.

---

[1] Vgl. H. KRÄMER-R. RENDORFF-R. MEYER-G. FRIEDRICH, Art. προφήτης: ThWNT 6.781–863; dazu die Literatur in 10.1250–1254; F. SCHNIDER, Art. προφήτης: EWNT 3.442–448.

Sokrates will nicht wie die Sophisten ein διδάσκαλος sein: ἐγὼ δὲ διδάσκαλος μὲν οὐδενὸς πώποτ' ἐγενόμην Platon Apol 33a. Aristophanes nennt
ihn aber so, und zwar abwertend: καταρᾷ σὺ τῷ διδασκάλῳ; Nub 871,
vgl. 1147. Das Wort ist hier emphatisch gebraucht (M 5), insoweit aus
dem Zusammenhang ohne weiteres klar ist, wer mit dem Lehrer
gemeint wird. Epiktet beansprucht den Titel für sich selbst: τὸν διδάσκαλον ὑμῶν Diatr 1.9.12, vgl. 2.21.10; 4.6.11, Philon für Mose: διδάσκαλος θείων Gig 54. Eine Neubildung für den Elementarschullehrer ist
γραμματοδιδάσκαλος Teles (3. Jh. v. Chr.) 50 H., SIG 578.8 (Teos, 2. Jh.
v. Chr.) und für den Chortrainer χοροδιδάσκαλος Aristophanes Eccl
809.

Das Substantiv διδάσκαλος wird auf Personen übertragen, die mit
einem Lehrer verglichen werden. Aischylos nennt die Quelle des Feuers
die Lehrerin jeder Kunst: διδάσκαλος τέχνης πάσης Prom 110, Apollon
einen Lehrer für Orest, Eum 279, Okeanos für Prometheus, Prom 322.
Platon nennt so die Götter Lehrer: ἄρχοντας καὶ διδασκάλους θεούς
Menex 238b, und den Erzähler wichtiger Ereignisse, Ep 352e, Demosthenes einen Informanten, Or 7.23; 17.29. Die übertragene Bedeutung
ist manchmal abwertend. So nennt der Philosoph Heraklit den Dichter
Hesiod einen διδάσκαλος πλείστων Frgm. 57D, vgl. Frgm. 104, und
Josephus Kain διδάσκαλος πονηρῶν ἐπιτηδευμάτων Ant 1.61, vgl. Philon
SpecLeg 3.11.[1]

Liddell-Scott-Jones 9. Aufl. s.v. unterscheidet nicht den eigentlichen
(technischen) und den übertragenen, auch nicht den abwertenden
Gebrauch. A. F. Zimmermann, der die Arbeit K. H. Rengstorfs weiter-
führt, betrachtet die übertragenen Bedeutungen 'mit extremen Ver-
wendungen' (90) als technisch und meint somit, daß das Wort διδάσκαλος hier mit 'Ratgeber, Verführer, Berichterstatter, Informant' u.ä.
übersetzt werden kann. Die Verfasser dieser Texte verwenden aber
bewußt eine Bildersprache, und für eine neue technische Bedeutung
sollte man nachgehen, inwiefern sie sich dieser Bildersprache nicht
mehr bewußt waren. Die Untersuchung Zimmermanns leidet nun
daran, daß nicht untersucht wird, ob und inwiefern eine Bedeutung
technisch geworden ist. Faktisch werden alle Bedeutungen in gleichem
Maße als technisch betrachtet. Auch wird nicht immer damit gerechnet,
daß ein Wort mehrere Bedeutungen haben kann. Im übrigen sei für
viele Einzelheiten auf diese Arbeit verwiesen.

Das gewöhnliche hebräische Verb für 'lehren' ist *lmd* pi. Das Partizip
m^elammed bedeutet 'lehrend', substantiviert '(der) Lehrende'. Die Septuaginta übersetzt immer mit einem Partizip διδάσκων und nirgends mit

---

[1] Vgl. K. H. Rengstorf, Art. διδάσκαλος: ThWNT 2.150–163; H.-F. Weiss, Art.
διδάσκαλος: EWNT 1.764–769; A. F. Zimmermann, *Die christlichen Lehrer,* Tübingen 2. Aufl. 1988.

διδάσκαλος. Das weist darauf hin, daß die Übersetzer das Partizip nicht als Namen für den Lehrer im technischen Sinne verstanden haben. Es wäre zwar nicht immer leicht gewesen, beim Substantiv διδάσκαλος das Objekt des Partizips in einen Genetivus obiectivus umzusetzen, z.B. bei: διδάσκων χεῖράς μου εἰς πόλεμον 2 Sam 22.35, vgl. Ps 19 (18).35; 93 (94).10; 143 (144).1, Prov 5.13, aber man findet auch ὑπὲρ πάντας τοὺς διδάσκοντάς με Ps 118(119).99, wo πάντας τοὺς διδασκάλους μου gut möglich gewesen wäre.

Als Synonym mit *lmd* pi. findet man *jrh* hi., das in der Septuaginta sehr unterschiedlich übersetzt wird, dazu auch mit διδάσκω, z.B. ἐδίδασκόν με Prov 4.4, προφήτην διδάσκοντα ἄνομα Jes 9.14. Das substantivierte Partizip *môræh* 'Lehrer' wird übersetzt mit παιδεύοντός με Prov 5.13 und νομοθετῶν Ps 83 (84).7 (wo das Wort auch in der Bedeutung 'Frühregen' verstanden werden kann). Joel 2.23 *æt̲-hammôræh liṣᵉd̲åqåh*, das in der Septuaginta βρώματα εἰς δικαιοσύνην geworden ist, kann übersetzt werden als 'Frühregen der Gerechtigkeit', aber auch als 'Lehrer der Gerechtigkeit', und das könnte dazu geführt haben, daß in Qumran der Ausdruck *mwrh ṣdq* für den 'Lehrer der Gerechtigkeit' aufgekommen ist, CD 1.11 u.ö.

Ein drittes Verb ist *bjn* hi. als Kausativ 'zur Einsicht bringen, unterweisen', in der Septuaginta übersetzt mit συνετίζω. Das Verb drückt in nachexilischer Zeit eine Aufgabe der Leviten aus: οἱ Λευῖται οἱ συνετίζοντες τὸν λαόν 2 Esdr 18.9 (Neh 8.9), vgl. 2 Esdr 18.7 (Neh 8.7).

Das Substantiv διδάσκαλος begegnet nur zweimal: εἶπε τῷ διδασκάλῳ (v.l. διακόνῳ) Esth 6.1 (ohne Äquivalent im Grundtext) und: Ἀριστοβούλῳ διδασκάλῳ Πτολεμαίου 2 Makk 1.10.

Das AT bietet wenig Anlaß, den Lehrer des gewöhnlichen Unterrichts zu erwähnen, so wie hier in 2 Makk 1.10. Dazu kommt noch, daß ein Amtstitel fehlte. Auch ein spezifischer Religionslehrer oder Gesetzeslehrer wird nicht genannt. Nur die Leviten in den eben erwähnten Stellen aus 2 Esdr (Neh) könnten als solche betrachtet werden, aber dann noch immer ohne Amtstitel. Der spätere Titel ist abgeleitet von *rab̲* 'viel, eine große Menge, groß'. Als Substantiv begegnet es im AT in der Bedeutung 'Oberst, Anführer', z.B. *rab̲ hahob̲el* πρωρεύς 'Schiffskapitän' Jon 1.6. Emphatisch gebraucht (M 5), ist das Wort Amtstitel für Lehrer geworden, oft mit Suffix *rabbî* 'mein Lehrer'.[1] Rab ohne weiteres, also mit Emphase, ist Name für Abba Areka (†247): 'so lange Rab̲ lebte' bHull 95b, Rabbi für R. Jehuda ha-Nasi (um 200): 'Seit den Tagen Mošes bis auf Rabbi' bGitt 59a.[2]

Aus dieser Übersicht dürfte klar sein, daß es keinen Grund gibt, zu

---

[1] Andere semitische Sprachen, wo das Wort in der Bedeutung 'Lehrer' geläufig war, können Einfluß ausgeübt haben. Vgl. dazu Zimmermann 86f.
[2] Vgl. M. Jastrow, *A Dictionary of the Targumim, the Talmud Babli and Yerushalmi, and the Midrashic literature,* New York 1903/1950, s.v.

vermuten, wie es Zimmermann tut (91), daß das Judentum das Wort διδάσκαλος anfangs vermieden hat.

Zimmermann (69 ff.) legt großen Wert auf drei Ossuar-Inschriften CIJ 2.1266, 1268 und 1269 (auch in SupplEpigrGraec 8.179 ff.), die 1930 in Jerusalem ausgegraben wurden. Am besten erhalten ist 1266 (179). Man findet hier den Eigennamen Theodotion in hebräischer Schrift (*TDṬYWN*) und dazu griechisch ΔΙΔΑΣΚΑΛΟΥ, was sicher als Amtstitel zu verstehen ist. Daraus folgt, daß Juden sich in der Zeit vor 70 mit diesem Titel bezeichneten. Das NT zeigt Mt 23.8, Joh 1.38, daß διδάσκαλος äquivalent ist mit *raḇ* oder *rabbî* '(mein) Lehrer'. Das Suffix *-î/*μου bleibt unübersetzt.

Im NT is διδάσκαλος ein Titel für jüdische Lehrer, Lk 2.46, Röm 2.20 u.ö., für Johannes den Täufer, Lk 3.12, für Jesus, Mk 5.35, 10.17 u.ö., und für urchristliche Lehrer (unten B 2).

Man hat darauf hingewiesen, daß Matthäus statt διδάσκαλε als Anredetitel für Jesus κύριε bevorzugt, wenn die Jünger den Herrn anreden. Der Evangelist bzw. dessen Übersetzer vermeidet dann διδάσκαλος, insofern er einen höheren Anredetitel bevorzugt. Zimmermann, der die Stellen untersucht hat (148–150), wundert sich über die Ausnahme in Mt 23.8: ὑμεῖς δὲ μὴ κληθῆτε ῥαββί· εἷς γάρ ἐστιν ὑμῶν ὁ διδάσκαλος. Für den Ausdruck 'jemand Rabbi nennen' hat das Hebräische bzw. Aramäische das Verb *qr'* q. mit der Präposition *lᵉ* (aus *šem lᵉ*), Gen 1.5. Bei der Übersetzung von Mt 23.8 ins Griechische war, zumal Anführungszeichen fehlten, ein Vokativ «διδάσκαλε» nicht möglich, auch nicht nach ὑμεῖς ein Singular mit Possesivpronomen μου, und man hätte den Satz völlig umdrehen müssen, wie Lk 6.46 in einem Fragesatz ohne Verneinung: τί με καλεῖτε· κύριε, κύριε; Bei einer Übersetzung: ὑμεῖς μὴ κληθῆτε διδάσκαλοι, ähnlich wie Mt 23.10: μηδὲ κληθῆτε καθηγηταί, wäre die Anspielung auf die Anredeform ῥαββί unklar und die Aussage unverständlich geworden. Auch mit κύριος statt διδάσκαλος in 23.8b würde die Anspielung verloren gehen. Die Ausnahme ist also durch die Übersetzung bedingt.

In Mt 23.9a fehlt ein Objekt. Man erwartet μηδένα statt μή, aber das kann durch die Übereinstimmung mit μὴ κληθῆτε in 8a veranlaßt sein. Daß ein Objekt fehlt und aus dem Zusammenhang ergänzt werden muß, ist im übrigen eine nicht ungewöhnliche Form der Brachylogie.[1] Nach Zimmermann (164) paßt καλέσατε im Aktiv nicht in die Reihe zu 8a und 10a. Es besteht aber kein Gesetz, daß ein Schriftsteller oder Übersetzer dreimal das Passiv verwenden muß, vielmehr ist die Variation stilistisch besser. So wird auch das Objekt πατέρα betont vorangestellt und durch ein gewöhnliches Hyperbaton von ὑμῶν getrennt.[2]

---

[1] Dazu KÜHNER-GERTH 2.2.561–563 §597b.
[2] Für das Hyperbaton vgl. KÜHNER-GERTH 2.2.600–602 §607.1, BLASS-DEBRUNNER-REHKOPF §477.1.

Außerdem enthält der Satz einen kunstvollen Chiasmus: πατέρα... ὑμῶν... ὑμῶν ὁ πατήρ.[1]

Zimmermann (166) findet noch ein Problem in 8b, 9b, 10b, weil das Subjekt des Begründungssatzes schwankt, aber er sollte beweisen, daß diese stilistische Variation hier nicht gestattet ist.

Das Jesuswort untersagt nicht, daß noch je für jemand der Titel Lehrer oder Vater gebraucht wird. Gesagt wird nur, daß niemand im gleichen Sinne wie der Herr 'Lehrer' genannt werden kann und niemand auf Erden 'Vater' so wie der Vater im Himmel. Tatsächlich werden die zwei Titel in emphatischer Bedeutung (M 7) dem Herrn bzw. dem Vater im Himmel vorbehalten. Untersagt wird, sie in diesem Sinn für Gemeindemitglieder zu verwenden. Und dieses Verbot ist an sich auch nur ein Stilmittel, um die besondere Stellung des Herrn und die des Vaters im Himmel hervorzuheben.[2]

In Mt 23.10 wird nun in gleicher Weise καθηγητής emphatisch für Christus gebraucht und auf die Gemeindemitglieder übertragen. Abgeleitet vom Verb καθηγέομαι 1. 'vorangehen, den Weg weisen', 2. (selten) 'unterrichten', bedeutet das Substantiv 1. an einer einzigen Stelle bei Liddell-Scott-Jones 'Wegweiser' und 2. öfters 'Lehrer'. Im NT begegnet es nur an der genannten Stelle (und als Variante 23.8). Es findet sich nicht in der Septuaginta und bei den Apostolischen Vätern. Das hebräische Äquivalent dürfte das im AT und jetzt auch in Qumran gefundene Partizip *môræh* sein.

Zimmermann (166) findet in καθηγητής einen Hinweis auf christliche Lehrer, aber das kann nur in einem sehr umfassenden Sinn der Fall sein, weil das Wort nicht Amtstitel ist. Das bestätigt der Satz, der im Text unmittelbar folgt: ὁ δὲ μείζων ὑμῶν ἔσται ὑμῶν διάκονος 23.11, denn im Zusammenhang ist deutlich ein niedriger Diener gemeint, nicht ein Diakon. Und der Übersetzer erwartet kein Mißverständnis. Er hätte dann sehr leicht ein Synonym wie ὑπηρέτης wählen können.

---

[1] Das macht es weniger wahrscheinlich, daß das erste ὑμῶν partitiv oder als ein Aramäismus für ὑμᾶς zu verstehen ist. Vgl. aber den Genetivus subiectivus, der mit einem Genetiv des Vergleichs einen Chiasmus bildet in Mt 23.11.
[2] Dazu ZIMMERMANN 166–168. Zimmermann (116) findet 'eine nicht geringe Spannung' zwischen 1 Kor 3.11, wo Christus θεμέλιον genannt wird, und Eph 2.20, wo die Apostel und die Propheten so bezeichnet werden. Für das Existieren dieser Spannung wäre aber zu beweisen, daß der übertragene Gebrauch des Wortes θεμέλιον Christus vorbehalten ist.

2. *Propheten und Lehrer in der Didache*

Das Aufführen der Titel:
    Apostel – Prophet – Lehrer 1 Kor 12.28f., Did 11.3,
    Apostel – Prophet Eph 2.20, 3.5, Apk 18.20, Did 11.3,
    Apostel – Prophet – Evangelist – Hirte – Lehrer Eph 4.11,
    Prophet – Lehrer Act 13.1, Did 15.1, 2,
legt die Vermutung nahe, es handle sich um eine Reihenfolge der
Kompetenz oder Würdigkeit, und das um so mehr, als es später eine
Trias von Bischof – Presbyter – Diakon gibt. Ein Beweis dafür fehlt
jedoch. Sicher kann man nicht sagen, daß eine vorgeschlagene Lösung
richtig ist, weil man eine Trias der Kompetenz gefunden hat. Das Wort
Trias kann auch leicht den Eindruck erwecken, es handle sich um einen
genauen pyramidalen Aufbau der Kompetenz.

H. Merklein sucht 'die vorpaulinische Gestalt und das ursprüngliche
Verständnis der Trias.' In der Didache findet er aber nur 'das Bild der
Apostel, Propheten und Lehrer zur Zeit ihrer Abfassung (90–100)...,
was wahrscheinlich nicht mehr dem ursprünglichen entspricht.'[1] Dagegen wurde schon bei A 2 h auf den archaischen Charakter der einzelnen
Stücke hingewiesen, die deshalb ein wichtiges Zeugnis für ältere Verhältnisse sind. Siehe auch bei L 1.

Friedrich (ThWNT 6.861), der ebenfalls die Didache nur als ein
Zeugnis für das 2. Jh. betrachtet, nennt die Propheten der Didache
'Gemeindepropheten', und das macht den Eindruck, daß sie Amtsträger
in einer Gemeinde waren, während die Didache sie als herumziehende
Missionare von den Gemeindeleitern unterscheidet.

In Did 11.1 verbindet ταῦτα πάντα τὰ προειρημένα das neue Stück mit
dem vorangehenden, so wie ταῦτα πάντα προειπόντες in 7.1. Die darge-
legte Lehre bietet den Adressaten ein Mittel zur Beurteilung der besuchenden Missionare. Zu unterscheiden sind Personen, die das vorher
Mitgeteilte lehren (ὃς ἂν διδάξῃ), und solche, die eine andere Lehre
unterrichten: ἐὰν... ὁ διδάσκων... διδάσκῃ ἄλλην διδαχήν 11.1–2. Das
Verb διδάσκειν bezieht sich hier auf alle besuchenden Glaubensverkünder, ob sie ἀπόστολος, προφήτης oder διδάσκαλος sind, oder vielleicht
gar kein Amt innehaben. Der Text formuliert genau mit dem Partizip ὁ
διδάσκων 'der, der lehrt', wie Wengst (83) und Niederwimmer (212)
richtig übersetzen, auch Audet ('qui enseigne' 432), nicht mit dem
Substantiv ὁ διδάσκαλος 'der Lehrer, le docteur'. So Rordorf-Tuilier
(183). Es handelt sich um alle lehrenden Besucher, nicht um eine eigenständige 'Gruppe der Lehrenden', wie Neymeyr sie nennt (140) und
sicher nicht um *die* διδάσκαλοι. Ab 11.3 werden die einzelnen Gruppen
behandelt, und dann fehlen gerade die Lehrenden.

---

[1] H. Merklein, *Das kirchliche Amt nach dem Epheserbrief,* München 1973, ebd. 249.

Grundlegend für das Verständnis der Didache war bei A 2*h* die Tatsache, daß 15.1 sich an Gruppen wendet, die noch keine eigentliche Gemeinde bilden, weil sie keine Amtsträger haben. Sie werden deshalb angeregt, sich Episkopen und Diakone zu wählen, da diese den gleichen Dienst leisten wie die Propheten und die Lehrer: χειροτονήσατε οὖν ἑαυτοῖς ἐπισκόπους καὶ διακόνους... ὑμῖν γὰρ λειτουργοῦσι καὶ αὐτοὶ τὴν λειτουργίαν τῶν προφητῶν καὶ διδασκάλων Did 15.1.

Es handelt sich hier um eine Gemeinde, die noch keine Episkopen und Diakone, also noch keine eigene Verwaltung hat, und deshalb auf die Dienste der herumziehenden Propheten und Lehrer angewiesen ist, für deren Besuch Regeln gegeben werden (11.1 ff.). Das weist nicht auf Gegensätze hin und auf einen Versuch, diese auszugleichen, wie Niederwimmer annimmt (*Didache* 241). Falls mit der λειτουργία, welche die Gruppe selbst nicht leisten kann, die Armensorge oder der Glaubensunterricht gemeint ist, könnte man sagen, daß die Gruppe das auch ohne Episkopen und Diakone hätte organisieren können. Bleibt als wichtigster Grund die Feier der Eucharistie. Daß dies nicht ausdrücklich gesagt wird, erklärt sich durch seine Selbstverständlichkeit. So enthält diese Stelle einen alten Hinweis darauf, daß die Feier der Eucharistie bestimmten Amtsträgern vorbehalten war.

Die vier Namen deuten auf Amtstitel hin. Sie werden bei den Adressaten als bekannt vorausgesetzt und sind also technische Termini. Einen Unterschied zwischen Propheten und Lehrern nennt der Text nicht. Aus anderen Texten ist aber klar, daß in der Apostolischen Zeit die Gaben der Charismatiker als prophetisch gekennzeichnet wurden. Das trifft zu für die Töchter des Philippus, die προφητεύουσαι heißen, Act 21.9, und für den Propheten Agabus, der eine große Hungersnot voraussagt, ebd. 11.28, vgl. 21.10. Zudem können alle Gemeindemitglieder prophetisch wirken, 1 Kor 14.1 ff. (vgl. bei B 3*c* und 5). Das entspricht dem Wortgebrauch für Personen, die in den Evangelien als prophetisch gekennzeichnet werden (B 1, 3*c* und 5). Also ist nicht jeder προφήτης ein herumziehender Glaubensverkünder, aber umgekehrt liegt die Vermutung nahe, daß die herumziehenden Propheten sich von anderen, und namentlich von den διδάσκαλοι, darin unterschieden, daß sie Charismatiker waren.

Die Episkopen und Diakone, die die Gruppe wählen muß, müssen würdig sein: ἀξίους τοῦ κυρίου, ἄνδρας πραεῖς... 15.1. Schöllgen (*Kirchenordnung* 18 und 24) schließt daraus, daß es offensichtlich unwürdige Amtsträger gegeben hat. Das sagt der Text aber bestimmt nicht. Das Wort ἀξίους steht in einer kurzen Aufzählung der guten Eigenschaften, die jeder Amtsträger haben muß. Sie kann der Gemeinde bei der Wahl als Grundlage dienen. Weshalb die Wahl notwendig ist, steht ausdrücklich im nächsten Satz, der deswegen mit γάρ eingeleitet wird: ὑμῖν γὰρ λειτουργοῦσι καὶ αὐτοὶ τὴν λειτουργίαν τῶν προφητῶν καὶ διδασκάλων. Durch eigene Amtsträger wird die junge Gemeinde unabhängig vom unregelmäßigen Besuch der Propheten und Lehrer, und das, wie gesagt, namentlich für die Feier der Eucharistie.

Es ist auffällig, daß in Did 11.7–12, wo es sich um den Empfang der Propheten handelt, die Lehrer nicht genannt werden. Nach dem Abschnitt über den Empfang aller christlichen Besucher wird in 13.1–7 über Propheten gesprochen, die seßhaft werden (καθῆσθαι). Sie haben dann ein Recht auf Nahrung. Für wie kurze oder wie lange Zeit, wird nicht gesagt. In 13.2 wird nun eine Erwähnung der Lehrer eingeschoben: ὡσαύτως διδάσκαλος... Diese haben das gleiche Recht, offenkundig für den Fall, daß sie seßhaft werden. Daß das nicht ausdrücklich gesagt wird, erklärt sich aus der ungeschickten Weise der Einfügung.

Ist diese Annahme richtig, so geht 13.1–7 ursprünglich davon aus, daß alle herumziehenden Glaubensverkünder Charismatiker waren. Das weist wieder auf einen sehr alten Zustand hin. Die διδάσκαλοι werden sowenig genannt (3mal gegenüber den Propheten 15mal), weil sie verhältnismäßig neu sind. Durch die Einfügung von ὡσαύτως διδάσκαλοι... in 13.2 wird erreicht, daß die vorausgesetzte Situation mit der neuen von 15.1 in Übereinstimmung gebracht wird. Es gibt jetzt auch διδάσκαλοι, die nach 13.1–2 wie die Propheten seßhaft sein können, aber 13.4 setzt so gut wie 15.1 voraus, daß Gemeinden normalerweise noch keine Propheten (und Lehrer) haben. Die empfohlene Lösung ist nicht, daß man die herumziehenden Missionare bittet, seßhaft zu werden, sondern daß die Gemeinden aus der eigenen Mitte Episkopen und Diakonen wählen.

Die Termini προφήτης und διδάσκαλος sind also Synonyme. Die Synonymie ist aber partiell (siehe bei M 7). Die Altertümlichkeit der Traditionsstücke weist darauf hin, daß diese Bedeutungsentwicklung sehr früh stattgefunden hat.

Nicht zu dieser Synonymie gehört jedoch das Wort προφῆται in 10.7: τοῖς δὲ προφήταις ἐπιτρέπετε εὐχαριστεῖν, ὅσα θέλουσιν. Dem Zusammenhang nach waren diese Propheten Gemeindemitglieder, die, ob Amtsträger oder nicht, Charismatiker waren, wie die Propheten in 1 Kor 14.29–32 (B 3c) und die Töchter des Philippus, Act 21.7.

Wie ἀπόστολος in 11.4 mit Emphase (M 5) 'der wahre Apostel'

---

[1] Gegen eine sehr frühe Datierung dieses Stückes könnte das Wort χριστιανός in 12.4 angeführt werden, weil diese Bezeichnung nach Act 11.26 zuerst in Antiochien aufkam. Das Wort fehlt aber in der wörtlichen Wiedergabe der äthiopischen Übersetzung und E. PETERSON, *Frühkirche, Judentum und Gnosis*, Freiburg 1959: *Christianus* 46–87, ebd. 87, hat schon vermutet, daß es hier nicht ursprüglich ist. J. TAYLOR, *Why where the disciples first called "Christians" at Antioch? (Acts 11.26)*: RB 101, 1994, 75–94, vermutet, daß der Name als eine lateinische Bildung auf *-anus* seinen Ursprung bei Unruhen unter der Regierung des Claudius in 39–40 n.Chr. in Antiochien fand.

bedeutet, so auch προφήτης 'der wahre Prophet' 11.7; 11.8; 13.3, 6. Erklärend kommt ἀληθινός hinzu: προφήτης δεδοκιμασμένος ἀληθινός 11.11, προφήτης ἀληθινός 13.1, gleichfalls διδάσκαλος ἀληθινός 13.2.

Die Regeln für den Empfang der Propheten (und Lehrer) sind ausführlicher als die vorangehenden für den Empfang eines Apostels (Did 11.3–6, vgl. bei A 2*h*), aber das beweist nur, daß hier das Problem größer war, um die falschen Missionare zu unterscheiden.

U. Neymeyr hat die christlichen Lehrer und ihre Lehrtätigkeit im 2. und im beginnenden 3. Jh. eingehend untersucht.[1] Es geht ihm um eine eigenständige Gruppe von Lehrern, besonders Wanderlehrern und Katecheten, die sich von den Amtsträgern unterschieden, aber auch von den vielen Christen, die in der eigenen Umgebung die neue Lehre verbreiteten, und von Eltern, die ihre Kinder unterrichteten (1–8).

Für solche Lehrer in Syrien weist Neymeyr (139–155) zuerst auf die Didache. Zu bemerken ist aber, daß nach Did 15.1 die διδάσκαλοι wie die προφῆται eine λειτουργία leisten, die von den Episkopen und Diakonen übernommen werden muß. Es ist dann zwar möglich, daß diese διδάσκαλοι vornehmlich unterrichtet haben, aber der Text sagt strikt genommen, daß sie zu den Amtsträgern gehörten. Sehr wahrscheinlich hatten sie dann eine Aufgabe bei dem im vorangehenden Stück (9–10) besprochenen Sonntagsgottesdienst.

In Did 4.1 und öfters in der Zwei-Wege-Lehre wird der Adressat als τέκνον angeredet und angeregt, dessen zu gedenken, der ihm das Wort Gottes verkündigt: τέκνον μου, τοῦ λαλοῦντός σοι τὸν λόγον τοῦ θεοῦ μνησθήσῃ. Mit dieser herkömmlichen Anredeformel zeigt der Verfasser, daß er die Absicht hat, zu unterrichten. Der Satz erinnert an Hebr 13.7, wo τῶν ἡγουμένων steht. Daß der Verfasser selbst ein Amt innehatte, ist dann wahrscheinlich, es muß aber nicht notwendig das eines διδάσκαλος gewesen sein. Im übrigen braucht die Zwei-Wege-Lehre nicht gleich alt zu sein wie 11.3ff. Siehe ferner bei B 8.

A. de Halleux hat mit Recht die Versuche angefochten, in der Didache von vornherein eine Trias der Ämter zu finden.[2] Er will aber in der Verbindung τῶν ἀποστόλων καὶ προφητῶν 13.3 die Konjunktion καί epexegetisch auffassen, so daß die beiden Substantive als Hendiadyoin (und somit als Synonyme) zu verstehen seien, und übersetzt 'des

[1] U. NEYMEYR, *Die christlichen Lehrer im zweiten Jahrhundert. Ihre Lehrtätigkeit, ihr Selbstverständnis und ihre Geschichte,* Leiden 1989. H.-A. STEMPEL, *Der Lehrer in der 'Lehre der zwölf Apostel':* VCh 34, 1980, 209–215, nimmt an, daß 'das Amt des freien charismatischen Lehrers... lautlos gestorben' ist (215); vgl. dazu Neymeyr 152 Anm. 71. Neymeyr (150) versteht aber ὡσαύτως 'in gleicher Weise' Did 13.2 nicht demonstrativ, sondern relativ 'in gleicher Weise wie (die Lehrer)'. Dadurch dreht er die Verhältnisse um und folgert dann, daß 13.1–7 sich ursprünglich auf die διδάσκαλοι bezogen hat.
[2] A. DE HALLEUX, *Les ministères dans la Didachè:* Irénikon 53, 1980, 5–29, ebd. 13.

apôtres qui sont aussi prophètes' (13). Als Beweis führt de Halleux an,
daß nach καί der Artikel τῶν fehlt, während Rordorf-Tuilier in der
Übersetzung den Artikel wiederholen. Dies ist aber im Französischen
eine Sache des Wohlklanges. Die von de Halleux aus dem Griechischen
angeführten Stellen zeigen, daß das Wiederholen des Artikels den
Unterschied zwischen Personen und Sachen betonen kann, z.B. in ὁ
ψευδοπροφήτης καὶ ὁ προφήτης Did 11.8, ὁ βαπτίζων καὶ ὁ βαπτιζόμενος
7.4. Im letzten Fall würde das Nichtwiederholen den Satz sogar unklar
machen. Demgegenüber stehen: ὑπὲρ τῆς ζωῆς καὶ γνώσεως 9.3, ὑπὲρ τῆς
γνώσεως καὶ πίστεως καὶ ἀθανασίας 10.2. Hier sind ζωή, γνῶσις, πίστις
und ἀθανασία zwar eng verbunden, aber dennoch nicht Synonyme. Das
sieht im übrigen auch de Halleux, wenn er schreibt: 'les choses visées
sont compris en hendiadys, toutes différentes qu'elles restent en soi.'
    Es fällt auf, wie de Halleux richtig bemerkt (13), daß Did 11.5f. die
falschen Apostel falsche Propheten genannt werden; aber ψευδαπόστολος und ψευδοπροφήτης sind Synonyme, und der Verfasser kann für alle
falschen Wandermissionare denselben Namen gebrauchen. Bei einer
frühen Datierung dieses Stückes ist es auch sehr gut möglich, daß ihm
das Wort ψευδαπόστολος, das Paulus 2Kor 11.13 geprägt hat, noch
nicht bekannt war.

3. *Propheten und Lehrer im Corpus Paulinum*

a. Paulus gebraucht das Wort προφήτης für die alttestamentlichen Propheten, Röm 1.2 u.ö, aber das kann hier außer Betracht bleiben. Den
jüdischen Lehrer charakterisiert er als παιδευτής und διδάσκαλος, 2.20.
Für die Tätigkeit eines Lehrers hat er unterschiedliche Verben: ὁ οὖν
διδάσκων ἕτερον σεαυτὸν οὐ διδάσκεις;, etwas feierlicher : ὁ κηρύσσων
'verkünden', und gewöhnlicher: ὁ λέγων 'reden' 2.21f., σοφίαν δὲ λαλοῦ-
μεν 1Kor 2.6. Dazu kommt noch als Synonym κατηχέω 'unterrichten,
belehren': τῷ κατηχοῦντι Gal. 6.6.

b. In 1Kor 12.28–30 zählt Paulus die christlichen Ämter und sonstige
Tätigkeiten auf. Er fängt mit einem Relativpronomen an: καὶ οὕς. Man
erwartet dann später das Beziehungswort im Hauptsatz. Statt dessen
folgt in V. 29 ein neuer Satz, was einen Anakoluth ergibt. Nach μέν in
V. 28 erwartet man δέ, aber es folgt zweimal ἔπειτα.[1] Berichtigungsversuche sind zwecklos. Der Stil ist charakteristisch für Paulus, und die
Einordnung der Funktionen ohnehin klar. Weil zu οὓς μέν ein Beziehungswort fehlt, ist das Relativum demonstrativ, also als τοὺς μέν, zu
verstehen, und τοὺς μὲν... ἔπειτα ist leicht zu übersetzen als: 'einige
(Personen)... andere/dazu'.
    Die herumziehenden Glaubensverkünder heißen 1. Apostel, 2. Pro-

---

[1] Man findet μέν... ἔπειτα auch Joh 11.6f. Vgl. BLASS-DEBRUNNER-REHKOPF §447.2c
15.

phet, 3. Lehrer. Dann kommen als 4. bis 8. Funktion fünf Tätigkeiten innerhalb der Gemeinde, die mit Abstracta pro concreto umschrieben werden: δυνάμεις usw. Paulus hat nicht die Absicht, uns die zu diesen Beschäftigungen gehörigen Titel zu vermitteln. Er schildert für die Briefempfänger ein buntes Bild des Gemeindelebens. Bei der Wiederholung in V. 29 f. wird als 9. Funktion noch die Gabe erwähnt, die unbekannten Sprachen zu übersetzen. Paulus betont, daß nicht alle Korinther diese charismatischen Gaben besitzen und sie auch nicht erstreben müssen. Es ist nun auffällig, daß in der Wiederholung zwei Namen fehlen, die ἀντιλήμψεις und die κυβερνήσεις (s. bei C 6). Die Gemeindemitglieder, die helfen oder verwalten, unterscheiden sich offenkundig von denjenigen, die Wunder tun, Kranken heilen, in unbekannten Sprachen reden oder diese übersetzen. Es handelt sich um die Amtsträger in Korinth, die in Phil 1.1 Diakone und Episkopen genannt werden.

Weil bei der ersten Aufzählung in V. 28 ἐν τῇ ἐκκλησίᾳ vorangestellt wird, bekommt das Wort im Singular die Bedeutung 'Universalkirche', so wie das bei ähnlichen Verhältnissen schon ebd. 6.4 und 10.32 der Fall ist.

Die Termini ἀπόστολοι, προφῆται, διδάσκαλοι werden als bei den Korinthern bekannt vorausgesetzt. Es sind Amtstitel und technische Termini. Wir müssen annehmen, daß sie die gleiche Bedeutung haben wie in anderen Stellen aus derselben Zeit, wo wir sie als Amtstitel gefunden haben, namentlich in Did 13.1 ff. und 15.1.

Zimmermann (106) vermutet, daß Paulus das Wort διδάσκαλος für den christlichen Lehrer sonst vermieden hat, weil es der Terminus für den jüdischen Lehrer war, wie in Röm 1.2. An sich ist das möglich, aber um es wahrscheinlich zu machen, ist eine Stelle nötig, wo anstatt eines zu erwartenden διδάσκαλος ein anderer Terminus gebraucht wird. Und eine solche Stelle fehlt. Vgl. unten bei B 3 d und für Eph 4.11 bei B 4.

c. Mit der Mahnung μὴ πάντες προφῆται kann Paulus auch auf eine zweite Bedeutung des Wortes anspielen, denn προφῆται sind auch Personen, die nicht Glaubensverkünder sind und auch nicht notwendig Amtsträger in einer Gemeinde, sondern Charismatiker, wie Agabus, Act 11.28; 21.10, und die Töchter des Philippus, Act 21.9 (unten B 5). Paulus spricht über diese Personen 1 Kor 14.29–32, dazu 14.37 von jemand, der *meint* (δοκεῖ vgl. bei A 3 a) ein Prophet und Pneumatiker zu sein. Weil aber auch Amtsträger prophetisch wirken, können die beiden Bedeutungen einander überschneiden.

d. In einem ähnlichen Zusammenhang wie 1 Kor 12.28 ff. umschreibt Paulus Röm 12.3 ff. die Anstrengungen der verschiedenen Gemeindemitglieder. Wie die Teile des menschlichen Körpers hat jeder seine besondere Aufgabe. Diese χαρίσματα werden umschrieben als προφητείαν... διακονίαν... ὁ διδάσκων... ὁ παρακαλῶν... ὁ μεταδιδούς... ὁ προϊστά-μενος... ὁ ἐλεῶν 12.6–8. In diesem Zusammenhang sind die Propheten Personen, die innerhalb der Gemeinde prophetisch wirken, nicht notwendig Amtsträger und sicher nicht herumziehende Missionare. Auch die διακονία kann dann in einem umfassenden Sinn verstanden werden, und ὁ διδάσκων ist nicht der Amtstitel διδάσκαλος, sondern bezieht sich auf alle Personen, die in irgendeiner Weise unterrichten. Es ist sogar möglich, daß διδάσκαλος vermieden wird, aber dann um ein Mißverständnis zu vermeiden. Siehe auch bei C 6.

e. In den Pastoralbriefen findet man das Wort διδάσκαλος für Paulus: ἐτέθην ἐγὼ κῆρυξ καὶ ἀπόστολος..., διδάσκαλος ἐθνῶν 1 Tim 2.7, ἐτέθην ἐγὼ κῆρυξ καὶ ἀπόστολος καὶ διδάσκαλος 2 Tim 1.11. Nach J. Roloff wird hier der Apostelbegriff dem völlig unjüdischen κῆρυξ untergeordnet,[1] nach Zimmermann (212) wird κῆρυξ durch διδάσκαλος weiter interpretiert. Tatsächlich umschreibt der Verfasser des Briefes bzw. sein Sekretär die Arbeit des Paulus mit drei Synonymen. Die Synonymie ist allerdings partiell (M 7). Das Verb κηρύσσειν und auch κήρυγμα gehören zu den neutestamentlichen Termini für die Verkündigung.[2] Es kann dann nicht verwundern, daß auch das Substantiv κῆρυξ sich einmal einfügt. Der Titel wird 1 Tim 2.7, und wiederholt 2 Tim 1.11 vorangestellt, und das erklärt sich durch seine Neuheit. Die Beifügung von διδάσκαλος ergibt eine Trias. Stilistisch gesehen, ist das schön. Für die Bedeutung ist an die anderen Stellen zu denken, wo Wandermissionare 'Lehrer' genannt werden, Did 15.1, 1 Kor 12.28, Eph 4.11. Insofern das Wort wirklich ein Amtstitel für Glaubensverkünder und für jüdische Lehrer war, kann man sagen, daß der Titel auf Paulus übertragen wird.

4. *Evangelisten und Hirten*

In Eph 4.11 werden nach den Aposteln und Propheten und vor den Lehrern noch Evangelisten und Hirten genannt. Es handelt sich um Termini, die bei den Adressaten als bekannt vorausgesetzt werden. Ob man den Brief als paulinisch oder pseudepigraphisch betrachtet, die Aufzählung erweist sich als eine spätere Erweiterung von 1 Kor 12.28, und die Reihenfolge bildet in stilistischer Hinsicht wieder eine Antiklimax, die mit dem meist gewöhnlichen Wort 'Lehrer' abgeschlossen wird. Nach den Asyndeta folgt καί, um die letzten zwei Glieder zu verbinden. Das ist an sich richtig,[3] und es läßt sich daraus nicht folgern, wie es Zimmermann tut (116), daß die letzten zwei Ämter in besonderer Weise verbunden werden und der Verfassser des Briefes mit den διδά-

---

[1] J. ROLOFF, *Apostolat – Verkündigung – Kirche. Ursprung, Inhalt und Funktion des kirchlichen Apostelamtes,* Gütersloh 1965, ebd. 241.
[2] Eine Übersicht bietet G. FRIEDRICH, Art. κῆρυξ κτλ.: ThWNT 3.702.
[3] Vgl. LIDDELL-SCOTT-JONES s.v. καί A.I.1, BLASS-DEBRUNNER-REHKOPF §460.

σκαλοι wenig anzufangen weiß. Man schafft sich das Problem selbst, wenn man von vornherein annimmt, daß es sich um eine Trias handeln muß, und nicht auf Synonyme achtet. Die neue Aufzählung weist nur darauf hin, daß für die Glaubensverkünder mehr Namen üblich oder mindestens möglich geworden sind. Und sie können schon älter gewesen sein, denn 1 Kor 12.28 beabsichtigt nicht, eine vollständige Angabe der Synonyme zu bieten. Es gab dann wahrscheinlich nur kleine Unterschiede in bezug auf die Tätigkeit, das Wandern und allmählich Seßhaftwerden, die für uns schwer erkennbar sind. Und die Synonymie ist wieder partiell (M 7). Im allgemeinen kann man feststellen, daß bei Synonymen – z.B. Fräulein, Jungfer – eines bevorzugt wird und sich durchsetzt, während andere schwinden oder doch als veraltet empfunden werden.

2 Tim 4.5 ist εὐαγγελιστής ein Ehrenname für Timotheus, weil er herumziehender Gemeindegründer ist. So kann der Titel auch im Falle des Philippus verstanden werden. Als dieser Jerusalem verläßt, bleibt er offenkundig nicht Diakon dieser Gemeinde. Als herumziehender Missionar ist er εὐαγγελιστής, wie er in Act 21.8 genannt wird. Daß er diesen Auftrag durch einen Engel des Herrn empfangen hat (8.26), schließt eine Sendung durch die Apostel in Jerusalem nicht aus, im Gegenteil. Die Verse 25 und 26 sind durch μέν... δέ... verbunden. Petrus und Johannes kehren predigend nach Jerusalem zurück (8.25), Philippus bekommt den Auftrag, auf die Straße von Jerusalem nach Gaza zu gehen. Er muß also auch von Samaria nach Jerusalem. Nicht gesagt wird, daß er mit Petrus und Johannes zurückkehrt. Man braucht das auch nicht anzunehmen. Es kommt nur darauf an, daß der Auftrag eines Engels und ein Auftrag der Gemeindeleitung sich nicht ausschließen, sondern ergänzen.[1]

Bei der Taufe des Äthiopiers hören wir nicht von einer Geistesgabe durch Handauflegung. Philippus zieht aber als selbständiger Glaubensverkündiger weiter nach Azdod (8.40). Wir müssen dann annehmen, daß er für die Geistesmitteilung nun nicht mehr wie in Samaria der Hilfe der Apostel bedarf. Später hat er vier Töchter (21.9), und es ist also wahrscheinlich, daß er mit seiner Familie herumgezogen ist. So muß dann auch 1 Kor 9.5 über die Frauen der Apostel verstanden werden. Wir hören nicht, ob Philippus, als er sich nachher in Cäsarea seßhaft gemacht hat (21.8), noch ein Amt in der Gemeinde innehatte.

In Hebr 13.2 und 1 Petr 2.25 ist ποιμήν, und ebd. 5.4 ἀρχιποίμην ein Ehrenname für den Herrn. Ist der Herr der 'oberste Hirte', so folgt aber, daß er Hirten unter sich hat, also daß 'Hirte' auch ein allgemeiner Name für Glaubensverkünder und Gemeindeleiter sein kann. Act 22.28 wird die Aufgabe der Episkopen umschrieben als ποιμαίνειν.

[1] Vgl. W. C. van Unnik, *Der Befehl an Philippus*: ZNW 47, 1956, 181–191/*Sparsa collecta*, Leiden 1973, 1.328–339).

J. Schmitt hat in seiner Untersuchung über das Amt in der Apostolischen Zeit nicht nur die Synonymie außer Betracht gelassen, so daß er viele unterschiedlichen Ämter findet, er meint auch, daß der Gebrauch eines Terminus wie ποιμήν beweist, daß das eine Amt das andere ersetzt hat.[1]

5. *Propheten und Lehrer in der Apostelgeschichte*

In der Gemeinde zu Antiochien befanden sich nach Act 13.1 προφῆται καὶ διδάσκαλοι. Dazu folgen fünf Namen. Wegen der kühlen Wiedergabe der Tatsachen wird der Satz im allgemeinen als traditionell betrachtet. Für Einzelheiten bei der Auslegung sei auf die Kommentare und auf die ausführliche Darstellung bei Zimmermann (118–140, bes. 124) verwiesen. Sind die beiden Amtstitel nicht redaktionell vom Verfasser hinzugefügt, ist anzunehmen, daß sie hier die gleiche Bedeutung haben wie bei Paulus 1 Kor 12.28, und namentlich in Did 15.1. Man muß, solange das Gegenteil nicht bewiesen ist, davon ausgehen, daß bei einer kleinen Gruppe, die sich schnell aus Jerusalem verbreitete, aber intensive Verbindungen unterhielt, die Amtstitel eindeutig waren. Dann sind die Propheten und Lehrer von Act 13.1, auch wenn sie sich längere Zeit in Antiochien aufhielten, herumziehende Missionare, die nicht die Verwaltung der örtlichen Gemeinde bildeten. Nach Act 11.20 verkündeten Personen, die aus Kypros und Kyrene stammten, in Antiochien auch den Griechen die Gute Nachricht. Vermutet man, daß zu ihnen Luzius von Kyrene (13.1) gehörte,[2] so handelt es sich immerhin um Missionare, und nicht um die örtliche Verwaltung.[3] Barnabas kommt nach 11.22 aus Jerusalem. Wie die Gemeinde in Antiochien damals verwaltet wurde und von wem, wird nicht gesagt, es bleibt außer Betracht, weil der Bericht nur erzählen will, wie Barnabas und Saulus ausgesandt wurden. Dazu bei C 16a und F 1.

Das Substantiv διδάσκαλος begegnet in Act nur 13.1. Das Verb διδάσκω bezeichnet die Tätigkeit der Apostel, 4.2; 5.21 u.ö. des Paulus und Barnabas vor ihrer Aussendung: ἐνιαυτὸν ὅλον... διδάξαι ὄχλον

---

[1] J. Schmitt, *Tendances nouvelles dans l'organisation communautaire vers la fin du siècle apostolique:* RevDroitCan. 25, 1975, 11–18.
[2] Συμεὼν ὁ καλούμενος Νίγερ ist seinem ersten Namen nach ein Jude. Sein zweiter Name ist ein altes römisches Cognomen unsicherer Etymologie und Herkunft. Man kann daraus nicht folgern, wie Zimmermann (129) und andere es tun, daß dieser Jude ein schwarzer Afrikaner war. Man würde dann Αἰθίοψ erwarten (vgl. 8.27) oder μέλας. Das Adjektiv *niger* bezieht sich auch auf die semitischen Punier: *Poeni nigerrimi* Frontinus Str 1.11.18, und selbstverständlich auf schwarze Haare: *duo sorores, illa nigra et haec rufa* Martialis Epigr 6.39.18. Man vergleiche auch Johannes, der das römische Pränomen *Marcus* als Beinamen hat (12.25), und Paulus, ferner Eigennamen wie *Rufus* und *Melania*.
[3] Vgl. J. Dupont, *Nouvelles Études* 165.

ἵκανον 11.26, und nachher: διδάσκοντες καὶ εὐαγγελίζοντες 15.35, aber auch die der Gegner: ἐδίδασκον τοὺς ἀδελφούς 15.1. Für den Wortgebrauch ist zu vergleichen, daß eine Mutter, die ihr Kind unterrichtet, nicht 'Lehrerin' heißt, weil das Unterrichten nicht ihr Beruf ist. Wenn aber Paulus und Barnabas ein ganzes Jahr in der Gemeinde zu Antiochien verbringen und eine ziemlich große Menge im Glauben unterweisen, können sie mit Recht Lehrer genannt werden. Ihre Tätigkeit entspricht jener der διδάσκαλοι in Did 13.2; 15.1, 2. War ihre ganzjährige Tätigkeit ein εὐαγγελίζεσθαι, so hätte man, obwohl ein Beleg dazu fehlt, sie so gut wie Philippus und Timotheus auch εὐαγγελισταί nennen können. In Act 13.1 müssen deshalb Barnabas und Paulus mindestens zu den διδάσκαλοι gerechnet werden. Die Lesart ἐν οἷς im Codex Bezae (D) für ὅ τε drückt also mit Recht aus, daß die fünf Personen zu den Propheten oder doch zu den διδάσκαλοι gehörten. Dazu bei L 3.

Zu den Propheten gehören auch die vier Töchter des Philippus (B 2). Das auffällige Partizip προφητεύουσαι Act 21.9 umschreibt das Wort προφῆτις und vermeidet es, vermutlich um klar zu machen, daß diese Frauen nicht Amtsträger sind. Agabus, der die Zukunft vorhersagt, ebd. 11.28; 21.10, kann zugleich ein Wanderprophet sein, denn er kommt mit anderen Propheten von Jerusalem nach Antiochien, und dann denkt man zuerst an herumziehende Missionare. So ist auch bei Judas und Silas, wenn sie Propheten sind, an erster Stelle daran zu denken, daß sie das Prophetenamt innehatten: Ἰούδας τε καὶ Σιλᾶς, καὶ αὐτοὶ προφῆται ὄντες 15.32.

6. *Die Lehrer in Jak 3.1 und Hebr 5.12*

Einen Beleg für die urchristlichen Lehrer hat man noch gesehen in der Anregung: μὴ πολλοὶ διδάσκαλοι γίνεσθε Jak 3.1. Die Übersetzung ist nicht so schwierig, wie Zimmermann meint (198f. und siehe die Berichtigungsversuche, ebd. 199 Anm. 31).[1] In dem Satz μὴ διδάσκαλοι γίνεσθε kann διδάσκαλοι nur ein Prädikatsnomen sein, und die Bedeutung ist notwendig: 'ihr sollt nicht Lehrer werden/sein.' Bekanntlich kann das Verb γίγνομαι Formen von εἰμί ersetzen, was eine Übersetzung mit 'sein' ermöglicht. Kommt nun ein Adjektiv πολλοί hinzu, so kann das nicht schlechthin zum Prädikatsnomen gerechnet werden. Der Plural des Subjekts veranlaßt zwar einen Plural des Prädikatsnomens, aber, da jede Person nur ein einziger Lehrer werden oder sein kann, paßt πολλοί nicht rein adjektivisch zu διδάσκαλοι. Für die Lösung ist jedoch keine Textänderung erforderlich, da πολλοί als Prädikativum (oder Prädikatsadjunkt) zu verstehen ist, d.h. daß es in einem Satz zum Subjekt oder zu einem Objekt und zugleich zum Verb gehört. Es ist also

---

[1] Vgl. auch J. WANKE, *Die urchristliche Lehrer nach dem Zeugnis des Jakobusbriefes:* Festschrift H. Schürmann, Freiburg 1978, 489–510, ebd. 491.

'doppelt verbunden', in Jak 3.1 mit dem Subjekt ('ihr') und mit dem Verb ('Lehrer werden'). Die Übersetzung wird dann: 'Ihr sollt nicht versuchen, mit vielen/in großer Anzahl Lehrer zu sein/werden.'

Zu beachten ist aber noch, daß πολλοί mit μή betont vorangestellt ist, und diese ungewöhnliche Stelle zeigt, daß der Gebrauch emphatisch ist (M 5), und die Bedeutung 'zu viel'. Dann müssen wir übersetzen: 'Ihr sollt nicht (mit) zu vielen/in zu großer Anzahl versuchen, Lehrer zu werden/zu sein.' Die lateinische Übersetzung hat den emphatischen Gebrauch sehr gut durch einen Komparativ wiedergegeben: *nolite plures magistri fieri*.

Wanke (vgl. 491 und ebd. Anm. 11) und Zimmermann (200) machen nicht klar, daß πολλοί emphatisch zu verstehen ist. Zimmermann redet von einem 'grammatikalisch nicht eben gelungenen Wortlaut', denn 'zwei Gedanken in einem Wort πολλοί ('viele', 'nicht alle') und in einem Satz sprengen das klassisch-grammatikalische Gefüge'. Er meint, daß πολλοί 'einerseits adverbial verstanden ist: 'Tretet nicht so zahlreich auf', aber das Adverbium von πολλοί ist πολύ oder πολλά, und die gewöhnliche Bedeutung ist 'oft, öfters'.[1]

Der Verfasser wendet sich an alle Adressaten. Nicht zu viele von ihnen sollen versuchen, Lehrer zu sein. Die Mahnung wird mit einer Warnung begründet: Die Lehrer haben so wie der Verfasser des Briefes eine strengere Beurteilung zu erwarten: μεῖζον κρίμα λημψόμεθα Jak 3.1b. Gerade diese Mahnung macht es wahrscheinlich, daß er nicht an die allgemeine Lehrtätigkeit aller Gemeindemitglieder denkt (dazu bei B 8), sondern an eine bestimmte Gruppe innerhalb der Gemeinden. Die Anregung ist auch schwer so zu verstehen, daß die Adressaten nicht in zu großer Anzahl Wanderlehrer (B 2) werden sollen. Das legt die Vermutung nahe, daß Lehrer innerhalb der Gemeinden gemeint sind, so wie diese in Texten aus dem 2. Jh. begegnen (unten B 9ff.). Der Verfasser des Briefes rechnet sich mit der 1. Person Pl. zu diesen Lehrern. Das schließt aber nicht aus, daß er mehr ist als ein Gemeindelehrer, weil ja alle Gemeindeleiter den Auftrag haben, zu unterrichten. Indem er sich an das Volk Gottes auf der ganzen Welt wendet, zeigt er seine besondere Autorität.

---

[1] Grammatikalisch betrachtet, ist das prädikative πολλοί eine nicht notwendige Ergänzung im Satz. Die Beispiele sind überaus zahlreich: πταίομεν ἅπαντες 'wir alle straucheln' ('alle' gehört zu 'wir' und zu 'straucheln') Jak 3.2, αὐτὸς Ἰησοῦς... συνεπορεύετο ('selbst' gehört zu 'Jesus' und zum Verb) Lk 24.15, ἐκτιναξάμενος... εἶπεν, und καθαρός... πορεύομαι Apg 18.6, ἔσχατος ἐχθρὸς καταργεῖται ὁ θάνατος 'als letzter Feind' 1 Kor 15.26. Die Handbücher der Grammatik sind meistens ausführlicher über das Partizip als Prädikatsadjunkt, wo es eine Ergänzung von bestimmten Verben bildet. Vgl. Blass-Debrunner-Rehkopf §270, 414–425. Es ist irreführend, wenn der attributive und prädikative Gebrauch eines Partizips 'adverbial' genannt wird (ebd. §417).

In Hebr 5.12 wendet sich der Verfasser an Gemeindemitglieder, die es noch nötig haben unterrichtet zu werden, während sie längst schon selbst διδάσκαλοι sein müßten: καὶ γὰρ ὀφείλοντες εἶναι διδάσκαλοι διὰ τὸν χρόνον, πάλιν χρείαν ἔχετε τοῦ διδάσκειν ὑμᾶς τινα τὰ στοιχεῖα. Es handelt sich um den allgemeinen Gedanken, daß ein Schüler so gut unterrichtet sein müsse, daß er selbst Lehrer sein kann. Der Terminus hat dann nur die allgemeine oder, wie Zimmermann sagt (209), eine unspezifische Bedeutung. Aber wenn der Verfasser das Wort διδάσκαλος als Amtstitel für eine Gruppe Gemeindelehrer kannte, müssen wir annehmen, daß er darauf anspielen wollte, und zwar so, daß die Adressaten den übertragenen Gebrauch verstanden.

7. Propheten in der Johannesapokalypse

Die Johannesapokalypse erwähnt die sieben ἐκκλησίαι, an die der Verfasser sich wendet (1.4), ferner die zwölf Apostel (21.14) und die Irrlehrer, die sich Apostel nennen, es aber nicht sind (2.2; vgl. oben A 2f 6). Dreimal werden Propheten genannt, die als Zeugen und Verkündiger auftreten, ohne daß eine direkte Beziehung mit einer Gemeinde klar wird (10.7; 11.10; 22.6). In den vier übrigen Stellen bilden die Propheten und die Heiligen zusammen die Mitglieder einer Gemeinde: αἷμα ἁγίων καὶ προφητῶν 16.6. Dazu werden einzeln noch einmal alle Blutzeugen mit erwähnt: αἷμα προφητῶν καὶ ἁγίων εὑρέθη καὶ πάντων τῶν ἐσφαγμένων 18.24, die Frommen: δοῦναι μισθὸν τοῖς δούλοις σου τοῖς προφήταις καὶ ἁγίοις καὶ τοῖς φοβουμένοις 11.18, und der Verfasser der Apokalypse selbst und diejenigen, die die Worte bewahren: σύνδουλός σού εἰμι καὶ τῶν ἀδελφῶν σου τῶν προφητῶν καὶ τῶν τηρούντων τοὺς λόγους 22.9. Einmal werden die Propheten neben den Heiligen und den Aposteln genannt: εὐφραίνου..., οὐρανὲ καὶ οἱ ἅγιοι καὶ ἀπόστολοι καὶ οἱ προφῆται 18.20. Die Reihenfolge ist hier befremdlich, und das erklärt, daß καί nach ἅγιοι in einigen Handschriften fehlt. Die Vulgata hat demnach *sancti apostoli et prophetae*.

A. Satake, der diese Stellen ausführlich untersucht hat, zieht den Schluß, daß die Gemeinde der Apokalypse keinen Bischof kannte, keine Ältesten und auch keine sonstigen Amtsträger, sondern allein durch Propheten geleitet wurde.[1] Tatsache ist aber nur, daß die Gemeindeleiter Propheten *genannt* werden. Weshalb der Verfasser das tut, wird klar aus der literarischen Art seiner Arbeit. In dieser prophetischen Schrift ist es angemessen, nur allgemeine Vokabeln zu gebrauchen. So heißen die Gemeindeleiter schlechthin Propheten, die Gemeindemitglieder Heilige und Brüder. Daß seine Gemeindeordnung wirklich eine andere war, als aus sonstigen Quellen für dieselbe Zeit und Gegend bekannt ist, kann daraus nicht geschlossen werden. Vgl. ἄγγελοι A 2k.

---

[1] A. SATAKE, *Die Gemeindeordnung in der Johannesapokalypse*, Neukirchen 1966, ebd. 155.

8. *Nichtamtsträger als Glaubensverkünder und Lehrer*

In der jungen Kirche haben die Neubekehrten in der eigenen Umgebung die Lehre verbreitet und namentlich, wie man annehmen darf, haben Eltern ihre Kinder unterrichtet. Wie das in einer Gemeinde vorgehen sollte, umschreibt Tit 2.3 f. Die alten Frauen müssen als gute Lehrerinnen den Mädchen zeigen, wie sie sich zu benehmen haben: πρεσβύτιδας... καλοδιδασκάλους, ἵνα σωφρονίζωσιν τὰς νέας... Die Eltern haben die Pflicht, ihre Kinder zu unterrichten, sagt die Zwei-Wege-Lehre: ἀπὸ νεότητος διδάξεις τὸν φόβον τοῦ θεοῦ Did 4.9.

Das Verb διδάσκειν findet man einmal indirekt für Frauen, indem es ihnen verboten wird, zu unterrichten: διδάσκειν δὲ γυναικὶ οὐκ ἐπιτρέπω 1 Tim 2.12. Dieses Verbot unterscheidet nicht zwischen Frauen, die ein Amt ausüben, namentlich als Diakonin (D 1 b, d), und anderen. Der Gebrauch des Verbs διδάσκειν weist an sich nicht darauf hin, daß ein Amt ausgeübt wird. Man kann zwar διδάσκειν umschreiben als διδάσκαλος εἶναι, wie Zimmermann bemerkt (200), aber das beweist nicht, daß jeder, der unterrichtet, ein Amt oder einen Beruf ausübt. Dies trifft auch zu für die Synonyme κηρύσσειν und εὐαγγελίζειν, die das Gleiche in einem mehr gehobenen Stil ausdrücken.

Paulus bezeichnet seine Gegner nicht als ψευδοδιδάσκαλος. Das Wort begegnet erst 2 Petr 2.1: ψευδοπροφῆται... ψευδοδιδάσκαλοι. In den Pastoralbriefen heißen die Gegner 'Lehrer des Gesetzes' νομοδιδάσκαλοι 1 Tim 1.7, und Lehrer, die man sich nach eigenem Geschmack aussuchen wird: ἐπισωρεύουσιν διδασκάλους 2 Tim 4.3.

Ein allgemeines Wort für 'unterrichten' ist auch κατηχέω, gebildet von ἠχέω 'schallen', das schon bei Hesiod Theog 42 begegnet. Der älteste Beleg für das Kompositum findet sich beim lateinischen Schriftsteller Vitruvius (1. Jh. v.Chr.). Es hat die Bedeutung 'tönen gegen, dissonieren', und ist ein Terminus für die Schallwirkung in einem Saal: *loci... dissonantes, qui Graece dicuntur* κατηχοῦντες Arch 5.8.1, im Gegensatz zu *consonantes/*συνηχοῦντες. Die Bedeutung 'mitteilen', was meistens ein 'Unterrichten' impliziert (mit doppeltem Akk. τινά τι), ist außerbiblisch seit dem 1. Jh. n.Chr. gut bezeugt: κατήχηται ὅτι 'es ist gelehrt worden, daß' Philon LegGai 198, in einem Brief des Agrippas II.' bei Josephus: αὐτός σε πολλὰ κατηχήσω τῶν ἀγνοουμένων Vita 366, bei Plutarch: κατηχηθεὶς δὲ περὶ τῶν συμβεβηκότων Fluv 7.2; vgl. 8.1; 17.1, und Lukian JupTrag 39. Die späte Bezeugung könnte auf Zufall beruhen, denn das abgeleitete Adjektiv κατηχής 'stark tosend' findet sich schon in der dorischen Form bei Theokritos: καταχὲς ἀπὸ τῆς πέτρας... ὕδωρ 7.1 (3. Jh. v.Chr.), und das Substantiv κατήχησις 'Mitteilung, Unterricht' um dieselbe Zeit beim Stoiker Chrysippos: διὰ τὴν κατήχησιν τῶν συνόντων 3.54 Arnim, vgl. 3.55, auch bei Cicero Att 14.12.2

(44 v.Chr.) und in einer späten pseudo-hippokratischen Schrift: ἀνα-
γνώσιος συνεχείης κατηχήσιός τε Praec 13.[1]

Paulus verwendet das Verb, um das Verhältnis zwischen Lehrer und
Schüler beim christlichen Glaubensunterricht zu umschreiben: Passiv ὁ
κατηχούμενος... und Aktiv: τῷ κατηχοῦντι Gal 6.6, für die eigene Arbeit:
ἵνα καὶ ἄλλους κατηχήσω 1 Kor 14.19, aber auch für den Unterricht im
Gesetz: κατηχούμενος ἐκ τοῦ νόμου Röm 2.18. Ferner findet man das
Wort nur noch bei Lukas. Das 'Mitteilen' impliziert Lk 1.4 einen
Glaubensunterricht, so auch für Apollos: οὗτος ἦν κατηχημένος τὴν ὁδὸν
τοῦ κυρίου Act 18.25, aber nicht bei einer Mitteilung über Paulus: κατ-
ηχήθησαν περὶ σοῦ 21.21, 24. Nirgends wird klar, daß dieses Verb ein
technischer Terminus für die Verkündigung durch Amtsträger oder
durch andere war. Die κατηχοῦντες von Gal 6.6 sind nach Beyer
(ThWNT 3.639) mit den διδάσκαλοι von 1 Kor 12.28 und Eph 4.11
gleichzusetzen. Diese διδάσκαλοι dürfen aber Amtsträger gewesen sein.

9. Die Propheten und Lehrer in der Alten Kirche

Die Frage, die hier gestellt werden muß, ist nur, inwiefern προφήτης,
διδάσκαλος und κατηχητής in der Alten Kirche Amtstitel waren, und
namentlich, ob die Wandermissionare mit diesem oder einem anderen
Amtstitel bezeichnet wurden, nicht inwiefern jeder Christ durch persönliche Verbindungen eine gewisse Lehrtätigkeit ausüben konnte (vgl.
B 8).

Die Texte über Propheten im 2. Jh. findet man bei G. Friedrich
(ThWNT 6.858–863, bes. 861–863), die für Lehrer hat U. Neymeyr
gesammelt und eingehend untersucht. Für Einzelheiten und Literatur
sei danach verwiesen. Hier folgen nur lexikographische Bemerkungen.
Siehe für die Didache B 2.

10. Der Barnabasbrief

Der Verfasser des Barnabasbriefes versucht offenkundig, seine Leser in
der neuen Lehre zu unterrichten. Daß er in einer Gemeinde am Unterricht beteiligt war und ein Amt innehatte, ist dann wahrscheinlich. Er
sagt darüber aber nichts. Er betont nur zweimal, daß er nicht wie ein
Lehrer schreiben will: ἐγὼ δὲ οὐχ ὡς διδάσκαλος ἀλλ' ὡς εἷς ἐξ ὑμῶν
ὑποδείξω ὀλίγα 'ich will nicht wie ein Lehrer, sondern wie einer von
euch weniges auseinandersetzen' 1.8. Und: πολλὰ δὲ θέλων γράφειν, οὐχ
ὡς διδάσκαλος, ἀλλ' ὡς πρέπει ἀγαπῶντι ἀφ' ὧν ἔχομεν μὴ ἐλλείπειν, γράφειν ἐσπούδασα, περίψημα (1 Kor 4.13) ὑμῶν 'ich wollte viel schreiben,
nicht wie ein Lehrer, sondern wie es einem Liebenden geziemt, um von
dem, was ich habe, nichts übrig zu lassen, und (so) habe ich mich beeilt

---

[1] Vgl. LIDDELL-SCOTT-JONES s.v., W. BAUER, *Griechisch-deutsches Wörterbuch*, 6.
Aufl. Berlin 1988, s.v. und H. W. BEYER, Art. *κατηχέω*: ThWNT 3.638–640.

als euer Diener (Abschaum) zu schreiben' 4.9. Das Wort διδάσκαλος ist also abwertend gebraucht für einen autoritären Schulmeister.

Falls das Wort als Amtstitel bekannt war, muß man sich fragen, ob die Adressaten den Satz nicht als indirekte Kritik an diesen Personen verstehen mußten. Es folgen aber noch Belege (siehe B 11, 12, 18), die zeigen, daß der Ausdruck formelhaft war und die Verfasser deshalb ein solches Mißverständnis nicht zu fürchten hatten. Nur wenn man davon ausgeht, daß ein Wort διδάσκαλος nicht mehr als eine Bedeutung haben kann, entsteht hier ein Widerspruch, wie Zimmermann (211) es sieht: Wie kann der Verfasser als Lehrer sagen, daß er nicht Lehrer sein will? Findet man wie Neymeyr (172 f.) hier eine Ablehnung des Lehrertitels infolge der Wirkungsgeschichte der Gemeinderegel in Mt 23.8–19 (B 1), so muß οὐχ ὡς διδάσκαλος ehrenvoll auf den Herrn zurück-weisen. Man erwartet dann aber den Artikel, wie in Mt 23.8, um so mehr, weil sonst im Zusammenhang nichts auf diese Bedeutung hin-weist.[1]

11. *Syrien: Ignatius von Antiochien*

Wie der Verfasser des Barnabasbriefes, betont auch Ignatius von Antio-chien in seinem ersten Brief seine Bescheidenheit als Autor: οὐ διατάσ-σομαι ὑμῖν ὡς ὤν τις 'ich befehle nicht, als wäre ich jemand' Eph 3.1. Er sagt damit nicht aus, ob er ein Amt innehat und welches. Er braucht aber immer noch Unterricht (ἔχω τοῦ μαθητεύεσθαι ebd.). Er spricht zu seinen Adressaten, als seien sie seine Mitschüler: προσλαλῶ ὑμῖν ὡς συνδι-δασκαλίταις ebd. Das Hapaxlegomenon συνδιδασκαλίτης ist nach συμπο-λίτης 'Mitbürger' gebildet. Ignatius arbeitet das Thema aus: 'Es ist bes-ser, zu schweigen und (wirklich Christ) zu sein als zu sprechen, ohne es zu sein (λαλοῦντα μὴ εἶναι). Schön ist es zu unterrichten, wenn der Sprechende tut, (was er sagt): καλὸν τὸ διδάσκειν, ἐὰν ὁ λέγων ποιῇ. Denn einer (nur) ist ein Lehrer, der gesprochen hat und es entstand (alles): εἷς οὖν διδάσκαλος, ὃς «εἶπεν, καὶ ἐγένετο» (Ps 32.9; 148.5)' Eph 15.1.

Die Gedankenfolge ist also: 1. Jeder Christ soll als wirklicher Christ handeln. 2. Ein Christ, der unterrichtet, muß sicher tun, was er lehrt. 3. Nur ein Lehrer hat das im höchsten Ausmaß geleistet: Als Christus sprach, wurde alles geschaffen. Vor διδάσκαλος fehlt zwar der Artikel, aber das Wort wird näher bestimmt durch den Relativsatz und ist so einigermaßen emphatisch (M 5) gebraucht: 'nur einer ist der wahre Lehrer, der gesagt hat.' Diese Betonung zeigt, daß Ignatius nicht, wie Neymeyr meint (174), infolge Mt 23.8 den Lehrertitel ablehnt. Ein christlicher Lehrer ist nur nicht in dem vollen Sinn Lehrer wie Christus.

Einmal sagt Ignatius ausdrücklich, daß wir alle Schüler sind und

---

[1] Vgl. dazu A. VON HARNACK, *Die Mission und Ausbreitung des Christentums in den ersten drei Jahrhunderten*, 4. Aufl. Wiesbaden 1924, 365 f.

Christus der einzige Lehrer: ἵνα εὑρεθῶμεν μαθηταὶ ᾿Ιησοῦ Χριστοῦ τοῦ μόνου διδασκάλου ἡμῶν Magn 9.1. Auch die alttestamentlichen Propheten sind seine Schüler und haben ihn im Geist als Lehrer erwartet: οὗ καὶ οἱ προφῆται μαθηταὶ ὄντες τῷ πνεύματι ὡς διδάσκαλον αὐτὸν προσεδόκων 9.2. Daß Christus der einzige Lehrer genannt wird, kann auf Mt 23.8 zurückgehen, aber wieder wird betont, daß nur Christus im vollen Sinn Lehrer ist. Tatsache ist, daß Ignatius wenig an dieser Wortgruppe und an Glaubensunterricht überhaupt interessiert ist. Das Verb διδάσκειν begegnet nur noch Röm 3.1; λόγον λαλεῖν und κατηχεῖν fehlen ganz. Auch wenn Ignatius immer auf die Ämter der Episkopen, Presbyter und Diakone zurückkommt (C 16*b*), sagt er nicht, daß es deren Aufgabe ist zu unterrichten. Er erwähnt den regen Verkehr zwischen den Gemeinden, aber sagt nichts über Wandermissionare. Das verwundert um so mehr, wenn man für die Abfassung der Didache dieselbe Zeit und Syrien als Abfassungsort annimmt.

12. *Smyrna: Polykarp*

Konnten im NT die wandernden Propheten von den Charismatikern unterschieden werden, die Mitglied einer Gemeinde waren und nicht notwendig zu der Gemeindeleitung gehörten (B 3, 5), die Texte aus dem 2. Jh. erwähnen nur noch wenige Charismatiker, und meistens betrifft es Bischöfe.

Polykarp erwähnt neben den Aposteln die Propheten als die Glaubensverkünder der Vergangenheit: οἱ εὐαγγελισάμενοι ἡμᾶς ἀπόστολοι καὶ οἱ προφῆται, οἱ κηρύξαντες EpPhil 6.3. Diese Verbindung, die an Eph 2.20 erinnert, findet sich auch in einem Brief der Gemeinde zu Smyrna aus dem Jahre 156 über den Märtyrertod Polykarps. Markion, der den Brief schreibt, oder sein Sekretär Euaristos (20.1f.), bevorzugt aber abgeleitete Adjektive, wenn er Polykarp einen Lehrer wie die Apostel und Propheten nennt: ἐν τοῖς καθ᾽ ἡμᾶς χρόνοις διδάσκαλος ἀποστολικὸς καὶ προφητικὸς γενόμενος MartPol 16.2. Polykarp habe auch prophetisch geredet, als er sagte, wie er durch Verbrennung sterben würde: εἶπεν... προφητικῶς· Δεῖ με ζῶντα καῆναι 12.3. Das weist darauf hin, wie Friedrich bemerkt (ThWNT 6.862.5ff.), daß Polykarp Charismatiker war.

13. *Rom: Hermas*

Weil Clemens von Rom in seinem Brief an die Korinther nur alttestamentliche Propheten und gar keine Lehrer erwähnt, ist für Rom Hermas der älteste Zeuge.[1] Er hat selbst Offenbarungen empfangen, wie er am Anfang seiner Schrift erzählt, Past 1.3–6. Er nennt sich aber nicht Prophet. Seine Aussagen über wahre und falsche Propheten in 43.1ff.

---

[1] Vgl. J. REILING, *Hermas and Christian Prophecy. A study on the eleventh Mandate*, Leiden 1973, ebd. 27.

beziehen sich auf Personen, die zweifeln und sich durch die heidnische Magie verführen lassen. Der falsche Prophet is ein Zauberer
oder Magier, der auf seinem Sessel sitzt. Die Zweifelnden kommen zu
ihm und befragen ihn, obwohl er die Kraft des Geistes nicht hat und nur
sagt, was sie gerne hören: οὗτοι οὖν οἱ δίψυχοι ὡς ἐπὶ μάντιν ἔρχονται καὶ
ἐπερωτῶσιν αὐτόν, τί ἄρα ἔσται αὐτοῖς· κἀκεῖνος ὁ ψευδοπροφήτης, μηδεμίαν
ἔχων ἐν ἑαυτῷ δύναμιν πνεύματος θείου, λαλεῖ... κατὰ τὰς ἐπιθυμίας τῆς
πονηρίας αὐτῶν 43.2. Er will einen Ehrenplatz haben und nimmt Geld
an für seine Prophetie. Einem Propheten Gottes geziemt das nicht: οὐκ
ἐνδέχεται τοῦτο ποιεῖν θεοῦ προφήτην 43.12. Ein Mensch kann den wahren und den falschen Propheten unterscheiden ἀπὸ τῆς ζωῆς 43.7, und
das erinnert an Did 11.2ff. Über den wahren Propheten spricht Hermas
aber sehr unbestimmt, so daß man den Eindruck bekommt, er habe die
Propheten, wie sie in der Didache erscheinen, zu seiner Zeit nicht mehr
gekannt.

Dem entspricht, daß er die Lehrer neben den Aposteln als Personen
der Vergangenheit nennt: ἀπόστολοι καὶ διδάσκαλοι οἱ κηρύξαντες εἰς ὅλον
τὸν κόσμον Past 102.2. Nach ihrem Tod haben diese Apostel und Lehrer
an die vorher Gestorbenen den Glauben verkündigt und ihnen das
Siegel gegeben: οὗτοι οἱ ἀπόστολοι καὶ οἱ διδάσκαλοι οἱ κηρύξαντες...
κοιμηθέντες... ἐκήρυξαν 93.5. Das Wort διδάσκαλοι ist hier in einem
umfassenden Sinn für alle Glaubensverkünder außer den Aposteln zu
verstehen. Hermas kennt aber die Lehrer auch als Personen der eigenen
Zeit: ἤκουσα παρά τινων διδασκάλων 31.1. Mit diesen Lehrern will er
sich auseinandersetzen, weil sie behaupten, es gebe nach dem Empfang
der Taufe keine Möglichkeit mehr zur Buße. Hermas umschreibt diese
Lehrer als διδαχὰς ἑτέρας εἰσφέροντες und διδαχαῖς ταῖς μωραῖς πείθοντες
72.5. Sie sind ὑποκριταὶ καὶ διδάσκαλοι πονηρίας 96.2 und wollen nach
eigenem Gutdünken unterrichten, sind aber töricht: θέλουσιν ἐθελοδιδά-
σκαλοι εἶναι, ἄφρονες ὄντες 99.2.

Ist Hermas mit diesen Lehrern nicht einverstanden, so sagt er doch
nicht, daß er sie als Häretiker betrachtet, die außerhalb der Gemeinde
stehen. Und wenn schon, dann bezeugt er noch indirekt, daß es auch in
der Gemeinde διδάσκαλοι gab.

Hermas bietet eine Aufzählung der Ämter, wenn er bei den verschiedenen Gruppen von Steinen, aus denen die Kirche wie ein Turm
gebaut wird, Apostel, Episkopen, Lehrer und Diakone unterscheidet: οἱ
μὲν οὖν λίθοι... οὗτοί εἰσιν οἱ ἀπόστολοι καὶ ἐπίσκοποι καὶ διδάσκαλοι καὶ
διάκονοι... ἐπισκοπήσαντες καὶ διδάξαντες καὶ διακονήσαντες ἁγνῶς..., οἱ μὲν
κεκοιμημένοι, οἱ δὲ ἔτι ὄντες 13.1.

Wenn Hermas die Tätigkeit dieser Personen mit ἐπισκοπεῖν, διδάσκειν
und διακονεῖν umschreibt als 'Episkop, Lehrer bzw. Diakon sein', fehlt
ein Wort für die Tätigkeit der Apostel. Das ist hier aber verständlich, da
ein Verb für 'Apostel sein' nicht vorhanden war und Hermas offenkun-

dig nicht mehr an die Apostel denkt, wenn er die Tätigkeit der Personen umschreibt, die teilweise noch leben.

Ein größeres Problem bildet die Reihenfolge Episkopen – Lehrer – Diakone. Ausgehend von der Annahme, daß es mehrere kirchliche Strukturen gegeben hat, hat man hier eine Verknüpfung vermutet.[1] Zudem macht man sich das Verständnis der Stelle unmöglich, wenn man davon ausgeht, daß ein Wort διδάσκαλος bei einem Autor nur eine Bedeutung haben kann. Auch müssen wir damit rechnen, daß bei Hermas die Termini ἐπίσκοπος und πρεσβύτερος noch Synonyme sind und die Bedeutungsdifferenzierung des Ignatius bei ihm noch nicht spürbar ist (C 12 und 16b). Man kann dann mit Recht vermuten, daß die Auseinandersetzung mit den Lehrern der eigenen Zeit, ob sie ein Amt als Presbyter-Episkop oder als Diakon innehatten oder nicht, dazu geführt hat, daß er die guten Lehrer als Steine für den Turmbau einzeln erwähnt hat. Daß er neben den Lehrern die Propheten nicht erwähnt, erklärt sich daraus, daß diese charismatischen Gemeindegründer in der eigenen Zeit nicht oder kaum noch eine Rolle spielten.[2]

Hermas unterscheidet ähnlich wie Lk 3.23–32 bei den Steinen: 1. die erste Generation (πρώτη γενεά) von 10 Geschlechtern bis Noach, 2. die zweite Generation von 25 gerechten Männern (δευτέρα γενεά ἀνδρῶν δικαίων) bis David, 3. 42 (statt 35 in Lk 3.23–32) alttestamentliche Propheten und Diener Gottes (προφῆται τοῦ θεοῦ καὶ διάκονοι αὐτοῦ) bis Christus, 4. 40 Apostel und Lehrer: ἀπόστολοι καὶ διδάσκαλοι τοῦ κηρύγματος τοῦ υἱοῦ τοῦ θεοῦ 92.4. Die Verbindung ἀπόστολοι καὶ διδάσκαλοι steht hier in einem ähnlichen Zusammenhang wie in 102.2. Das Wort ἀπόστολοι hat seine gewöhnliche technische Bedeutung, διδάσκαλοι wieder die umfassende. Zeigt Hermas schon durch seine Schrift, daß er ein Lehrer war, so lassen seine Vorliebe für das Wort διδάσκαλος und die Stelle, die es in der Reihe vor den Diakonen bekommt, vermuten, daß er ein Lehrer, aber nicht Presbyter-Episkop oder gar Diakon war.

N. Brox sieht die umfassende Bedeutung von διδάσκαλος in der Verbindung mit ἀπόστολος, versucht nun aber, das Wort als 'eine Art Apposition zu Apostel' zu verstehen (538). Der Zusammenhang bietet jedoch keinen Anlaß dazu, καί hier epexegetisch aufzufassen (vgl. bei C 3a). Brox verweist auf 2 Tim 1.11, aber dort handelt es sich um drei partielle Synonyme für eine Person: ἐτέθην ἐγὼ κῆρυξ καὶ ἀπόστολος καὶ διδάσκαλος. Dazu bei B 3e.

---

[1] Eine Übersicht der Meinungen bei U. Neymeyr, *Lehrer* 11 Anm. 12 und 15.
[2] Eine Übersicht der Erklärungsversuche bei N. Brox, *Der Hirt des Hermas*, Göttingen 1991. ebd. 539.

14. Justin und andere Apologeten

Die Schriften Justins machen klar, daß der Verfasser die Absicht hatte, den Glauben zu unterrichten, nirgends zeigt er aber, daß er ein Amt in einer Gemeinde innehatte. Für seine Arbeit beansprucht er keinen Amtstitel. Er nennt sich Philosoph: οὕτως δὴ καὶ διὰ ταῦτο φιλόσοφος ἐγώ Dial 8.2. Das Martyrium erzählt, wie er Christus preist als Herold und Lehrer: σωτηρίας κῆρυξ καὶ διδάσκαλος καλῶν μαθημάτων Act Just 2.5, während er die eigene Tätigkeit nur mit einem allgemeinen Ausdruck umschreibt: ἐκοινώνουν αὐτῷ τῶν τῆς ἀληθείας λόγων 3.3.

Justin erwähnt aber einen Lehrer namens Ptolemaios, der eine Frau unterrichtet hat und deshalb mit der Frau von ihrem Mann angeklagt worden war: πρὸς Πτολεμαῖόν τινα... διδάσκαλον ἐκείνης τῶν Χριστιανῶν μαθημάτων Apol 2.2.9. Man hat diesen Ptolemaios mit dem Gnostiker dieses Namens, der die *Epistula ad Floram* (ap. Epiph. Haer 33.3–7) geschrieben hat, identifizieren wollen. Falls die Identifikation richtig ist, muß man folgern, daß der Titel auch für gnostische Lehrer verwendet wurde.[1]

Auch die Schriften der anderen Apologeten bieten für die Terminologie kaum Anhaltspunkte. In *De resurrectione*, einer Schrift, die sehr wahrscheinlich von Athenagoras stammt, beschreibt der Verfasser sich selbst als jemand, der die Wahrheit unterrichten will: ὁ τὴν ἀλήθειαν διδάσκειν ἐθέλων Resurr 1.4 Schoedel.

Über Tatian berichtet Irenäus, daß er nach seiner Trennung von der Kirche, durch den Eigendünkel eines Lehrers angeregt, sich einbildete, er sei den anderen (Lehrern) überlegen: ὅς... ἀποστὰς τῆς ἐκκλησίας, οἰή-ματι διδασκάλου ἐπαρθεὶς καὶ τυφωθεὶς ὡς διαφέρων τῶν λοιπῶν... Haer 1.28.1 ap. Eus. HE 4.29.3.

Es ist dann doch sehr wahrscheinlich, daß diese Apologeten als διδά-σκαλος/doctor tätig gewesen sind, so wie diese Funktion bei Hippolyt (B 15), Dionysius von Alexandrien (B 18) und Tertullian (B 19) umschrieben wird.

15. Hippolyt

In der *Traditio Apostolica* des Hippolyt heißen diejenigen, die vor der Taufe Glaubensunterricht empfangen, *catechumeni*. Der Unterricht wird von *doctores* erteilt. Es handelt sich um technische Termini, denn sie werden ohne weiteres als bekannt vorausgesetzt: *qui autem adducuntur nouiter ad audiendum uerbum, adducantur primum coram doctores* TradAp 15 (35 Botte), *qui adducuntur ut instruantur* (κατηχεῖσθαι)... 16, *catechumenus uel fidelis...* 16, *catechumenus per tres annos...* 17, *quando doctor cessauit instructionem dare* (κατηχεῖσθαι) *catechumeni orent... mulieres catechumenae* 18. Zum Schluß legt der *doctor* dem Katechumenen die Hand auf: *cum*

---

[1] Vgl. Neymeyr, *Lehrer* 210–212.

doctor post precem imposuit manum super catechumenos, oret et dimittat eos.
sive clericus (ἐκκλησιαστικός) *est qui dat (doctrinam) siue laicus* (λαϊκός)*,*
facit sic 19. Diese *doctores* können also zum Klerus gehören, aber auch
Laien sein.

In einem Text, den Epiphanius überliefert hat, berichtet Hippolyt,
wie die wohlwollenden und heiligen Presbyter und Lehrer der Kirche
Gottes sich mit Marcion auseinandergesetzt haben: οἱ ἐπιεικεῖς καὶ παν-
άγιοι τῆς ἁγίας τοῦ θεοῦ ἐκκλησίας, πρεσβύτεροι καὶ διδάσκαλοι... ἔλεγον ap.
Epiph. Haer. 42.2.2. Es ist, wie Neymeyr mit Recht behauptet (16),
unmöglich, hier die zwei mit καί verbundenen Termini als Synonyme
zu verstehen. Der einfache Grund dafür ist, daß der Zusammenhang,
ähnlich wie in Phil 1.1 (C 3a), keinen Anlaß dazu bietet, um die zwei
Substantive als Hendiadyoin zu verstehen. Das schließt im übrigen
nicht aus, daß die zwei Gruppen einander überschnitten, weil auch die
Presbyter Unterricht erteilten.

16. *Ägypten: Clemens von Alexandrien*

Clemens von Alexandrien erwähnt im Anfang seiner Schrift *Paidagogos*,
wie im antiken Bildungssystem der παιδαγωγός das Kind auf den
Unterricht in der Schule beim διδάσκαλος vorbereitet. So will er als
Erzieher seine Leser in die christliche Lehre einführen. Clemens macht
den Vergleich komplizierter, indem er seinen παιδαγωγός auch noch
mit einem Arzt vergleicht: 'Wie also die körperlich Kranken einen Arzt
brauchen, so bedürfen auch die seelisch Schwachen eines Erziehers,
damit er unsere Krankheiten heilt und (uns) darauf zum Lehrer führt':
παιδαγωγοῦ δεῖ, ἵνα ἡμῶν ἰάσηται τὰ πάθη, εἶτα δὲ εἰς διδασκάλου [ὅς]
καθηγήσηται Paed 1.3.3. Hier ist εἰς διδασκάλου der klassische Ausdruck
für 'in die Schule (gehen)' (B 1) und es kann dem nicht entnommen
werden, daß διδάσκαλος in der christlichen Gemeinde ein Amtstitel war.
Das Gegenteil läßt sich ebensowenig beweisen, wenn Clemens mit einer
Anspielung auf Mt 23.8, aber so scheint es, auch auf das homerische εἷς
κοίρανος ἔστω, εἷς βασιλεύς B 204 f., betont, daß Christus der einzige
Lehrer ist: εἷς γὰρ ὁ διδάσκαλος Str 1.13.3. In diesem emphatischen Sinn
(M 5) ist nur Christus Lehrer.

Clemens nimmt später Rücksicht auf seinen *Paidagogos* in der *Stromateis* und gebraucht dann das Substantiv κατήχησις 'Katechese,
Glaubensunterricht', während die *Traditio Apostolica* (B 15) nur verbale
Formen bietet. Er schreibt: 'unsere (Schrift) *Paidagogos* hat schon früher... die Erziehung und Bildung von Kind auf dargestellt, nämlich die
aus der Katechese mit dem Glauben heranreifende Lebensführung':
τουτέστιν ἐκ κατηχήσεως συναύξουσαν τῇ πίστει πολιτείαν Str 6.1.3.

Clemens selbst war offensichtlich mit diesem Unterricht beschäftigt.
Er war dann διδάσκαλος. Ob er auch Presbyter war, ist umstritten. Dazu
bei C 18.

17. *Origenes*

Origenes gebraucht das Substantiv διδάσκαλος als ein allgemeines Wort
für die relativ wenigen Missionare, die den Glauben über die ganze
Welt verkündet haben: οὐδὲ τῶν διδασκάλων πλεοναζόντων Princ 4.1.2.
Das Partizip οἱ διδάσκοντες 'die Lehrenden' ist noch mehr geeignet, um
als nichttechnisches Wort alle Glaubensverkünder, auch die Nichtamts-
träger und Wandermissionare, zu umfassen: ὅτε πολὺς ὁ κίνδυνος μάλιστα
τοῖς διδάσκουσιν ἦν Cels 3.9.

18. *Dionysius von Alexandrien*

Um die Mitte des 3. Jh. berichtet Dionysius von einigen Lehrern (τινων
διδασκάλων), die der chiliastischen Lehre eines schon verstorbenen
ägyptischen Bischofs Nepos zugetan sind. Weil eine Spaltung drohte,
hatte Dionysius in Arsinoë in Mittelägypten die Presbyter und Lehrer
der Brüder aus den Dörfern, aber auch die Brüder selbst, die das wollten, also die Laien, zusammengerufen für eine öffentliche Beratung:
συγκαλέσας τοὺς πρεσβυτέρους καὶ τοὺς διδασκάλους τῶν ἐν ταῖς κώμαις
ἀδελφῶν, παρόντων δὲ καὶ τῶν βουλομένων ἀδελφῶν... ap. Eus. HE 7.24.5f.
Der Bischof setzt in diesem Fragment zwei Amtstitel als bekannt
voraus, denn er hätte sich so nicht ausdrücken können, wenn die Lehrer
nicht eine von den Presbytern getrennte Gruppe bildeten. Daran ändert
sich nichts, wenn selbstverständlich auch die Presbyter und die Bischöfe
unterrichtet haben. G. Bardy nimmt an, es handle sich hier um zwei
Synonyme, bietet dafür aber keinen Beweis.[1]
    In einem Brief an Basilides, vielleicht einen ehemaligen Schüler, der
Bischof in der libyschen Pentapolis geworden war, fügt Dionysius, als
er die vorgelegten theologischen Fragen beantwortet hat, hinzu: 'Ich
habe nicht wie ein Lehrer, sondern wie es in aller Schlichtheit geziemt,
daß wir mit einander reden, meine eigene Ansicht vorgebracht': ἐγὼ δέ,
οὐχ ὡς διδάσκαλος, ἀλλ᾽ ὡς μετὰ πάσης ἁπλότητος προσῆκον ἡμᾶς ἀλλήλοις
διαλέγεσθαι, εἰς κοινὸν τὴν διάνοιαν ἐμαυτοῦ ἐξέθηκα EpadBasil 4 PG
10.1288c. In diesem Zusammenhang bedeutet 'nicht als ein Lehrer' wie
in Barn 1.8; 4.9 (B 10), daß Dionysius nicht autoritativ wie ein Schulmeister seine Meinung vortragen will. Das wird noch durch die Betonung der ἁπλότης bestätigt, und falls Basilides ein ehemaliger Schüler
ist, will Dionysius sicher darauf anspielen.[2] Damit lehnt er nicht den
Lehrertitel als kirchliche Amtsbezeichnung ab, wie Neymeyr meint
(176), sondern betont, daß er und Basilides jetzt als Bischöfe einander

---

[1] In seiner Ausgabe der Kirchengeschichte des Eusebius, SCh 41, 203, Anm. 13.
[2] Vgl. W. A. BIENERT, *Dionysius von Alexandrien. Zur Frage des Origenismus im dritten
Jahrhundert,* Berlin 1978, 121 und NEYMEYR, *Lehrer* 177.

gleichgesetzt sind. Die Bescheidenheit ist noch um so mehr angebracht, wenn man annimmt, daß Dionysius noch nicht Bischof war.[1]

19. *Römisches Afrika: Tertullian*

Die schriftstellerische Tätigkeit Tertullians steht immer im Zusammenhang mit Unterricht. Falls er nicht Presbyter war (dazu unten), müssen wir annehmen, er sei auf jeden Fall Lehrer gewesen. Hier handelt es sich darum, ob er das Wort διδάσκαλος/*doctor* als Amtstitel kannte.

Nur an einigen Stellen spricht er über die Aufgaben eines Lehrers. Einmal macht er eine Aufzählung von sechs Personen in der christlichen Gemeinde, um die Möglichkeit zu erörtern, daß diese von der Glaubensregel abfallen würden: *quid ergo si episcopus, si diaconus, si uidua, si uirgo, si doctor, si etiam martyr lapsus a regula fuerit?* Praescr 3.5. Man hat sich über diese merkwürdige Reihe gewundert, und nach Neymeyr (*Lehrer* 115) hat sie noch keine befriedigende Erklärung gefunden.

Die Reihe ist künstlerisch aufgebaut und hat nicht die Absicht, uns über die Aufgliederung einer christlichen Gemeinde zu unterrichten. Das wiederholte *si* bildet von der Stilistik her betrachtet eine Anaphora. Die Stellung der zwei weiblichen Personen als ein Paar in der Mitte macht es wahrscheinlich, daß auch die anderen Personen als zwei Paare zu verstehen sind. Bischof und Diakon gehören tatsächlich zusammen, weil der Diakon der nächste Gehilfe seines Bischofs ist. Versteht man *doctor*, wie bei Hippolyt TradAp 15-19 (B 15), so hat dieser mit dem Märtyrer gemein, daß er ein Zeuge ist, insofern er den Glauben verkündet.

Es bleibt befremdend, daß in dieser Reihe der Presbyter fehlt, und das um so mehr, falls Tertullian selbst Presbyter war. Nun ist das Zeugnis des Hieronymus umstritten: *Tertullianus presbyter... hic cum usque ad mediam aetatem presbyter ecclesiae permansisset...* VirIll 53. Man sucht vergebens Stellen, wo Tertullian sich eindeutig zu den Presbytern oder zu den Laien rechnet. J. Klein hat bemerkt, daß Tertullian auch in seiner vormontanistischen Zeit das allgemeine Priestertum in so starker Weise betont, das dies kaum denkbar erscheint, wenn er nicht sich selbst zu diesem allgemeinen Priestertum rechnete.[2]

---

[1] Für die Ablehnung des Lehrertitels weist NEYMEYR (176) noch auf den lateinischen Dichter Commodian, der aber gleichfalls nur sagen will, daß er nicht ein Schulmeister sein will, obwohl eine Anspielung auf den christlichen *doctor* mit einbezogen sein kann: *non sum ego doctor, sed lex docet ipsa clamando* Intr 2.18.5, CCL 128. Er hat keinen Befehl empfangen, um Prophet oder Lehrer zu sein: *non sum ego uates nec doctor iussus ut essem* Carm 61, und er will kein Geld für seinen Unterricht verlangen: *si quidam doctores, dum expectant munera uestra...* Instr 2.12.1.

[2] J. KLEIN, *Tertullian. Christliches Bewußtsein und sittliche Forderungen*, Düsseldorf 1940, ebd. 273. Vgl. auch NEYMEYR, *Lehrer* 108-110.

Nun unterscheidet Tertullian zwar noch zwischen *presbyter* als Amtsbezeichnung und ἱερεύς-*sacerdos* als dem jüdischen und heidnischen Titel, aber er fängt damit an, *sacerdos* und Ableitungen für das christliche Amt zu verwenden (siehe bei K 2 und 3). Wenn er verantwortlich gewesen ist für die lateinische Herausgabe der *Passio Perpetuae*, wie man vermutet, hat er möglicherweise den Ausdruck *presbyter sacerdos* 12.4 (B 20) geprägt und die beiden Termini als partielle Synonyme aufgefaßt. Bei dieser Annahme versteht man, daß er in Praescr 3.5 den Presbyter ausläßt und das Paar Lehrer-Märtyrer als eine Klimax an dritter Stelle nennt. Dann war *doctor* eine Amtsbezeichnung in der Gemeinde zu Carthago.

Den *doctor* erwähnt Tertullian in derselben Schrift noch einmal. Wenn jemand innerhalb der *regula fidei* weiter am Glauben interessiert ist, 'gibt es sicher einen Bruder (und zwar einen) Lehrer, der mit der Gnade des Wissens begabt ist, es gibt einen (Bruder), der mit den Geübten verkehrt, (es gibt) doch einen (Bruder), der sorgfältig mit dir sucht': *est utique frater aliqui doctor gratia scientiae donatus, est aliqui inter exercitatos conuersatus, aliqui tecum curiosus tamen quaerens* 14.2. Neymeyr (117) nimmt gegen G. Schöllgen[1] an, es handle sich bei all diesen Eigenschaften nur um einen Funktionsträger, den *doctor*. Der Satz enthält aber mit dem dreimaligen *aliqui* eine Anaphora und dazu eine Antiklimax. Als zweite und dritte Möglichkeit wird ein Bruder genannt, der nicht *doctor* ist, der aber im zweiten Fall doch mit den *exercitati* gute Verbindungen hat. Zu diesen *exercitati* gehören selbstverständlich die *doctores*, aber nicht notwendig sie allein. Namentlich der Bischof und die Presbyter müssen mit einbegriffen sein. Auch sie kennen die Schriften und unterrichten. Sie werden nicht *doctor* genannt, wahrscheinlich aus dem einfachen Grund, daß sie mit einem anderen, höheren Titel bezeichnet wurden.

Das Verb *docere* bekommt nun die emphatische Bedeutung 'Glaubensunterricht erteilen': *ueniant dum discunt, dum quo ueniant docentur* Bapt 18.5; von Frauen bei den Häretikern: *audeant et docere* Praescr 41.5, *petulantia autem mulieris quae usurpauit docere* Bapt 17.4.

20. *Die Passio Perpetuae und die Passio Saturnini*

Wahrscheinlich im Jahre 203 erlitten in Carthago Perpetua und Felicitas das Martyrium. Der Text der *Passio* enthält eine Vision, die ein gewisser Saturus gesehen und selbst niedergeschrieben hat, PassPerp 11.1. Er beschreibt das Paradies mit Engeln und Ältesten wie in der Johannesapokalypse. Diese Ältesten heißen Lateinisch *seniores*: und im griechi-

---

[1] G. SCHÖLLGEN, *Ecclesia sordida? Zur Frage der sozialen Schichtung,* Münster 1984, 281 Anm. 69, 283.

schen Text, der, wie man annimmt eine Übersetzung ist,[1] πρεσβύτεροι: *seniores quattuor..., seniores conplures* 12.2; πρεβύτεροι δὲ τέσσαρες..., πολλοὶ πρεσβύτεροι 12.4. Als er und Perpetua nun als Märtyrer aus dem Paradies kommen, sehen sie vor den Pforten den Bischof Optatus und den Presbyter Aspasius: *et uidimus ante fores Optatum episcopum ad dexteram et Aspasium presbyterum doctorem ad sinistram separatos et tristes... et diximus illis: Non tu es papa noster et tu presbyter?* ebd.; καὶ εἴδομεν πρὸ τῶν θυρῶν Ὀπτάτον τὸν ἐπίσκοπον καὶ Ἀσπάσιον τὸν πρεσβύτερον πρὸς τὰ ἀριστερὰ μέρη διακεχωρισμένους καὶ περιλύπους... καὶ εἴπαμεν πρὸς αὐτούς· Οὐχὶ σὺ πάπας ἡμέτερος εἶ, καὶ σὺ πρεσβύτερος; 13.1, 3.

A. Fridh hat vermutet, daß der Übersetzer in dem lateinischen Text *doctorem* hinzugefügt hat, weil er ein Mißverständnis vermeiden wollte, aber ein Vergleich mit πρεσβύτεροι – *seniores* in 12. 2 (4) zeigt, daß er dazu keinen Grund hatte.[2] Mit mehr Recht weist Neymeyr (*Lehrer* 119f.) darauf hin, daß Optatus und Aspasius in einen theologischen Streit verwickelt sind. Die Beifügung *doctorem* muß dann betonen, daß der Presbyter auch Lehrer ist und somit qualifiziert. Bei dieser Erklärung stimmt der Sprachgebrauch der lateinischen Fassung mit dem des Tertullian (B 19) überein.

Eine afrikanische Märtyrerakte aus derselben Zeit ist die *Passio Saturnini et al.* Sie ist leider nur in einer donatistisch erweiterten Fassung erhalten. Saturninus wird immer als *presbyter* bezeichnet. In einem Ausruf wird aber sein Amtstitel mit dem des Lehrers näher spezifiziert: *o admiranda satis et praedicanda presbyteri doctoris responsio* PassSaturn 14.10.[3]

21. *Cyprian*

In einem Brief an einige Presbyter und Diakone verteidigt Cyprian die Tatsache, daß er in einer Notsituation ohne gemeinsame Beratung Saturus als Lektor und den Bekenner Optatus als Subdiakon eingesetzt hat. Waren doch beide schon bei einem gemeinsamen Beschluß zum Klerus bestimmt. 'Dem Saturus haben wir ja zu Ostern schon zweimal das Vorlesen übertragen. Und vorausgesetzt, daß wir zusammen mit den Presbyter-Lehrern die Lektoren gewissenhaft prüfen wollen, haben wir Optatus (vorher schon) unter die Lektoren der Katechumenenlehrer angestellt': *quando aut Saturo die Paschae semel atque iterum lectionem dedimus aut, modo cum presbyteris doctoribus lectores diligenter probaremus, Optatum inter lectores doctorum audientium constituimus* Ep 29.1.2.

---

[1] Vgl. J. QUASTEN, *Patrology,* Utrecht 1950, 1.181f.
[2] A. FRIDH, *Le problème de la passion des saintes Perpétue et Félicité,* Göteborg 1969, ebd. 80–83.
[3] P. FRANCHI DE' CAVALIERI, *Note agiografiche 8:* Studi e Testi 65, 1965, 58, PL 8. 710d.

Die Lektoren sind also zur Aufnahme in den Klerus bestimmt. Sie haben eine Aufgabe beim Gemeindegottesdienst, nämlich die Schrifttexte vorzulesen, aber sie unterstützen auch die *doctores audientium* beim Unterricht an die *audientes* (die Katechumenen). Sie werden von den *presbyteri doctores* geprüft, also von solchen Presbytern, die am Unterricht beteiligt sind. Es ist dann gut möglich, daß die *presbyteri doctores* mit den *doctores audientium* identisch sind, aber nicht unbedingt sicher. Nicht alle *doctores audientium* müssen auch *presbyteri doctores* sein. Wenn die *lectores* allmählich im *cursus honorum* aufstiegen, darf man das um so mehr für die *doctores* annehmen, weil die *lectores* ihnen untergeordnet waren. Daß sie alle Presbyter sind, wird nicht gesagt. Ein *doctor* kann, so meint Cyprian, leicht jemand unterrichten, der aus einer Häresie zurückkehrt: *neque enim difficile est doctori uera et legitima insinuare ei qui haeretica prauitate damnata... ad hoc uenit ut discat* Ep 73.3.2. Daß ein *doctor* selbstverständlich auch *presbyter* ist, zeigt sich also nicht.

22. *Schluß: Wandermission und Glaubensunterricht*

Ein altes Traditionsstück der Didache (11–15) nennt neben den Aposteln auch Propheten und Lehrer als Wandermissionare. Die Gemeinden werden angeregt, selbst Episkopen und Diakone einzusetzen, weil diese den gleichen Dienst leisten können (15.1). Daraus folgt, daß die herumziehenden Propheten und Lehrer ein Amt innehatten, und zwar als Gemeindegründer. Weil die Vokabeln προφήτης, προφητεύω auf charismatische Begabung hinweisen, ist der Unterschied zwischen Propheten und Lehrern darin zu suchen, das die Propheten Charismatiker waren. Die Termini προφήτης und διδάσκαλος sind also partiell synonym (M 7). Von diesen Propheten sind Personen zu unterscheiden, die nicht Amtsträger waren und nur so hießen, weil sie Charismatiker waren; so z.B. die Töchter des Philippus. Der Unterschied ist in der Didache zu beobachten, in den Paulusbriefen und in der Apostelgeschichte.

Inwiefern sich die Evangelisten und Hirten von anderen Amtsträgern unterschieden haben, ist nicht völlig klar. Wahrscheinlich waren diese Termini viel weniger technisch, und wurden sie nur neben anderen Termini gebraucht, um das Verkünden der Propheten-Lehrer und ihre Leitung oder die der Presbyter-Episkopen zu umschreiben. Dann handelt es sich wieder um Synonyme.

Die zeitweilig in Antiochien verbleibenden Propheten und Lehrer (Act 13.1) sind Wandermissionare und deshalb von den örtlichen Gemeindeleitern zu unterscheiden.

Die Johannesapokalypse bezeichnet die Amtsträger der Gemeinden als Propheten. Das ist im Einklang mit dem Stil dieser Schrift und man übersieht diesen Charakter, wenn man daraus folgert, es handle sich hier um Gemeinden mit einer eigenen oder sogar ohne Organisation.

Nicht jeder, der unterrichtet, hat ein Amt inne als Lehrer. In dieser
Weise konnten alle die neue Lehre verkünden und unterrichten. Fraglich ist nur, inwiefern es ein Lehreramt gab, das von anderen Ämtern
unterschieden war. Die Mahnung in Jak 3.1 dürfte schon darauf hinweisen. In Texten aus dem 2. Jh. werden solche Lehrer genannt, die offensichtlich eine eigene Stelle in den Gemeinden hatten. Hermas könnte ein
solcher Lehrer gewesen sein. Bei Tertullian sieht man aber schon, daß
das Lehreramt besonders mit dem der Presbyter verbunden wird. Dazu
hat er den Ausdruck *presbyter doctor*, und möglicherweise hat er ihn
selbst geprägt.

Die Zauberer und Magier werden vor allem bei Hermas als falsche
Propheten gekennzeichnet.

Man konnte das Wort διδάσκαλος aus Bescheidenheit abwertend auf
sich selbst beziehen im Sinne von 'Schulmeister', ohne daß so auf das
Gemeindeamt Bezug genommen wurde.

C. Die Gemeindeleiter

1. Das Neue Testament: Synonymie von πρεσβύτερος *und* ἐπίσκοπος

Die Vokabeln πρεσβύτερος und ἐπίσκοπος sind im NT technische Termini, weil sie ohne weiteres als bekannt vorausgesetzt werden.[1] Ein Vergleich der folgenden Stellen zeigt noch dazu, daß sie Synonyme sind:

a. Die von Paulus aus Ephesus nach Milet eingeladenen πρεσβύτεροι werden als ἐπίσκοποι angeredet: μετεκαλέσατο τοὺς πρεσβυτέρους τῆς ἐκκλησίας Act 20.17; ὑμᾶς τὸ πνεῦμα τὸ ἅγιον ἔθετο ἐπισκόπους 20.28. Siehe bei C 5.

b. Paulus setzt nach Act 14.23 in seinen neugegründeten Gemeinden πρεσβύτεροι ein, während die Gemeinde in Philippi nach Phil 1.1 ἐπίσκοποι und διάκονοι hat. Polykarp schreibt aber mit seinen πρεσβύτεροι einen Brief an die Philipper und nimmt an, daß diese nun auch πρεσβύτεροι haben: Πολύκαρπος καὶ οἱ σὺν αὐτῷ πρεσβύτεροι τῇ ἐκκλησίᾳ τοῦ θεοῦ PhilInscr; ὁμοίως οἱ νεώτεροι ἄμεμπτοι...· διὸ... ὑποτασσομένους τοῖς πρεσβυτέροις καὶ διακόνοις 5.3; καὶ οἱ πρεσβύτεροι εὔσπλαγχνοι 6.1. Ein Presbyter Valens wird genannt in 11.1. Vgl. C 3*a* und 14.

---

[1] Siehe H. W. Beyer, Art. ἐπίσκοπος: ThWNT 2.604–619, und G. Bornkamm, Art. πρέσβυς: ThWNT 6.651–683; J. Rohde, Art. ἐπισκοπή, ἐπίσποπος, πρεσβυτέριον, πρεσβύτερος: EWNT 2.87–91, 3.355–359, J. Ysebaert, *Baptismal terminology* 273–281. Sehr ausführlich in M. Guerra y Gómes, *Epískopos y presbyteros. Evolución semántica de los dos términos desde Homero hasla el siglo II d.J.*, Burgos 1962. Leider unterscheidet Guerra nicht immer zwischen Belegen für die Termini und anderen für verwandte Begriffe. Für das NT nimmt er an, daß ἐπίσκοποι, πρεσβύτεροι, ἡγούμενοι, προϊστάμενοι und ποιμένες Synonyme sind. Sein Argument dafür ist hauptsächlich, daß diese Personen dieselbe Arbeit leisten und daß für sie dieselben Voraussetzungen gelten (308ff.). Siehe dazu bei M. 7. Tatsächlich ist die Methode der Untersuchung nicht immer lexikographisch. So z.B. auch A. Michiels, *L'origine de l'épiscopat. Étude sur la fondation de l'église, l'œuvre des apôtres et le développement de l'épiscopat aux deux premiers siècles*, Louvain 1900, ebd. 210–218. O. Bârlea, *Die Weihe der Bischöfe, Presbyter und Diakone in vornicänischer Zeit*, München 1969, antwortet auf diese Erklärungsversuche kurz: 'Solche Äußerung ist fast überall zu finden,' ebd. 17 Anm. 3. Bornkamm (ThWNT 6.667 Anm. 95) verweist nach U. Holzmeister, '*Si quis episcopatum desiderat, bonum opus desiderat*' (*1 Tim 3.1*): Biblica 12, 1931, 41–69, und nennt als Argument gegen 'ein generisches Verständnis von ἐπίσκοπος, daß sich dieser Sprachgebrauch bei den andern Ämtern nicht findet.' An sich ist das nicht entscheidend, aber daß es mehr Synonyme gibt, hat sich schon oben bei A und B gezeigt. Allerdings gehen jetzt die meisten Untersucher einfach davon aus, daß πρεσβύτερος und ἐπίσκοπος nicht Synonyme sind. So neuerdings Frances M. Young, *On* ἐπίσκοπος *and* πρεσβύτερος: JThS 45, 1994, 142–148. – Das Material ist oft gesammelt und besprochen worden. Siehe z.B. P. Benoit, *Les origines apostoliques de l'épiscopat selon le Nouveau Testament*: H. Bouëssé (Hg.), *L'évêque dans l'Église du Christ*, Paris 1963, 13–57, R. Zollitsch, *Amt und Funktion des Priesters. Eine Untersuchung zum Ursprung und zur Gestalt des Presbyterats in den ersten zwei Jahrhunderten*, Freibug 1974.

c. Die von Titus auf Kreta einzusetzenden πρεσβύτεροι heißen auch ἐπίσκοποι: ἵνα... καταστήσῃς κατὰ πόλιν πρεσβυτέρους Tit 1.5; δεῖ γὰρ τὸν ἐπίσκοπον ἀνέγκλητον εἶναι 1.7, ebenso: δεῖ τὸν ἐπίσκοπον 1 Tim 3.2. Siehe bei C 5.

d. Das Amt eines Apostels heißt ἐπισκοπή, Act 1.20, auch das eines Episkopen, 1 Tim 3.1, aber das des Timotheus πρεσβυτέριον, ebd. 4.14. Siehe bei C 8*a* und *b.*

e. Der 1. Petrusbrief wendet sich an Gemeinden, die von πρεσβύτεροι betreut werden: πρεσβυτέρους οὖν ἐν ὑμῖν παρακαλῶ ὁ συμπρεσβύτερος 1 Petr 5.1, νεώτεροι, ὑποτάγητε πρεσβυτέροις 5.5. Ihre Arbeit wird umschrieben mit ποιμαίνειν und ἐπισκοπεῖν: ποιμάνατε τὸ ἐν ὑμῖν ποίμνιον τοῦ θεοῦ (v.l. add. ἐπισκοποῦντες) 5.2. Diese Lesart ἐπισκοποῦντες 'beaufsichtigend' enthält eine Anspielung auf den Amtstitel ἐπίσκοπος und setzt voraus, daß die Presbyter auch Episkop heißen. Sie kann also, wenn sie nicht ursprünglich ist, nur aus einer Zeit stammen, als beide Vokabeln noch Synonyme waren. Andererseits versteht man das Schwinden des Partizips in einigen Handschriften in einer Zeit, als die Synonymie nicht mehr geläufig war. Siehe bei C 3*b.*

f. Während der Verfasser des 1 Petr sich selbst den Mitpresbyter nennt: ὁ συμπρεσβύτερος 5.1, werden die Titel Hirte und Episkop auf den Herrn übertragen: ἐπεστράφητε νῦν ἐπὶ τὸν ποιμένα καὶ ἐπίσκοπον τῶν ψυχῶν ὑμῶν 2.25, vgl. ἀρχιποίμην 5.4. Und das ist besser zu verstehen, wenn damit auf πρεσβύτεροι angespielt wird, die auch ποιμήν und ἐπίσκοπος genannt werden können. Siehe bei C 3*b* und 7*b.*

Schon die Punkte *a* bis *c* reichen aus, um festzustellen, daß πρεσβύτερος und ἐπίσκοπος im NT Synonyme sind. Diese Tatsache ist öfters anerkannt worden, aber meistens geht man einfach davon aus, daß diese Vokabeln bald Synonyme sind, bald nicht. Das würde bedeuten, daß deutsche Synonyme wie 'Metzger' und 'Fleischer', oder 'Frau' und 'Weib' in der heutigen Sprache gelegentlich auch nicht Synonyme sein können, also auch unterschiedliche Berufe bwz. Geschlechter bezeichnen können (s. M 7). Eine solche Ausnahme wäre dann allerdings zu beweisen. Eine andere Annahme ist, daß die Vokabeln auf jeden Fall in den ersten Jahrzehnten der Kirche noch nicht Synonyme waren.

2. *Erklärungsversuche im Altertum*

Irenäus hat eine Erklärung für Act 20.17, 28 versucht, indem er den Text mit einigen Wörtern erweitert, um ihn so auf mehrere Städte zu beziehen, jede mit einem Bischof und mit Presbytern, offenkundig nach den Verhältnissen und dem Sprachgebrauch der eigenen Zeit: *in Mileto enim conuocatis episcopis et presbyteris, qui erant ab Epheso et a reliquis proximis ciuitatibus* Haer 3.14.2.

Hieronymus weist auf die Identität hin: *eosdem esse presbyteros quos episcopos* Ep 146.1. Seine Argumente sind: die Mehrzahl *episcopi* und die

Verbindung mit *diaconi* im NT. Er war selbst Priester, und versucht zu beweisen, daß die Bischöfe seiner Zeit mit den Priestern gleichzusetzen sind. Siehe auch bei H 3.

Johannes Chrysostomus weist auf die Synonymie hin, indem er Phil 1.1 so erklärt, daß mit Episkopen die Presbyter gemeint sind. Den Beweis entnimmt er der Tatsache, daß zu seiner Zeit in einer Stadt nur ein Bischof sein konnte: τί τοῦτο; μιᾶς πόλεως πολλοὶ ἐπίσκοποι ἦσαν; οὐδαμῶς. ἀλλὰ τοὺς πρεσβυτέρους οὕτως ἐκάλεσεν. Als Beweis, daß die Termini durcheinander gebraucht wurden, führt er 2 Tim 4.5 an, und übersieht dann, daß hier διακονία einen ganz allgemeinen Sinn hat (bei D 1 g): τότε γὰρ τέως ἐκοινώνουν τοῖς ὀνόμασι, καὶ διάκονος ὁ ἐπίσκοπος ἐλέγετο. διὰ τοῦτο γράφων Τιμοθέῳ ἔλεγεν· «τὴν διακονίαν σου πληροφόρησον» (2 Tim 4.5), ἐπισκόπῳ ὄντι. Daß Timotheus Bischof war, belegt Chrysostomus mit 1 Tim 5.22 und 1 Tim 4.14: ὅτι γὰρ ἐπίσκοπος ἦν, φησὶ πρὸς αὐτόν· «χεῖρας ταχέως μηδενὶ ἐπιτίθει» καὶ πάλιν· «ὃ ἐδόθη σοι μετὰ ἐπιθέσεως τῶν χειρῶν τοῦ πρεσβυτερίου»· οὐκ ἂν δὲ πρεσβύτεροι ἐπίσκοπον ἐχειροτόνησαν. Dann zitiert Chrysostomus Tit 1.5 f. und wiederholt zusammenfassend: ὅπερ οὖν ἔφην, καὶ οἱ πρεσβύτεροι τὸ παλαιὸν ἐκαλοῦντο ἐπίσκοποι καὶ διάκονοι τοῦ Χριστοῦ, καὶ οἱ ἐπίσκοποι πρεσβύτεροι. Daher, meint er, stammt die Gewohnheit der Bischöfe, in ihren Briefen den Adressaten 'Mitpresbyter' und 'Mitdiakon' zu nennen: ὅθεν καὶ νῦν πολλοὶ συμπρεσβυτέρῳ ἐπίσκοποι γράφουσι καὶ συνδιακόνῳ. Allmählich hat eine 'Bedeutungsdifferenzierung' (C 16 b) stattgefunden, fügt er hinzu: λοιπὸν δὲ τὸ ἰδιάζον ἑκάστῳ ἀπονενέμηται ὄνομα, ὁ ἐπίσκοπος καὶ ὁ πρεσβύτερος Hom 1 in Phil 1.1 PG 62.183bc.[1]

3. Die Terminologie in Phil 1.1 und 1 Petr 5.2

a. Die ἐπίσκοποι in Phil 1.1[2]

Paulus erwähnt in Phil 1.1 ἐπίσκοποι und διάκονοι, während er sonst in seinen Briefadressen keine Amtsträger nennt. Viele Erklärungen sind vorgeschlagen worden.[3] So hat man gedacht, daß die Episkopen und

---

[1] Vgl. auch Chrysostomus Hom 13.1 in 1 Tim PG 62.565c, und Theodoret von Cyrus, In Phil 1.1–2 PG 82.559b, In 1 Tim 3.1 PG 82.803b. A. LEMAIRE, *Les ministères* 100f. weist darauf hin, daß die Stelle aus Chrysostomus in die *Catenae* aufgenommen worden ist (hg. J. A. Cramer, Oxford 1844, 6.231f.). Für den Ambrosiaster siehe bei H 3.

[2] Für die ἐπίσκοποι Did 15.1 siehe bei B 2, für die διάκονοι Did 15.1 und Phil 1.1 auch bei D 1.

[3] Vgl. dazu E. BEST, *Bishops and deacons: Philippians 1.1:* F. L. Cross (Hg.) *Studia Evangelica,* TU 102, 1968, 371–376, bes. 372 Anm. 1; W. SCHENK, *Die Philipperbriefe des Paulus. Kommentar,* Stuttgart 1984, 67–82, ebd. 72 Anm. 1; DERS. *Der Philipperbrief in der neueren Forschung:* Aufstieg u. Niedergang d. röm. Welt 2.25, 1987, 3280–3313, ebd. 3286.

Diakone letzten Endes – und nicht Epaphroditus – für die Geldspende (Phil 4.18) verantwortlich waren. Das hat schon Johannes Chrysostomus beobachtet, Hom 1.1 in Phil 1.1 PG 62.183d.

D. Georgi sieht in den ἐπίσκοποι und διάκονοι von Phil 1.1 'einen synonymen Gebrauch'. Paulus 'würde dann die in Philippi befindlichen oder gar ansässigen (missionarischen) Verkündiger besonders grüßen.'[1] Georgi weist für diese Erklärung auf die Bedeutung von ἐπίσκοπος in der kynisch-stoischen Popularphilosophie (35 und Anm. 3). Diogenes Laertios erzählt, wie der Philosoph Menedemos (3. Jh. v. Chr.) behauptete, als Aufseher (und Bote) der Sünder aus dem Hades gekommen zu sein, um nach seiner Rückkehr dies den dortigen Dämonen zu berichten: λέγων ἐπίσκοπος ἀφῖχθαι ἐξ Ἅιδου τῶν ἁμαρτανομένων, ὅπως πάλιν κατιὼν ταῦτα ἀπαγγέλλοι τοῖς ἐκεῖ δαίμοσιν 6.102.

Es handelt sich aber grundsätzlich nicht um die Frage, ob ein Wort in der klassischen Grazität eine bestimmte Bedeutung hatte, sondern darum, ob Paulus und seine Adressaten in Philippi das Wort so verstehen konnten. Paulus setzt die Termini als bekannt voraus. Das heißt, daß er davon ausgeht, daß die Bedeutung der jungen Gemeinde ohne weiteres bekannt ist, so gut wie bei anderen christlichen Termini wie εὐαγγέλιον, ἅγιοι, ἀδελφοί usw. Für die Bedeutung müssen wir dann die übrigen Stellen im NT untersuchen, besonders die, die Phil 1.1 am nächsten sind. Für ἐπίσκοπος sind das Act 20.28, 1 Tim 3.2, Tit 1.7 und der auf Christus übertragene Gebrauch 1 Petr 2.25, für διάκονος erst Röm 16.1, dann der allgemeine Gebrauch für alle Glaubensverkünder und der auf Christus übertragene Gebrauch Röm 15.8. Ferner Did 15.1. Georgi (31–38) macht diesen Unterschied nicht und geht (31) von 2 Kor 11.23 aus, wo Paulus den allgemeinen Gebrauch von διάκονος für 'Diener Christi' auf seine Gegner überträgt: διάκονοι Χριστοῦ εἰσιν; ... ὑπὲρ ἐγώ (dazu bei D 1g). Diese Gegner hatten, wie man annehmen darf, weitgehend dieselbe Terminologie wie Paulus, und der Streit betraf nicht die Amtstitel, sondern die Frage, ob diese Gegner ein Recht darauf hatten. Für die Bedeutung bringt uns das nicht weiter.

Für einen synonymen Gebrauch der Termini wäre zu beweisen, daß καί in Phil 1.1 nach ἐπισκόποις epexegetisch zu verstehen ist: 'und zwar'. Der lateinische Dichter Vergilius ist ein Meister in der Verwendung dieses Stilmittels, z.B.: *Italiam... Lauiniaque uenit litora* 'nach Italien... und zwar (d.h. genauer gesagt) an die lavinische Küste' Aen 1.2f. Für das Griechische bieten Kühner-Gerth 2.2.247 §521.2, Liddell-Scott-Jones s.v. καί A I3 und Blaß-Debrunner-Rehkopf §442.6 Beispiele:

1. Nach καί mit steigender Kraft wird ein Teil hinzugefügt: θεῶν δὲ πάντων... καὶ Ποσειδῶνος 'und vor allem Poseidon' Aischylos Pers

---

[1] D. Georgi, *Die Gegner des Paulus im 2. Korintherbrief. Studien zur religiösen Propaganda in der Spätantike*, Neukirchen 1964, ebd. 34.

749f., auch Choe 148, ἐκ τοῦ πληρώματος αὐτοῦ... ἐλάβομεν, καὶ χάριν Joh
1.16, ὃς ἔσκαψεν καὶ ἐβάθυνεν Lk 6.48. Ein schönes Beispiel bietet auch Tit
3.5, wo das ungewöhnliche παλιγγενεσία mit ἀνακαίνωσις in einem
Hendiadyoin erklärt wird: διὰ λουτροῦ παλιγγενεσίας καὶ ἀνακαινώσεως
πνεύματος Siehe bei L 4.

2. Umgekehrt wird zur näheren Bestimmung eines Teiles das Ganze
hinzugefügt: πρὸς δῶμα Διὸς καὶ μακρὸν Ὄλυμπον Homer E 398; Ἕκτορι
μὲν καὶ Τρωσί 'dem Hektor und (allen übrigen) Troern' T 63; ὡς ἐγώ τινας
σχεδὸν καὶ συχνοὺς αἰσθάνομαι 'und sogar viele' Platon Gorg. 455c. Zu
vergleichen ist: Πέτρος καὶ οἱ ἀπόστολοι 'und die übrigen Apostel' Act
5.29, was jeder richtig versteht, weil er weiß, daß Petrus auch Apostel
ist. Vgl. auch σωθήσῃ, φησίν, καὶ πάντες ὅσοι 'du und alle anderen, die'
Hermas Past 31.7.

Bei diesem Sachverhalt können die Adressaten καί in Phil 1.1 nur
epexegetisch verstanden haben, falls es für sie selbstverständlich war,
daß alle Diakone zugleich auch Episkopen waren, und dazu fehlt jeder
Beweis.

W. Schenk (*Philipperbriefe* 80) sieht, wie andere vor ihm, in den Episkopen und Diakonen von Phil 1.1 eine nachpaulinische Glosse aus der
spätnachapostolischen Zeit. Als Grund dafür bringt er vor, daß man erst
zu jener Zeit diese Termini in drei Zeugen findet, 1 Clem 42.5, 1 Tim
3.1–13/Tit 1.7–9 und Act 20.17, 28. Er sollte aber wahrscheinlich
machen, daß sich diese Texte auf neue Ämter oder aber auf neue
Amtstitel beziehen. Dabei müßten auch die Stellen, wo Paulus auf
Ämter anspielt (C 6), und namentlich Röm 16.1 (D 1b), mit in Betracht
gezogen werden.

Zur Unterstützung seiner Hypothese weist Schenk auf die Bedeutung
von σύν in Phil 1.1 hin. Diese Präposition mit Dativ wird im klassischen
Griechisch im Verhältnis zu μετά mit Genetiv allmählich weniger
gebraucht. Genauere Angaben bietet Liddell-Scott-Jones s.v. Dort findet man als 8. Bedeutung 'inclusive' und als 9. 'excluding, apart from,
plus', d.h. 'additiv'. Ähnliches in Kühner-Gerth 2.1.467 §421. Vgl.
auch Blaß-Debrunner-Rehkopf §221. Schenk macht die Bedeutungen
mit den folgenden Figuren klar.

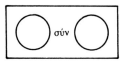
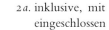

1. additiv   2a. inklusive, mit   2b. umfassend, mit
                                  eingeschlossen   einschließend

Die Bedeutung ist also:

1. 'additiv, aneinanderreihend' (Liddell-Scott-Jones: 'excluding, apart from, plus'): das Glied nach σύν wird hinzugefügt, z.B.:
ἓξ ἐμοὶ σὺν ἑβδόμῳ 'sechs mit mir als siebtem' Aischylos Thesm 283; ἡμᾶς σὺν Ἰησοῦ ἐγερεῖ... καὶ σὺν ὑμῖν 2 Kor 4.14, auch 1 Thess 4.17; 1 Kor 16.4 usw.

Hierher gehören auch die Stellen: οἱ σὺν ἐμοὶ ἀδελφοί Phil 4.12; οἱ σὺν ἐμοὶ πάντες ἀδελφοί Gal 1.2, Röm 16.14f., denn Paulus meint 'die übrigen' bzw. 'alle übrigen Brüder mit mir'.

2a 'inklusive' d.h. 'einschließlich, mit eingeschlossen': das mit σύν ein-geleitete Glied ist ein Teil des anderen, z.B.:
mit persönlichem Objekt:
μυρίαδες... ἑβδομήκοντα σὺν ἱππεῦσι Herodot 4.87.1; auch 7.89.1; 8.113.3; τῶν τε ἀνθρώπων τοὺς ἀχρειοτάτους ξὺν γυναιξίν Thukydides 2.6.4; auch 4.124.1; 5.74.2;
mit sachlichem Objekt:
τεσσεράκοντα ἔτεα σὺν τοῖσι Σκύθαι ἦρξαν Herodot 1.106.3; auch 8.82.2; 8.130.2; 9.30 2mal; τοῦ Πειραιῶς ξὺν Μουνυχίᾳ Thukydides 2.13.7; auch 3.22.3; 5.26.3; 7.42.1; 8.90.4; 8.95.3; τὴν σάρκα ἐσταύρωσαν σὺν τοῖς παθήμασιν 'das Fleisch einschließlich seiner Wünsche' Gal 5.24; auch Kol 3.9.

2b 'mit einschließend, d.h. umfassend': das mit σύν eingeleitete Glied umfaßt das andere, z.B.:
mit persönlichem Objekt:
κλητοῖς ἁγίοις σὺν πᾶσιν τοῖς ἐπικαλουμένοις τὸ ὄνομα... ἐν παντὶ τόπῳ 1 Kor 1.2; σὺν τοῖς ἁγίοις πᾶσιν 2 Kor 1.1.
mit sachlichem Objekt:
γυναῖκας... ὑποπρῆσαι πάσας σὺν αὐτῇ τῇ πόλι Herodot 2.111.3; vgl. 3.14.5;[1] Ἀκύλας καὶ Πρῖσκα σὺν τῇ κατ' οἶκον αὐτῶν ἐκκλησίᾳ 1 Kor 16.19.

Man kann allerdings bei den Textstellen unter 2b auch ergänzen '(mit allen) übrigen (Heiligen)', '(mit dem) übrigen Teil (der Stadt) selbst', '(mit dem) übrigen Teil (der Hausgemeinde)', und dann σύν additiv verstehen. Vgl. Blaß-Debrunner-Rehkopf §306.5; 480.1.

Von σύν mit Dativ unterscheidet sich μετά mit Genetiv, insofern es nur additiv gebraucht wird. Die Synonymie ist also nicht total (M 7). Schenk nennt das 'synonym identisch' (79).

Das Präskript πᾶσιν τοῖς ἁγίοις... τοῖς οὖσιν ἐν Φιλίπποις σὺν ἐπισκόποις καὶ διακόνοις Phil 1.1 gehört nun zu 2a. Schenk bemerkt dazu, daß 'Paulus die Präposition (ohnehin nicht sehr häufig: nur 28mal) nur einmal und dann gerade mit einem sachlichen Objekt im inklusiven Sinne verwendet (Gal 5.24, was Kol 3.9 dann imitieren dürfte)' (79).

---

[1] Vgl. J. E. Powell, *A lexicon to Herodotus*, Cambridge 1938/Hildesheim 1966 s.v. σύν.

Die angeführten Stellen aus Herodot und Thukydides zeigen aber hinreichend, daß σύν in der inklusiven wie in der additiven Bedeutung ohne Unterschied mit persönlichem und sachlichem Objekt – anders als im Latein *cum* mit Ablativ – gebraucht werden kann. Das heißt, daß ein Autor frei ist, aus stilistischen Gründen σύν zu wählen statt καί (1 Kor 1.2; 2 Kor 1.1), namentlich um ein zweites καί zu vermeiden (1 Kor 16.19). Der Tatbestand berechtigt darum nicht, wie Schenk es versucht, anzunehmen, daß σύν ἐπισκόποις καὶ διακόνοις Phil 1.1 entweder unpaulinisch und deshalb eine Glosse ist oder daß σύν hier additiv verstanden werden muß, was bedeuten würde, daß die Episkopen und Diakone nicht zur Gemeinde in Philippi gehörten.

Zudem will Schenk ἐπίσκοπος Phil 1.1 streichen, weil es eine paulinische Einmaligkeit ist (80). Dieses Verfahren ist methodisch falsch. Aus diesem Grund könnte man z.B. auch alle Hapaxlegomena wie ἀντιλήμψεις und κυβερνήσεις 1 Kor 12.28 tilgen. Tatsache ist, daß Paulus an verschiedenen Stellen bezeugt, daß seine Gemeinden von einigen Personen geleitet werden (C 6). Man muß sich deshalb eher darüber wundern, daß er diese Personen nicht immer in seinen Briefadressen nennt.

Schenk betont ferner den Unterschied zwischen dem additiven σύν von Phil 1.1 und dem Genetiv τῆς ἐκκλησίας in Röm 16.1, die die Stellung der Phöbe *in* der Gemeinde zu Kenchreä ausdrücken soll (82). Ihre Wohltätigkeit, worauf προστάτις hinweist (16.2), macht es wahrscheinlich, daß sie die einzige Frau ihrer Art in Kenchreä gewesen ist, meint Schenk. Er findet nun einen Gegensatz zum Plural in Phil 1.1, und das stimmt nicht. Wenn die Gemeinde in Kenchreä nicht noch einen Mann als διάκονος hatte, so müssen wir doch annehmen, daß diese Gemeinde nicht die einzige in Korinth war, und daß es auch in anderen Hausgemeinden, z.B. in der des Stephanas, mindestens einen Diakon oder eine Diakonin gegeben hat.

Sind die Episkopen und Diakone in Phil 1.1 nicht das Ergebnis einer Interpolation, so bleibt der Sonderfall ihrer Erwähnung in einer Briefadresse. Betrachtet man die Präskripte der Paulusbriefe in chronologischer Reihenfolge, so wird eine Entwicklung kennbar. Vgl. bei A 2 *f* 2. Paulus nennt sich und zwei Mitarbeiter in 1 Thess 1.1 und 2 Thess 1.1 noch ohne Titel. Dürfen wir annehmen, daß Phlm und Phil um das Jahr 50 oder 53 geschrieben wurden (vgl. L 3), so finden wir hier den nächsten Schritt. Phlm 1 nennt Paulus sich δέσμιος, was einfach seiner Lage entspricht. Phil zeigt somit den ersten Versuch, das Präskript weiter auszuarbeiten. Paulus bezeichnet sich und Timotheus als δοῦλοι Χριστοῦ Ἰησοῦ und die Gemeindemitglieder als πᾶσιν τοῖς ἁγίοις... σὺν ἐπισκόποις καὶ διακόνοις. Die Frage muß also umgekehrt lauten, weshalb Paulus in den späteren Briefen das Präskript noch weiter ausbreitet, aber eine Erwähnung der Gemeindeleiter unterläßt.

Auf der anderen Seite könnte man vermuten, daß ein Brief dieser

Episkopen und Diakonen an Paulus ihre Erwähnung in der Adresse
veranlaßt hat. Sie waren ja letzten Endes für die Geldsendung verantwortlich und nicht Epaphroditus (Phil 4.18).

Wenn Paulus in der Adresse sich und Timotheus als δοῦλοι Χριστοῦ
Ἰησοῦ bezeichnet, ist zu beachten, daß δοῦλος nicht Amtstitel ist, sondern eine allgemeine Bezeichnung für alle Glaubensverkünder. Stilistisch stehen die δοῦλοι am Anfang des ersten Satzes gegenüber den
ἐπίσκοποι καὶ διάκονοι am Ende, und so kann die Selbstbezeichnung des
Paulus die Erwähnung der Gemeindeleiter veranlaßt haben.

b. Die πρεσβύτεροι ἐπισκοποῦντες in 1 Petr 5.2
Der Beweis für die Synonymie von πρεσβύτεροι und ἐπίσκοποι im 1.
Petrusbrief beruht, wie gesagt, darauf, daß das Partizip ἐπισκοποῦτες
neben πρεσβύτεροι und συμπρεσβύτερος steht, und daß der Titel ἐπίσκοπος auf den Herrn übertragen wird (1 Petr 5.1f.; 2.25; vgl. C 1*e*). Nun
fehlt das Partizip ἐπισκοποῦντες in zwei wichtigen Handschriften, im
Vaticanus (*manus prima*) und im Sinaiticus. Es läßt sich denken, daß das
Partizip getilgt wurde in einer Zeit, als die Synonymie mit πρεσβύτερος
nicht mehr geläufig war, also nachdem sich die Bedeutungsdifferenzierung des Ignatius durchgesetzt hatte (C 16*b*). Umgekehrt versteht man
nicht, weshalb ein Kopist das Wort hinzugefügt hätte.

W. Nauck hat versucht, eine Erklärung zu finden, indem er auf die
feste Verbindung der Stämme ποιμαν- und ἐπισκοπ- zur Bezeichnung
des Hirten- und Episkopenamtes hinweist.[1] Er will damit nicht sagen, es
handle sich um einen gewöhnlichen Kopistenfehler, vielmehr findet er
'einen sehr alten Einschub..., der möglicherweise auf den Verfasser des
1. Petrusbriefes selbst zurückgeht' (202f.). Man kann sich dann allerdings fragen, ob und wie man einen Einschub vom Verfasser selbst von
dem Originaltext unterscheiden kann. Nauck weist dazu auf den
künstlerischen Aufbau der beiden Verse mit einer dreifachen Antithese
μη(δὲ)... ἀλλά hin:

ποιμάνατε τὸ ἐν ὑμῖν ποίμνιον τοῦ θεοῦ
ἐπισκοποῦντες
μὴ ἀναγκαστῶς ἀλλὰ ἑκουσίως κατὰ θεόν,
μηδὲ αἰσχροκερδῶς ἀλλὰ προθύμως,
μηδ' ὡς κατακυριεύοντες τῶν κλήρων ἀλλὰ τύποι γινόμενοι τοῦ ποιμνίου.

Nun kann man leicht feststellen, daß ein guter Schriftsteller bwz. ein
guter Sekretär bei einem parallelen Aufbau auch darauf achtet, eine

---

[1] W. NAUCK, *Probleme des frühchristlichen Amtsverständnisses (1 Ptr. 5.25)*: ZNW 48,
1957, 200–220, ebd. 202. B. M. METZGER, *A textual commentary on the Greek New
testament*, New York 1971, z.St., nennt gleichfalls 1 Petr 2.25 als mögliche Erklärung
für den Einschub.

gewisse Monotonie zu vermeiden. So wäre eine Verbindung von sechs Adverbien mit μηδὲ... ἀλλά recht ungeschickt gewesen. Das κατὰ θεόν ist deshalb weniger verdächtig, als Nauck meint.[1] Man versteht, daß es in einigen Handschriften verschwunden ist, weniger daß jemand es zur Abwechslung eingeschoben hat. Stilistisch gesehen, ist auch das Partizip ἐπισκοποῦντες in sehr verantworteter Weise gebraucht. Es ist in seiner Bedeutung synonym mit ποιμαίνειν und wiederholt nach dem langen Objekt τὸ... θεοῦ den Imperativ, um so die folgenden vier Adverbien und zur Abwechslung auch ὡς mit zwei Partizipien an sich zu binden. Besonders ungewandt wäre es hingegen gewesen, die Adverbien nach dem langen Objekt unmittelbar mit ποιμάνατε zu' verbinden. Das Partizip ἐπισκοποῦντες muß somit als sicher ursprünglich betrachtet werden.[2]

Das Verb ἐπισκοπέω ist in der klassischen Gräzität ziemlich geläufig als Synonym von ἐπισκέπτομαι 'beobachten'. In der Septuaginta begegnet es 5mal, und zwar als Äquivalent unterschiedlicher hebräischer Wurzeln. Der Verfasser wählt das Wort in 1Petr 5.2, um auf das Episkopenamt anzuspielen. Es bedeutet dann noch nicht 'Episkop sein'. Wenn er nun 4.15 das Wort ἀλλοτριεπίσκοπος bildet, muß er doch daran gedacht haben, daß ἐπίσκοπος an sich Amtstitel ist. Auf der anderen Seite steht das Verb ἐπισκοπέω Hebr 12.15 in der allgemeinen Bedeutung: ἐπισκοποῦντες μή τις ὑστερῶν ἀπὸ τῆς χάριτος τοῦ θεοῦ... Dann findet sich das Verb wieder bei Ignatius (C 16b) und Hermas (C 12) in der Bedeutung 'Bischof sein'.

4. Die Synonymie in der Apostelgeschichte

Nach J. Dupont beziehen sich die Vokabeln in Act 20.17, 28 zwar auf dieselben Personen, sind aber nicht synonym, weil sie etymologisch verschieden sind.[3] Tatsächlich ist diese etymologische Verschiedenheit bei Synonymen normal (M 2 und 7).

Nach J. Rohde werden hier 'offensichtlich Episkopen und Presbyter gleichgesetzt, d.h. die Gemeindepresbyter, die die Ortsgemeinde von Ephesus leiten, als Episkopen angeredet.' Aber: 'Allerdings gibt diese Rede nicht den Verfassungszustand paulinischer Missionsgemeinden wieder, sondern setzt die christlichen Gemeindeämter zur Zeit der Ent-

---

[1] Ein Beispiel im gleichen Brief bietet λαὸς εἰς περιποίησιν 2.9, das einen dreifachen Chiasmus abschließt. Siehe bei K 3b.

[2] E. NESTLE, Novum Testamentum Graece, 21. Aufl. Stuttgart seit 1952, nimmt das Partizip nicht im Text auf, die 26. Aufl. seit 1979 setzt das Wort in eckigen Klammern. K. ALAND et alii, The Greek New Testament, New York 1966, nehmen es auf mit dem Unsicherheitsfaktor C.

[3] J. DUPONT, Le discours de Milète, Paris 1962, 141: 'Les deux appellations s'appliquent manifestement aux mêmes personnages. Les deux termes ne sont pourtant pas synonymes. Ils sont distincts par leur étymologie.' Vgl. DERS. Nouvelles Études, 184.

stehung der Apostelgeschichte am Ende des ersten Jahrhunderts voraus' (EWNT 2.90). Ein Beweis dafür wird nicht genannt.

Vielfach wird angenommen, der Acta-Verfasser habe an dieser Stelle versucht, zwei Kirchenverfassungen miteinander zu versöhnen. Ein Beispiel bietet B. Stockmeier: 'die Angleichung von Ältesten und Bischöfen... obwohl weithin synonym.'[1] Auch F. Prast vertritt diese Auffassung und spricht nun von den Presbyter-Episkopen von Act 20.17, 28 und 14.23. Bei seinem Versuch, eine 'schematische Darstellung der Amtsentwicklung' zu geben, nimmt er die beiden Termini als Ausgangspunkt: einen 'Terminus «Presbyter», weitgehend identisch mit einem kollegialen Ansatz,' und einen 'Terminus «Episkopos», zunächst weitgehend funktional und für kollegiale Gemeindestrukturen verwendet.'[2]

Nun haben beide Termini ihre eigene Vorgeschichte in der klassischen und namentlich auch in der jüdischen Umwelt,[3] und als Synonyme bezeichnen sie im Grunde dieselbe Sache auf unterschiedliche Weise, es fehlt aber jeder Hinweis darauf, daß die Termini πρεσβύτερος und ἐπίσκοπος in der Urkirche jemals nicht Synonyme gewesen sind und, solange ein solcher Beweis nicht gefunden ist, muß man annehmen, daß Act 20.17, 28 nur die ursprüngliche Lage wiedergibt.

5. *Die Synonymie in den Pastoralbriefen*

Zu Tit 1.5–7 bemerkt H. Schlier, daß der 'Vorsteherpresbyter... mit dem ἐπίσκοπος identisch' ist.[4] J. Rohde meint zu πρεσβύτερος Tit. 1.5: 'der Begriff ist austauschbar mit ἐπίσκοπος Tit 1.7' (EWNT 3.358). G. Bornkamm (ThWNT 6.659 u. Anm. 45; 667f.) weist auf die vielen Synonyme zur Bezeichnung der Ältesten bei Josephus, im NT und im Talmud hin, meint aber, daß πρεσβύτερος und ἐπίσκοπος in den Pastoralbriefen nicht als Synonyme verwendet werden. Sein Argument ist, daß das erste Wort immer im Plural, das letzte im Singular steht. Nach dem Plural für die einzusetzenden Presbyter in Tit 1.5 erklärt sich aber der Singular ἐπίσκοπος 1.7 daraus, daß in einem Spiegel die Eigenschaften jedes einzelnen Presbyter-Episkopen genannt werden.

Zu diesem Wechsel kann man vergleichen: ἐπίσκοπον 1 Tim 3.2 neben διακόνους 3.8, χήρας 5.3 neben εἰ δέ τις χήρα 5.4. Man findet

---

[1] B. STOCKMEIER, *Das Amt in der Alten Kirche. Fakten und Perspektiven:* H. Althaus (Hg.), *Kirche, Ursprung und Gegenwart*, Freiburg 1984, 43–44. Auch R. ZOLLITSCH, *Amt und Funktion* 153.

[2] F. PRAST, *Presbyter und Evangelium in nachapostolischer Zeit. Die Abschiedsrede des Paulus in Milet*, Stuttgart 1979, 434.

[3] Dazu BEYER ThWNT 2.604ff., BORNKAMM ThWNT 6.652ff., GUERRA *Epískopos* 119–171, und unten C 19 und 20.

[4] H. SCHLIER, *Die Zeit der Kirche*, Freiburg 1958, 144 Anm. 21.

gleichfalls ohne Bedeutungsunterschied und nur zur Variation: πάντα ἅγιον und πάντες οἱ ἅγιοι Phil 4.21 f.[1] Tatsächlich sollte man beweisen, daß πρεσβύτεροι ein Pluraletantum ist, wie auf Deutsch 'Ferien', und ἐπίσκοπος ein Singularetantum, wie auf Deutsch 'das All'. Es genügt, dagegen 1 Tim 5.19 und Phil 1.1 anzuführen.

H. von Lips, der auf den Wechsel zwischen Singular und Plural in den Pastoralbriefen hinweist, ist der Meinung, daß der Singular ἐπίσκοπος naheleggt, daß in dieser Person 'der Präsident des Presbyteriums als primus inter pares zu sehen (ist)'. Und 'daß nur bei ἐπίσκοπος konsequent der Artikel steht, ist doch dann am einfachsten damit zu erklären, daß von «dem» Bischof als jeweils nur einem in der Gemeinde gesprochen wird.'[2] Für eine solche Folgerung reichen aber die zwei Stellen 1 Tim 3.2 und Tit 1.7 nicht aus, zumal sie sehr ähnlich sind und im Zusammenhang Singular und Artikel ohnehin leicht zu erklären sind.

Die vielen Asyndeta in 1 Tim 5.1ff. und anderswo in den Pastoralbriefen kennzeichnen stilistisch den lockeren Zusammenhang der einzelnen Stücke und die Untergliederung. Es sind hier deshalb zu trennen: VV. 1–2; 3–8; 9–16; 17–18; 19; 20; 21; 22ab; 22c; 23; 24–25; 6.1–2.[3] Es ist dann verwegen, dabei eine chiastische Struktur unterscheiden zu wollen, wie J.P.Meier es versucht hat.[4] VV. 1–2 handeln über die vier Altersgruppen der Gemeinde: ältere und junge Männer, ältere und junge Frauen. Bei πρεσβυτέρῳ μὴ ἐπιπλήξῃς ist dann an einen erwachsenen Mann zu denken. VV. 3–15 und auch noch V. 16 handeln über den Witwenstand. VV. 17-18 ist von den Gemeindevorstehern die Rede, wie aus dem Partizip προεστῶτες zu πρεσβύτεροι klar wird (s. bei C 6a). In V. 19 muß man nun bei κατὰ πρεσβυτέρου κατηγορίαν μὴ παραδέχου wieder an einen Gemeindevorsteher denken, weil jeder Hinweis darauf fehlt, daß statt dessen ein ziemlich altes Gemeindemitglied gemeint ist. Das wird noch dadurch bestätigt, daß bei der Klage zwei oder drei Zeugen erforderlich sind. Der Singular κατὰ πρεσβυτέρου ist, weil es sich um einen Vorwurf gegen je einen einzelnen Presbyter handelt, generell zu verstehen. Dem ist nicht zu entnehmen, daß nicht ein Amtsträger gemeint sein kann.

Es folgt in V. 20 eine Bemerkung über die Personen, die sündigen: τοὺς ἁμαρτάνοντας. Das substantivierte Partizip Präsens deutet darauf

[1] Der Singular kann als etwas nachdrücklicher verstanden werden. Das Wort wird dann emphatisch gebraucht (vgl. M 5). Das meint wahrscheinlich auch E. Best: '(Paul) individualizes the phrase «to every saint»; everyone must decide whether he belongs to the category «saint» or not' usw.
[2] H. von Lips, Glaube, Gemeinde, Amt. Zum Verständnis der Ordination in den Pastoralbriefen, Göttingen 1979, ebd. 113, 115 Anm. 110.
[3] In den Kommentaren wird das, soweit ich weiß, nicht bemerkt. Vgl. Blass-Debrunner-Rehkopf §459–463.
[4] J.P.Meier, Presbyteros in the Pastoral Epistles: CBQ 35, 1973, 323–34, ebd. 336.

hin, daß damit Personen in der Gemeinde bezeichnet werden, die bisweilen oder öfters sündigen. Demgegenüber bezieht sich das substantivierte Adjektiv οἱ ἁμαρτωλοί z.B. ebd. 1.9, 15 auf die Sünder und Gottlosen in dieser Welt. Die Sünder innerhalb der Gemeinde müssen öffentlich zurechtgewiesen werden. Das Asyndeton, der Plural τοὺς ἁμαρτάνοντας nach dem Singular κατὰ πρεσβυτέρου und das unterschiedliche Verfahren zeigen, daß es nicht um versagende Presbyter geht, sondern um sündigende Personen überhaupt in der Gemeinde. Dieses Problem ist dermaßen wichtig, daß ein Ausruf folgt: διαμαρτύρομαι..., und dann der Rat: Lege niemand zu schnell die Hände auf: χεῖρας ταχέως· μηδενὶ ἐπιτίθει 5.21–22.

Das μηδενί bezieht sich im Zusammenhang auf die sündigenden Personen aus V. 20. Falls man beweisen könnte, daß hier nur sündigende Gemeindeleiter bezeichnet werden, wird Timotheus gewarnt, niemandem dieser sündigenden Gemeindeleiter zu schnell die Hände aufzulegen. Also ist auch in diesem Fall ein Bußritus gemeint, und zwar mit einer speziellen Rechtspflege für diese Presbyter. Für die Annahme eines Weiheritus wäre zu ergänzen: 'Niemand aus den oben (3.1ff.) besprochenen Presbyterkandidaten.' Oder man muß den Übergang von sündigenden Personen zu Weihekandidaten daraus erklären, daß der Ausdruck χεῖρας ἐπιτιθέναι nur in diesem Sinn verstanden werden konnte. Der Ausdruck hat im NT mehrere Bedeutungen, und welche gemeint ist, muß aus dem Zusammenhang klar werden, so in Mt 9.18, Act 13.3, 1 Tim 4.14 usw. Zwar ist ein Bußritus im NT nicht bezeugt, aber die Belege gehen in das 2. Jh. zurück.

Diese von P. Galtier ausführlich verteidigte Auslegung ist manchmal angefochten worden.[1] N. Adler hat recht, wenn er dazu behauptet, daß in V. 20 für τοὺς ἁμαρτάνοντας nicht τοὺς ἁμαρτωλούς stehen könnte.[2] Aber das beweist nicht, daß die sündigenden Personen zu den Presbytern aus V. 17 bzw. V. 19 gehören. Und, wie gesagt, dann wäre die Handauflegung als ein Bußritus für sündigende Presbyter zu verstehen. Adler (4) weist darauf hin, daß die ordinatorische Bedeutung die einzige in den Pastoralbriefen ist, aber daraus folgt nicht, daß diese zur Zeit der Abfassung der Pastoralbriefe die einzig mögliche war. Die frühe Verbreitung des Bußritus weist auf eine alte Tradition.[3] In der gedank-

---

[1] P. GALTIER, *La réconcilation des pécheurs dans saint Paul:* RSR 2, 1911, 350–383, DERS. *La réconciliation des pécheurs dans la première épître à Timothée:* RSR 39, 1951, 317–320.

[2] N. ADLER, *Die Handauflegung im NT bereits ein Bußritus? Zur Auslegung von 1 Tim 5.22:* Festschrift J. Schmid, Regensburg 1963, ebd. 2f.

[3] Die Handauflegung als Ritus zur Vergebung der Sünden ist für das 2. Jh. indirekt bezeugt bei Hippolyt Ref 6.4.4. Im 3. Jh. ist der Ritus allgemein bekannt. Dazu J. YSEBAERT, *Baptismal terminology* 261f., 321–326.

lichen Entwicklung findet Adler (4 f.) 'eine fallende Tendenz'. Ob das
einen Beweis liefern kann, ist fraglich, aber diese Antiklimax wird
sicher nicht weniger erkennbar, wenn V. 22 auf einen Bußritus bezogen
wird.

Meier (330 f.) hat recht, wenn er τοὺς ἁμαρτάνοντας 1 Tim 5.20 auf die
sündigenden Personen in der Gemeinde bezieht, so wie mit πᾶς ὁ
ἁμαρτάνων 1 Joh 3.6 jeglicher Sünder in einer Gemeinde bezeichnet
wird. Er meint aber, daß ein substantiviertes Partizip, das also nicht
adjektivisch mit einem Substantiv verbunden ist ('a non–substantive
participle'), natürlicherweise auf ein vorangehendes Substantiv bezogen
ist, und versucht so τοὺς ἁμαρτάνοντας mittels πρεσβυτέρου in V. 19 auf
die πρεσβύτεροι in V. 17 zu beziehen als 'die sündigenden Presbyter'.
Timotheus muß sie öffentlich zurechtweisen, damit alle Gemeindemitglieder Furcht haben. Tatsache ist aber vielmehr, daß das Griechische
für 'Sünder', Lat. *peccator,* kein besseres Wort hat als ὁ ἁμαρτάνων. Das
substantivierte Partizip bekommt so den Charakter eines bloßen Substantivs. Vgl. Diogenes Laertios 6.102 (oben C 3 a). Bei der lockeren
Verbindung der einzelnen Sätze kommt der Verfasser von, der Klage
über einen Presbyter auf die Sünder in der Gemeinde zu sprechen.

A. Cousineau[1] folgt Meier und weist zur Unterstützung auf den
Wechsel von Singular und Plural in γυνή-γυναῖκες 1 Tim 2.9–15 und
χήρα-χῆραι 5.3–16, aber darin zeigt sich gerade der Unterschied, denn es
handelt sich bei πρεσβυτέρου-ἁμαρτάνοντας nicht zweimal um das
gleiche Wort. Cousineau weist außerdem noch auf die Partizipien ἡ δὲ
σπαταλῶσα (χήρα) 1 Tim 5.6, ἔχουσαι (χῆραι) κρίμα 5.12, und οἱ δὲ (δοῦλοι) πιστοὺς ἔχοντες δεσπότας 6.2 hin, aber auch diese Beispiele zeigen
nur den Unterschied, denn das zu ergänzende Substantiv geht hier
anders als bei ὁ ἁμαρτάνων unmittelbar voran.

Weist nun die Mehrzahl πρεσβύτεροι in den Pastoralbriefen auf ein
Kollegium hin, so auch die Mehrzahl ἐπίσκοποι in Phil 1.1 (C 3 a). Ein
Hinweis darauf, daß der Singular in dieser Bedeutung nicht verwendet
werden kann, fehlt für πρεσβύτερος ebenso wie für ἐπίσκοπος. Andererseits erklärt sich, wie gesagt, der Singular ἐπίσκοπος 1 Tim 3.2, Tit 1.7
daraus, daß die Eigenschaften jedes einzelnen Episkopen umschrieben
werden.[2]

E. A. Harvey beachtet in seiner Untersuchung nicht die Tatsache, daß
bei der Verwendung eines technischen Terminus die ursprüngliche
Bedeutung allmählich schwindet, aber wieder bewußt gemacht werden
kann, indem man darauf anspielt, wie bei πρεσβύτερος – νέος (C 19 d).[3]

---

[1] A. Cousineau, *Le sens de «presbyteros» dans les Pastorales:* Science et Esprit 28, 1976,
147–162, ebd. 154. Vgl. dazu Lips 115 Anm. 109.
[2] Das wiederlegt meine Auffassung in *Baptismal terminology* 275, 2. Absatz.
[3] A. E. Harvey, *Elders:* JThS 25, 1974, 318–332, ebd. 327.

In den πρεσβύτεροι der Pastoralbriefe sieht Harvey nun 'alte Männer', und er will darum den Ausdruck καθίστημι πρεσβυτέρους Tit. 1.5 verstehen als 'alte Männer einsetzen' (331). J. P. Meier (343) hat die Unmöglichkeit dieser Auslegung gezeigt. Das griechische Verb fordert in dieser Bedeutung als Ergänzung ein zweites Objekt (Prädikativum) oder ein Präpositionalobjekt, wie εἰς in 1 Clem 42.4, um auszudrücken, daß jemand eingesetzt wird *als* etwas. Das eine und das andere Objekt können fehlen, falls die Ergänzung aus dem Zusammenhang klar ist, wie Act 14.23: χειροτονήσαντες... πρεσβυτέρους, und 1 Clem 54.2: μετὰ τῶν καθισταμένων πρεσβυτέρων. Bei der üblichen Erklärung von Tit 1.5 wird leicht 'Männer' ergänzt: 'Männer einsetzen als Presbyter.' In der anderen Erklärung muß ergänzt werden: 'Alte Männer einsetzen *als Presbyter*.' Und das ist nur möglich, wenn man den Satz erst in der üblichen Weise verstanden hat.

Auch J. Jeremias sieht in den πρεσβύτεροι der Pastoralbriefe alte Männer. Die προεστῶτες πρεσβύτεροι von 1 Tim 5.17 seien dann alte Amtsträger.[1] Meier (343 Anm. 46) weist darauf hin, daß schon H. Bruders diese Meinung vertreten hat. Siehe bei M. Isoliert man eine Stelle wie 1 Tim 5.17, dann wäre diese Erklärung möglich, nimmt man aber alle Belege aus der Apostelgeschichte und den Pastoralbriefen in Betracht, so wird klar, daß πρεσβύτερος ein Amtstitel ist.

Für das Verhältnis zwischen Presbytern und Episkopen weist Lips (115f. und Anm. 111) noch auf 1 Tim 5.20 neben Tit 1.9. Mit Recht findet er in der ersten Stelle eine den Presbytern gegenüberstehende Instanz, die in der Gemeinde die Funktion des ἐλέγχειν ausübt, während in der zweiten diese Funktion ausdrücklich dem ἐπίσκοπος zugeschrieben wird. Für Lips liegt die Übereinstimmung darin, daß der Singular ἐπίσκοπος ein Hinweis darauf sei, daß in jeder Gemeinde nur ein Episkop anwesend ist, 'der diese Funktion des ἐλέγχειν, auch dem Presbyterium gegenüber, ausübt.' Es wird aber nicht gesagt, daß das ἐλέγχειν eines Episkopen in Tit 1.9 dieselbe Kompetenz enthält wie die des Timotheus in 1 Tim 5.20. Der Zusammenhang von Tit 1.9 zeigt eher das Gegenteil, weil das ἐλέγχειν neben παρακαλεῖν sich auf den Glaubensunterricht bezieht. In der Annahme einer Brieffiktion und einer späten Datierung ist für Timotheus an eine Person mit ähnlicher Kompetenz zu denken, aber es fällt dann um so mehr auf, daß diese Person im Zusammenhang des Briefes nicht der Episkop-Presbyter ist.

---

[1] J. Jeremias, *Die Briefe an Timotheus und Titus*, Göttingen 8. Aufl. 1963, 41, und DERS. *Zur Datierung der Pastoralbriefe:* ZNW 52, 1961, 101–104, ebd. 104/*Abba, Studien zur neutestamentlichen Theologie und Zeitgeschichte*, Göttingen 1966, 316.

6. Die nichttechnischen Amtsbezeichnungen

a. Die προϊστάμενοι und κυβερνήσεις

Neben den eben untersuchten Synonymen gibt es andere Namen für die Gemeindevorsteher: προϊσταμένους (und vielleicht auch νουθετοῦντας) 1 Thess 5.12, κυβερνήσεις 1 Kor 12.28 (s. bei B 3 *c*) und ὁ προϊστάμενος Röm 12.8. Es fällt auf, daß diese Namen in einem Zusammenhang erscheinen, wo nicht das Amt, sondern die Tätigkeit dieser Personen betont wird, und zwar neben den Anstrengungen anderer Gemeindemitglieder, so daß namentlich in 1 Kor 12.28 und Röm 12.6–8 kurz ein buntes Bild des Gemeindelebens geschildert wird. Mit Absicht werden also nicht die Amtstitel, sondern nichttechnische Umschreibungen verwendet. Diese könnten sogar von Paulus dafür geprägt sein. Es ist dann nicht wahrscheinlich, daß wir hier eine Entwicklung von nicht technischen zu technischen Termini finden.[1]

Der Ausdruck οἱ καλῶς προεστῶτες πρεσβύτεροι 1 Tim 5.17 wird meistens so verstanden, daß von Presbytern die Rede ist, die ihren Dienst gut ausüben im Gegensatz zu andern, die das nicht gut tun. Man hat aber vorgeschlagen, die Betonung nicht auf das Adverb, sondern auf das Partizip zu legen.[2] Es handle sich dann um eine Opposition zwischen Presbytern, die (gute) Vorsteher sind und anderen, die gar nicht Vorsteher sind.

Dagegen ist einzuwenden, erstens daß der Ausdruck schwerlich so zu lesen ist, daß καλῶς nicht betont ist, ferner daß nirgends klar wird, was die Beschäftigung eines Presbyters ist, der nicht in irgendeiner Weise προϊστάμενος ist. Die anderen Belege im NT zeigen, daß προΐστημι ein allgemeines Wort ist für jegliche leitende Tätigkeit. Das ist klar in den eben genannten Stellen, 1 Thess 5.12 und Röm 12.8, aber mehr noch in drei Belegen des 1 Tim selbst, wo es um das eigene Hauswesen der Episkopen und Diakone geht: τοῦ ἰδίου οἴκου καλῶς προϊστάμενος 1 Tim 3.4, τοῦ ἰδίου οἴκου προστῆναι 3.4, τέκνων καλῶς προϊστάμενοι 3.12. Die Opposition ist hier zwischen καλῶς und nicht καλῶς. Das gilt auch für: οἱ γὰρ καλῶς διακονήσαντες 3.13. Die Diakone, die ihren Dienst vorbildlich tun, werden denjenigen gegenübergestellt, die das nicht vorbildlich tun.

Zudem ist hier neu, daß διακονέω die Bedeutung 'Diakon sein' hat. So hat ἐπισκοπέω die Bedeutung 'Episkop sein' in 1 Petr 5.2 (v.l. C 3 *b*), ferner bei Ignatius (C 16 *b*) und Hermas (C 12). Auch ἐπισκοπεύω wird in dieser Bedeutung gebraucht, Hegesipp ap. Eus. HE 4.22.2,

---

[1] Das weicht ab von meiner Auffassung in *Baptismal terminology* 273 sub *b*, 1. Absatz.
[2] So G. BORNKAMM ThWNT 6.667.6ff. Andere Vertreter bei H. VON LIPS, *Glaube* 109 Anm. 89. Für die διπλῆ τιμή als 'doppelte Ehrengabe' bei Gemeindemählern siehe G. SCHÖLLGEN, *Die διπλῆ τιμή von 1 Tim 5.17:* ZNW 80, 1989, 232–239.

4.22.2, aber πρεσβεύω ist nicht klassisch und erst bei Didymus von Alexandrien nachgewiesen, und dann in der Bedeutung 'älter sein', Trin 1.15; 3.34 PG 39.328b, 961b. Ein Vergleich mit οἱ καλῶς διακονήσαντες macht nun klar, daß in 1 Tim 5.17 οἱ προεστῶτες πρεσβύτεροι, weil ein Verb πρεσβυτερεύω nicht existierte, als Periphrase für 'diejenigen, die Presbyter sind' zu betrachten ist.

b. Die ἡγούμενοι

Das substantivierte Partizip (οἱ) ἡγούμενοι ist im Hebräerbrief Bezeichnung für die Gemeindevorsteher. Dieses Wort, meist im Plural, ist ein allgemeiner Name für jemand, der eine führende Stelle hat, 'der Führende'. So in Deut 1.13 LXX, Ez 43.7, 1 Makk 9.30 usw., im NT Mt 2.6, Lk 22.26, Act 7.10, 14.13, (ἄνδρας) ἡγουμένους 15.22. Josephus gebraucht es in gleicher Weise als allgemeinen Terminus: ὁ τῆς Σεμεωνίδης ἡγούμενος φυλῆς Ant 4.141 usw. Solche Amtstitel werden emphatisch gebraucht, wenn aus dem Zusammenhang ohne weiteres klar ist, daß eine bestimmte Person bezeichnet wird (s. bei M 5). Das Partizip ἡγούμενος ist aber mehr ein Wort, das alle Amtsträger einschließt. C. Spicq sagt darum ungenau: 'l'higoumène est un terme technique désignant quiconque gère les affaires d'une ville.'[1]

Wenn nun der Verfasser des Hebräerbriefes das Partizip verwendet: μνημονεύετε τῶν ἡγουμένων ὑμῶν 13.7, will er alle einschließen, die den Adressaten den Glauben gebracht haben und schon verstorben sind. Dazu wird ein allgemeiner Terminus gewählt. Wenn er weiterfährt, schließt er alle ein, die jetzt an irgendeiner Stelle die Gemeinde leiten: πείθεσθε τῶν ἡγουμένων ὑμῶν 13.17, ἀσπάσασθε πάντας τοὺς ἡγουμένους ὑμῶν 13.24. Das Partizip ist also mit Absicht gewählt, um alle Amtstitel einzuschließen, ist aber selbst nicht Amtstitel oder nur in einem umfassenden Sinn.[2] Mit ἄνδρας ἡγουμένους Act 15.23 wird das Ansehen, das Judas und Silas in der Gemeinde haben, nicht ihr Amt bezeichnet.

Dieser Sprachgebrauch steht in Einklang mit dem ganzen Hebräerbrief, der viele Einzelheiten über das Alte Testament erwähnt, aber außer der Schlußmahnung nichts über das Leben der jungen Kirche. Dazu paßt, daß die christliche Gemeinde ἐκκλησία πρωτοτόκων (12.23) heißt, und mit einem Hinweis auf die Synagoge: ἐπισυναγωγή (10.25).

E. Gräßer nimmt für ἡγούμενος die Stellen Lk 22.26, Act 15.22 und Deut 1.13 LXX als Ausgangspunkt,[3] und meint, daß in Hebr 13.7ff. 'die Mitglieder des Leitungsgremiums ἡγούμενοι hießen jeweils im

---

[1] C. SPICQ, *Notes de lexicographie néotestamentaire*, Göttingen 1987, 1.350.
[2] Das bestätigt auch der Gebrauch des Wortes im 1. Clemensbrief, unten bei C 11.
[3] E. GRÄSSER, *Die Gemeindevorsteher im Hebräerbrief*: Festschrift G. Krause, Berlin 1982, 67–84, ebd. 68 f.

Blick auf eine ganz bestimmte Kommunität' (71). Die herangezogenen Stellen beweisen aber nicht, daß irgendwo das Wort als technische Amtsbezeichnung gebraucht wurde, auch nicht in Deut 1.13 LXX. Erzählt wird, daß Mose für jeden Stamm bewährte Männer als ἡγούμενοι einsetzen will. Mit diesem Wort wird ihre Aufgabe umschrieben, das heißt aber nicht, daß ihr Amtstitel jetzt ἡγούμενος ist. So ist auch οἱ ἡγούμενοι ἐκκλησίας Sir 33.19 nur eine allgemeine Bezeichnung für wichtige Personen.

Wenn die Vokabel ἡγούμενος 'unpriesterlich' ist (77), so sind es die anderen Amtstitel auch. Die Gemeindeleiter werden nirgends mit einem Kultusnamen wie ἱερεύς bezeichnet (s. bei K 1). Um einen Gegensatz zu Christus als dem Hohenpriester auszudrücken, brauchte der Verfasser also nicht einen anderen Terminus zu wählen. Findet man nun einen Hinweis auf den Glaubensunterricht und das Predigtamt (οἵτινες ἐλάλησαν ὑμῖν τὸν λόγον 13.7), und nicht auf andere Aufgaben, kann daraus nicht geschlossen werden, daß die Leiter ihre Autorität ausschließlich vom Predigtamt hergeleitet haben, noch weniger, daß sie nur gepredigt haben (73). Wenn ein Verfasser etwas nicht erwähnt oder an etwas nicht interessiert ist, heißt das nicht, es habe nicht oder noch nicht existiert.

So können wir feststellen, daß die Termini προϊστάμενοι, κυβερνήσεις und ἡγούμενοι nichttechnische Amtsbezeichnungen für Gemeindeleiter sind und als solche Synonyme.

7. *Πρεσβύτερος im weiteren und im engeren Sinn*

a. Das Fehlen der Diakone neben den Presbytern

Die Feststellung, daß ἐπίσκοπος und πρεσβύτερος Synonyme sind, beschränkt sich selbstverständlich auf die technische Bedeutung für Amtsträger. Und diese Synonymie ist meistens nicht total, sondern partiell (M 7). Es fällt nun auf, daß man für die Gemeindeverwaltung die Verbindung ἐπίσκοποι καὶ διάκονοι findet (Phil 1.1; Did 15.1), aber nirgends πρεσβύτεροι καὶ διάκονοι. In der Apostelgeschichte begegnet πρεσβύτεροι oft, und immer im Plural, ἐπίσκοποι einmal, und dann in der Anrede des Paulus, wo die Tätigkeit der πρεσβύτεροι umschrieben wird als 'die Gemeinde hüten' (Act 20.28). In Pisidien werden nur Presbyter angestellt (14.23), in Milet kein Wort über Diakone (20.17). Sie werden auch bei der Überreichung des eingesammelten Geldes in Jerusalem (11.30) nicht genannt, vielleicht weil die Spenden von der höchsten Instanz in Empfang genommen wurden, die sie den Untergebenen zur Verteilung weitergab. Beim Apostelkonvent wären diese dann, weil nicht erwähnt, von der Beratung ausgeschlossen (15.2ff.). Aber auch in 21.18 werden bei Jakobus nur πρεσβύτεροι genannt und gleichfalls in 1 Petr 5.1, wo doch ein Wort für die Diakone angebracht gewesen wäre.

Das dem Substantiv in 1 Tim 5.17 beigefügte Partizip: οἱ καλῶς προεστῶτες πρεσβύτεροι, die Mehrzahl und der Zusammenhang weisen darauf hin, daß es hier um Gemeindevorsteher geht, nicht um Gemeindegründer. Diese Bedeutung ist dann auch die wahrscheinlichere für den Fall einer Klage κατὰ πρεσβυτέρου 5.19 (C 5). Auf der andere Seite sieht man nicht ein, weshalb hier Diakone ausgenommen seien. Der Terminus πρεσβύτερος bezieht sich dann im umfassenden Sinn auf die Episkopen und Diakone.

Haben sich die ersten Christen als ein Synedrium verstanden und deswegen die führenden Personen als Älteste bezeichnet (C 19c), so dürften bei diesem Titel alle Leiter und namentlich die Apostel mit eingeschlossen sein. Tatsächlich bietet der Codex Bezae (D) für die Apostelgeschichte (vgl. bei L 3) zweimal eine Lesart mit dieser Bedeutung: παραγγείλαντες αὐτοῖς ἀναβαίνειν πρὸς τοὺς πρεσβυτέρους 15.5, und παραδιδοὺς τὰς ἐντολὰς τῶν πρεσβυτέρων 15.41. So kann sich auch der Absender des 2. und 3. Johannesbriefes Presbyter nennen (C 7c), und diesen Gebrauch findet man noch in Texten mit einem archaischen Charakter aus dem 2. und 3. Jh. (C 15, 17, 18).

Es folgt daraus, daß in all diesen Texten der Terminus in einem weiteren Sinn für alle Gemeindeleiter verwendet wird, also unter Einschluß der Diakone. In der Verbindung ἀπόστολοι καὶ πρεσβύτεροι Act 15.2ff., 16.4 und 21.18 ist dann πρεσβύτερος ein Name für alle Amtsträger außer den Aposteln. Die Belege geben keine Sicherheit, aber falls der Acta-Verfasser am Ende des 1. Jh. die Verhältnisse seiner eigenen Zeit beschreibt und begründen wollte, hätte er öfters die Gelegenheit, sich genauer auszudrücken. Es ist also wahrscheinlicher, daß er die Terminologie aus seinen Quellen beibehalten und nicht geändert hat. Darauf weist auch das Fehlen des Terminus διάκονος in Act 6.1–6 hin (bei D 1a).[1] Für πρεσβυτέριον siehe bei C 8a.

---

[1] Die πρεσβύτεροι der Apostelgeschichte heißen einmal πρεσβύτεροι ἀδελφοί 15.23. S. Dockx, *Chronologies* 273 Anm. 23, übersetzt 'les anciens frères'. Gemeint seien die Brüder aus Lk 10.1, Mt 28.16, 1 Kor 9.5, und 15.6, und weil sich bei dieser Gruppe seitdem neue Brüder angeschlossen haben, unterscheiden sich die ursprünglichen Brüder davon als 'die älteren'. Dagegen ist einzuwenden, daß οἱ πρεσβύτεροι in der Apostelgeschichte schon ohne weiteres ein technischer Terminus für eine Gruppe Amtsträger ist. Wir finden ihn namentlich in der Verbindung ἀπόστολοι καὶ πρεσβύτεροι 15.2, 4, 6, 22, 23. Wenn nun einmal in 15.23 ἀδελφοί hinzugefügt wird, gehört dieses Wort nach griechischem Sprachgebrauch in attributiver Beziehung zum vorangehenden οἱ ἀπόστολοι καὶ οἱ πρεσβύτεροι. Das ändert die Bedeutung von πρεσβύτεροι nicht. Die genannten Personen werden nur als Glaubensgenossen gekennzeichnet. Für diesen Gebrauch vergleiche man πατρὶ γέροντι Homer A358, γυνὴ ταμίη Z390, ἀνδρὸς μάντεως Thukydides 3.20.1, KÜHNER-GERTH 2.1.271–273. BLASS-DEBRUNNER-REHKOPF §242 nennt für diesen Gebrauch im NT nur ἀνήρ und ἄνθρωπος.

b. Die Presbyter und die νεώτεροι im 1.Petrusbrief

Der Verfasser des 1. Petrusbriefes wendet sich an πρεσβύτεροι, deren Aufgabe es ist, Gottes Herde zu hüten (5.1–2). Es handelt sich also um Gemeindeälteste. Der Verfasser nennt sich συμπρεσβύτερος (5.1), und das kann bedeuten, daß er in einer Gemeinde als solcher tätig ist, aber auch, daß er den geläufigen Amtstitel auf sich selbst überträgt als einen bescheidenen Hinweis auf seine Autorität. So nennt er sich auch Zeuge der Leiden Christi (5.1). Er mahnt nun die Jüngeren, sich diesen πρεσβύτεροι unterzuordnen: ὑποτάσσετε τοῖς πρεσβυτέροις 5.5.

Daß der Verfasser durch das Gegenüber von alt und jung kein Mißverständnis erwartet, zeigt, wie technisch der Terminus als Amtstitel schon ist. Dazu hat sicher beigetragen, daß es eine jüdische Amtsbezeichnung war, z.B. Daniel Sus 5 (Dan 13.5), 1 Makk 1.26, obwohl es auch 'alt' bedeutet gegenüber 'jung' 2 Makk 5.13. Versteht man πρεσβύτεροι in 1 Petr 5.5 als 'alte Männer', so muß man annehmen, daß nach den Weisungen für die Presbyter (5.1–4) der Text auf einmal alte Personen im Blick hat, und dies weil der Verfasser alte Vorlagen in ungeschickter Weise zusammengefügt hat.[1] Man ist dazu nicht berechtigt, solange eine gute Erklärung möglich ist.

Man kann andererseits nicht sagen, daß die Gegenüberstellung dieser πρεσβύτεροι im Sinn von Presbytern und der νεώτεροι 'nicht ganz logisch wirkt.'[2] Der Text beweist, daß der Verfasser sich in πρεσβύτερος noch der ursprünglichen Bedeutung bewußt ist und nun darauf anspielen kann. Dasselbe findet man bei Clemens von Rom und Polykarp (C 11 und C 14). Über die νεώτεροι sagt der Text nur, daß sie gehorchen müssen. Man kann sich vieles dazu denken, wenn man nur nicht behauptet, das stehe im Text. Siehe auch bei C 19*d*. In 1 Petr 2.25 zeigt der Verfasser in gleicher Weise, daß er sich der eigentlichen Bedeutung von ἐπίσκοπος noch bewußt ist. Siehe bei C 20*c*.

c. Der Presbyter der Johannesbriefe

Der Verfasser des 2. und 3. Johannesbriefes nennt sich ὁ πρεσβύτερος, 2 Joh 1; 3 Joh 1. Nach R. Schnackenburg gibt er sich das Ehrenprädikat 'der Alte'. Sein Argument ist, daß der Singular im Unterschied zum Plural kaum als Amtsbezeichnung gebraucht wird, und daß für die Institution des Presbyteriums der kollegiale Charakter wesentlich ist.[3] Das Wort 'kaum' zeigt aber, daß diese Erklärung nicht zutrifft. Man sollte beweisen, daß πρεσβύτεροι ein Pluraletantum ist, wie im Deut-

---

[1] So M.-E. BOISMARD, *Une liturgie baptismale dans la Prima Petri II*: RBi 64, 1957, 161–183, ebd. 179.
[2] So J. MICHL, *Die Presbyter des ersten Petrusbriefes*: Festschrift J. Döpfner, Würzburg 1973, 48–62, ebd. 53 Anm 23.
[3] R. SCHNACKENBURG, *Die Johannesbriefe*, Freibug 1953/1965, ebd. 271.

schen 'Ferien' oder 'Masern' als Krankheit. Der Singular 'die Maser' besteht zwar, aber in einer unterschiedlichen Bedeutung. Eine Ausnahme ist hier nicht möglich. Wenn die πρεσβύτεροι in Milet ein Kollegium bilden, das später ein Presbyterium heißt, beweist das nicht, daß das einzelne Mitglied nicht πρεσβύτερος genannt werden konnte. Außerdem bietet 1 Tim 5.19 (C 5) einen Beleg für den Singular.

Anzunehmen ist, daß der Verfasser in 2 Joh 1 und 3 Joh 1 mit πρεσβύτερος auf sein Alter anspielt, und damit zeigt, daß er sich der eigentlichen Bedeutung des Wortes noch bewußt ist, aber an erster Stelle kann nur der Amtstitel gemeint sein, so wie mit συμπρεσβύτερος in 1 Petr 5.1. Beide Verfasser machen damit ihr Verhältnis zu den Adressaten klar. Das ist noch um so sicherer, je später man diese Briefe datiert. Für die Verfassung der johanneischen Gemeinden muß man daraus schließen, daß πρεσβύτερος als Amtstitel bekannt war. Der Terminus, der die Gemeinde bezeichnet, ist in 3 Joh 6, 9 und 10 ἐκκλησία, eine Umschreibung dafür ist in 2 Joh 1 und 13 ἐκλεκτὴ κυρία.

Ein Beweis für das Existieren mehrerer Strukturen oder für das Fehlen einer Organisation ist dem nicht zu entnehmen. Der Verfasser von 2 Joh und 3 Joh, der von 1 Petr und Paulus kümmern sich alle in ähnlicher Weise um das Leben ihrer Gemeinden und zeigen so ihre Autorität, jeder allerdings im eigenen Stil, aber die Struktur der Organisation ändert sich dadurch nicht.

Von Gaius wird in 3 Joh nicht gesagt, daß er ein Amt in der Gemeinde innehat, aber mit seiner schwachen Gesundheit ist er dem Diotrephes, der sich die Leitung der Gemeinde anmaßt, nicht gewachsen (VV. 2 und 9). Die Vermutung liegt dann nahe, daß Gaius der Nachfolger des Briefschreibers und der eigentliche Leiter ist, vielleicht als Mitglied eines Gremiums, wozu auch Diotrephes gehörte und möglicherweise auch Demetrius (V. 12). Das Treiben des Diotrephes wird mit einem sehr seltenen Wort als φιλοπρωτεύειν umschrieben. Falls man annimmt, daß dieser in einer Gemeinde ohne Ämter die Leitung erstrebt, so sucht er ein Amt, das noch nicht existiert. Er sieht sich aber doch der Autorität des πρεσβύτερος gegenübergestellt. Jener hat deswegen an die Gemeinde geschrieben (V. 9), und man kann vermuten, daß dieser Brief in 2 Joh bewahrt ist. Der Ton des Briefes ist zwar anders, aber auch 2 Joh 12 wird vor Irrlehrern gewarnt.[1]

In 2 Joh 10 und 3 Joh 3, 5–8, 10 werden Boten und Glaubensverkünder erwähnt. Ein Amtstitel, falls sie einen hatten, wird nicht genannt. Ein Hinweis auf Joh 13.16 (A 2c) oder 2 Kor 8.23 (A 2f5) genügt nicht

---

[1] Vgl. G. RICHTER, *Zum gemeindebildenden Element in den johanneischen Schriften:* J. Hainz (Hg.), *Kirche im Werden,* 253–292, ebd. 288; R. SCHNACKENBURG, *Die johanneische Gemeinde und ihre Geisterfahrung:* Festschrift H. Schürmann, Freiburg 1977, 277–306, ebd. 280 Anm. 10, 282, 302.

für die Vermutung, daß jemand in einer johanneischen Gemeinde den
Amtstitel ἀπόστολος hatte, so daß wir seine Funktion als die eines
'Wanderapostels' (A *2h* und *j*) bezeichnen dürften. Auch über ein
Prophetenamt wird nichts klar, wenn 1 Joh 4.1 das allgemeine ψευδοπροφῆται für falsche Lehrer gebraucht wird. Freilich hat man unterrichtet, und das läßt vermuten, daß der Titel διδάσκαλος bekannt war. Diese
wenigen Tatsachen reichen aber nicht aus für die Annahme, daß die
johanneischen Gemeinden gar keine oder eine abweichende Struktur
gekannt haben, z.B. mit einer Trias von Aposteln, Propheten und Lehrern.[1]

Der Briefschreiber übt seine Autorität aus, oder versucht, das zu tun,
und er zieht herum, um seine Gemeinden zu besuchen. Insofern ist seine
Stellung der des Paulus ähnlich. Innerhalb einer solchen Gemeinde
finden sich nun zwei Personen, die eine leitende Stelle innehaben und
um den ersten Platz streiten. Der Adressant nennt sich ὁ πρεσβύτερος,
und geht davon aus, daß für die Adressaten deutlich ist, wer sich mit
diesem Namen bekannt macht. Daß er so auf sein Alter hinweisen will,
ist an sich wahrscheinlich, aber das Wort ist am Anfang der beiden
Briefe stark emphatisch gebraucht (M 5). Der Verfasser nennt sich in
einer besonderen Weise '*der* πρεσβύτερος', und das impliziert, daß die
leitenden Personen in der Gemeinde in der gewöhnlichen Weise πρεσβύτεροι heißen, so wie συμπρεσβύτερος 1 Petr 5.1 (C 3 *b*) aussagt, daß der
Verfasser sich an πρεσβύτεροι wendet.[2]

Während eine Tradition die Briefe dem Apostel und Zebedaiden
Johannes zuschrieb, läßt sich denken, daß die Selbstbezeichnung als *der*
πρεσβύτερος dazu geführt hat, daß man sie bald einem Presbyter Johannes zugeschrieben hat. So konnte dann Papias behaupten, daß es neben
dem Apostel noch einen Presbyter Johannes gegeben hat, von dem er
gehört hat (ἅ τε... λέγουσιν C 15). Eusebius findet diesen Bericht
dadurch bestätigt, daß sie, wie man sagt, beide ein Grabmal in Ephesus
hatten, HE 3.39.6. Er sagt nicht, woher er das weiß, zitiert aber an
anderer Stelle einen Brief von Dionysius von Alexandrien, der von den

---

[1] So H.-J. KLAUCK, *Gemeinde ohne Amt? Erfahrungen mit der Kirche in den johanneischen Schriften:* BZ 29, 1985, 193–220, ebd. 206. Während nach Mk 6.41 die Jünger
Brot und Fisch an die Menge verteilen, formuliert Joh 6.11 einfach: ὁ Ἰησοῦς...
εὐχαριστήσας διέδωκεν. Das Verb διέδωκεν ist hier kausativ in der Bedeutung 'er läßt
austeilen', wie das im Griechischen sehr üblich ist. Beispiele in KÜHNER-GERTH
2.1.99f. Nach Klauck beabsichtigt Johannes einen theologischen Zweck und erzählt
darum, daß 'Jesus selbst... die Speisen direkt an 5000 (!) Männer erteilt' ebd. 214
(Ausrufezeichen von Klauck).
[2] In der Literatur habe ich das nicht gefunden. Vgl. jetzt J.-W. TAEGER, *Der konser-
vatieve Rebell. Zum Widerstand des Diotrephes gegen den Presbyter:* ZNW 78, 1987,
267–287, und B. BONSACK, *Der Presbyteros des dritten Briefs und der geliebte Jünger des
Evangeliums nach Johannes:* ZNW 79, 1988, 45–62, ebd. 46.

zwei Gräbern gehört hat, die angeblich beide einem Johannes zugehör-
ten: ἐπεὶ καὶ δύο φασὶν ἐν Ἐφέσῳ γενέσθαι μνήματα καὶ ἑκάτερον Ἰωάννου
λέγεσθαι 7.25.16.[1]

Hieronymus dürfte recht haben, wenn er vermutet, daß die Existenz
eines Presbyters Johannes auf einem Mißverständnis über den Verfasser
der kleinen Johannesbriefe beruht, und daß das zweite Grabmal nur eine
Gedächtniskapelle sein könnte: *reliquae autem duae* (sc. *epistolae*)... *Ioannis
presbyteri asseruntur, cuius et hodie alterum sepulchrum apud Ephesum osten-
ditur, etsi nonnulli putant duas memorias eiusdem Ioannis evangelistae esse*
VirIll 9.

d. Die Presbyter in Jak 5.14

In Jak 5.14 zeigt der Zusammenhang, daß mit πρεσβύτεροι ein Amtstitel
gemeint ist. Die Presbyter der Gemeinde besuchen die Kranken und
salben sie: ἀσθενεῖ τις ἐν ὑμῖν, προσκαλεσάσθω τοὺς πρεσβυτέρους τῆς
ἐκκλησίας. Nicht sicher ist, ob sich das Wort ἐκκλησία sich auf eine
einzelne Hausgemeinde bezieht wie συναγωγή in 2.2 (C 9) oder auf die
gesamten Hausgemeinden einer Stadt. Im ersteren Fall würde die
Mehrzahl πρεσβύτεροι darauf hinweisen, daß eine Hausgemeinde mehrere Presbyter hatte. Ob die Diakone mit eingeschlossen sind, zeigt sich
nicht.

e. Die Ältesten in der Johannesapokalypse

Zum Schluß seien noch die 4 Wesen und 24 πρεσβύτεροι der Johannesapokalypse erwähnt, die im Himmel auf Thronen sitzen (4.4, 10; 5.5
usw.). Man hat eine Verbindung mit dem irdischen Presbyterium
gesucht, aber der Unterschied ist groß. Es reicht aus, anzunehmen, daß
der Verfasser den Terminus und den Gedanken ganz allgemein einem
Ältestenrat entnommen hat.[2]

8. *Ältestenamt und Episkopenamt*

a. Πρεσβυτέριον 1 Tim 4.14

Das Wort πρεσβυτέριον in 1 Tim. 4.14 ist eine *crux interpretum*. Das
Substantiv ist ein substantiviertes Adjektiv auf -ιος, gebildet zu πρεσβύ-
τερος. An sich ist *πρεσβυτέριος nicht belegt. Weil die Adjektive auf -ιος
Zugehörigkeit ausdrücken, bedeutet *πρεσβυτέριος 'alte Personen' oder
'Presbyter betreffend', also 'älter-lich' oder 'presbyter-lich', und τὸ
πρεσβυτέριον 'das Älter-liche' oder 'das Presbyter-liche', wie τὸ οὐράνιον
'das Himmlische' und τὸ θεῖον 'das Göttliche'. Zu beachten ist der
Unterschied zu Substantiven auf -τήριον. Diese werden gebildet von

---

[1] Vgl. G. Bardy, *Jean le Presbytre:* DB Suppl 4.843–847, ders. *Eusèbe de Césarée*,
SCh 31, 41 z.St., R. Schackenburg, *Johannesbriefe*, 295–297, und unten C 15.
[2] Vgl. J. Michl, *Die 24 Ältesten in der Apokalypse des hl. Johannes*, 1938, G. Bornkamm ThWNT 6.668–670. Vgl. auch B 7.

einem Verb. So wird z.B. von δικάζω erst ein Nomen agentis (Bezeichnung des Täters) auf -τήρ, δικαστήρ 'Richter' (selten für δικαστής) gebildet, und daher ein Adjektiv *δικαστήριος und das Substantiv δικαστή-
ριον 'Gericht'. Ein solches Substantiv ist meistens Nomen loci (Bezeichnung für Ort), so z.B. βουλευτήριον 'Rathaus', aber auch Nomen in-
strumenti (Bezeichnung für Mittel), wie ποτήριον 'Becher'.[1]

Im NT ist πρεσβυτέριον zweimal Bezeichnung für die 'Ältesten', d.h.
die führenden Personen des Laienadels. Sie sind Mitglieder des Sanhedrins, Griechisch συνέδριον, neben den Priestern, die den geistlichen
Geburtsadel bildeten, und den Schriftgelehrten oder Rabbinen als führenden Personen der Pharisäer (vgl. bei C 19b). Die Reihenfolge der
drei Gruppen schwankt bei den Synoptikern. Zudem findet man Synonyme für die Ältesten.[2]

Man vergleiche:

1. οἱ δὲ ἀρχιερεῖς καὶ οἱ γραμματεῖς... καὶ οἱ πρῶτοι τοῦ λαοῦ Lk 19.47,
2. οἱ ἀρχιερεῖς καὶ οἱ γραμματεῖς σὺν τοῖς πρεσβυτέροις 20.1,
3. συνήχθη τὸ πρεσβυτέριον τοῦ λαοῦ, ἀρχιερεῖς τε καὶ γραμματεῖς 22.66.
4. ὡς καὶ ὁ ἀρχιερεὺς μαρτυρεῖ μοι καὶ πᾶν τὸ πρεσβυτέριον Act 22.5.

Die πρῶτοι τοῦ λαοῦ der ersten Stelle sind deutlich synonym mit den
πρεσβύτεροι der zweiten. In der dritten Stelle dürfte man τὸ πρεσβυτέριον τοῦ λαοῦ als ein allgemeines Wort für alle Mitglieder des Synedriums verstehen. Das Wort wird dann mit der Apposition ἀρχιερεῖς τε
καὶ γραμματεῖς erklärt, und das Synedrium würde nur noch zwei Gruppen umfassen. Es ist also wahrscheinlicher, daß τὸ πρεσβυτέριον synonym ist mit οἱ πρεσβύτεροι. Das Wort steht dann asyndetisch neben
den zwei anderen Gruppen. Die vierte Stelle zeigt nun eine weitere
Entwicklung. Durch das hinzugefügte πᾶν bekommt πρεσβυτέριον eine
umfassendere Bedeutung und schließt faktisch die γραμματεῖς mit ein,
vielleicht auch schon die Hohenpriester. So wird πρεσβυτέριον als Pars
pro toto eine neue Bezeichnung für das ganze Synedrium.

Möglich ist auch, daß πρεσβύτερος in einer umfassenden Bedeutung
alle adligen Personen, auch die priesterlichen, bezeichnen konnte. Dann
könnten die πρεσβύτεροι τῶν Ἰουδαίων Lk 7.3 in Kapharnaum Laien und
Priester des örtlichen Sandhedrins umfassen.

Kühner-Gerth 2.1.14 bietet mehr Belege, besonders aus den Histori-
kern, für ein Neutrum mit vorgesetztem Artikel zur Bezeichnung von
Personen, um eine kollektive Eigenschaft hervorzuheben. Bisweilen
kommt verstärkend πᾶν oder im Pl. πάντα hinzu, z.B. τὸ πολιτικὸν ὑμῖν

---

[1] Vgl. E. BORNEMANN, *Griechische Grammatik*, Frankfurt 1973, 307f., 311f.
[2] Vgl. J. JEREMIAS, *Jerusalem zur Zeit Jesu*, Göttingen, 2. Aufl. 1929, II B 88–130,
DERS. Art. *γραμματεῖς:* ThWNT 1.740–742, G. BORNKAMM ThWNT 6.659 Anm.
46. E. SCHÜRER, G. VERMES al. *The History of the Jewish People in the age of Jesus Christ*
(*175* B.C. –A.D. 135), Edinburgh 1973–, bes. 2.185, 206–218. Siehe auch bei C 20b.

πᾶν 'die ganze politische Ordnung' der Spartaner, Herodot 7.103.1, τὸ ὑπήκοον τῶν ξυμμάχων 'die Untertanen bei den Bundesgenossen' Thukydides 6.69.3, τὸ κρατοῦν τῆς πόλεως 'die Machthaber in der Stadt' Xenophon Mem 1.2.43. Aus Josephus können hinzugefügt werden: τὸ γνωριμώτατον Bell 2.301 und τὸ πρεσβυτέριον Ap 206 (Texte s.u.). Blass-Debrunner-Rehkopf §138.1 nennt als Beispiel: τὸ γεγεννημένον ἐκ τῆς σαρκός Joh 3.6, πᾶν τὸ γεγεννημένον 'alle Kinder' 1Joh 5.4.

Josephus nennt die führenden Personen des Laienadels οἱ δυνατοὶ τῆς πόλεως Bell 2.301, οἱ τῆς πόλεως πρῶτοι Vita 9, οἱ τοῦ πλήθους προεστῶτες 194. Er nennt sie neben den Hohenpriestern und den Pharisäern: συνελθόντες γοῦν οἱ δυνατοὶ τοῖς ἀρχιερεῦσιν εἰς ταὐτὸ καὶ τοῖς τῶν Φαρισαίων γνωρίμοις Bell 2.411. Einmal hat er das Neutrum τὸ γνωριμώτατον als Namen für die Pharisäer als dritte Gruppe: οἵ τε ἀρχιερεῖς καὶ δυνατοὶ τό τε γνωριμώτατον τῆς πόλεως Bell 2.301. Diese Pharisäer heißen auch ἡ βουλή, d.h. die übrigen Mitglieder des Rates: οἵ τε ἀρχιερεῖς ἅμα τοῖς δυνατοῖς καὶ ἡ βουλή 2.336.

Zu diesem Wortgebrauch gehört auch der einzige Beleg von τὸ πρεσβυτέριον bei Josephus. Das Gesetz sagt, schreibt er, daß die Jungen Ehrfurcht vor 'all dem Älter-lichen', d.h. vor allen alten Personen haben müssen, weil Gott '(das) Älteste' ist: καὶ παντὸς τοῦ πρεσβυτερίου τιμὴν ἔχειν τοὺς νέους φησίν, ἐπεὶ πρεσβύτατον ὁ θεός Ap 206. Hier ist τὸ πρεσβυτέριον wie in Lk 22.66 und Act 22.5 gebildet, nur bezieht es sich auf alte Personen und nicht auf Älteste oder Presbyter.[1]

Aus dem allen folgt, daß das Synonym τὸ πρεσβυτέριον für οἱ πρεσβύτεροι vom Verfasser des lukanischen Doppelwerkes ausgedacht sein muß, und er dürfte das Wort für seine Adressaten als verständlich betrachten.

Ein weiterer Beleg für τὸ πρεσβυτέριον findet sich als Variante in der Susanna-Erzählung. Als die zwei Ältesten Daniel als Richter anerkennen, bitten sie ihn, sich hinzusetzen, weil Gott ihm das πρεσβεῖον gegeben hat: καὶ εἶπαν αὐτῷ οἱ πρεσβύτεροι· Δεῦρο κάθισον ἐν μέσῳ ἡμῶν καὶ ἀνάγγειλον ἡμῖν· ὅτι σοὶ δέδωκεν ὁ θεὸς τὸ πρεσβεῖον (B 88 410, v.l. τὸ πρεσβυτέρ(ε)ιον reliqui) Sus 50 (Dan 13.50) Th. Die Herausgeber Rahlfs und Ziegler ziehen die Lesart des Vaticanus (B) vor, und Ziegler bemerkt, daß der Text 'wahrscheinlich mit Theodotion überhaupt nichts zu tun hat' und älter ist.[2] Die Frage ist dann, ob auch die Lesart

---

[1] Vgl. J. JEREMIAS, *Zur Datierung der Pastoralbriefe*, ZNW 52, 1961, 101–104, ebd. 102, der nachträglich auf J. SELDENUS hinweist, *De synedriis et praefecturis iuridicis veterum Ebraeorum*, London 1650, 1.559f./Frankfurt 1696, 1.388f., der für die doppelte Bedeutung (*notione duplici*) 'presbyteratus seu presbyteri officium ac dignitas' Sus 50 und Josephus Ap 206 zitiert und diese von der in Lk 22.66 und Act 22.5 unterscheidet.

[2] A. RAHLFS, *Septuaginta*, Stuttgart 1935, z.St.; J. ZIEGLER, *Susanna, Daniel, Bel et Draco*, Göttingen 1954, 28 Anm. 1, und 65.

πρεσβυτέριον alt und namentlich vorneutestamentlich sein kann und was die Bedeutung der beiden Lesarten in der Susanna-Erzählung ist.

Das Wort πρεσβεῖον ist gebildet als ein substantiviertes Adjektiv Neutrum auf -ιον zu πρέσβυς, Stamm πρεσβυ-/πρεσβε-, das 'alt', und als Subst. meistens Pl. 'Gesandter' bedeutet. Das nicht belegte Adjektiv *πρεσβεῖος würde demnach bedeuten: 'das Alte bzw. das Alter betreffend', oder 'den Gesandten betreffend'; für das Substantiv Neutrum finden sich die Bedeutungen: 'Ehrengeschenk', 'Vorrecht einer alten Person' und 'Erstgeburtsrecht'.[1] In Sus 50 sagen mithin die Ältesten, daß Daniel, obwohl er jung ist, von Gott das Vorrecht einer alten Person bekommen hat, d.h. die Weisheit, um als Richter aufzutreten.

J. Jeremias hat die Lesart πρεσβυτέρ(ε)ιον zur Erklärung von 1 Tit 4.14 herangezogen, aber P. Katz hat dagegen Einwände erhoben.[2] Er weist darauf hin, daß die Lesart πρεσβυτέρ(ε)ιον sicher eine *falsa lectio* ist, und betrachtet sie als Auflösung einer als Kontraktion gedeuteten Form πρεσβεῖον und weist dazu auf eine Parallele hin: ὁ πρωτότοκος κατὰ τὰ πρεσβεῖα αὐτοῦ 'nach seinem Erstgeburtsrecht' Gen 43.33, wo Pap. 962 (III^P) alleinig die Lesart πρεσβυτερεια hat. Diese Bildung eines Substantivs auf -εῖον, meistens im Plural -εῖα, wie τὸ ἀριστεῖον, πρωτεῖον, δευτερεῖον ergibt die Bedeutung 'der Preis der Tapferkeit, erster Preis' usw. und ist nicht gut möglich bei einer Bildung von πρεσβύτερος, das im Unterschied zu δεύτερος noch als Komparativ empfunden wurde. Auch paßt eine so gewonnene Bedeutung für Sus 50 nicht gut in den Zusammenhang. Es ist deshalb anzunehmen, daß der Fehler von einem Schreiber herstammt, der den christlichen Terminus πρεσβυτέριον kannte und das ι mit ει verwechselt hat.

Muß nun die Lesart in Sus 50 zur Erklärung von πρεσβυτέριον 1 Tim 4.14 ausscheiden, auch πρεσβυτέριον in der Bedeutung 'Presbyterkollegium' in den Briefen des Ignatius, Eph 2.2 usw., kann nicht herangezogen werden, weil es sich dort offenkundig um eine spätere Entwicklung handelt (dazu bei C 16 b). Außerdem würde 1 Tim 4.14 dann ein Beispiel einer unwahrscheinlichen und m.W. unbeachteten Brachylogie enthalten, wie wenn man auf Deutsch sagen würde: 'die Hände der Feuerwehr' für 'die Hände der Feuerwehrmänner'.

Bleibt, daß wir von τὸ πρεσβυτέριον in Lk 22.66 und Act 22.5 mit der Bedeutung 'das Presbyter-liche' = 'die (gesamten) Presbyter' ausgehen. Der Verfasser des Briefes, und das heißt immer sein Sekretär, kann diese

---

[1] Vgl. Liddell-Scott-Jones s.v.

[2] J. Jeremias, *Πρεσβυτέριον außerchristlich bezeugt*: ZNW 48, 1957, 127–132; ders. *Zur Datierung*: ZNW 52, 1961, 110–104. P. Katz, *Πρεσβυτέριον in 1 Tim. 4.14 and Susanna 50*: ZNW 51, 1960, 27–30, erschienen als *Appendix* zu einem Artikel *The Text of 2 Maccabees reconsidered*, ebd. 10–27, und mir 1962 leider nicht bekannt. Vgl. *Baptismal terminology* 278 f.

Texte gekannt haben, gleich ob man von einer frühen oder späten Datierung ausgeht. Betrachtet man nun τοῦ πρεσβυτερίου als einen Genetivus subiectivus, so sind die gesamten Presbyter gemeint und enthält der Text wieder die unwahrscheinliche Brachylogie. Wichtiger ist aber noch, daß von einer Handauflegung als Weiheritus durch Presbyter sonst nirgends die Rede ist. Die einzige mögliche Ausnahme ist ein Bericht über die Weihe in Alexandrien. Darüber bei H 3.

Man könnte deshalb versuchen τοῦ πρεβυτερίου als einen Genetivus obiectivus aufzufassen. Nach griechischem Sprachgebrauch is das aber nicht möglich, denn ein solcher Genetiv hat die Bedeutung eines Objekts in bezug auf den Verbalbegriff im regierenden Substantiv, z.B. in: οἴκου πόθος 'Heimweh', d.h. man ersehnt die Heimat. In dieser Weise ist πρεσβυτέριον, ob es nun 'die Presbyter' oder 'die Presbyterwürde' bedeutet, unmöglich als Objekt zu einem Verbalbegriff 'auflegen' zu verstehen. Hier hilft aber die Bemerkung D. Daubes, daß der Ausdruck ἐπίθεσις τῶν χειρῶν τοῦ πρεσβυτερίου als Übersetzungsgriechisch für s^emîkat z^eqenîm bSanh 13b, tSanh 1.1 zu erklären ist.[1] In diesem Ausdruck ist *smjkt* ein Substantiv, das das 'Aufstemmen' oder 'Aufstützen' bezeichnet. Es handelt sich um einen Gestus der Hände, aber das gewöhnliche Objekt 'Hände' zum Verb *såmak* Num 27.18 u.ö. fehlt beim Substantiv. Es folgt die Mehrzahl *zqnjm* '(die) Ältesten', und Daube behauptet, daß der Ausdruck nicht '(Hand)aufstemmen der Ältesten', sondern 'zu Ältesten' bedeutet. Auch Billerbeck (2.653 Anm. 2) erklärt *smjkh* bzw. *smjkwt zqnjm* als 'das Ordinieren zu Ältesten' im Gegensatz zu *smjkt hzqnjm* (mit Artikel) mSanh 1.3 als 'das Handauflegen der Ältesten' auf das Gemeindesühnopfer, Lev 4.15. Eine griechische Übersetzung von *zqnjm* ohne Artikel mit πρεσβυτέρων wäre hier unbegreiflich gewesen. Die Wiedergabe mit dem Abstractum τοῦ πρεσβυτερίου führt nun dazu, daß ein dem Griechischen sonst unbekannter Genetivus finalis mit der Bedeutung 'Handauflegung zum Presbyter-lichen', d.h. 'zum Presbyteramt' entsteht.

Gegen diese Lösung sind Einwände vorgebracht worden. G. Bornkamm meint, daß ἐπιθέσεως 1 Tim 4.14 mit einem Genetivus subiectivus verbunden sein muß, weil das auch in 2 Tim 1.6 der Fall ist: διὰ ἐπιθέσεως τῶν χειρῶν μου (ThWNT 6.666 Anm. 92). Nun findet man auch nebeneinander z.B. mit Genetivus subiectivus: πίστις ὑμῶν Röm 1.8, und mit Genetivus obiectivus: πίστις Ἰησοῦ Χριστοῦ 3.22. Das Problem bei ἐπίθεσις ist, wie gesagt, daß τοῦ πρεσβυτερίου kein Genetivus obiectivus sein kann.

Nach G. Kretschmar kann Timotheus nicht 'Presbyter' gewesen sein,

---

[1] D. DAUBE, *The New Testament and rabbinic Judaism*, London 1956, 244f.; DERS. *Evangelisten und Rabbinen*: ZNW 48, 1957, 119-126.

weil er 'Bischof' war, und auch nicht ein 'Ältester', weil er nach jüdischem Denken dafür zu jung war.[1] So übersieht man aber die Synonymie von πρεσβύτερος und ἐπίσκοπος und vor allem die Tatsache, daß es sich bei Timotheus nicht um einen Ältesten im technischen jüdischen Sinn handelt.

M. Karrer stimmt Katz zu, stellt aber hinsichtlich der rabbinischen Parallele nur fest, daß *zqnjm* als ein Plural aufzulösen ist, und das wird niemand bezweifeln.[2] J. P. Meier (bes. 340 Anm. 41) weist auf einige ungeschickte Bemerkungen bei Daube über die Pastoralbriefe hin, es handelt sich aber nur um die Übereinstimmung zwischen *smjkt zqnjm* und 1 Tim 4.14.

b. Die Synonymie von πρεβυτέριον und ἐπισκοπή

In Act 1.20 wird, um die Wahl des Matthias zu verantworten, Ps 108 (109).8 zitiert: τὴν ἐπισκοπὴν (*pᵉquddâh*) αὐτοῦ λαβέτω ἕτερος. Dadurch wird ἐπισκοπή Bezeichnung für das Amt eines Apostels. Das Wort hat sich in dieser Bedeutung selbstvertändlich nicht durchsetzen können, weil ἐπίσκοπος nicht Amtsbezeichnung für die Apostel geworden ist. Dann weist aber die Verwendung in Act 1.20 indirekt auf das hohe Alter der lukanischen Quelle hin.

Bekommt ἀποστολή 1 Kor 9.2, Act 1.25, neben ἀπόστολος die Bedeutung 'Apostelamt', so wird neben ἐπίσκοπος das Substantiv ἐπισκοπή 1 Tim 3.1 'Episkopenamt': εἴ τις ἐπισκοπῆς ὀρέγεται 1 Tim 3.1. Das Wort ist mit πρεσβυτέριον in der gefundenen Bedeutung (C 8 *a*) synonym. Die Synonymie ist aber partiell (M 7), weil πρεσβυτέριον sich auf das Amt eines Gemeindegründers bezieht und ἐπισκοπή auf das des Gemeindevorstehers.[3]

9. Die Hausgemeinden: οἶκος, συναγωγή, ἐκκλησία

In Jerusalem und in den paulinischen Gemeinden hat es Hauskirchen gegeben.[4] In Jerusalem versammelten die Neubekehrten sich täglich im

---

[1] G. KRETSCHMAR, *Die Ordination im frühen Christentum*, FZPhTh 4, 1975, 35–69, ebd. 60 Anm. 59.
[2] M. KARRER, *Das urchristliche Ältestenamt:* NT 32, 1990, 152–188, ebd. 176 Anm. 127.
[3] J. JEREMIAS, *Zur Datierung* 103, weist noch darauf hin, daß die Peschitta πρεσβυτέριον in Lk 22.66, Act 22.5 mit dem Plural *qšjšᵉ* 'Presbyter' übersetzt, die Synonyme ἐπισκοπή und πρεσβυτέριον 1 Tim 3.1, 4.14 mit dem Abstractum *qšjšwtᵉ* 'Presbyteramt'.
[4] Dazu E. DASSMANN, *Hausgemeinde und Bischofsamt:* Festschrift Th. Klauser, Münster 1984, 82–97; G. SCHÖLLGEN, *Hausgemeinden, Οἶκος-Ekklesiologie und monarchischer Episkopat. Überlegungen zu einer neuen Forschungsrichtung:* JbACh 31, 1988, 74–90.

Tempel und feierten miteinander in ihren Häusern das Mahl: κλῶντές τε κατ' οἶκον ἄρτον Act 2.46, vgl. 2.42. Auch wenn man die Zahl von zweitausend Menschen in 2.41 erheblich herabsetzt, bleibt, daß es sich um ziemlich viele Häuser gehandelt haben muß.

Die Hausgemeinden oder Hauskirchen in der Diaspora heißen ἡ κατ' οἶκον ἐκκλησία Röm 16.5, 1 Kor 16.19, Kol 4.15, Phlm 2. Das Wort ἐκκλησία ist in der Septuaginta geläufig in der Bedeutung 'Menschenansammlung' 1 Sam 19.20, bes. 'Versammlung der Israeliten' Deut 4.10. Es ist synonym mit συναγωγή, das gleichfalls geläufig ist, aber auch 'Sammelplatz' bedeutet, Gen 1.9. In nachexilischer Zeit ist das Wort der technische Terminus für den Sammlungsplatz der Juden, die 'Synagoge', Mt 4.23. Der Vorsteher einer Synagoge heißt ἀρχισυνάγωγος Mk 5.22 u.ö., einmal ἄρχων τῆς συναγωγῆς Lk 8.41. Er hat einen Diener, ὑπηρέτης Lk 4.20. Philon sagt in seinem Bericht über die Essenen, daß in der Synagoge die jungen Leute durch ältere Personen eingewiesen werden und aufmerksam zuhören: καθ' ἡλικίας ἐν τάξεσιν ὑπὸ πρεσβυτέροις νέοι καθέζονται Omn Prob 81. Das bedeutet nicht, daß die Ältesten hier ein Amt inehatten. In Jerusalem hatten in neutestamentlicher Zeit die unterschiedlichen Gruppen der Juden ihre eigene Synagoge als Sammelplatz, namentlich für den Sabbat.

Für einen Sammelplatz der Christen begegnet nun das Wort συναγωγή einmal: ἐὰν γὰρ εἰσέλθῃ εἰς συναγωγὴν ὑμῶν ἀνήρ Jak 2.2. Zwar findet sich auch einmal ἐπισυναγωγή in der Bedeutung 'Gemeindeversammlung' Hebr 10.25, aber das ist nicht der jüdische Terminus. In 2 Thess 2.1 bezieht sich dieses Wort auf die Endzeit. Daraus wird klar, daß die Christen für ihre Versammlungen und für die Sammelplätze aus den beiden Synonymen das Wort ἐκκλησία bevorzugt und den bei den griechisch sprechenden Juden geläufigen Terminus συναγωγή fast völlig gemieden haben. Man hat sich ausdrücklich nicht als eine Synagoge verstehen wollen. Dem entspricht, daß die Titel ἀρχισυνάγωγος, ἄρχων und ὑπηρέτης nicht christliche Amtstitel geworden sind.

Daß die Hausgemeinden organisiert waren wie die Synagogen, läßt sich also nicht folgern. Bei der ständigen Mehrzahl für die Namen der Gemeindeleiter in Jerusalem, in Thessalonich, Philippi, Korinth und Ephesus könnte an je einen Leiter für jede Hausgemeinde gedacht werden, aber ein Beweis dafür fehlt. Man kann sich auch fragen, ob nach Jak 5.14 für einen Kranken mehrere Presbyter herbeigerufen werden müssen (C 7 d). Ist der Plural hier distributiv zu verstehen, so können diese über die Hauskirchen verteilt gewesen sein. Vgl. ferner die Mehrzahl in Did 15.1 (B 2).

Unsicher ist ferner, ob der Vorsitzende einer Hausgemeinde die Eucharistiefeier geleitet hat. Es wird nicht ausdrücklich gesagt, aber es könnte selbstverständlich gewesen sein. Ignatius hat einmal προκαθήμενοι als nichttechnischen Namen für die Presbyter: ἑνώθητε τῷ ἐπισκόπῳ καὶ τοῖς προκαθημένοις Magn 6.2, und dieses Wort dürfte gewählt sein, weil die Presbyter in den Hausgemeinden namentlich bei der Eucharistiefeier die Leitung hatten.

In Mt 16.18 und 18.17 ist von der ἐκκλησία die Rede, wo sonst in den Evangelien das Reich Gottes oder das Himmelreich genannt wird. Im Rahmen der Evangelien ist das also ein Anachronismus. In 18.17 werden Regeln für das Verhältnis der Gemeindemitglieder untereinander gegeben. Gelingt es nicht, einen Streit beizulegen, soll die Sache vor die Gemeinde gebracht werden: εἰπὸν τῇ ἐκκλησίᾳ. Im Gegensatz zu 16.18 ist hier ἐκκλησία die einzelne Gemeinde. Wie diese Gemeinde organisiert ist, wird nicht gesagt, wohl aber, daß sie es ist. Denn sonst wäre es nicht möglich, eine Sache vor diese Gemeinde zu bringen. Mit ἐκκλησία ist also an erster Stelle die Gemeindeleitung gemeint. Auch wenn alle Mitglieder bei der Lösung des Streites mit einbezogen werden, wäre ein solches Verfahren ohne irgendeine Leitung nur in einer sehr kleinen Gemeinde denkbar.

Es ist wahr, daß der Verfasser nicht an der Organisation der Gemeinden interessiert ist. Für sein Evangelium wäre das ja wieder ein Anachronismus. Wenn er auf Gemeindeamtsträger anspielt, wie man vielfach annimmt, meidet er gerade die technischen Amtstitel und drückt sich so aus, daß man den Hinweis nur herauslesen kann. So redet er von ψευδοπροφῆται (7.15) und von denjenigen, die anders unterrichten: ὃς ἐὰν... διδάξῃ οὕτως (5.19). Ein guter Lehrer heißt: γραμματεὺς μαθητευθεὶς τῇ βασιλείᾳ (13.52), aber sie sollen sich nicht ῥαββί, διδάσκαλος, πατήρ oder καθηγητής nennen lassen, und sein wie ein διάκονος, ein Diener (23.7–11; dazu bei B 1). Der Herr sendet προφήτας καὶ σοφοὺς καὶ γραμματεῖς (23.34), und man muß diese Propheten empfangen (10.41); sie prophezeien (7.22) und werden verfolgt (5.12). Mit προφήτης kann der Verfasser oder.Redaktor leicht auf den christlichen Amtstitel anspielen, weil das Wort auch alttestamentlich ist und so die Verhüllung bleibt. Das beweist nicht, daß er an eine Gemeinde denkt, wo nicht πρεσβύτεροι oder ἐπίσκοποι die Leitung haben.[1]

---

[1] Vgl. W. TRILLING, *Amt und Amtsverständnis* 31–41, H. FRANKEMÖLLE, *Amtskritik im Matthäus-Evangelium*: Biblica 54, 1973, 247–262.

10. *Die Alte Kirche*

Bei der Entwicklung der Terminologie in der Alten Kirche ist neben der Chronologie die geographische Einteilung besonders zu beachten, um für jedes Gebiet nachzugehen, wie lange man die neutestamentliche Terminologie beibehalten hat und wann die Änderung, die Ignatius, wie wir sehen werden, durch eine Bedeutungsdifferenzierung durchgeführt hat, übernommen wurde. Allerdings sind für die meisten Regionen die Daten unvollständig, aber sie ergänzen einander.

11. *Rom: Clemens, Autorität ohne Amtstitel*

Clemens von Rom nennt im 1. Clemensbrief seinen Namen nicht, seine Autorschaft ist aber durch das Zeugnis des Dionysius, um 170 Bischof von Korinth (Eusebius HE 4.22.11), gesichert, und er zeigt seine Autorität gleich am Anfang, auch wenn er immer in der 1. Pers. Pl. schreibt. Daran ändert sich nichts, wenn man annimmt, daß er in Rom mit einem Gremium zusammengearbeitet hat. Über Hermas und Clemens siehe bei C 12 und über die Datierung bei L 5.

Clemens hat die Absicht, die Gemeindevorsteher, die durch eine στάσις abgesetzt worden sind, zu verteidigen. Es handelt sich also wesentlich um die Autorität. Was er zum Vergleich über Autorität außerhalb der Gemeinde sagt, kann dann einleuchtend sein. Er betet für die weltliche Obrigkeit: τοῖς τε ἄρχουσιν καὶ ἡγουμένοις ἡμῶν ἐπὶ τῆς γῆς 60.4. Die Namen ἄρχοντες und ἡγούμενοι sind allgemeine Bezeichnungen. So auch: πολλοὶ βασιλεῖς καὶ ἡγούμενοι 55.1, vgl. 5.7; 51.5, und in Israel: βασιλεῖς καὶ ἄρχοντες καὶ ἡγούμενοι 32.2. Clemens vergleicht nun die Gemeinde zu Korinth mit Soldaten im Dienste ihrer Befehlshaber: κατανοήσωμεν τοὺς στρατευομένους τοῖς ἡγουμένοις 37.2. Jeder erfüllt das, was von seinem König und den Befehlshabern aufgetragen wurde: τὰ ἐπιτασσόμενα ὑπὸ τοῦ βασιλέως καὶ τῶν ἡγουμένων 37.3. Clemens hätte den König auch weglassen können, falls die Gemeinde in Korinth keine monarchische Leitung hatte.

Wenn Clemens die Ämter in der Gemeinde erwähnt, ist seine Terminologie noch wesentlich die des NT. Die Apostel haben das Evangelium vom Herrn empfangen: οἱ ἀπόστολοι ἡμῖν εὐηγγελίσθησαν ἀπὸ τοῦ κυρίου 42.1, vgl. 42.2. Sie haben die Erstlinge als Episkopen und Diakone eingesetzt: καθίστανον τὰς ἀπαρχὰς αὐτῶν... εἰς ἐπισκόπους καὶ διακόνους 42.4. Um das Alter dieser Gewohnheit zu beweisen, adaptiert er Jes 60.17: οὕτως γάρ που λέγει ἡ γραφή· Καταστήσω τοὺς ἐπισκόπους αὐτῶν ἐν δικαιοσύνη καὶ τοὺς διακόνους αὐτῶν ἐν πίστει (LXX τοὺς ἄρχοντάς σου ἐν εἰρήνη καὶ τοὺς ἐπισκόπους σου ἐν δικαιοσύνη) 42.5. Das Amt dieser Episkopen heißt ἐπισκοπή 44.1, 4 (Text unten). Mit einem Hinweis auf den Amtstitel wird auch Gott ἐπίσκοπος genannt: τὸν παντὸς πνεύματος κτίστην καὶ ἐπίσκοπον 59.3.

Clemens hat das Wort πρεσβύτερος einmal im jüdischen Sinn: ʼΙου-
δίθ... ἠτήσατο παρὰ τῶν πρεσβυτέρων 55.4. Sonst ist es der Titel für die
Gemeindeleiter, also synonym mit ἐπίσκοπος. Diesen Titel verwendet
Clemens immer für die Amtsträger in Korinth, und der Grund dafür
dürfte gerade sein, daß er wie in 1 Petr 5.5 (C 3 b) und bei Polykarp
EpPhil 5.3 (C 14) die jungen Leute, die ja die στάσις begonnen hatten,
anregt zu gehorchen: ὑποτασσόμενοι τοῖς ἡγουμένοις καὶ τιμὴν... ἀπονέμοντες τοῖς παρ᾽ ὑμῖν πρεσβυτέροις 1.3. Er stellt die drei Altersgruppen
nebeneinander: Jugendliche, Frauen und Männer: νέοις τε μέτρια τε καὶ
σεμνὰ νοεῖν ἐπετρέπετε· γυναιξὶν... στεργούσας καθηκόντως τοὺς ἄνδρας
ἑαυτῶν ebd. Für diese Männer folgt keine Anregung, und das ist besser
zu erklären, wenn sie mindestens zum Teil mit den Presbytern identisch
waren (vgl. bei C 19c). Nicht an allen Stellen ist es möglich, aus dem
unmittelbaren Zusammenhang zu entscheiden, wer gemeint ist: οἱ νέοι
ἐπὶ τοὺς πρεσβυτέρους 3.3, στασιάζειν πρὸς τοὺς πρεσβυτέρους 47.6, ὑποτάγητε τοῖς πρεσβυτέροις 57.1, aber sicher sind diese πρεσβύτεροι nicht
einfach die alten Männer der Gemeinde, denn Clemens sagt, daß sie in
ihr Amt eingesetzt worden sind: μετὰ τῶν καθεσταμένων πρεσβυτέρων
54.2.

Nennt Clemens Episkopen und Diakone nebeneinander, nirgends
nennt er die Diakone neben den Presbytern. Es ist also wahrscheinlich,
daß er das Wort πρεσβύτερος noch in der alten umfassenden Bedeutung
gebraucht und alle Amtsträger der Gemeinde einschließt. Sein Wortgebrauch ist noch so wie im NT. Wahrscheinlich denkt er dann auch an
alle Amtsträger, wenn er er die Presbyter der Vergangenheit selig
preist: μακάριοι οἱ προοδοιπορήσαντες πρεσβύτεροι 44.5.

Clemens kennt auch ἡγούμενοι als Amtsbezeichnung. In einer Anregung zu Gehorsam und Ehrfurcht sagt er: ὑποτασσόμενοι τοῖς ἡγουμένοις
ὑμῶν καὶ τιμὴν... ἀπονέμοντες τοῖς παρ᾽ ὑμῖν πρεσβυτέροις 1.3. Der Inhalt
der zwei Satzteile ist so ähnlich, daß wir das verbindende καί epexegetisch verstehen müssen. Daraus folgt, daß das allgemeine ἡγουμένοις
durch das parallel stehende πρεσβυτέροις näher bestimmt wird. Gleichfalls zeigt das Kompositum προηγούμενοι in der Anregung: τοὺς προηγουμένους ἡμῶν αἰδεσθῶμεν 21.6, daß der Verfasser die Absicht hat, mit
einem allgemeinen Amtstitel alle führenden Personen einzuschließen,
so wie wir das in Hebr 13.7 ff. gefunden haben (C 6 b).

Die eben genannte Stelle 21.6 erwähnt hintereinander vier Gruppen
in der Gemeinde: die Gemeindeleiter, die Alten oder Presbyter, die
Jungen und die Frauen. Clemens wendet sich an die Gemeinde, er
beansprucht aber nicht, eine soziologisch genaue Einteilung zu geben.
Unsere Leiter und die πρεσβύτεροι müssen respektiert, die Jugendlichen
erzogen und unsere Frauen in die rechte Ordnung gebracht werden:
τοὺς προηγουμένους ἡμῶν αἰδεσθῶμεν, τοὺς πρεσβυτέρους τιμήσωμεν, τοὺς
νέους παιδεύσωμεν..., τὰς γυναῖκας ἡμῶν... διορθωσώμεθα. Falls die πρεσ-

βύτεροι alte Männer sind, muß man sich wundern, daß Clemens die Frauen mahnt und von den Männern nur sagt, daß man sie ehren muß. Er hätte dann auch τοὺς ἄνδρας neben τὰς γυναῖκας schreiben können. Weil die Verben αἰδεσθῶμεν und τιμήσωμεν Synonyme sind, ist es wahrscheinlicher, daß auch τοὺς προηγουμένους und τοὺς πρεσβυτέρους als Synonyme aufzufassen sind. Der Text schließt sich so an 1.3 und 3.3 an und bereitet 44.5 und 47.6 vor.

Zur Lösung der Konfliktsituation in Korinth schlägt Clemens vor, daß die Gegner die Gemeinde verlassen (54.2). Das ist kein Befehl, denn er will nicht seine Autorität gelten lassen. So versteht man auch, daß er nirgends, nicht einmal in der Briefadresse, seinen Namen nennt. Dadurch wissen wir aber nicht, ob er überhaupt einen Amtstitel hatte. Auch für Korinth sagt er nicht, ob die führenden Personen in ihrem Gremium einen Leiter hatten.

Wie er sich eine Gemeinde strukturiert denkt, zeigt Clemens aber durch einen Vergleich mit dem alttestamentlichen Tempeldienst. So wie der Hohepriester, die Priester, die Leviten und die Laien, so hat in der christlichen Gemeinde jeder seinen Platz und seine Aufgabe: τῷ γὰρ ἀρχιερεῖ ἴδιαι λειτουργίαι δεδομέναι εἰσίν, καὶ τοῖς ἱερεῦσιν... καὶ λευΐταις... καὶ ὁ λαϊκὸς ἄνθρωπος 40.5. Darüber bei H 4 und K 2. Hier genügt es festzustellen, daß Clemens mit diesem Vergleich betonen will, daß jede Gemeinde in ähnlicher Weise strukturiert, also wie mit einem Hohenpriester als Gemeindehaupt monarchisch organisiert ist.

Ein besonderes Problem ist für Clemens die Ernennung der Nachfolger der Apostel. Die Apostel, sagt er, waren sich dieses Problems bewußt: καὶ οἱ ἀπόστολοι ἡμῶν ἔγνωσαν..., ὅτι ἔρις ἔσται περὶ τοῦ ὀνόματος τῆς ἐπισκοπῆς 44.1. Deswegen haben sie die vorher erwähnten Personen, d.h. die in 42.4 genannten Episkopen und Diakone, eingesetzt, und daraufhin noch angeordnet, daß nach *deren* Tod erprobte Männer ihr Amt übernahmen: κατέστησαν τοὺς προειρημένους καὶ μεταξὺ ἐπινομὴν ('Ausbreitung, Erweiterung') δεδώκασιν, ὅπως, ἐὰν κοιμηθῶσιν, διαδέξωνται ἕτεροι δεδοκιμασμένοι ἄνδρες τὴν λειτουργίαν αὐτῶν 44.2.[1]

Das Subjekt von ·κοιμηθῶσιν wird nicht ausgedrückt. Grundsätzlich gilt dann, daß ein Subjekt nur wechseln kann, wenn das aus dem Zusammenhang klar wird.[2] Clemens sagt, daß die Apostel, nachdem sie Nachfolger eingesetzt hatten, die Anordnung noch erweitert haben, damit ihre Nachfolger – die zweite Generation sozusagen – andere (d.h. wieder andere, neue oder folgende) erprobte Männer einsetzen würden.[3] Die erweiterte Anordnung war notwendig, um die Nachfolge für

---

[1] Für ἐπινομή vgl. A. JAUBERT in der Ausgabe SCh 167 z.St.
[2] Ein Beispiel findet sich in Act 6.6 (D 1*a*).
[3] Vgl. dazu LIDDELL-SCOTT-JONES s.v. ἕτερος I 4: ἕτερον τέρας 'ein zweites, ein neues Zeichen' Herodot 7.57.2, ἑτέρῳ ὀνόματι Platon Phlb 13a, und IV a: τῆς ἑτέρας (ἡμέρας) Platon Cri 44a.

die dritte Generation zu regeln. Die zweite Generation ist dan Subjekt von ἐὰν κοιμηθῶσιν und die λειτουργία αὐτῶν ist das Amt dieser Männer. In dieser Auslegung beschreibt Clemens die Verhältnisse bei der Nachfolge der Apostel in Rom durch Linus, Anencletus und ihn selbst, so wie Irenäus davon berichtet (bei H 4*c*).

Clemens wiederholt diesen Gedanken noch einmal, indem er ihn auf die Verhältnisse in Korinth bezieht. Die von diesen (Aposteln) oder darauf von anderen angesehenen Männern mit Einverständnis der ganzen Gemeinde eingesetzten (Männer) hat man in Korinth widerrechtlich abgesetzt: τοὺς οὖν κατασταθέντας ὑπ᾽ ἐκείνων ἢ μεταξὺ ὑφ᾽ ἑτέρων ἐλλογίμων ἀνδρῶν συνευδοκησάσης τῆς ἐκκλησίας πάσης, καὶ λειτουργήσαντας ἀμέμπτως... τούτους οὐ δικαίως νομίζομεν ἐκβάλλεσθαι τῆς λειτουργίας 44.3.

Bei der Einsetzung einer neuen Generation hat die Gemeinde ein Recht auf Zustimmung, das Einsetzen selbst ist Aufgabe anderer Männer. Diese heißen μεταξὺ ἕτεροι ἐλλόγιμοι ἄνδρες, und das können nur die μεταξὺ δεδοκιμασμένοι ἄνδρες aus 44.2, also die führenden Personen der Gemeinde sein.

Nach E. G. Jay unterstützt diese Auslegung 'a «presbyterian» view of ministerial succession.'[1] Er hat recht, wenn er meint, daß das Verfahren bei der Wahl demokratisch ist, aber bei einer monarchischen Struktur ist das genau so gut möglich. Das zeigt Act 6.1 ff., wo Petrus die Leitung hat, aber die Gemeinde bei der Wahl mit einbezieht (D 1*a*).

Das Amt, das die Nachfolger der Apostel innehaben, nennt Clemens ἐπισκοπή 'Aufsichtsamt' oder 'Episkopenamt': ἔρις ἔσται περὶ τοῦ ὀνόματος τῆς ἐπισκοπῆς 44.1. Er sagt nicht, daß in jeder Gemeinde nur eine Person dieses Amt bekleidet. Weil es in Korinth mehrere Episkopen gibt und neben ihnen die Diakone genannt werden, müssen wir annehmen, daß mit ἐπισκοπή das Amt der Episkopen gemeint ist. Untadelig brachten sie wie die Priester bei den Israeliten die Opfergaben dar (Lev 1.2 u.ö.), und sie sind aus ihrem Amt verstoßen worden: ἐὰν τοὺς ἀμέμπτως καὶ ὁσίως προσενεγκότας τὰ δῶρα τῆς ἐπισκοπῆς ἀποβάλωμεν 44.4. Unabhängig davon steht das Wort ἐπισκοπή in der Bedeutung 'das Schauen von etwas' 50.3; vgl. Gen 50.24 u.ö.

Der Vergleich der Gemeindestruktur mit dem alttestamentlichen Opferdienst zeigt, daß Clemens, auch wenn er keinen eigenen Amtstitel beansprucht und wahrscheinlich auch nicht hatte, sich wie der Hohepriester als einen monarchischen Leiter betrachtet und daß die Presbyter-Episkopen als alttestamentliche ἱερεῖς die Feier der Eucharistie geleitet haben.

---

[1] E. G. JAY, *From Presbyter-Bishops to Bishops and Presbyters. Christian Ministry in the Second Century: a survey:* The Second Century 1, 1981, 125–160, ebd. 133.

12. *Hermas*

Hermas muß ein Exemplar seiner Schrift an Clemens und eines an Grapte senden: γράψεις οὖν δύο βιβλαρίδια καὶ πέμψεις ἓν Κλήμεντι καὶ ἓν Γραπτῇ. πέμψει οὖν Κλήμης εἰς τὰς ἔξω πόλεις, ἐκείνῳ γὰρ ἐπιτέτραπται Past 8.3. Meint Hermas Clemens von Rom, dann weckt er den Eindruck, ein Zeitgenosse zu sein. Der Eindruck ist falsch, und das ist um so sicherer bei einer frühen Datierung für Clemens vor 70 n.Chr. Dazu bei H 4 und L 5. Daß Grapte sonst nicht bekannt ist, ist bei der Knappheit der Quellen nicht befremdlich. Sie betreut die Witwen und die Waisen und ist damit wahrscheinlich die wichtigste Frau in der römischen Gemeinde (D 5). Daraus folgt nicht, daß Clemens der wichtigste Mann ist. Wenn er aber nur der Sekretär eines Gremiums ist, muß man sich wundern, daß die alte Frau nicht das Gremium beauftragt hat.

Der genannte Clemens, so meint N. Brox (mit einer Übersicht der Meinungen 107f., 537 Anm. 14), kann nicht 'ein Papst vor dem Papsttum' gewesen sein, weil die Stadt Rom die Entwicklungsgeschichte des Monepiskopats 'erst relativ spät erlebte' (108). Als Verfasser des 1. Clemensbriefes und durch den Vergleich mit dem Hohenpriester zeigt Clemens aber seine Autorität (C 11). Auch die Zeugnisse des Hegesipp und des Irenäus (H 4) sind nicht viel später zu datieren als Hermas. Brox betrachtet nun den Clemens bei Hermas als fiktiv oder bei der Häufigkeit des Namens als unbekannt (108), läßt aber außer Betracht, daß die Adressaten bzw. die Leser in Rom an Clemens von Rom gedacht haben müssen. Und Hermas muß sich dessen bewußt gewesen sein, er muß es sogar beabsichtigt haben. Das gilt auch, wenn wir nicht wissen, ob die Adressaten eine Frau namens Grapte kannten.[1]

Hermas bezeichnet die führenden Personen in der Kirche, wenn er ihnen einen Bericht der alten Frau überbringen muß, mit dem allgemeinen nichttechnischen Terminus οἱ προηγούμενοι: ἐρεῖς οὖν τοῖς προηγουμένοις τῆς ἐκκλησίας 6.6; auch 17.7. Er muß ihnen ein Büchlein dieser Frau übergeben, und dann heißen sie πρεσβύτεροι: εἰ ἤδη τὸ βιβλίον δέδωκα τοῖς πρεσβυτέροις 8.2. Ihre Tätigkeit wird mit προΐστασθαι umschrieben, was an sich wieder keine Amtsbezeichnung ist: τῶν πρεσβυτέρων τῶν προϊσταμένων τῆς ἐκκλησίας 8.3. Er erwähnt Presbyter, die die Ehrenplätze einnehmen: Κυρία, ἄφες τοὺς πρεσβυτέρους πρῶτον καθῖσαι 9.8. In einem anderen Zusammenhang, wo kein Mißverständnis möglich ist, ist πρεσβύτερος ein alter Mann (19.3; 20.2).

Der Terminus ἐπίσκοπος ist als Bezeichnung für die leitenden Personen in der Gemeinde synonym (M 7) mit πρεσβύτερος. So erscheinen

---

[1] Für den Unterschied zwischen Adressat, Leser, dem modernen Leser und dem Untersucher als Leser vgl. W. Schenk, *The roles of the readers or the myt of the reader:* Semeia, 48, 1989, 55–80.

die Episkopen und nicht die Presbyter in der Reihe: οἱ ἀπόστολοι καὶ
ἐπίσκοποι καὶ διδάσκαλοι καὶ διάκονοι... ἐπισκοπήσαντες 13.1 (vgl. bei
B 13). Die Arbeit der Episkopen wird hier mit dem Verb ἐπισκοπέω
umschrieben. Ferner erwähnt Hermas Episkopen und andere gast-
freundliche Personen: ἐπίσκοποι καὶ φιλόξενοι..., und Bischöfe, die
gastfreundlich sein müssen: οἱ δὲ ἐπίσκοποι πάντοτε τοὺς ὑστερημένους καὶ
τὰς χήρας τῇ διακονίᾳ ἑαυτῶν ἀδιαλείπτως ἐσκέπασαν 104.2.

Ob die Synonymie total ist, ist nicht festzustellen, weil nicht sicher ist,
ob bei πρεσβύτεροι die Diakone noch mit eingeschlossen sind oder sein
können. Vgl. die Übersicht der Meinungen bei Brox 536. Die Synonymie zeigt aber, daß Hermas die Bedeutungsdifferenzierung von
Ignatius (C 16*b*) noch nicht übernommen hat.

Hermas empfängt seine Offenbarungen von einer alten Frau, γυνὴ
πρεσβῦτις 2.2, sonst πρεσβυτέρα genannt, 5.3 usw., die sich bekannt-
macht als eine Braut, die die Kirche symbolisiert (8.1, Brox 105). Eine
zweite himmlische Figur ist ein Engel in der Gestalt eines Hirten. Mit
diesem Hirten und vielen anderen Hirten und Schafen spielt Hermas
nach der apokalyptischen Art seiner Schrift auf die führenden Personen
in der römischen Kirche und die Gemeindemitglieder an, ohne daß
ποιμήν und die Mehrzahl ποιμένες Amtstitel sind. Seine Absicht wird
klar bei der Drohung an die Hirten, die ihre Herde vernachlässigen:
gaudebit (sc. *dominus pecorum*) *autem si omnia inuenerit sana; sin autem
aliqua ex his dissipata inuenerit, uae erit pastoribus. quod si ipsi pastores
dissipata reperta fuerint, quid respondebunt ⟨domino pro⟩ pecoribus huius?*
108.5f. (L¹). Vgl. Brox 534.

Am Ende seiner Schrift bekommt Hermas von einem Engel den
Auftrag, die Gebote des Hirten zu halten und allen zu sagen, daß dieser
Hirte, 'eine hohe Ehren- und Würdestellung beim Herrn hat, daß er
über große Macht verfügt und mächtig ist in seinem Amt. Ihm allein ist
auf der ganzen Welt die Macht über die Buße zugeteilt' (Übersetzung
von Brox 466): *in magno honore esse eum et dignitate apud dominum, et
magnae potestatis eum praesidem esse et potentem in officio suo. huic soli per
totum orbem paenitentiae potestas tributa est* 111.3. Nach Hermas gibt es
also eine Instanz in Rom, und zwar eine Person, die für die Buße über
die ganze Welt zuständig ist.

Brox stellt fest, daß 'die Kompetenz und Autorität des Hirten unter-
strichen' wird (468), geht aber nicht auf die Frage ein, auf welche
Person Hermas hier anspielt (auch nicht in den Exkursen über die Buße,
den Hirten, die Kirche und die kirchliche Verfassung 476–485,
520–541). Aus der Tatsache, daß die Termini ἐπίσκοποι und πρεσβύτεροι
nur im Plural begegnen, schließt Brox, daß die römische Kirche kolle-
gial geleitet war (535). Die Frage ist aber, ob dieses Kollegium einen
Vorsteher hatte oder nicht und ob Hermas mit dem Hirten als *praeses*,
der *per totum orbem* die *paenitentiae potestas* ausübt, den Vorsitzenden

dieses Kollegiums meint. 'Der Monepiskopat ist zur Zeit des Hermas in Rom noch keine Realität und keine Prätention', stellt Brox fest (ebd.). Als Beweis führt er an, daß darüber 'ein fast lückenloser Konsens' besteht (ebd. Anm. 1). Man muß sich aber fragen, wie ein Kollegium ohne einen Vorsitzenden überhaupt funktionieren kann.

Es ist anachronistisch, das Wort ἐπίσκοπος mit 'Bischof' zu übersetzen. Die Tatsache, daß diese (Presbyter-)Episkopen in Rom keine monarchischen Bischöfe sind, ist völlig klar. Das liefert nur anscheinend den Beweis, daß ein monarchischer Leiter überhaupt noch nicht existierte. Vgl. ferner bei C 11, 16, und H 4, 5.

Bei Hermas fehlt 'jede klare Anspielung auf ein kirchliches Ritual', wie Brox feststellt (527). Das beweist nicht, daß solche Riten nicht existierten. Wenn Hermas für Clemens (8.3) noch keinen Amtstitel hatte, konnte er ihn auch nicht gebrauchen. Er hat es im apokalyptischen Stil seiner Schrift auch nicht versucht.

13. *Justin*

Der Philosoph Justin lehrt uns wenig über die Amtsterminologie. Fünfmal erwähnt er den Vorsitzenden der Gemeindeversammlung und der eucharistischen Feier als den προεστώς, wenn er diese Feier beschreibt: ἔπειτα προσφέρεται τῷ προεστῶτι τῶν ἀδελφῶν ἄρτος καὶ ποτήριον Apol 1.65.3; vgl. 1.65.5; 1.67.4, 5, 6. Justin wendet sich an heidnische Außenstehende, und für sie vermeidet er soviel wie möglich technische Termini, die nicht oder verkehrt verstanden werden können. Den Beweis dafür liefert der Terminus διάκονος, den er nicht ersetzt, sondern erklärt: οἱ καλούμενοι παρ' ἡμῖν διάκονοι 1.65.5, vgl. 1.67.5. Das Partizip προεστώς ist also eine nichttechnische Umschreibung für den Amtstitel. Es mag sein, daß der ἀναγνώστης 'Lektor' schon ein festes Amt in der Gemeinde hatte, aber dann zieht Justin eine Umschreibung des Amtstitels vor: παυσαμένου τοῦ ἀναγιγνώσκοντος 1.67.4. – Für ἱερεύς bei K 3 a.

Diese Erklärung findet sich bei F.E.Brightman,[1] aber P.J.Fedwick, der darauf hinweist, lehnt sie ab.[2] Er geht nun in seiner Untersuchung davon aus, daß προϊστάμενος und προεστώς schon im NT technische Amtsbezeichnungen sind, weil die Partizipien meistens den bestimmten Artikel haben (6f.). Das beweist aber nur, daß im Zusammenhang bestimmte Personen gemeint sind. Fedwick weist noch auf andere Stellen hin, wo aber immer das Wort, bwz. ein lateinisches Äquivalent, die

---

[1] F.E.BRIGHTMAN, *Terms of communion and the ministration of the sacraments in early times*: H.B.Swete (Hg.), *Essays on the early history of the Church and the ministry*, London 1918, 313–408, ebd. 394 Anm. 3. B.REICKE, Art. προΐστημι: ThWNT 6.700–703, umschreibt die Wortbedeutungen, aber untersucht nicht, ob das Verb an den verschiedenen Stellen als Amtstitel ein technischer Terminus ist.

[2] P.J. FEDWICK, *The function of the προεστώς in the early Christian κοινωνία*: RThAM 48, 1981, 5–13, ebd. 8.

allgemeine Bezeichnung für jegliche leitende Person in einer Gemeinde, Klostergemeinschaft oder Häresie ist. So bei Hippolyt: *hoc modo etiam creuerunt haereses multae, quia praesidentes* (προϊστάναι) *noluerunt discere sententiam apostolorum* TradAp 43 (102 Botte), Tertullian: *eucharistiae sacramentum... nec de aliorum manu quam praesidentium sumimus* Cor 3.3, vgl. Cyprian Ep 33.1.1; 73.9.3.[1] Es ist deshalb nicht richtig, wenn Fedwick sagt, daß der προεστώς bei Paulus (gemeint ist ὁ προϊστάμενος Röm 12.8) die Bedeutung 'hard worker' hat und bei Justin 'celebrant of the eucharist' (12).

Weil Justin aus Syrien stammt, geht G. Konidaris davon aus, daß ὁ προεστώς in Antiochien eine technische Amtsbezeichnung war und dort durch ἐπίσκοπος ersetzt wurde.[2] Die genannten Stellen bei Justin können das aber auch für Antiochien nicht wahrscheinlich machen. Dazu kommt, daß Ignatius niemals auf diesen Terminus hinweist. Er schreibt zwar über den Bischof, der den Vorsitz führt: προκαθημένου τοῦ ἐπισκόπου Magn 6.1, vgl. 6.2; Röm inscr., wie Konidaris bemerkt (277), aber προκάθημαι ist ein anderes Verb und wieder keine Amtsbezeichnung.

14. *Smyrna: Polykarp, monarchischer Bischof ohne Amtstitel*

Polykarp, der Bischof von Smyrna, tritt in der Adresse seines Briefes an die Gemeinde in Philippi klar als monarchischer Bischof auf. Ihm fehlt aber ein Amtstitel, denn falls er sich zu den πρεσβύτεροι rechnet, ist das nicht sein persönlicher Titel: Πολύκαρπος καὶ οἱ σὺν αὐτῷ πρεσβύτεροι EpPhil inscr. Die Diakone könnten mit eingeschlossen sein, aber sonst unterscheidet Polykarp Presbyter und Diakone (5.2, 3; 6.1; 11.1). Mit einem Hinweis auf die Diakone wird der Herr im übertragenen Sinn διάκονος πάντων genannt (5.3). Faktisch heißen die Presbyter-Episkopen nur Presbyter. Das völlige Fehlen des Terminus ἐπίσκοπος kann aber in dieser kleinen Schrift Zufall sein. Die Terminologie ist im übrigen noch wesentlich dieselbe wie im NT.

Wie in 1 Petr 5.5 (C 3 b) und 1 Clem 1.3; 3.3; 57.1 (C 11) werden die Jugendlichen angeregt, den Presbytern zu gehorchen: ὑποτασσομένους τοῖς πρεσβυτέροις καὶ διακόνοις EpPhil 5.3. Weil Polykarp zugleich die Diakone nennt, ist klar, daß er Amtsträger meint und nicht alte Personen. Das bestätigt, daß in 1 Petr und 1 Clem Amtsträger gemeint sind und zwar unter Einschluß der Diakone.

Nimmt man an, daß Polykarp etwa 20 Jahre nach dem Martyrium des Ignatius geschrieben hat und daß nur der Schluß (13–14, oder allein 13) älter ist und hier später beigefügt wurde,[3] so muß man sich um so

---

[1] Viele Belege für diesen Gebrauch in LAMPE PGD s.v. προΐστημι B 6 b i–viii.
[2] G. KONIDARIS, *Warum die Urkirche von Antiochia den «προεστῶτα πρεσβύτερον» der Ortsgemeinde als «ho Episkopos» bezeichnete*: MThZ 12, 1961, 269–284, ebd. 274.
[3] Vgl. dazu J. QUASTEN, *Patrology*, Utrecht 1950, 1.79f.

mehr wundern, daß er die Bedeutungsdifferenzierung des Ignatius (C 16*b*) nicht übernommen hat. Eine Erklärung dürfte sein, daß er, so wie Papias (C 15), im hohen Alter seinen Sprachgebrauch nicht mehr geändert hat.

Diese Erklärung wird dadurch bestätigt, daß das Martyrium, tatsächlich ein Brief, den die Gemeinde in Smyrna kurz nach dem Tod Polykarps in 156 an die Gemeinde in Philomelium geschrieben hat, ihn Bischof nennt: ὁ θαυμασιώτατος Πολύκαρπος, ἐν τοῖς καθ᾽ ἡμᾶς χρόνοις διδάσκαλος ἀποστόλικος καὶ προφητικὸς γενόμενος ἐπίσκοπος MartPol 16.2.

15. *Phrygien: Papias*

Papias, Bischof von Hierapolis in Phrygien, schreibt etwa um das Jahr 125. Nach Irenäus war er ein Mann der alten Zeit, der noch den Apostel Johannes gehört hatte: Παπίας ὁ ᾽Ιωάννου μὲν ἀκουστής, Πολυκάρπου δὲ ἑταῖρος γεγονώς, ἀρχαῖος ἀνήρ Haer 5.33.4 ap. Eus. HE 3.39.1. Irenäus wählt das Adjektiv ἀρχαῖος, wo πρεσβύτερος zweideutig gewesen wäre.

Eusebius bestreitet diesen Bericht, indem er bemerkt, daß Papias selbst im Vorwort seiner Schrift nicht sagt, daß er die Apostel gehört oder gesehen hat: ἀκροατὴν μὲν καὶ αὐτόπτην οὐδαμῶς ἑαυτὸν γενέσθαι τῶν ἱερῶν ἀποστόλων ἐμφαίνει HE 3.3.2. Er hat seine Kenntnis nur von Personen, die die Apostel gekannt haben: παρὰ τῶν ἐκείνοις γνωρίμων ebd. Zum Beweis zitiert Eusebius das Proömion. Papias schreibt bei seinen Auslegungen auf, was er von den πρεσβύτεροι gelernt hat: οὐκ ὀκνήσω δέ σοι καὶ ὅσα ποτὲ παρὰ τῶν πρεσβυτέρων καλῶς ἔμαθον... συγκατατάξαι ταῖς ἑρμενείαις 3.39.3.

Diese πρεσβύτεροι, wie die γνώριμοι, sind schon die zweite Generation, denn er hat von ihnen diejenigen befragt, die noch mit den πρεσβύτεροι der ersten Generation verkehrt hatten, d.h. mit den Aposteln selbst: εἰ δέ που καὶ παρηκολουθηκώς τις τοῖς πρεσβυτέροις ἔλθοι, τοὺς τῶν πρεσβυτέρων ἀνέκρινον λόγους, τί ᾽Ανδρέας ἢ τί Πέτρος εἶπεν ἢ τί Φίλιππος ἢ τί Θωμᾶς ἢ ᾽Ιάκωβος ἢ τί ᾽Ιωάννης ἢ Ματθαῖος ἢ τις ἕτερος τῶν τοῦ κυρίου μαθητῶν, ἅ τε ᾽Αριστίων καὶ ὁ πρεσβύτερος ᾽Ιωάννης, τοῦ κυρίου μαθηταί, λέγουσιν 3.39.4.

Mit εἰ δέ που... wird das vorangehende ὅσα ποτέ (3.39.3) erklärt. Es handelt sich also um den gleichen Inhalt. Der von ἀνέκρινον abhängige indirekte Fragesatz wird fünfmal mit dem Fragepronomen τί und dann mit dem Relativpronomen ἅ eingeleitet, was klassisch ist (Blaß-Debrunner-Rehkopf §293.5). Nach Matthäus werden noch andere Jünger genannt, die also mit den Aposteln zur ersten Generation gehören. Das Präsens λέγουσιν gegenüber dem Aorist εἶπεν zeigt, daß Aristion und der Presbyter Johannes noch lebten, als Papias von ihnen hörte, nicht notwendig, daß sie noch lebten, als Papias schrieb. Sie sind also jünger als die Apostel und gehören sozusagen zur zweiten Generation. Wir finden nun πρεσβύτερος im umfassenden Sinn, und zwar so, daß die Apostel und die zweite Generation mit eingeschlossen sind.

Mit Recht hat schon Eusebius zu diesem Fragment aus Papias bemerkt, daß nicht zweimal derselbe Johannes gemeint sein kann, um so mehr weil der Presbyter Johannes nach Aristion genannt wird: σαφῶς τε αὐτὸν πρεσβύτερον ὀνομάζει HE 3.39.5 (vgl. oben C 7c). Eusebius gebraucht nun das Wort πρεσβύτερος in einem engeren Sinn, insofern die Apostel nicht eingeschlossen sind.

Nochmals stellt er dann fest, daß Papias nur Zuhörer dieser Presbyter der zweiten Generation, Aristion und Johannes, war. Papias gehört damit selbst zur dritten Generation: καὶ ὁ νῦν δὲ ἡμῖν δηλούμενος Παπίας τοὺς μὲν τῶν ἀποστόλων λόγους παρὰ τῶν αὐτοῖς παρηκολουθηκότων ὁμολογεῖ παρειληφέναι, Ἀριστίωνος δὲ (denn) καὶ τοῦ πρεσβυτέρου Ἰωάννου αὐτήκοον ἑαυτόν φησι γενέσθαι 3.39.7, vgl. 3.39.14, 15.

Papias und, ihm folgend, Eusebius wollen den Presbyter Johannes mit der Bezeichnung πρεσβύτερος vom Apostel unterscheiden. Daraus folgt, daß das Wort hier sehr gut Amtstitel sein kann, und sich indirekt auch auf Aristion bezieht.

Im Ausdruck ἢ τις ἕτερος τῶν κυρίου μαθητῶν 3.39.4 schließt das Wort μαθηταί die Apostel ein, die ja auch zur Gruppe der Jünger gehörten. J. Munck weist nun auf die emphatische Bedeutung in: οὐ δύναται εἶναί μου μαθητής 'mein wahrer Jünger' Lk 14.27, und bei Ignatius, der durch sein Martyrium ein 'echter Jünger' zu sein hofft: ἵνα... δυνηθῶ μαθητὴς εἶναι Eph 2.1.[1] Für πρεσβύτεροι zieht Munck (229) eine Stelle aus Philon heran, wo einige πρεσβύτεροι als Träger einer Tradition genannt werden. Das unbestimmte τινων bei ἀπὸ τοῦ ἔθνους zeigt, daß Philon wahrscheinlich nur an einige alte Personen aus dem Volk gedacht hat: μαθὼν... παρά τινων ἀπὸ τοῦ ἔθνους πρεσβυτέρων VitMos 1.4. Papias schreibt hingegen mit Artikel: ὅσα ποτὲ παρὰ τῶν πρεσβυτέρων καλῶς ἔμαθον ap. Eus. HE 3.39.3, und zeigt so, daß er bestimmte Personen meint, die bei den Adressaten als bekannt vorausgesetzt werden, also Amtsträger, die Presbyter sind, wahrscheinlich in der umfassenden Bedeutung. Selbstverständlich sind sie Träger der Tradition, aber daraus folgt nicht, daß das Wort nun 'Traditionsträger' bedeutet. Munck (233–235) führt Belege aus Irenäus, Clemens von Alexandrien und Hippolyt an, die aber nur zeigen, daß sie das Wort noch in der umfassenden Bedeutung gebrauchen (siehe bei C 17, 18).

Munck (236) vermutet, daß der Terminus πρεσβύτερος auch die Apostel umfassen kann, obwohl ein Beleg dazu fehle. Er sieht somit nicht, daß Papias zur Stelle den Beleg liefert: τοὺς τῶν πρεσβυτέρων ἀνέκρινον λόγους, τί Ἀνδρέας... HE 3.39.4. Für Presbyter als Bezeichnung des

---

[1] J. MUNCK, *Presbyters and disciples of the Lord in Papias*: HThR 52, 1959, 223–243, ebd. 231f.

Johannes vergleicht er zu Recht 'the old man' als Namen für Gladstone
(238). Auf Deutsch kann 'der Alte' in einem bestimmten Zusammenhang ohne weiteres Adenauer bezeichnen, und das ist etwas anderes als
'der alte Adenauer'. Vgl. auch Rab als Bezeichnung für Rabbi Areka
(B 1 und M 5). Daraus folgt, daß der Presbyter Johannes nicht ohne
weiteres 'der Presbyter' heißt und namentlich nicht mit dem Presbyter
von 2 Joh 1 und 3 Joh 1 identifiziert werden kann. Er heißt im Zusammenhang bei Papias nur so, um ihn vom Apostel zu unterscheiden. Im
anderen Fall hätte er Ἰωάννης ὁ (καλούμενος) πρεσβύτερος schreiben können. Ob πρεσβύτερος nun im engen oder im breiten Sinn gemeint ist,
zeigt sich nicht.

Nach Eusebius nennt Papias sich einen Zuhörer des Aristion und des
Presbyters Johannes: αὐτήκοον ἑαυτόν φησι γενέσθαι HE 3.39.7. Papias
selbst drückt sich aber im Fragment bei Eusebius vorsichtiger aus: Er
schreibt auf, was diese Personen sagen: ἅ τε... λέγουσιν 3.39.4. Das kann
er von anderen gehört haben. So ist es möglich, wie oben gesagt (C 7c),
daß es sich nur um den Presbyter der kleinen Johannesbriefe handelt,
der als ein anderer Johannes gedacht wurde.

U. Körtner will zunächst die Bedeutung des Terminus πρεσβύτερος
untersuchen, was er im übrigen eine 'Begriffsanalyse' nennt. Er weist
mit Recht auf 'eine geläufige Regel der Auslegung, daß der spezifische
Gebrauch einer Vokabel aus ihrem jeweiligen Kontext hervorgeht.' Er
stellt dann fest, daß Eusebius, wenn er in HE 3.39.7 die Worte des Papias
aus 3.39.4 paraphrasiert, die Presbyter 'mit Andreas, Petrus und den
übrigen Aposteln identifiziert', während Irenäus in Haer 5.33.3f. und an
anderen Stellen die Presbyter deutlich von den Aposteln unterscheidet.[1]
Es muß jedoch aus dem jeweiligen Zusammenhang klar sein, daß πρεσβύτερος in einem umfassenden Sinn die Apostel einschließt und im
engeren Sinn nicht. Statt dessen führt Körtner die Bedeutung der
Vokabel bei Irenäus gegen die Auslegung bei Eusebius an und schließt,
daß die Presbyter der ersten Generation in 3.39.4 (τοῖς πρεσβυτέροις...
τοὺς τῶν πρεσβυτέρων ἀνέκρινον λόγους), nicht die Apostel sind, sondern
schon ihre Schüler.

Nun gehören nach Papias zur ersten Generation neben den Aposteln
noch andere 'Jünger des Herrn': ἢ τί τις ἕτερος τῶν τοῦ κυρίου μαθητῶν
3.39.4. Wenn er aber im gleichen Satz anschließend auch Aristion und
den Presbyter Johannes τοῦ κυρίου μαθηταί nennt, kann das nur in einem
breiteren Sinn gemeint sein, so wie alle Christen Schüler des Herrn
genannt werden können. Körtner macht diesen Unterschied nicht und
achtet nicht auf ἅ τε mit dem Präsens λέγουσι, so daß er meint, daß

---

[1] U. H. J. Körtner, *Papias von Hieropolis. Ein Beitrag zur Geschichte des frühen Christentums,* Göttingen 1983, ebd. 115.

Papias nun Aristion und Johannes 'in einem Atemzug mit den Aposteln nennt' (126).

In den von Papias erhaltenen Fragmenten fehlt der Terminus ἐπίσκοπος. Es fehlt auch eine Bezeichnung für das Amt, das Papias innehatte. Sein Gebrauch des Wortes πρεσβύτερος im umfassenden und im engeren Sinn macht es aber sehr wahrscheinlich, daß er die Bedeutungsdifferenzierung des Ignatius (C 16), wenn er sie schon kannte, noch nicht übernommen hatte.

16. *Antiochien: Ignatius und die Bedeutungsdifferenzierung*

a. Die vermutliche Entwicklung

Aus dem Vorangehenden folgt, daß in Rom die Terminologie im Vergleich zu der im NT wesentlich unverändert geblieben ist, wärend Clemens der monarchische Leiter ist. Das gleiche trifft zu für Polykarp. Er ist ebenso monarchischer Bischof wie Ignatius und die anderen Bischöfe, an die dieser seine Briefe schreibt. Auch Papias ist nach dem Zeugnis des Eusebius ein monarchischer Bischof (C 11, 14, 15).

Man kann Act 12.17 so verstehen, daß Jakobus die Jerusalemer Gemeinde nur während der Gefangenschaft des Petrus geleitet hat: ἀπαγγείλατε ᾿Ιακώβῳ καὶ τοῖς ἀδελφοῖς ταῦτα. Der Bericht bei Clemens von Alexandrien (C 18) sagt aber, daß Jakobus schon bald nach der Auferstehung als Bischof eingesetzt wurde. Das würde im wesentlichen bedeuten, daß die Apostel vor der Steinigung des Stephanus und der Flucht der hellenistischen Brüder aus Jerusalem die örtliche Leitung von der allgemeinen Leitung und von der Tätigkeit der Wandermissionare getrennt haben. Deshalb müssen wir davon ausgehen, daß Petrus nirgends die örtliche Gemeinde leitet, nicht in Jerusalem, wenn Paulus ihn aufsucht, und auch nicht in Antiochien, wenn er dort verbleibt (Gal 1.18f.; 2.9; 2.11–14). Zudem gibt es keinen Grund, die Stellung des Jakobus als einen Sonderfall zu betrachten.[1] Es ist viel wahrscheinlicher, daß sie für die Organisation der neuen Gemeinden außer Jerusalem grundlegend gewesen ist.

Die Ausnahme, die man in Antiochien zu finden glaubt, ist scheinbar. Die in Act 13.1 genannten Propheten und Lehrer sind Wandermissionare, die sich in der Gemeinde nur zeitweilig aufhalten. Über die örtliche Verwaltung vernehmen wir nichts, und sicher nicht, daß sie

---

[1] So E. DASSMANN, *Zur Entstehung des Monepiskopats:* JACh 17, 1974, 74–90: 'einen atypischen Sonderfall, der auch auf die drei ersten mit Jakobus verwandten Nachfolger im Amt der Jerusalemer Gemeindeleitung zutrifft und für die Frage nach der Entstehung und frühesten Verbreitung des Monepiskopats nicht herangezogen werden kann' 81f., vgl. ebd. 75, und unten bei C 16*b* und H 4. Man könnte insofern von einem Sonderfall reden, daß der Herrenbruder niemals weitergezogen ist.

akephal war, weil der Bericht über Barnabas und Saulus mit dieser Verwaltung nichts zu tun hat.[1] Vgl. bei B 5 und F 1.

Eher wäre eine Ausnahme zu finden in Did 15.1. Der Text wendet sich an Gruppen die noch nicht organisiert sind und durch die Wahl von Episkopen und Diakonen eine Gemeinde bilden müssen. Wie oben (A 2*h*, B 2) angenommen wurde, handelt es sich um Personen, die nach der Steinigung des Stephanus aus Jerusalem geflüchtet sind. Die Aufgaben der Episkopen und Diakone, die interne Organisation der neu zu gründenden Gemeinde und die Beziehungen zu den Wandermissionaren, es wird alles als bekannt vorausgesetzt, und Modell dazu kann in unserer Hypothese nur die Jerusalemer Gemeinde unter der Leitung des Jakobus gewesen sein.

Paulus zeigt seine 'Sorge um alle Gemeinden' (1 Kor 11.28) und seine 'monarchische Leitung' durch Besuche, Briefe und das Senden seiner Mitarbeiter. Für die Leitung der Gemeinden hat er Presbyter (Act 14.23) oder Episkopen und Diakonen eingestezt (Phil 1.1, Röm 16.1), und er umschreibt ihre Tätigkeit mit κοπιῶντας, προϊσταμένους – ἀντιλήμψεις, κυβερνήσεις – διακονίαν, προϊστάμενος (1 Thess 5.12, 1 Kor 12.28, Röm 12.7). Diese Personen haben, wie man annehmen darf, die Hauskirchen betraut und bildeten selbstverständlich ein Kollegium. Man möchte nur wissen, ob sie einen Vorsitzenden hatten oder gar nicht. Wer von einer kollegialen Leitung redet, weckt den Eindruck, daß es keinen Vorsteher gab. Vgl. bei C 12. Man fragt sich aber, wie man sich die Beratungen einer solchen Leitung denken muß. Weil die Ämter auf Lebenszeit verliehen wurden (F 1), ist es weniger wahrscheinlich, daß man jedesmal einen anderen Vorsitzenden gewählt hat. Hat die Gemeinde in einer Stadt sich als ein Synedrium verstanden (C 19*c*), so muß es selbstverständlich gewesen sein, daß man sich einen Vorsteher wählte.

Die Alte Kirche ist, wie sich bei H 2–4 zeigen wird, darin völlig einig, daß die Apostel und die anderen Gemeindegründer vor ihrer Abreise oder auf jeden Fall vor ihrem Tod in den Städten einen monarchischen Leiter eingesetzt haben.

Als führende Personen der Hausgemeinden in Korinth kennen wir Apollos, Sosthenes, Krispus und Stephanas (1 Kor 1.1; 1.12 ff.; 16.12 ff.). Wie sie untereinander die Leitung der Gemeinde organisiert und verteilt haben, wissen wir nicht.

Eine Parallele bietet der 2. und 3. Johannesbrief in der Annahme, daß der Verfasser als Gemeindegründer seinen Einfluß auf die Gemeindeleitung geltend machen will. Der Versuch des Diotrephes, anstatt des Gaius der Erste zu sein (φιλοπρωτεύων 3 Joh 9), zeigt indirekt, daß für den Briefschreiber eine Leitung durch eine Person, in diesem Fall durch

---

[1] So z.B. J. COLSON, *L'évêque dans les communautés primitives. Tradition paulinienne et tradition johannique de l'épiscopat des origines à saint Irénée,* Paris 1951, ebd. 39.

Gaius, selbstverständlich war. Er geht also davon aus, daß die Leitung monarchisch ist.

In der Johannesapokalypse wendet der Verfasser sich an sieben kleinasiatische Gemeinden, die jede einen Engel oder Boten haben: ἄγγελοι τῶν ἑπτὰ ἐκκλησίων Apk 1.20 u.ö (vgl. A 2 k). Weil jede Gemeinde einen solchen Boten hat, wird für die Abfassungszeit der Apokalypse die Leitung dieser Gemeinden als monarchisch dargestellt, und dies als etwas Selbstverständliches.

Für Rom haben wir das Auftreten des Clemens, der sich mit einem Hohenpriester gleichsetzt (1 Clem 40.4 C 11), ferner das Zeugnis des Irenäus Haer 3.3.3. Wie bei H 4 c gezeigt wird, sagt Irenäus eindeutig, daß nach der Gründung der Gemeinde durch die Apostel und zu deren Lebzeiten Linus, Anencletus und Clemens nacheinander die Kirche verwaltet haben. In der Diskussion bleibt das meistens außer Betracht, weil Eusebius HE 5.6.1 f. den Text falsch verstanden hat.

Das Problem, das übrig bleibt, ist terminologisch: Es fehlte im 1. Jh. für den monarchischen Leiter ein spezifischer Amtstitel.

b. Die Bedeutungsdifferenzierung von ἐπίσκοπος und πρεσβύτερος
Ignatius schreibt wahrscheinlich um das Jahr 115 seine Briefe an Gemeinden, die alle monarchisch geleitet werden (Phld 10.2). In seinem ersten Brief sagt er es nachdrücklich: die Bischöfe sind bis an die Grenzen der Erde eingesetzt worden: οἱ ἐπίσκοποι οἱ κατὰ τὰ πέρατα ὁρισθέντες Eph 3.2. Das ist freilich eine rhetorische Übertreibung, aber Ignatius zweifelt nicht daran, daß der Monepiskopat zu seiner Zeit allgemein verbreitet ist. Der Monepiskopat ist für ihn auch völlig selbstverständlich. Kein Wort bei ihm über Gemeinden ohne oder mit irgendeiner anderen Verfassung. Daraus folgt, daß der Monepiskopat schon lange existierte. Falls Ignatius in den Gemeinden eine Erneuerung erreichen wollte, kann das nicht die Durchführung einer monarchischen Leitung gewesen sein. Es ist wichtig das von vornherein festzustellen, denn in der Diskusion wird manchmal ein anderer Eindruck geweckt.[1]

---

[1] Vgl. z.B. E. DASSMANN, *Zur Entstehung:* 'Sieht man von dem Sonderfall einer monarchischen Gemeindeleitung durch Jakobus in Jerusalem und von der umstrittenen Interpretation des «Engels der Gemeinden» in der Apokalypse des Johannes einmal ab, dann wird nach allgemeiner Ansicht der Monepiskopat zuerst von Ignatius von Antiochien am Beginn des 2. Jh. sicher bezeugt. Bezweifelt wird höchstens, daß die Einrichtung eines nicht nur der Gemeinde, sondern auch dem Presbyterkollegium vorgesetzten Einzelbischofs bereits eine gleichmäßig über Kleinasien und Syrien verbreitete Erscheinung gewesen sei und nicht vielmehr der Versuch des Antiochener Bischofs, sein Glaubensverständnis mit Hilfe gleichgesinnter Episkopen in den von ihm beeinflußten Gemeinden gegen eine ketzerische Mehrheit diktatorisch durchzusetzen' ebd. 75. Dassmann nennt den Bischof als ἀρχιερεύς in 1 Clem 40.5 (C 11), nicht Gaius und Diotrephes in 3 Joh 1, 9. Vgl. bei C 16 a.

Neu ist bei Ignatius die Tatsache, daß er für den Leiter ausdrücklich den Titel ἐπίσκοπος reserviert. In den Briefen, die er in Smyrna an die Gemeinden in Ephesus, Magnesia und Tralles schreibt, wird immer ziemlich am Anfang und vor den Ausführungen über die Ämter der Name des Gemeindehauptes mit dem Amtstitel ἐπίσκοπος genannt: ἐν Ὀνησίμῳ, τῷ... ἐπισκόπῳ Eph 1.3, διὰ Δαμᾶ τοῦ ἀξιοθέου ὑμῶν ἐπισκόπου Magn 2.1., Πολύβιος ὁ ἐπίσκοπος ὑμῶν Trall 1.1.

Ignatius zeigt deutlich seine Vorliebe für die neue Bedeutung, und es ist möglich, daß der Wortkünstler sie selbst bedacht hat. Er setzt sie zwar bei den Adressaten als bekannt voraus, aber es fällt auf, daß er in den ersten drei Briefen, die er aus Smyrna schreibt, diesen Gebrauch einleitet durch ziemlich am Anfang das Wort mit dem Eigennamen des Bischofs zu verbinden: ἐν Ὀνησίμῳ, τῷ... ἐπισκόπῳ Eph 1.3, vgl. Magn 2.1, Trall 1.1.

Zwischen den zwei Synonymen ἐπίσκοπος und πρεσβύτερος tritt nun eine Differenzierung in der Bedeutung auf, ein Phänomen, das auch in den modernen Sprachen bei Synonymen zu beobachten ist. Im Deutschen hat sich z.B. 'Wohnung' als Synonym von 'Haus' differenziert und ist Kurzform geworden für 'Etagenwohnung' und Ersatz für das Fremdwort 'Appartement'. Andere Beispiele sind 'Weib – Frau', 'Weg – Pfad – Straße'. Vgl. dazu M 7.[1]

Ignatius sagt nicht ausdrücklich, daß diese Bischöfe (in der neuen Bedeutung) die Nachfolger der Apostel sind. Während in 1 Clem 42.4 die Einsetzung der Presbyter-Episkopen und der Diakone von den Aposteln hergeleitet wird (vgl. 44.2; C 11), legt Ignatius zwar eine ähnliche Verbindung (Magn 6.1; Phld 5.1), begründet aber die Stellung der Amtsträger und besonders die des Bischofs nicht in der Geschichte, sondern führt sie unmittelbar auf Gott und Christus zurück (Magn 3.1; Phld 3.2). Die beiden Betrachtungsweisen schließen einander aber nicht aus. Sie ergänzen sich.[2]

Die Erwähnung des Bischofs Damas Magn 2.1 führt dazu, daß der Titel so wie in 1 Petr 2.45 auf Gott übertragen wird: τῷ πατρὶ Ἰησοῦ Χριστοῦ, τῷ πάντων ἐπισκόπῳ Magn 3.1. Eine Anspielung auf das Episkopenamt dürfte deshalb auch eingeschlossen sein, wenn das Wort ἐπισκοπή für die Aufsicht durch Gott steht: ἐν ἑνότητι θεοῦ καὶ ἐπισκοπῇ Pol 8.3.

Muß der ἐπίσκοπος wie ein Hirte sein: ὅπου δὲ ὁ ποιμήν ἐστιν... Phld 2.1, auch Gott tritt als Hirte für Ignatius in seiner Gemeinde ein, und ist

---

[1] Zu erwähnen ist, daß G. DEUSSEN, *Bischofswahl* 127 und Anm. 10, gleichfalls eine 'Bedeutungsdifferenzierung' annimmt. Er sieht aber erst eine 'Verschmelzung' der beiden Termini ἐπίσκοπος und πρεσβύτερος im 1. Clemensbrief, und dann ab 150 eine 'Bedeutungsdifferenzierung'.
[2] Für die Literatur vgl. R. STAATS, *Die katholische Kirche des Ignatius von Antiochien:* ZNW 77, 1986, 126–145, 242-254, bes. ebd. 132ff.

nun auch der Bischof: ἥτις ἀντὶ ἐμοῦ ποιμένι τῷ θεῷ χρῆται. μόνος αὐτὴν Ἰησοῦς Χριστὸς ἐπισκοπήσει καὶ ἡ ὑμῶν ἀγάπη Röm 9.1.

Das Verb ἐπισκοπέω, das wir 1 Petr 5.2 v.l. auf das Episkopenamt bezogen fanden (C 3 b), steht hier für die Aufsicht Christi und das Mitempfinden der Christen in Rom mit der Gemeinde in Antiochien. Die Anspielung auf das Episkopenamt ist noch stärker in dem Brief an Polykarp: Πολυκάρπῳ ἐπισκόπῳ ἐκκλησίας Σμυρναίων, μᾶλλον ἐπισκοπημένῳ ὑπὸ θεοῦ... καὶ... Χριστοῦ Pol Inscr. Bei Hermas bedeutet das Verb dann 'Bischof sein' (C 12).

Mit seiner Theologie des Bischofsamtes zeigt Ignatius klar, weshalb er für den monarchischen Leiter ἐπίσκοπος statt πρεσβύτερος bevorzugt hat. Das fällt um so mehr auf, weil πρεσβύτερος in seiner umfassenden Bedeutung schon den monarchischen Bischof bezeichnen konnte. Daß diese Wahl des Ignatius sich trotzdem durchsetzen konnte, läßt sich durch die Verbreitung seiner Briefe, so wie das von Polykarp berichtet wird, Phil 13.1–2, erklären.

c. Die πρεσβύτεροι und das πρεσβυτέριον

Die Bedeutungsdifferenzierung führt nun dazu, daß πρεσβύτερος als Amtsbezeichnung nicht mehr die Gemeindeleiter einschließt. Dazu kommt, daß Ignatius auffällig oft das Wort πρεσβυτέριον in einer neuen Bedeutung für sämtliche Presbyter oder für die Presbyter und Diakone verwendet.

Man kann vermuten, daß die Termini πρεσβύτερος und πρεσβυτέριον noch in dem weiteren Sinn unter Einschluß der Diakone verwendet werden, wenn Ignatius in seinem Brief an die Epheser ohne Erwähnung der Diakone den ἐπίσκοπος und die πρεσβύτεροι (2.2), bzw. den ἐπίσκοπος und das πρεσβυτέριον (4.2; 20.2), nennt. Das könnte auch zutreffen für Magn 3.1 und 7.1, vielleicht auch noch in Trall 12.2 und 13.2, aber in Magn 2.1; 13.1 werden die Diakone von den Presbytern bzw. vom πρεσβυτέριον unterschieden. In 6.1 werden allein die Presbyter den Aposteln gleichgesetzt.

Einmal steht προκαθήμενοι als eine nichttechnische Umschreibung für πρεσβύτεροι in der Anregung: ἑνώθητε τῷ ἐπισκόπῳ καὶ τοῖς προκαθημένοις Magn 6.2, und dann ist wieder nicht sicher, daß die Diakone eingeschlossen sind (vgl. auch bei C 9).

An vier Stellen setzt Ignatius die Presbyter einem Apostelkollegium gleich: τῶν πρεσβυτέρων εἰς τόπον συνεδρίου τῶν ἀποστόλων Magn 6.1, auch Trall 2.2; 3.1, Smyr 8.1, und einmal umgekehrt die Apostel einem Presbyterkollegium: τοῖς ἀποστόλοις ὡς πρεσβυτερίῳ ἐκκλησίας Phld 5.1. Diese Gleichsetzung ist besser verständlich, wenn man annimmt, daß in einer Stadt versucht wurde ein Kollegium von zwölf Presbytern zu bilden. Siehe dazu bei H 4 f.

Man dürfte vermuten, daß Ignatius das Wort πρεσβυτέριον 1 Tim 4.14

entnommen hat, weil er es dort in der Bedeutung 'Presbyterkollegium' verstanden habe, aber er kann es auch aus Lk 22.66 und Act 22.5 in der Bedeutung 'Ältestenrat' genommen haben (C 8 *a*). Später ist das Wort in beiden Bedeutungen bekannt, als 'Presbyterwürde' z.B. in: τιμὴν τοῦ πρεσβυτερίου ConcAncyr (314) c. 18, εἰς ἐπισκοπὴν ἢ πρεβυτερεῖον Conc Nic (325) c. 2, bei Eusebius: χεῖρας εἰς πρεσβυτέριον αὐτῷ τεθείκασιν HE 6.8.4, auch Sokrates HE 7.41 PG 77.830c, und als 'Presbyterkollegium' bzw. 'Sitzplatz der Presbyter' in der Kirche: εἰς τὸ πρεσβυτέριον καθέζεσθαι ConcAncyr ebd., ὑπὲρ παντὸς τοῦ πρεσβυτερίου ConstAp 8.12.41. Bisweilen ist der Unterschied nicht sicher, z.B. bei Clemens von Alexandrien: ἐν πρεσβυτερίῳ καταλεγόμενος Str 6.106.2, vgl. 6.107.3.

Johannes Chrysostomus versteht πρεσβυτέριον in 1 Tim 4.14 als ein Kollegium, aber meint, daß die Mitglieder nur Bischöfe gewesen sein können: οὐ περὶ πρεσβυτέρων φησὶν ἐνταῦθα, ἀλλὰ περὶ ἐπισκόπων· οὐ γὰρ δὴ πρεσβύτεροι τὸν ἐπίσκοπον ἐχειροτόνουν Hom 13.1 in 1 Tim PG 62.565c. Theodoret von Cyrus vergleicht diesen Rat der Apostel mit der Gerusia im AT: πρεσβυτέριον ἐνταῦθα (sc. ἐκάλεσε) τοὺς τῆς ἀποστολικῆς χάριτος ἠξιωμένους. οὕτω καὶ τοὺς ἐντίμους τοῦ Ἰσραὴλ γερουσίαν προσηγόρευσεν ἡ θεία Γραφή In 1 Tim 4.14 PG 82.816c. Theodoret von Mopsuestia findet hier das Kollegium der Apostel, von denen einige mit Paulus die Hände aufgelegt haben: ἢ καὶ τὸν τῶν ἀποστόλων σύλλογόν φησιν, οἳ συνήνεσάν τε αὐτῷ καὶ συνεφήπτοντο, ὡς εἰκός, ποιουμένῳ τὴν ἐπ' αὐτῷ χειροτονίαν, πρεσβυτέριον αὐτὸ ὀνομάσας ἀπὸ τοῦ ἐντίμου· τοῦτο δὲ καὶ νῦν ἔθος In 1 Tim 4.14 PG 66.941d.

d. Ignatius und Rom
Ignatius fängt wie Paulus die Briefadressen mit seinem Namen an, aber ohne Amtstitel, und er begrüßt die Gemeinde, nicht die Gemeindeleiter wie Paulus außer Phil 1.1 (C 3 *a*). Daß er in seinem Römerbrief nicht den Bischof der Stadt nennt, ist also nicht ungewöhnlich. Durch die Länge der Adresse und durch die Formulierung zeigt er, daß er sich der besonderen Stelle dieser Gemeinde bewußt ist. Zugleich wundert man sich darüber, daß er gerade in diesem Brief nichts über seine Theologie der Einheit und der Unterordnung unter den Bischof sagt. Darf man eine Verbindung zwischen beiden vermuten, so dürfte die Erklärung sein, daß er seine Gedanken noch nicht so weit entwickelt hat, daß er den Bischof von Rom als Haupt eines Kollegiums aller Bischöfe betrachten konnte. Er spielt jedoch zweimal auf die Stelle des monarchischen Bischofs an, indem er sich den Episkopen Syriens nennt: τὸν ἐπίσκοπον Συρίας 2.2 (vgl. bei J), und Christus als Hirten seinen Stellvertreter: ἥτις ἀντὶ ἐμοῦ ποιμένι τῷ θεῷ χρῆται. μόνος αὐτὴν Ἰησοῦς Χριστὸς ἐπισκοπήσει 9.1.[1]

---

[1] Vgl. J. Ysebaert, *Baptismal terminology* 369 Anm. 1. Andere Erklärungsversuche

17. Lyon: Irenäus

Bei Irenäus ist ἐπίσκοπος der Amtstitel für den monarchischen Bischof wie bei Ignatius, daher ἐπισκοπή 'das Bischofsamt', in der lateinischen Übersetzung *episcopus* und *episcopatus*. So: *eos qui ab apostolis instituti sunt episcopi in ecclesiis et successiones eorum* Haer 3.3.1, vgl. 3.3.2; ἀπόστολοι... Λίνῳ τὴν τῆς ἐπισκοπῆς (*episcopatum*) λειτουργίαν ἐνεχείρισαν... τὴν ἐπισκοπὴν (*episcopatum*) κληροῦται Κλήμης 3.3.3; vgl. 3.3.4; 3.4.3. In Act 20.17, 28 übersieht Irenäus die Synonymie und paßt den Text an die Verhältnisse der eigenen Zeit an: *conuocatis episcopis et presbyteris* Haer 3.14.2 (siehe bei C 2). Im letzten Text hat πρεσβύτερος mithin die enge Bedeutung.

Ferner erwähnt Irenäus die alttestamentlichen Ältesten: ἡ γὰρ τῶν πρεσβυτέρων αὐτῶν παράδοσις Haer 4.14.1, auch 4.14.4, und er kennt Häretiker, die für Presbyter gehalten werden: οἱ δὲ πιστευόμενοι μὲν ὑπὸ τῶν πολλῶν εἶναι πρεσβύτεροι 4.26.3. Das weist darauf hin, daß diese sich selbst so genannt haben. Außerdem kennt er noch die umfassende Bedeutung für alle Amtsträger, namentlich als Personen der Vergangenheit. Wenn er ein Papiasfragment einleitet (vgl. C 15), schreibt er: *quemadmodum presbyteri meminerunt, qui Ioannem discipulum domini uiderunt* 5.33.3, so auch 4.27.1; 4.28.1; 4.31.1; 4.32.1; 5.36.1, und Polykarp nennt er: ἐκεῖνος ὁ μακάριος καὶ ἀποστολικὸς πρεσβύτερος ap. Eus. HE 5.20.7, die Bischöfe in Rom: οἱ πρὸ Σωτῆρος πρεσβύτεροι, οἱ προστάντες τῆς ἐκκλησίας 5.24.14; vgl. 5.24.9. Mehr als ἐπίσκοπος betont dieses Wort, daß die Bischöfe durch die Nachfolge (διαδέχεσθαι, διαδοχή/*successio*) Träger der Tradition (παράδοσις) sind. Die beiden Vokabeln sind dann wieder Synonyme, aber jetzt als Titel für den monarchischen Bischof.

Drei weitere Stellen bei Irenäus können nun erklärt werden, und sie bestätigen den gefundenen Unterschied. Man muß diesen Presbytern, d.h. Bischöfen, gehorchen, sagt er, denn sie haben die Nachfolge (διαδοχή) von den Aposteln empfangen, und mit dieser den Bischöfen zugehörenden Nachfolge (σὺν τῇ ἐπισκοπικῇ διαδοχῇ) besitzen sie sicher die Gnade der Wahrheit: τοῖς ἐν τῇ ἐκκλησίᾳ πρεσβυτέροις ὑπακούειν δεῖ τοῖς τὴν διαδοχὴν ἔχουσιν ἀπὸ τῶν ἀποστόλων, καθὼς ἐδείξαμεν, τοῖς σὺν τῇ ἐπισκοπικῇ διαδοχῇ τὸ χάρισμα τῆς ἀληθείας ἀσφαλὲς... εἰληφόσι Haer 4.26.2.

sind ziemlich willkürlich, weil sie sich nicht auf das Problem des Bischofsamtes gründen, sondern z.B. auf das Martyrium des Ignatius. So E. G. JAY, *Presbyter-bishops* 141. A. BRANT, *The Ignatian Epistles and the threefold ecclesiastical Order*: JRH 17, 1992, 18–32, ebd. 28f., sucht den Grund in der Tatsache, daß Ignatius keine persönlichen Verbindungen mit Personen aus der römischen Gemeinde hatte und seine Gedanken jetzt auf das Martyrium hingelenkt werden.

Im gleichen Kapitel kommt Irenäus daŗauf zurück: Man muß jenen folgen, die, wie gesagt, die Nachfolge der Apostel bewahren (τοῖς... τηροῦσι). Gemeint sind die Bischöfe, wie in 4.26.2. Diese zeigen zusammen mit dem Range der Presbyter (σὺν τῇ πρεσβυτερικῇ τάξει) eine gesunde Lehre und einen tadellosen Wandel (τοῖς... παρεχομένοις). Sie arbeiten also mit den im Presbyterion vereinigten Presbytern zusammen, und πρεσβυτερικός weist nun auf den Terminus πρεσβύτερος im engen Sinn hin, wie bei Ignatius: δεῖ... κολλᾶσθαι δὲ τοῖς καὶ τὴν ἀπὸ τῶν ἀποστόλων, καθὼς προέφαμεν, διαδοχὴν τηροῦσι (*qui... custodiunt*) καὶ σὺν τῇ πρεσβυτερικῇ τάξει (*cum presbyterii ordine*) λόγον ὑγιῆ καὶ ἀναστροφὴν ἀκατάγνωστον παρεχομένοις (*qui... praestant*) 4.26.4.[1]

Nachdem Irenäus das Selbstzeugnis des Paulus 2 Kor 7.2 zitiert hat, fährt er weiter: Solche Presbyter ernährt die Kirche. Gemeint sind nun die Bischöfe als Nachfolger der Apostel. Auf sie kann das Wort ἐπίσκοποι aus Jes 60.17 bezogen werden: τοιούτους πρεσβυτέρους ἀνατρέφει ἡ ἐκκλησία· περὶ ὧν καὶ ὁ προφήτης φησίν· Καὶ δώσω τοὺς ἄρχοντάς σου ἐν εἰρήνῃ καὶ τοὺς ἐπισκόπους σου ἐν δικαιοσύνῃ (Jes 60.17) Haer 4.26.5.

J. G. Sobosan geht bei seiner Untersuchung nach den Aufgaben der Presbyter bei Irenäus von der Synonymie der Termini in Act 20. 17, 28 aus (132), und findet dazu eine Bestätigung in Haer 4.26.5 (141).[2] Er läßt 3.14.2 außer Betracht, sieht nicht, daß ein Terminus wie πρεσβύτερος mehrere Bedeutungen haben kann, vermutet aber zu Recht, daß *presbyterii ordo* 4.26.4 sich auf Priester bezieht, die dem Bischof untergeordnet sind, also wie bei Ignatius (144).

D. Powell hat die Erklärung Sobosans angefochten.[3] Er ist der Meinung, daß τάξις/*ordo* und διαδοχή/*successio* nahezu Synonyme ('practi-

---

[1] Die lateinische Übersetzung hat hier διδαχή gelesen für διαδοχή: *adhaerere uero his qui et apostolorum, sicut praediximus, doctrinam custodiunt et cum presbyterii ordine sermonem sanum... praestant.* Die Übersetzung des Adjektivs πρεσβυτερικός mit *presbyterii* zeigt, daß an ein Presbyterkollegium gedacht wurde.

[2] J. G. SOBOSAN, *The role of the presbyter. An investigation into the Adversus haereses of Saint Irenaeus:* ScottJTh 27, 1974, 141–146. Auch R. M. GRANT, *Early episcopal succession:* F. L. Cross (Hg.) *Studia patristica* 11, Berlin 1972, 179–184, ebd. 183, unterscheidet die Bedeutungen von πρεσβύτερος bei Irenäus nicht und meint, Irenäus versuche Bischöfe mit Presbytern zu identifizieren.

[3] D. POWELL, *Ordo presbyterii:* JThS 26, 1975, 290–328. Powell beachtet, daß Paulus 1 Kor 14.40 von der τάξις 'Ordnung' in der Gemeinde redet, Stephanas und sein Haus 1 Kor 16.15 ἀπαρχή 'Erstlingsfrucht' der Achaia und seine führende Stelle in der Gemeinde eine διακονία nennt, während Clemens von Rom darauf hinweist, wenn er sagt, daß die Apostel ihre Erstlingsfrüchte als Episkopen und Diakone eingesetzt haben, 1 Clem 42.4. Er folgert daraus, daß ἀπαρχή ein Amtstitel ist. Gesagt wird aber nur, daß die Erstlingsfrüchte Amtsträger sein können. Auch wenn man annimmt, daß sie es immer waren, ist das Wort noch nicht Amtstitel. Die Stellen beweisen also nicht, wie Powell (306) es will, daß Erstlingsfrucht und Presbyter im NT 'interchangeable terms', d.h. Synonyme sind, und nicht Episkop und Presbyter.

cally synonyms') sind, und den Beweis dazu findet er in Haer 3.3.3: τῇ αὐτῇ τάξει καὶ τῇ αὐτῇ διαδοχῇ (*hac ordinatione et successione*) ἥ τε ἀπὸ τῶν ἀποστόλων ἐν τῇ ἐκκλησίᾳ παράδοσις... κατήντηκεν εἰς ἡμᾶς. Dieser Text will aber mit τῇ αὐτῇ nicht ausdrücken, daß die beiden Vokabeln das gleiche bedeuten, sondern daß sie im vorangehenden Satz genannt worden sind, also: 'mit der genannten Ordnung und Nachfolge'. Die lateinische Übersetzung hat τῇ αὐτῇ richtig mit dem Pronomen *hac* wiedergegeben. Die τάξις/*ordinatio* bezieht sich auf die genannte Gruppe der römischen Bischöfe, die διαδοχή/*successio* auf die Tatsache, daß sie einander nachgefolgt sind.

Powell will nun, weil er für τάξις/*ordo* die Bedeutung 'Nachfolge' gefunden hat, in 4.26.4 (Text oben) *cum presbyterii ordine* nicht mit den Bischöfen als Subjekt des Partizips (τοῖς... παρεχομένοις/*qui... praestant*), sondern mit dem Objekt (λόγον/*sermonem*) verbinden. Das würde bedeuten, daß die Bischöfe nicht in Verbindung mit ihren Presbytern eine gesunde Lehre und einen tadellosen Wandel aufweisen, sondern eine Lehre und einen Wandel, der sich in den Presbytern zeigt: 'the *ordo* is something that trustworthy presbyters display' (290). Auch wenn man annimmt, daß Presbyter ihre τάξις/*ordo* zeigen können, ist doch die Präposition σύν/*cum* schwerlich unmittelbar mit λόγον/*sermonem* zu verbinden.

18. *Alexandrien und Jerusalem: Clemens und Alexander*

Die wenigen Stellen, wo Clemens von Alexandrien die Ämter erwähnt, stimmen mit der gefundenen Entwicklung überein, denn er kennt für die eigene Zeit den monarchischen Episkopen mit Presbytern und Diakonen. Ob es trotzdem Gründe gibt, für die Gemeindestruktur in Alexandrien eine Ausnahme anzunehmen, ist bei H 3 zu untersuchen.

Es geht hier um den Sprachgebrauch bei Clemens. Die Apostel Petrus, Jakobus und Johannes, sagt er, haben nicht nach δόξα gestrebt und den Herrenbruder als Bischof von Jerusalem gewählt: Πέτρον γὰρ φησιν καὶ Ἰάκωβον καὶ Ἰωάννην μετὰ τὴν ἀνάληψιν τοῦ σωτῆρος... μὴ ἐπιδικάζεσθαι δόξης, Ἰάκωβον τὸν δίκαιον ἐπίσκοπον τῶν Ἱεροσολύμων ἑλέσθαι Frgm. 10 ap. Eus. HE 2.1.3.[1] Dieser Text zeigt, daß für Clemens ἐπίσκοπος ein technischer Terminus für den monarchischen Bischof ist. Er setzt den Titel für die eigene Zeit als bekannt voraus.

Der Gnostiker, sagt Clemens, ist wirklich Presbyter der Kirche und wahrhafter Diakon des Willens Gottes, nicht von Menschen gewählt, nicht weil er Presbyter ist, als gerecht betrachtet, sondern weil er

---

[1] Eusebius zitiert das 6. Buch der Hypotyposen, und A. Harnack, *Geschichte der altchristlichen Literatur*, 2 *Die Chronologie der altchristlichen Literatur bis Eusebius*, Leipzig 1897/1958, 1.219 Anm. 2, bemerkt, daß φησιν hier nicht auf Clemens hinweist, sondern auf seinen Gewährsmann, und das könnte Hegesipp sein.

gerecht ist, in das Presbyterium aufgenommen: οὗτος πρεσβύτερός ἐστι τῷ ὄντι τῆς ἐκκλησίας καὶ διάκονος ἀληθὴς τῆς θεοῦ βουλήσεως..., οὐχ ὑπ᾽ ἀνθρώπων χειροτονούμενος οὐδ᾽ ὅτι πρεσβύτερος, δίκαιος νομιζόμενος, ἀλλ᾽ ὅτι δίκαιος, ἐν πρεσβυτερίῳ καταλεγόμενος Str 6.106.2. Wenn er auf Erden keinen Ehrenplatz bekommen hat, so kann er dessen im Himmel sicher sein, denn die Rangordnungen der Bischöfe, Presbyter und Diakone sind Abbilder der himmlischen Herrlichkeit (δόξα): αἱ ἐνθαῦτα κατὰ τὴν ἐκκλησίαν προκοπαὶ ἐπισκόπων, πρεσβυτέρων, διακόνων μιμήματα, οἶμαι, ἀγγελικῆς δόξης... τυγχάνουσιν 6.107.2. Dementsprechend sind die himmlischen Ränge: erst Diakon sein, dann Einsetzung in das Presbyterkollegium (oder in die Presbyterwürde) und Heranwachsen zum vollkommenen Mann: διακονήσειν μὲν τὰ πρῶτα, ἔπειτα ἐγκατα-ταγῆναι τῷ πρεσβυτερίῳ κατὰ προκοπὴν δόξης..., ἄχρις ἂν «εἰς τέλειον ἄνδρα» αὐξήσωσιν 6.107.3.

Clemens unterscheidet also Episkopen, Presbyter und Diakone, und die Bedeutung dieser Vokabeln ist genau so wie bei Ignatius (C 16b, c). Außerdem gebraucht er nun die Termini πρεσβύτερος und διάκονος im übertragenen Sinn für den Gnostiker (6.106.2).

Noch an anderen Stellen nennt Clemens Presbyter und Diakone. Wen segnet der Presbyter bei der Handauflegung, so fragt er, wenn die Frau eine Perücke trägt: τίνι γὰρ ὁ πρεσβύτερος ἐπιθήσει χεῖρα; τίνα δὲ εὐλογήσει; Paed 3.63.1. An sich ist es möglich, daß Clemens sich der alten umfassenden Bedeutung bewußt ist und den monarchischen Bischof nicht ausschließen will. Das trifft gleichfalls zu, wenn er sagt, daß der verheiratete Mann Presbyter, Diakon und Laie sein kann: κἂν πρεσ-βύτερος, κἂν διάκονος κἂν λαϊκός Str 3.90.1, und wenn er eine Zweiteilung zwischen führenden und dienenden Amtsträgern macht: τὴν μὲν βελτιω-τικὴν οἱ πρεσβύτεροι σῴζουσιν εἰκόνα, τὴν ὑπηρετικὴν δὲ οἱ διάκονοι 7.3.3. In einer Aufzählung der unterschiedlichen Gruppen in der Gemeinde kommen nun die Presbyter an erster Stelle: μυρίαι δὲ ὅσαι ὑποθῆκαι... αἱ μὲν πρεσβυτέροις, αἱ δὲ ἐπισκόποις ⟨καὶ⟩ διακόνοις, ἄλλαι χήραις Paed 3.97.2. Zu beachten ist, daß Clemens gerne den wahren Gnostiker einem Presbyter gleichsetzt, und traditionell sind die Diakone die Die-ner des Bischofs.[1]

Über den Apostel Johannes erzählt Clemens, daß dieser nach der Christenverfolgung von Patmos nach Ephesus zurückkehrt und in der Umgebung ganze Gemeinden einrichtet und Episkopen einsetzt: ὅπου μὲν ἐπισκόπους καταστήσων, ὅπου δὲ ὅλας ἐκκλησίας ἁρμόσων QDS 42.2. In einer dieser Städte vertraut Johannes dem Episkopen einen jungen Mann zu: τῷ καθεστῶτι προσβλέψας ἐπισκόπῳ 42.3; er wird angeredet

---

[1] Vgl. A. Méhat, *Études sur les 'Stromates' de Clément d'Alexandrie*, Paris 1966, 56f. und A. Vilela, *La condition collégiale des prêtres au IIIᵉ siècle*, Paris 1971, 27–42, bes. 30ff.

als: ὦ ἐπίσκοπε 42.8, heißt aber auch Presbyter: εἶτα ὁ μὲν (der Apostel) ἀπῆρεν ἐπὶ τὴν Ἔφεσον, ὁ δὲ πρεσβύτερος... 42.4.

Diese Erzählung, sagt Clemens (42.1), ist überliefert, und wir dürfen annehmen, daß er die alte Vorlage benützt. Das erklärt die Tatsache, daß hier die Vokabeln ἐπίσκοπος und πρεσβύτερος als Synonyme gebraucht werden, so wie in den Texten des 1. Jh.

Es sei noch erwähnt, daß Clemens einmal den Amtstitel ἐπίσκοπος auf Christus überträgt: τὸν κύριον Ἰησοῦν λέγω, τὸν... ἐπίσκοπον τῆς καρδίας ἡμῶν Str 4.107.8.

Das Substantiv πρεσβύτερος findet sich in der Bedeutung 'alter Mann', wo im Zusammenhang kein Mißverständnis möglich ist: τῶν πρεσβυτέρων αἱ ὀρέξεις Paed 2.22.3. So auch 1.84.2; 3.43.4; Str 7.2.2.

Die alttestamentliche Bedeutung 'Ältester, Gelehrter' ist erkennbar, wenn Clemens die siebzig Übersetzer der Septuaginta πρεσβύτεροι nennt: ἑβδομήκοντα πρεσβυτέρους ἐκλεξάμενοι Str 1.149.1.

Bei einigen anderen Stellen ist schwer zu entscheiden, ob Clemens bei πρεσβύτερος möglicherweise an christliche Gelehrte denkt, die nicht Amtsträger sind. Man hat Clemens überredet, erzählt Eusebius, aufzuschreiben, was er von den alten πρεσβύτεροι vernommen hat. Die Beifügung des Adjektivs ἀρχαῖος zur Bezeichnung von Personen aus der Vergangenheit wird offenkundig nicht als ein Pleonasmus empfunden, und das zeigt, wie technisch das Wort πρεσβύτερος geworden ist: ἐκβιασθῆναι ὁμολογεῖ (sc. Clemens) πρὸς τῶν ἑταίρων ἃς ἔτυχεν παρὰ τῶν ἀρχαίων πρεσβυτέρων ἀκηκοὼς παραδόσεις γραφῇ... παραδοῦναι, μέμνηται δὲ ἐν αὐτῷ Μελίτωνος καὶ Εἰρηναίου καί τινων ἄλλων Frgm. 25 ap. Eus. HE 6.13.9. Die genannten Presbyter Meliton und Irenäus sind allerdings Bischöfe. Der Wortlaut des Fragments ist aber mehr dem Eusebius zuzuschreiben. Das trifft auch zu für die Angabe, Clemens habe über die Reihenfolge der Evangelien eine Überlieferung der alten Presbyter festgelegt: Κλήμης... περὶ τῆς τάξεως τῶν εὐαγγελίων παράδοσιν τῶν ἀνέκαθεν πρεσβυτέρων τέθειται Frgm. 8 ap. Eus. HE 6.14.5. Wir müssen annehmen, daß das Wort hier so wie bei Papias und Irenäus (C 15 und 17) die alte umfassende Bedeutung für kirchliche Amtsträger hat.

In ähnlicher Weise werden die πρεσβύτεροι als Personen der Vergangenheit, die durch ihre Schriften die Tradition weitergeben, in der kleinen, nicht fertigen Schrift *Eclogae Propheticae* genannt: ἡ γὰρ τῶν πρεσβυτέρων παρακαταθήκη διὰ τῆς γραφῆς λαλοῦσα ὑπουργῷ χρῆται τῷ γράφοντι πρὸς τὴν παράδοσιν Ecl 25.4, vgl. 11.1; 27.1. Es handelt sich nicht um alte Männer, und es ist darum wahrscheinlich, daß mit diesen schreibenden Presbytern Amtsträger gemeint sind. Die Philosophie dieser πρεσβύτεροι wird mit einem Hinweis auf Ps 18.9 eine andauernde Beratung genannt: φιλοσοφία δέ, ᾗ φασιν οἱ πρεσβύτεροι, πολυχρόνιός ἐστι συμβουλή... Prot 113.1.

Wenn Clemens nun im Singular einen bestimmten Lehrer πρεσβύτερος nennt, dürfen wir annehmen, daß er einen Amtsträger meint: ἤδη δὲ ὡς ὁ μακάριος ἔλεγεν πρεσβύτερος... Frgm. 22 ap. Eus. HE 6.14.4, gleichfalls: *hoc modo presbyter exponebat* Frgm. 24 Adumbr 3 in 1Joh 1.1. Im Kontext weist der Artikel darauf hin, daß sich das Wort auf eine bekannte Person bezieht, und man hat vermutet, daß Pantainos, der Lehrer des Clemens, gemeint ist, der Ecl 56.2 genannt wird. Das würde bedeuten, daß dieser Priester war.[1]

Das Wort πρεσβύτερος bezieht sich in den letzten drei Absätzen zwar auf Lehrer, das heißt aber nicht, daß es nun die Bedeutung 'Lehrer' angenommen hat, wie O. Stählin das im Wort- und Sachregister zu seiner Clemensausgabe s.v. anzunehmen scheint. Falls Clemens nur auf das Alter eines Lehrers hinweisen wollte, hätte er eindeutig dafür das Substantiv πρεσβύτης wählen können, so wie er das an einer anderen Stelle tut: ἔλεγεν πρεσβύτης ζῷον εἶναι τὸ κατὰ γαστρός Ecl 50.1. Dieser alte Lehrer heißt auf jeden Fall nicht πρεσβύτερος, wie Munck (235) meint. Auch griechische Philosophen und die unterschiedlichen Lehrer in Str 1.1.11 werden nicht Presbyter genannt.

Für die Frage, ob Clemens selbst nebst Lehrer auch Priester war, hat man vergebens ein entscheidendes Zeugnis in seinen Schriften gesucht.[2] In einem Brief, den Alexander, Bischof von Cäsarea und später von Jerusalem, wahrscheinlich nach Antritt in Jerusalem (zwischen 205 und 225) geschrieben hat und den er Clemens nach Alexandrien überbringen ließ, wird Clemens Presbyter genannt: ταῦτα δὲ ὑμῖν, κύριοί μου ἀδελφοί, τὰ γράμματα ἀπέστειλα διὰ Κλήμεντος τοῦ μακαρίου πρεσβυτέρου, ἀνδρὸς ἐναρέτου καὶ δοκίμου...· ὃς καὶ ἐνθάδε παρών... ἐστήριξέν τε καὶ ηὔξησεν τὴν τοῦ κυρίου ἐκκλησίαν ap. Eus. HE 6.11.6. H. Koch, der die Priesterschaft des Clemens angefochten hat, hat mit Recht zu dieser Stelle bemerkt, daß Clemens sich auch als Laie dieses Lob erwerben konnte, und daß die Angabe des Hieronymus: *Clemens Alexandriae ecclesiae presbyter* VirIll 38 (auch Rufin bei Hieronymus AdvRuf 2.17 PL 23.459c), auf den ebenda auch zitierten Alexanderbrief zurückgeht.[3] Falls Alexander aber meinte, daß Clemens, der im Jahre 210 etwa 60 jahre alt war, ein glückseliger alter Mann war, hätte er, um ein Mißverständnis zu vermeiden, einfach das Wort πρεσβύτης wählen können.

Koch versucht nun, πρεσβύτερος als technischen Terminus für πρεσ-

---

[1] Vgl. auch Str 1.11.2 und G. BARDY, *Aux origines de l'école d'Alexandrie:* RSR 27,1937, 69–73, ebd. 71f.

[2] Dazu P. NAUTIN, *Lettres et écrivains chrétiens des IIe et IIIe siècles*, Paris 1961, 112–118, A. TUILIER, *Les évangélistes et les docteurs de la primitive église et les origines de l'École (διδασκαλεῖον) d'Alexandrie:* E.A.LIVINGSTONE (Hg.) *Studia Patristica* 17.2, Oxford 1982, 738–749, ebd. 744, und NEYMEYR, *Lehrer* 46–48.

[3] H. KOCH, *War Klemens von Alexandrien Priester?* ZNW 20, 1921, 43–48, ebd. 45.

βύτεροι-διδάσκαλοι, die nicht Priester sind, zu verstehen (47 f.), und führt
noch an, daß bei μακάριος πρεσβύτερος im Alexanderbrief die Angabe
einer bestimmten Kirche fehlt, und 'so braucht das nicht in klerikalem
Sinne verstanden zu werden' (46). Die von Koch angeführten Stellen
(45 Anm. 2), zeigen zwar, daß eine solche Angabe üblich, nicht daß sie
notwendig war. Wir wissen daher nicht, welcher Bischof Clemens
geweiht hat. Alexander dürfte aber mit seiner Formulierung die Absicht haben, der Alexandriner Gemeinde behutsam kennbar zu machen,
daß er das getan hat. Der Lehrer Clemens war dann Laie, wurde aber
später zum Priester geweiht.[1]

    U. Neymeyr hat in einer Untersuchung über die ἐπίσκοποι bei Cle-
mens darauf hingewiesen, daß dieser das sechste und siebente Buch der
Stromateis und die *Hypotyposeis* (oben Frgm. 8 und 10) wahrscheinlich
verfaßt hat, nachdem er Alexandrien verlassen hatte, und daß deshalb
diese Schriften als Zeugnis für die Ämter in Alexandrien ausscheiden
müssen.[2] Bei der Annahme einer Bedeutungsdifferenzierung (C 16b) ist
aber nur noch die Frage offen, inwiefern ein Autor oder eine Gemeinde
die Terminologie des Ignatius übernommen hat. In den Fragmenten,
die Eusebius aus Briefen, die Alexander vermutlich in Jerusalem geschrieben hat, zitiert, findet sich zweimal das Wort ἐπισκοπή für das
Amt des monarchischen Bischofs (ap. Eus. HE 6.11.3 und 5). Mit der
gefundenen Bedeutung für πρεσβύτερος belegt das dieselbe Terminologie und Gemeindestruktur für Jerusalem.

    Für Rom und das römische Afrika weisen Hippolyt, Tertullian und
Cyprian in ihren Schriften die gleiche Terminologie auf. Siehe auch bei
K 2.

19. *Die Herkunft des Amtstitels* πρεσβύτερος

a. Die klassische Gräzität
In der klassischen Gräzität bedeutet πρέσβυς meistens 'ein alter Mann'
und der Komparativ πρεσβύτερος 'ein (ziemlich) alter Mann'. Die
Wortgruppe betont das Ehrenvolle des Alters und hat keine abwertende
Nebenbedeutung wie die Synonyme γέρων 'Greis', ἀρχαῖος 'veraltet',
παλαιός 'aus der Vorzeit': ἀδελφὸν πρεσβύτερον Platon Apol 31b. Bei
Sachen hat der Komparativ die Nebenbedeutung 'wichtiger, besser':
οὐδὲν πρεσβύτερον Platon Symp. 218d, vgl. Herodot 5.63.2. In Sparta
war πρέσβυς ein Amtstitel: ὁ πρέσβυς τῶν ἐφόρων IG 5(1).51.27;
6.552.11; τῶν νομοφυλάκων IG 6.555b19, aber nicht πρεσβύτεροι. In
Ägypten findet sich πρεσβύτεροι als Titel für (ältere?) Personen die
Vorsitzende eines Berufsverbandes sind: οἱ πρεσβύτεροι τῶν ὀλυροκόπων

---

[1] So auch U. NEYMEYR, *Lehrer* 48.
[2] U. NEYMEYR, *Episkopoi bei Clemens von Alexandrien*: E. A. Livingstone (Hg.) *Studia
Patristica* 26, Leuven 1993, 292–295, ebd. 295.

'der Getreidemüller' OGI 729 (Alexandrien 3. Jh. v. Chr.), τῶν γεωργῶν PTeb 13.5 (2. Jh. v. Chr.), [τ]οῖς δέκα πρεσβυτέροις [ἱερεῦσι] ... καὶ τοῖς λοιπ(οῖς) ἱερεῦσ(ι) 'die zehn älteren (vorstehenden) Priester... und die übrigen Priester' PTeb 309.7–10.

Bornkamm (ThWNT 6.653.40) vermutet, daß dieser ägyptische Sprachgebrauch zu der auffallenden Bevorzugung von πρεσβύτεροι vor γέροντες in der Septuaginta beigetragen hat. Die Übersetzer, die in Ägypten arbeiteten, kannten möglicherweise diesen Wortgbrauch, sie zeigen aber auch ihre Vertrautheit mit dem Unterschied, denn für das semitische Äquivalent *zåqen*, eigentlich 'jemand, der den Vollbart trägt', daher 'erwachsener Mann', wählen sie γέρων, wo das besser paßt: στέφανος γερόντων τέκνα τέκνων Prov 17.6.[1]

b. Jüdische πρεσβύτεροι, Synedrium und Synagoge
Die Septuaginta übersetzt den Plural *z^eqenîm* Ex 3.16, 18 u.ö. mit γερουσία, und zeigt so, daß man die Gruppe der Ältesten als einen Ältestenrat oder Senat verstanden hat. Nach Num 11.16 hat Mose aus ihnen siebzig Männer als einen Rat eingesetzt: ἑβδομήκοντα ἄνδρας ἀπὸ τῶν πρεσβυτέρων Ἰσραηλ. In nachexilischer Zeit werden die πρεσβύτεροι (*z^eqenîm* bzw. aram. *śåbîm*, dazu die ἔντιμοι (*ḥorîm*), στράτηγοι (*s^eḡånîm*) und die ἄρχοντες (*śårîm*) als führende Personen genannt, Esr (2 Esdr) 6.14; 10.8; Neh 2.16 (2 Esdr 12.16) u.ö. In makkabäischer Zeit gehören zu der γερουσία τοῦ ἔθνους 1 Makk 12.6 der Hohepriester, die Priester und die Ältesten, die den geistlichen und den weltlichen Geburtsadel bildeten. Beide Gruppen gehörten der sadduzäischen Richtung an. Die Spartaner schreiben an Simon, den Hohenpriester, die Ältesten, die Priester und das übrige Volk der Juden, 1 Makk 14.20. Die Königin Alexandra Salome (76–67 v. Chr.) ließ den γραμματεῖς 'Schriftgelehrten' oder Rabbinen als Führer der pharisäischen Gemeinschaften faktisch die Macht und brachte sie in den Rat (Josephus Ant 13.408 f.). Das Wort συνέδριον 'Sanhedrin' für die Gerusia begegnet zum ersten Mal in einem Erlaß des römischen Statthalters Gabinius (57–55 v. Chr.), bei Josephus Ant 14.91, Bell 1.170.[1]

c. Christliche πρεσβύτεροι, Synedrium und Synagoge
Kennzeichnend für den Dienst der jüdischen πρεσβύτεροι auch im NT ist auf jeden Fall, daß er nicht liturgisch ist. Es muß für alle Christen klar gewesen sein, daß sie mit diesem Titel ihre Gemeindeleiter so bezeichneten, wie die Juden adlige Personen in der bürgerlichen Verwaltung nannten. Wichtig für das christliche Amtsverständnis ist gerade, daß man nicht einen Titel aus dem Tempeldienst, wie ἱερεύς, genommen hat. Vgl. unten bei K 1.

---

[1] Vgl. G. Bornkamm ThWNT 6.652–661 und E. Lohse, Art. συνέδριον : ThWNT 7.858–869, ebd. 859f.

Ob man eine bestimmte Aufgabe der jüdischen Ältesten ins Auge gefaßt hat, und welche, ist schwer zu entscheiden. Das große Synedrium in Jerusalem hatte 71 Mitglieder, ein kleines Synedrium (vgl. Mt 10.17) 23, und die Mindestzahl der Einwohner für die Errichtung eines solchen Synedriums war 120 Männer: 'Wieviel Einwohner sollen in einer Stadt sein, daß sie für ein Synedrium (von 23 Mitgliedern) geeignet sei? 120. R.Nehemia (um 150) sagte: 230' mSanh 1.6.[1] Die Zahl der Jünger, die sich zwischen Himmelfahrt und Pfingsten versammelten, war 120 Männer und Frauen (Act 1.15). Das stimmt nicht genau überein mit mSanh 1.6, wo nur von Männern die Rede ist. Es wird auch nicht gesagt, daß sie sich als eine neue Stadt mit Synedrium verstanden haben, aber sie konnten die führenden Personen wie die eines Synedriums betrachten. Die Wahl des Titels $z^eqenîm$/πρεσβύτεροι lag dann nahe, um so mehr da man diese Personen nicht als ἱερεῖς oder γραμματεῖς betrachten wollte. Genau diesen Gebrauch von πρεσβύτεροι im weiteren Sinn haben wir im NT, bei Clemens von Rom und Papias gefunden, und als altertümlich noch bei Irenäus, Clemens von Alexandrien und Eusebius (C 11, 15, 17, 18).

Weil in Jerusalem jede Gruppe ihre eigene Synagoge einrichten konnte, dürften Juden die junge christliche Gemeinde bzw. die einzelnen Hausgemeinden leicht als Synagogen betrachten. Die Christen haben jedoch das Wort Synagoge und die Namen für den Vorsteher und den Diener der Synagoge nicht übernommen (C 9). Vielmehr hat man diese Terminologie vermieden, sich selbst also nicht als Synagoge verstanden.

A. Ehrhardt betont mit Recht, daß der Apostelkonvent in Jerusalem sich als ein Synedrium verstanden hat.[2] Die Varianten im Codex Bezae (D) (dazu bei L 3) drücken das gut aus, indem dieser Text sagt, daß Paulus und einige Gefährten aus Jerusalem den Auftrag bekommen, dort zur Verantwortung bei den πρεσβύτεροι zu erscheinen: ἀναβαίνειν πρὸς τοὺς πρεσβυτέρους Act 15.2, und daß Paulus nachher die Bestimmungen als Befehle der Ältesten/Presbyter bekanntmachte: παραδιδοὺς τὰς ἐτολὰς τῶν πρεσβυτέρων 15.41. Vgl. bei C 7a und 15.

M. Karrer weist in seiner Untersuchung über das Ältestenamt (159, 165) auf zwei alttestamentliche Stellen mit dem Ausdruck οἱ πρεσβύτεροι τῆς συναγωγῆς (*ziqnê ha˓edåh*). Diese Ältesten müssen als Gruppe durch Handaufstemmen das Sühnopfer darbringen, Lev 4.15, und sie treffen eine Entscheidung, Jdc 21.16. An sich könnten alte Personen

---

[1] Vgl. Billerbeck 2.594f., E. Lohse ThWNT 7.858–869, ebd. 864, H. Conzelmann, *Die Apostelgeschichte*, Tübingen 1963, z.St. nimmt die Bedingung der 120 Männer zu strikt.
[2] A. Ehrhardt, *The apostolic succession in the first two centuries of the Church*, London 1953, 27 und 29.

gemeint sein, aber nach Num 11.16 wurden die siebzig Ältesten als gesellschaftliche Oberschicht des Volkes eingesetzt. Der Übersetzer hätte, wenn er an alte Personen dachte, γέροντες nehmen können. Bei τοὺς πρεσβυτέρους τῶν ἱερέων (*ziqnê hakkoh*ᵃnîm) 4Reg 19.2, auch Jes 37.2, Jer. 19.1, ist ein Mißverständnis nicht möglich, weil ein Priester nicht Ältester ist. Wir müssen dann wahrscheinlich auch an die Gruppe der Ältesten denken in der Jesaja-Apokalypse: βασιλεύσει κύριος... καὶ ἐνώπιον τῶν πρεσβυτέρων δοξασθήσεται Jes 24.23. Daß diese Texte Einfluß auf die Entstehung des christlichen Ältestenamtes ausgeübt haben, wie Karrer vermutet (167), zeigt sich aber nicht im NT.

Bei seiner Untersuchung des christlichen Presbyteramtes läßt Karrer andere technische und nichttechnische Amtsbezeichnungen, namentlich ἐπίσκοπος, und auch deren Zusammenhang außer Betracht (170ff.). In Jerusalem habe es keine Hausgemeinden gegeben (157), obwohl die Christen doch das Brot brachen κατ᾿ οἶκον Act 2.46. Paulus findet bei seiner Abschiedsrede in Milet dort keine Ältesten vor, meint Karrer (175). Daß sie nicht erwähnt werden, beweist aber nicht, daß sie nicht existierten. Sie brauchten nur nicht wie die aus Ephesus nach Milet zu reisen (Act 20.17).

Die von Daube vorgeschlagene Erklärung von 1Tim 4.14 weist Karrer ab. Siehe dazu bei C 8a. Eine Weihe durch Presbyter nach 1Tim 4.14 findet er in Alexandrien (186). Dazu bei H 3. Die Umkehrung der Ordinationspriorität in den anderen Gemeinden stellt er fest, ohne dafür eine Erklärung anzubieten (178).

d. Die christlichen πρεσβύτεροι und die νέοι/νεώτεροι
Die häufige Verwendung des Titels πρεσβύτερος muß schon bei den Juden dazu geführt haben, daß man sich der eigentlichen Bedeutung nicht mehr bewußt war, so wie ein Deutscher, der das Wort 'Eltern' gebraucht, nicht unmittelbar an die Grundbedeutung 'älter' denkt, sondern erst wenn im Zusammenhang mit einem Wort wie 'jung' oder 'alt' darauf angespielt wird (M 6). Das trifft auch zu bei Eigennamen wie Koch, Kohl, Schmidt. Für die Christen muß dann der Sachverhalt schon ähnlich gewesen sein, als sie das Wort πρεσβύτερος übernahmen. Bei der Gegenüberstellung von πρεσβύτεροι und νέοι bzw. νεώτεροι 1Petr 5.5 (vgl. 1Clem 4.3 und Polykarp EpPhil 6.3) wird mit Absicht auf die eigentliche Bedeutung angespielt (C 7b, 11, 14). Die Verhältnisse müssen aber noch komplizierter gewesen sein, weil die πρεσβύτεροι selbstverständlich aus den Erstbekehrten genommen wurden. Act 14.23, 1Kor 16.15f. und 1Clem 42.4 sagen das ausdrücklich. Mit νέοι/ νεώτεροι könnte dann auf die Neubekehrten angespielt werden. Die νεώτεροι von Act 5.6 bildeten gewissermaßen eine Gruppe innerhalb der Gemeinde. Darauf weist der Artikel: ἀναστάντες δὲ οἱ νεώτεροι συνέστειλαν αὐτόν. Nicht ein paar junge Leute, sondern *die* Jungen begraben

Hananias. Sie heißen aber ebd. 5.10 οἱ νεανίσκοι 'die jungen Leute', und das zeigt, daß es sich hier nicht um Neugetaufte handelt.[1]

Man hat auch versucht, die νεώτεροι in 1 Petr 5.5 als Neubekehrte oder Neugetaufte zu verstehen, also das Wort als synonym mit νεόφυτοι (1 Tim 3.6). Dazu sollte man aber auf Belege hinweisen, wo νεώτεροι zumindest im Plural ohne weiteres ein Name für die Neugetauften ist. Die Stellen, wo die νέοι/νεώτεροι genannt werden, beim Hinaustragen von Leichen und wo sie zum Gehorsam angeregt werden, Act 5.6, 1 Petr 5.5, sind sehr natürlich und reichen nicht, um eine solche Bedeutung zu begründen.[2] Vgl. M 3.

20. *Die Herkunft des Amtstitels* ἐπίσκοπος

a. Die klassische Gräzität, die Septuaginta und das NT
In der klassischen Gräzität ist ἐπίσκοπος belegt seit Homer.[3] Die Götter heißen ἐπίσκοποι 'Wächter' über Verträge, Hektor ist ein ἐπίσκοπος für seine Stadt, und auch ein Späher ist ein ἐπίσκοπος, X 255, Ω 729, K 38, 342. In späterer Zeit ist ἐπίσκοπος ein Amtstitel, und die Aufgaben dieser Personen sind sehr unterschiedlich, wie heutzutage die eines Direktors. Dazu gehörten auch geldliche Angelegenheiten. Deswegen kann man eine Übereinstimmung mit den Episkopen von Phil 1.1 vermuten, weil sie letzten Endes verantwortlich waren für die Geldspenden, die Paulus empfangen hatte, ebd. 4.10ff. Daß dies für ihre Aufgabe als Episkopen die Hauptsache oder auch nur ein wichtiger Teil war, zeigt sich nicht und ist an sich unwahrscheinlich.

Das hebräische Äquivalent für ἐπισκέπτομαι, ἐπισκοπή und ἐπίσκοπος ist meistens die Wurzel *pqd*. Das Verb *pāqad* bedeutet: 1 jmdn. oder etw. 'vermissen', 2 daher das Vermißte 'suchen', 3 jmdn. oder etw. 'beaufsichtigen, schauen auf, sich sorgen um', 4 'mustern, zählen', 5 kausativ 'beaufsichtigen lassen, (in ein Amt) einsetzen', 6 daher als Folge der Aufsicht 'zur Verantwortung ziehen, heimsuchen, bestrafen'. Das Substantiv *pᵉquddāh* bedeutet: 1 'Betrauung, Aufsicht', 2 'Amt', 3 'Heimsuchung', 4 'das Aufbewahrte'. Das Substantiv *pāqîd* bzw. ein substantiviertes Partizip von *pqd* bedeuten 'Beauftragter, Beamter'.[4]

Die Septuaginta übersetzt diese Wurzel bei 284 Belegen 129mal mit ἐπισκέπτομαι (συνεπι-), 2mal mit ἐπισκοπέω, mit ἐπισκοπή 27mal und

---

[1] Dazu C. SPICQ, *La place ou le rôle des jeunes dans certaines communautés néotestamentaires:* RBi 76, 1969, 508–527, ebd. 527.

[2] Vgl. J. H. ELLIOTT, *Ministry and Church Order in the NT: a traditio-historical analysis* (*1Pt 5.1–5 and plls.*): CBQ 32, 1970, 367–391, mit einer Übersicht der Meinungen, ebd. 378 Anm. 45.

[3] Vgl. H. W. BEYER ThWNT 2.604–610, M. GUERRA Y GÓMES, *Epískopos* 119–171.

[4] Vgl. L. KÖHLER-W. BAUMGARTNER, *Hebräisches und aramäisches Lexikon zum AT*, Leiden 3. Aufl. 1967, s.v.

mit ἐπίσκοπος 10mal.[1] Dagegen begegnen diese Vokabeln nur 17, 3, 6 und 2mal als Übersetzung einer anderen Wurzel. Die Verbindung ist so fest, daß die Septuaginta *pqd* auch mit ἐπισκέπτομαι übersetzt, wo die Bedeutung das kaum oder gar nicht zuläßt. So für 'mustern' Ex 39.2 (38.25) u.ö., 'einsetzen' 2Esdr 17.1 (Neh 7.1) (in dieser Bedeutung oft καθίστημι Num 3.10 u.ö.), 'ahnden, bestrafen' Ex 32.34, und sogar 'vermissen' Jdc 21.3 u.ö. Tatsächlich handelt es sich um eine allgemeine Neigung, ein Wort möglichst viel mit demselben Wort zu übersetzen. Man muß also schwerwiegende Gründe haben, um wahrscheinlich machen zu können, daß das hebräische bzw. aramäische Äquivalent für ἐπισκοπή und ἐπίσκοπος im NT *nicht* die Wurzel *pqd* ist.

Im NT ist ἐπίσκοπος neben διάκονος schon Phil 1.1 ein Amtstitel, der bei den Adressaten ohne weiteres als bekannt vorausgesetzt wird. (C 3*a* und D 1*b*). Diese Tatsache bringt uns, noch abgesehen von Did 15.1 (B 2), für das Entstehen der beiden Titel in eine Zeit mindestens einige Jahre vor der Abfassungszeit des Philipperbriefes in 56 oder 50. Das macht es an sich schon wahrscheinlich, daß Paulus diese Episkopen und Diakone nicht nur in Philippi und Kenchreä eingesetzt hat und daß Amt und Titel nicht seine persönliche Erfindung sind.

Zu trennen sind allerdings, wie auch beim Diakonenamt (D 1*a*), die Fragen, wie das Episkopenamt entstanden ist, und wie man dazu gekommen ist, dafür diesen Namen zu wählen. Zur Beantwortung der ersten Frage fehlen die Angaben, aber für die zweite kann auf Act 1.20 hingewiesen werden (C 8*b*). Hier erscheint ἐπισκοπή in einem Zitat aus Ps 108 (109).8, das die Wahl eines Nachfolgers für Judas begründen muß: τὴν ἐπισκοπὴν (*pᵉquddåh* 'Betrauung, Dienst, Amt') αὐτοῦ λαβέτω ἕτερος. Das Wort ist hier synonym mit ἀποστολή 'Apostelamt' ebd. 1.25, aber im Zusammenhang durch den Psalmtext bedingt und nicht ein technischer Terminus.

Auch bei der Annahme, daß der Verfasser sich die Freiheit nimmt, die die Historiker seiner Zeit bei einer solchen Anrede hatten (M 11), ist es wahrscheinlich, daß das Psalmwort bei der Wahl des Matthias eine Rolle gespielt hat. Mit Recht betont Beyer (ThWNT 2.604.25) zwar, daß hier keine Verbindungsfäden zum Entstehen des Episkopenamtes zu suchen sind, der Psalmtext kann aber in diesem Zusammenhang dazu geführt haben, daß man bei der Wurzel *pqd* das Nomen actionis *påqîd* genommen hat und für das Griechische die in der Septuaginta übliche Übersetzung ἐπίσκοπος, und nicht ein Substantiv, das nur vereinzelt als Übersetzung von *pqd* gebraucht wird, namentlich: ἀρχηγός 2Chron 23.14, ἄρχων Jes 60.17, θυρωρός Ez 44.11, (ὁ) καθιστάμενος Num 3.32, ὁ καθεσταμένος Num 31.48, oder προστάτης 2Chron 24.11 (2mal).

Wir finden so für ἐπίσκοπος als Amtstitel eine Spur, die über Act 1.20

---

[1] HATCH-REDPATH s.v.; für die Belege aus Sir s. *Suppl.* 163ff.

zum AT zurückführt. Man hat freilich für die Herkunft oft den Gebrauch des griechischen Wortes in der klassischen Umwelt herangezogen, man muß sich aber dessen bewußt sein, daß der Terminus in den christlichen Gemeinden sehr alt ist, und von Christen gewählt wurde, die meistens Juden waren und aramäisch sprachen. Bei der antiken Gedächtnisübung kannten sie mindestens die Stücke, die in der Synagoge vorgelesen wurden. Sie haben also an erster Stelle das hebräische-aramäische Wort *pāqîd* gewählt, und dann die griechische Übersetzung. Es ist nur noch zu untersuchen, ob die Vorlage in der Qumrangemeinde statt *pāqîd* auch der Amtstitel *mᵉbaqqer* gewesen sein kann.[1]

b. Der christliche ἐπίσκοπος und der *mᵉbaqqer/pāqîd*

Das Substantiv *mᵉbaqqer* findet sich nicht im AT. Das Verb *bqr* pi. bedeutet nach Köhler-Baumgartner: 1 'eine Opferschau vornehmen' (?) 4 Kön 16.15, Ps 27.4 (oder bei 2 *c*), 2 *a* 'genau untersuchen' Lev 13.36, 27.33, *b* 'sich kümmern um' Ez 34.11, cj. 39.14, *c* 'bedenken' Prov 20.25, Sir 11.7; aram. pa. 'nachforschen', hitpa. 'nachgeforscht werden' Esr 4.15 u.ö. Die Septuaginta übersetzt mit ἐκζητέω Ez 34.12b und an den übrigen acht Stellen, wo ein Vergleich möglich ist, mit ἐπισκέπτομαι Lev 13.36, Ps 26 (27).4, Ez 34.11, 2 Esdr 4.15, 19; 5.17, ἐκζητήσουσιν Ez 39.14, μετανοεῖν Prov 20.25, νόησον Sir 11.7, ferner das Substantiv *baqqārāh*, cs. *baqqārat* 'Fürsorge' mit ζητεῖ (v.l. ἐπισκέπτεται) Ez 34.12, und *biqqoræt* 'Schadenersatzpflicht, Bestrafung' mit ἐπισκοπή Lev. 19.20. Daraus wird klar, daß *bqr* wenig gebraucht wird, aber in allen Bedeutungen mit *pqd* synonym ist.

Das Substantiv *mᵉbaqqer* 'Aufseher' ist ein substantiviertes Partizip zu *bqr* pi. Es findet sich 14mal in der Damaskusschrift, CD 9.18 usw., und 2mal in der Gemeinderegel, 1QS 6.12, 20.

Dazu gibt es drei Belege für *pqd*. Einmal in der Gemeinderegel, wo bei 1QS 6.13 ein Abschnitt über Novizen anfängt. E. Lohse übersetzt: 'Jeden, der sich aus Israel willig zeigt, sich dem Rat der Gemeinschaft anzuschließen, soll der Aufseher (*h'jš hpqjd*), der an der Spitze der Vielen steht, prüfen (*drš*) auf sein Verständnis und seine Werke' 1QS 6.13 f.[2] Diese Person heißt nicht *mᵉbaqqer*, wie die Übersetzung Lohses vermuten läßt, sondern 'Mann-Beauftragter' (*hā'îš happāqîd*). Seine Stelle 'an der Spitze der Vielen' und die Aufgabe des Prüfens weisen aber darauf hin, daß er ein *mᵉbaqqer* ist. Die beiden Vokabeln sind dann Synonyme.[3] Siehe auch bei M 7.

---

[1] So J. JEREMIAS, *Jerusalem* 133. Vgl. auch W. NAUCK, *Probleme* 202–207.
[2] E. LOHSE, *Texte aus Qumran*, 3. Aufl. Darmstadt 1981, ebd. 23. Vgl. Ch. RABIN, *The Zadokite Documents*, 2. Aufl. 1958.
[3] So P. v. D. OSTEN-SACKEN, *Bemerkungen zur Stellung des Mebaqqer in der Sekten-schrift:* ZNW 55, 1964, 18–26, ebd. 20 Anm. 9. und 23 Anm. 25.

In der Damaskusschrift ist der *meḇaqqer* gleichfalls derjenige, der die Novizen prüft. Diese Tätigkeit wird mit *pqd* umschrieben: 'Und jeden, der sich seiner Gemeinde anschließt, soll er auf seine Werke, seine Einsicht, seine Kraft, seine Stärke und sein Vermögen hin prüfen (*pqd* q.)' CD 13.11, 'An dem Tag, an dem er mit dem Aufseher (*meḇaqqer*) der Vielen spricht, soll man ihn mustern (*pqd* q.) mit dem Schwur des Bundes' 15.7f.

Ein Widerspruch entsteht anscheinend, wenn die Aufsicht über die Vielen einem Priester zugeschrieben wird: 'Und der Priester, der die Aufsicht hat (*jip̄qoḏ*) über die Vielen (lies 'ṯ *hrbjm*), soll zwischen dreißig und sechzig Jahre alt sein' CD 14.6f. Es genügt aber anzunehmen, daß auch ein Priester *meḇaqqer* sein konnte. Vgl. CD 13.2, 14.3–6, 1 QS 2.19–21.

Man kann sich fragen, weshalb die Qumransekte bei der Wahl eines Titels für das Amt des Aufsehers die wenig gebrauchte Wurzel *bqr* und nicht *pqd* genommen hat. Eine Antwort dürfte Ez 34.11f. bieten. Die Septuaginta lautet hier: ἰδοὺ ἐγὼ ἐκζητήσω (*drš* q.) τὰ πρόβατά μου καὶ ἐπισκέψομαι (*bqr* pi.) αὐτά. ὥσπερ ζητεῖ (B, ἐπισκέπτεται A, *baqqåraṯ* 'Fürsorge') ὁ ποιμὴν τὸ ποίμνιον αὐτοῦ..., οὕτῶς ἐκζητήσω (*bqr* pi.) τὰ πρόβατά μου. Die Damaskusschrift zitiert nun diese Stelle in dem Abschnitt über den *meḇaqqer*: 'Und dies ist die Regel für den *meḇaqqer* des Lagers: Er soll die Vielen unterweisen (*jśkjl*) in den Werken Gottes und soll sie unterrichten (*wjbjnm*)... Und er soll «Erbarmen mit ihnen haben wie ein Vater mit seinen Söhnen» (Ps 103.13) und alle ihre «Verstreuten zurüc[kbringen]» (Ez 34.16) «wie ein Hirt seine Herde» (Ez 34.12)' CD 13.7–9.

Nun ist es freilich möglich, daß der Sprachgebrauch der Qumransekte in den christlichen Gemeinden Einfluß ausgeübt hat, namentlich durch zum Christentum übergegangene Juden, die mit der Sekte Verbindungen hatten. Für *meḇaqqer*/ἐπίσκοπος ist dann allerdings wie für *påqîḏ*/ἐπίσκοπος an eine sehr frühe Zeit zu denken. Die Frage ist außerdem ziemlich theoretisch, weil in 1QS 6.14 *påqîḏ* mit *meḇaqqer* synonym ist. Man kann nur sagen, daß der feste Gebrauch von ἐπισκέπτομαι usw. bei der Übersetzung von *pqd* in der Septuaginta eher auf *påqîḏ* als Vorlage hinweist.

c. Der christliche ἐπίσκοπος in Beziehung zu πρεσβύτερος und ποιμήν
Im NT fällt es nun auf, daß die Gemeindeleiter πρεσβύτεροι heißen, namentlich wo ihre Autorität den Jugendlichen und anderen Gemeindemitgliedern gegenüber betont wird, daß sie jedoch ἐπίσκοποι genannt werden, wo ihre Tätigkeit in Übereinstimmung mit Ez 34 und den Texten aus Qumran der eines Hirten gleichgesetzt wird. So folgt nach τοὺς πρεσβυτέρους in Act 20.17 die Mahnung: παντὶ τῷ ποιμνίῳ ἐπι-σκόπους ποιμαίνειν 20.28 (C 4), und nach πρεσβυτέρους... ὁ συμπρεσβύ-

τερος 1 Petr 5.1 folgt ποιμάνατε τὸ ἐν ὑμῖν ποίμνιον ἐπισκοποῦντες 5.2
(C 3 b). Der Verfasser überträgt diesen Titel auf Christus: ποιμένα καὶ
ἐπίσκοπον 2.25, vgl. ἀρχιποίμην 5.4 (B 4), aber nirgends wird der Herr
πρεσβύτερος genannt.

Die Ableitung des Substantivs ἐπίσκοπος von ἐπί und σκέπτομαι/σκο-
πέω und somit seine Grundbedeutung müssen im Altertum für jeden
Schriftsteller klar gewesen sein. Wie schon bei πρεσβύτερος bemerkt
wurde (C 19d; vgl. M 6), ist man sich, je nachdem ein Wort mehr
gebraucht wird, weniger seiner Grundbedeutung bewußt, man kann
dann aber nachdrücklich darauf anspielen. Die Übertragung von ἐπίσκοπος auf Christus: τὸν ποιμένα καὶ ἐπίσκοπον 1 Petr 2.25, und der
Vergleich mit einem οἰκονόμος: ἐπίσκοπον... ὡς θεοῦ οἰκονόμον Tit 1.7,
zeigen, daß man sich der Grundbedeutung noch bewußt war.

Wenn also Ignatius aus den Synonymen πρεσβύτερος und ἐπίσκοπος
zu wählen hatte, kann man sich vorstellen, daß er für den monarchischen Bischof ἐπίσκοπος bevorzugt hat. Vgl. bei C 16b.

d. Der christliche ἐπίσκοπος in Beziehung zu σκοπός
Die Septuaginta legt keine Verbindung zwischen ἐπίσκοπος und σκοπός,
das 'Aufseher, Späher', aber auch 'Ziel' bedeutet. Meistens ist σκοπός
Übersetzung von ṣopæh (ṣph q. Ptz.), niemals von pqd oder bqr. Ezechiel
muß der Wächter Israels sein: υἱὲ ἀνθρώπου, σκοπὸν δέδωκά σε Ez 3.17,
auch 33.2, 6, 7.

Im NT und bei den Apostolischen Vätern begegnet σκοπός nur in der
Bedeutung 'Ziel', Phil 3.14, 1 Clem 19.2, 2 Clem 19.1. Zu unterscheiden
ist auch κατάσκοπος, das in der klassischen Gräzität 'Kundschafter, Späher, Spion' bedeutet, und in der Septuaginta die Übersetzung ist von rgl
pi. Ptz. 'Spion'. Das Präfix κατα- paßt hier gut zu der leicht abwertenden Bedeutung.

Zum ersten Mal begegnet ein Wortspiel von σκοπός mit ἐπίσκοπος in
der Didaskalie. Ez 33.1–9 wird zitiert und das Bild des Wächters auf den
Bischof bezogen; das feindliche Schwert ist das Urteil, das Horn ist das
Evangelium und der Wächter der Bischof: μάχαιρα μέν ἐστιν ἡ κρίσις,
σάλπιγξ δὲ τὸ [ἱερὸν] εὐαγγέλιον, σκοπὸς δὲ ὁ κατασταθεὶς τῇ ἐκκλησίᾳ
ἐπίσκοπος ConstAp (Didasc) 2.6.11.[1] Nach dem in den Apostolischen
Constitutionen erhaltenen griechischen Text legt die Didaskalie so eine
Verbindung zwischen σκοπός und ἐπίσκοπος. Auch der Erlöser wird
nun Wächter genannt: τοῦτον τὸν σωτῆρα..., ὦ ἐπίσκοπε, σκοπὸν ἡμᾶς
ἔχειν δεῖ ConstAp 2.24.7 (Didasc 2.24.4).

H. Kosmala weist bei seiner Untersuchung über den Vorsteher
(mᵉbaqqer) in den Texten aus Qumran auf die Verbindung mit den

---

[1] Die Stellen in englischer Übersetzung bei R.H. CONNOLLY, *Didascalia Apostolorum*, Oxford 1929, 36, und A. VÖÖBUS, *The Didascala Apostolorum*, Louvain 1978,
CSCO 402.49.

Allegorien Ezechiels über den Hirten Israels (Ez 34) und den Propheten als Wächter (Ez 3.17–19, 33.2–9).[1] Bei Ezechiel sind die zwei Bilder getrennt: Ein Hirte ist nicht ein Soldat, der Wache hält. Kosmala (287) versucht sie zu verbinden, indem er bemerkt, daß sich in Ez 34.11 f. dreimal die Wurzel *bqr* findet, wozu auch *me̱baqqer* gehört. Nun hat ein Hirte selbstverständlich die Aufgabe, seine Schafe aufzupassen, und das drückt die Wurzel *bqr* hier aus. Es fehlt aber in diesem Stück das Wort *ṣopæh*/σκοπός, das für die Allegorie des Wächters kennzeichnend ist, Ez 3.17, 33.2, 6, 7.

Die Texte aus Qumran zeigen den gleichen Unterschied. In CD 13.7–10 (Text oben C 20*d*) wird aus Ez 34.16 und 12 zitiert, wenn die Pflichten eines *me̱baqqer* mit dem Bild eines Hirten umschrieben werden. Ein Wächter wird der *me̱baqqer* nicht genannt. Kosmala (286, vgl. 414) weist dazu auf 1QS 9.25 hin, wo über den *maśkil* (*śkl* hif. Ptz.) 'Unterweiser' gesagt wird: '[Und an al]len Worten seines (d.h. Gottes) Mundes soll er Gefallen haben und nicht begehren, was er nicht befoh-[len hat, sondern auf] Gottes [Ge]richt allezeit schauen (*sph* pi.).' Hier findet sich also die Wurzel *sph*, aber ohne Verbindung mit dem Bild eines Hirten. Außerdem wird das Lernen und Üben, nicht die Lehrtätigkeit eines *maśkil* erwähnt, und nur das wird mit dem Ausspähen eines Soldaten-Wächters verglichen. Das könnte man dann auch von einem *me̱baqqer* sagen, denn diese haben gleichfalls unterrichtet, und vielleicht hießen sie deswegen *maśqil*.

Kosmala (287) weist darauf hin, daß im NT ἐπισκοπέω/ἐπίσκοπος mit ποιμαίνω/ποίμνιον/ποιμήν verbunden wird, Act 20.28, 1 Petr 2.25, 5.2 v.l. (C 3 *b*), aber wieder fehlt der Gedanke, daß ein Hirte ein Wächter ist. So bleibt die eben genannte Stelle ConstAp (Didasc) 2.6.11 der erste Beleg für eine Verbindung zwischen σκοπός und ἐπίσκοπος.

Christine Mohrmann schließt sich bezüglich Qumran und das NT den Folgerungen Kosmalas an, und findet nun in ConstAp (Didasc) 2.6.11 eine Fortsetzung dieser Verbindung.[2] Nun ist es an sich nicht unwahrscheinlich, daß die Berufung Ezechiels als Wächter und seine Allegorie des guten Hirten schon früh auch außer der Didaskalie auf christliche Amtsträger bezogen wurden. Mohrmann (241) weist dazu auf die Lektüre von Ez 3.17–19 (= 33.7–9) über den Propheten als Wächter im armenischen Ritus bei der Weihe eines *Presbyters*.[3]

Es is möglich, daß man diesen Text in einer griechischen Liturgie bei der Weihe eines Episkopen oder eines Bischofs vorgelesen hat, und

---

[1] H. Kosmala, *Hebräer, Essener, Christen*, Leiden 1959, ebd. 282–290.
[2] Christine Mohrmann, *Études sur le latin des chrétiens*, 4, Rom 1977, *Episkopos – Speculator, 231–252*, ebd. *232f., 239f.*
[3] H.J. Denzinger, *Ritus Orientalium*, Würzburg 1863, 1864/Graz 1961, 2.309; und F. C. Conybeare-A.J. Maclean, *Rituale Armenorum*, Oxford 1905, 238.

zwar um mit σκοπός auf ἐπίσκοπος anzuspielen. Tatsächlich kommt
man aber nicht über die Didaskalie-Stelle hinaus.

Hingegen bietet die lateinische Literatur zahlreiche Belege, wo der
Wächter des Ezechiel auf den *episcopus* bezogen wird. Professor Mohr-
mann ist dem Textbestand ausführlich nachgegangen. Die Verbindung
fehlt noch bei Clemens von Rom und Hippolyt, findet sich aber ab
Augustinus, Serm 339. Mohrmann bietet nun auch die Erklärung für
den Unterschied mit der Kirche des Ostens an (251). Die griechischen
Schriftsteller waren sich bei ἐπίσκοπος der Grundbedeutung, also der
Verbindung mit ἐπισκέπτομαι/ἐπισκοπέω noch bewußt, und haben den
Aufseher nicht zum Wächter gemacht. Für die Lateiner war *episcopus*
ein Lehnwort, dessen Etymologie nicht oder kaum eine Rolle spielte,
und so konnten sie es mit *explorator/speculator* verbinden.

21. *Schluß: Entstehung der kirchlichen Ämter*

Es hat sich gezeigt, daß der Gebrauch der Termini für die Glaubensverkünder und Gemeindevorsteher sich bis in die urchristliche
Gemeinde in Jerusalem zurückverfolgen läßt.

Der Titel ἀπόστολος wird schon sehr früh den Zwölf und Paulus
vorbehalten, er wird einmal in einem weiteren Sinn für Barnabas
gebraucht und nur ausnahmsweise von Paulus als Ehrenname auf seine
Mitarbeiter übertragen (A 1 und 2). Die herumziehenden Missionare
hießen, wenn sie Charismatiker waren, προφήτης, und sonst διδάσκαλος,
niemals ἀπόστολος (B 1 ff.).

Der allgemeine Name für alle führenden Personen war πρεσβύτερος
'Ältester', ein bei den Juden geläufiger und ehrenvoller Titel für den
Laienadel, besonders für die Mitglieder des Sanhedrins. Weil die ersten
Christen ihre Gemeinde als eine Art Sanhedrin verstanden und die
führenden Personen nicht als ἱερεύς 'Priester' betrachteten (K 1), lag die
Bezeichnung mit dem Titel πρεσβύτερος 'Ältester' nahe. Er konnte auch
die Apostel umfassen, obwohl das für das 1. Jh. nicht sicher belegt ist,
wird aber selbstverständlich immer weniger gebraucht für die Per-
sonen, die schon einen eigenen Amtstitel hatten, wie die Apostel, die
Propheten, Lehrer und die Diakone.

Der Titel ἐπίσκοπος begegnet schon in einem alten Traditionsstück
der Didache als technischer Terminus für Gemeindevorsteher. Die
semitische Vorlage dürfte der Amtstitel *me̲baqqer* aus Qumran sein, aber
genausogut *pāqîd̲*, das in Qumran und auch im AT belegt ist. In vielen
Städten gab es wahrscheinlich bald mehrere Hausgemeinden und nach
dem Vorbild des Jakobus in Jerusalem dazu einen 'monarchischen' Leiter. Für Ignatius von Antiochien ist das völlig selbstverständlich. Dieser
hatte aber noch keinen eigenen Amtstitel. Daß er bald überall ἐπίσκοπος/
episcopus heißt, ist der persönlichen Vorliebe des Ignatius und der
raschen Verbreitung seiner Briefe zuzuschreiben C 1 ff.).

Im 2. Jh. war man allgemein davon überzeugt, daß die Apostel und andere Gemeindegründer noch zu ihren Lebzeiten monarchische Bischöfe eingesetzt hatten. Dieses Verfahren ist am besten belegt für Rom. Siehe bei H 4 und 5.

Den Beweis für die Synonymie von πρεσβύτερος und ἐπίσκοπος als Amtstitel hat man immer gesucht in der Tatsache, daß diese Amtsträger die gleichen Aufgaben erfüllen. Das trifft ebenfalls zu für Propheten und Lehrer als Glaubensverkünder und für den *meḇaqqer* und *pāqîḏ* in Qumran. Für die Gültigkeit dieses Argumentes bei M 7. Man weist ferner für die Synonymie von πρεσβύτερος und ἐπίσκοπος immer auf Act 20.17, 28 hin, und übersieht die anderen Belege, die das NT bietet. Die Annahme, daß πρεσβύτερος und ἐπίσκοπος in der Urkirche ursprünglich nicht (partiell) synonym gewesen sind, entbehrt jeder Grundlage.

D. Diakone und Diakoninnen

1. Das Neue Testament

a. Nach Irenäus waren die Sieben die ersten Diakone. Er nennt Stephanus: *qui electus est ab apostolis primus diaconus* Haer 3.12.10, τὸν πρῶτον εἰς διακονίαν ὑπὸ τῶν ἀποστόλων ἐκλεχθέντα 4.15.1, und Nikolaus: *unum ex septem qui primi ad diaconium ab apostolis ordinati sunt* 1.26.3.[1]

Trotzdem sind Untersucher immer wieder der Meinung, es handle sich in Act 6.1 ff. nicht um Diakone. Grundlegend für diese Auffassung ist, daß die Sieben nicht Diakone genannt werden. Das ist anscheinend ein klares lexikographisches Argument, aber von der Lexikographie her muß es gerade umgekehrt werden. In den modernen Sprachen braucht man andauernd neue Namen, dazu Buchstabenwörter, für neue Aufgaben und Vereine und vor allem für neue Produkte wie: Television, Fernsehen, Automobile (mit Namen für die unterschiedlichen Bestandteile und Modelle), für neue Medikamente usw. Normalerweise wird erst etwas Neues erfunden und nachher ein Name erdacht. Die BRD und die DDR hatten schon lange ihre Namen, als man anfing die gegenseitigen Beziehungen als 'deutsch-deutsch' zu kennzeichnen. Ein anderes Verfahren besteht darin, daß ein vorhandenes Wort genommen wird, das eine neue Bedeutung gewinnt. Daß die neue Bedeutung gemeint ist, muß aus dem Zusammenhang klar werden. Zugleich zeigt dieser Zusammenhang, inwiefern die neue Bedeutung 'technisch' geworden ist. In dem Satz 'sie nimmt die Pille' versteht jeder, welche Pille gemeint ist. Auch, was für ein Rad gemeint ist in 'mein Rad ist gestohlen worden.' Das Deutsche hat die Neubildung Computer dem Englischen entnommen, das Französische hat dem schon vorhandenen Wort 'ordinateur' eine neue Bedeutung gegeben. So sind 'Pille', 'Rad', 'Computer' und 'ordinateur' in einer neuen Bedeutung technische Termini geworden. Noch ein Beispiel: Die Katechumenen haben immer die eigene christliche Terminologie erlernen müssen. Bei vielen Vereinen und in allen Berufen passiert etwas Ähnliches.

Ein schon vorhandenes Wort kann eine neue Bedeutung bekommen durch Emphase. So kann das Wort 'spät' durch Nachdruck die Bedeutung 'zu spät' bekommen. Ebenso wird ein Wort einigermaßen emphatisch gebraucht, wenn in einem bestimmten Zusammenhang jeder unmittelbar weiß, wer oder was mit einem Terminus wie 'der Kaiser', 'der Lehrer', 'der Abgeordnete', 'das Auto' gemeint wird. Vgl. dazu bei M 5.

Diese Unterschiede sind nun wichtig bei διάκονος im NT, weil unter-

---

[1] Über die Erklärungen im Altertum J. LÉCUYER, *Les diacres dans le Nouvau Testament:* DERS. *Le diacre dans l'église et le monde d'aujourd'hui*, Paris 1966, 15–26, ebd. 25, für die kritische Exegese E. HAENCHEN, *Apostelgeschichte,* Göttingen 1977, 218–222.

schiedliche Bedeutungen nebeneinander vorkommen. Man achtet nicht immer darauf, daß der unmittelbare Kontext dann entscheiden muß, welche Bedeutung gemeint ist. Um nur ein einziges Beispiel zu nennen: D. Powell weist auf die Bedeutungen von διάκονος und διακονία im NT und in der Alten Kirche hin, und folgert, daß bei den drei eben genannten Belegen aus Irenäus nichts im Kontext zeigt, daß Diakone gemeint sind, eher das Gegenteil.[1] In der Tat erklärt Irenäus die Termini διάκονος und διακονία nicht, aber der unmittelbare Kontext zeigt, daß er sie als bekannt voraussetzt. Und diese Beobachtung stellt sicher, daß Irenäus hier technischen Termini in der zu seiner Zeit geläufigen Bedeutung gemeint hat.

Bei diesem Sachverhalt ist nun in Act 6.1–6 das Fehlen einer Namensbezeichnung für 'die Sieben' gerade ein Beweis für das Alter und die Authentizität des lukanischen Berichtes und gegen die Annahme, der Verfasser habe eine alte Nachricht nach neuen Entwicklungen seiner eigenen Zeit umgestaltet.[2]

Als Erklärung hat man auch vermutet, der Verfasser habe den Amtstitel διάκονος vermieden. An sich wäre das möglich. Ein Beispiel dafür bietet der Terminus συναγωγή (C 9), auch ἱερεύς (K 1). Ein Grund für eine solche Vermeidung von διάκονος ist bis jetzt nicht nachgewiesen worden. Falls, wie B. Domagalski meint, Lukas in Act 6.1–7 nicht die Einsetzung der Diakone, sondern die Möglichkeit zur Weitergabe kirchlicher Ämter schildern will, benützt er dazu gerade diesen alten Text.[3] A. Weiser vermutet, Lukas vermeide bewußt den Amtstitel διάκονος, 'weil dieser wohl mit Funktionen des Verkündigungsdienstes verbunden war (Phil 1; 1 Tim 3).'[4] Dagegen ist zu bemerken, daß eine solche Verbindung schon in den Berichten der Apostelgeschichte über die Tätigkeit des Stephanus (7.1 ff.) und des Philippus (8.5 ff.) zu finden ist.

Die juristisch nicht eindeutige Umschreibung der Aufgabe (χρεία) als διακονεῖν τραπέζαις im Gegensatz zu Gebet und Verkündigung (τῇ προσευχῇ καὶ τῇ διακονίᾳ τοῦ λόγου) durch die Apostel (Act 6.2, 4), weist ebenfalls auf das Alter des Berichtes. Dies kann nicht absolut gemeint

---

[1] D. POWELL, *Ordo presbyterii* 302, Anm. 3: 'Nothing in the context of any of these passages identifies the ministry as of the third grade, and the two latter [3.12.10; 4.15.1] suggest the opposite'.
[2] So N. WALTER, *Apostelgeschichte 6.1 und die Anfänge der Urgemeinde in Jerusalem*: NTS 29, 1983, 370–393, ebd. 372: 'Daß Lukas das ihm vorgegebene Bild erheblich umgestaltete, steht, wie gesagt, kaum noch in Frage.' Zu erwähnen ist, was KONIDARIS, *Die Urkirche* 276, dazu geschrieben hat: 'Denn zuerst war das Amt da und dann kam die richtige Amtsbezeichnung.'
[3] B. DOMAGALSKI, *Waren die 'Sieben' (Apg 6.1–7) Diakone?* BZ 26, 1982, 21–33, ebd. 33.
[4] A. WEISER, Art. διακονέω: EWNT 1, 726–732, ebd. 731.

sein, zumal jeder Christ beten und den Glauben verkündigen darf und
muß, also auch Stephanus, der sein Leben dabei eingebüßt hat.[1] Als
Philippus nach Süden abreist, verläßt er, wie schon gesagt (B 4), sein
Amt in der Gemeinde zu Jerusalem. Vgl. Act 9.2f., 11.20.

Dockx hat versucht das διακονεῖν τραπέζαις als ein 'servir aux tables
eucharistiques' zu verstehen, aber dieser Tisch ist eine διακονία καθημε-
ρινή 6.1, d.h. eine tägliche Geldspende oder mit größerer Wahrschein-
lichkeit eine tägliche Mahlzeit.[2] Wenn wir annehmen dürfen, daß jeder
der Sieben an einem Tage in der Woche die Aufsicht hatte, so verstehen
wir, daß sie dadurch nicht völlig in Anspruch genommen wurden.
Dazu vernehmen wir nirgends, daß andere Amtsträger eine solche διακονία leisteten. Jede Identifikation mit einem anderen Amtstitel wird
dadurch unmöglich.

Schon in Act 21.8 ist οἱ ἑπτά ohne weiteres Bezeichung für die Sieben,
also ein technischer Terminus. Dieser Titel ist aber als solcher einmalig,
denn er wird nicht auf Nachfolger übertragen. Das allgemeine διάκονος
'Diener' lag durch die Umschreibung des διακονεῖν τραπέζαις im Gegensatz zur διακονία τοῦ λόγου nahe (6.2, 4). Und das macht die Wahl dieses
Wortes anstatt eines anderen wie ἐπίτροπος, θεραπευτής, θεράπων, οἰκονόμος oder ὑπηρέτης verständlich.[3] Für die semitische Entsprechung ist
an *na'ar* und *šrt* pi. Ptz. zu denken wie in Esth 1.10, 2.2, 6.3.

Der älteste Beleg für den Amtstitel im NT ist Phil 1.1 aus dem Jahre
50 oder wenige Jahre später (C 3a). Der Titel wird hier ohne weiteres
als bekannt vorausgesetzt und ist mithin ein technischer Terminus.

b. Im Winter des Jahres 57–58[4] empfiehlt Paulus den Römern im
Schlußwort seines Briefes eine Christin namens Phöbe: Φοίβην τὴν
ἀδελφὴν ἡμῶν, οὖσαν [καὶ] διάκονον τῆς ἐκκλησίας τῆς ἐν Κεγχρεαῖς 'unsere
Schwester Phöbe, die [auch noch, sogar] Diakonos der Gemeinde in
Kenchreä ist' (16.1).[5] In seinem Kommentar hat H. Schlier darauf hingewiesen, daß 1. das Partizip οὖσαν mit der Angabe der Ortsgemeinde,
2. die Erwähnung des ständigen Dienstes der Phöbe in der Gemeinde, 3.
die Tatsache, daß für die Adressaten nicht erklärt werden muß, was ein
διάκονος ist, auch nicht, daß das Amt von einer Frau erfüllt werden
kann, beweisen, daß es sich hier um einen Amtstitel handelt. Daß auch

---

[1] Nach Haenchen (220) haben anfangs nur die Apostel unterrichtet.

[2] S. Dockx, *Chronologies: L'ordination des 'sept' d'après Actes 6.1–6*, 265–288, ebd. 273.

[3] A. Tuilier, *La liturgie dans la Didaché et l'essénisme: E. A. Livingstone* (Hg.), *Studia
Patristica*, 26, 1993, 200-210, ebd. 206, übersetzt θεραπευτής als technischer Terminus
bei den Essenern mit 'diacre' und legt so eine Verbindung mit den neutestamentlichen Diakonen, die im Griechischen fehlt.

[4] Nach S. Dockx, *Chronologies* 89–102.

[5] Für das textkritische Problem s. H. Gamble, *The textual history of the Letter to the
Romans*, Grand Rapids 1977.

unter den Diakonen von Phil 1.1 Frauen waren, ist darum nicht auszuschließen.[1]

Zu diesen Stellen aus Phil und Röm gehört als alter Beleg für den
Amtstitel διάκονος auch Did 15.1. Siehe oben bei B 2.

Der Terminus διάκονος sagt, daß Phöbe gerade nicht das Haupt der
Gemeinde zu Kenchreä ist, auch nicht wenn man vermutet, daß die
Gemeinde sich in ihrem Haus traf. K. Romaniuk macht einen Vergleich mit den Aposteln Andronikus und Junia(s) in 16.7 (dazu bei
A 2 ƒ 5) und folgert, daß der Titel διάκονος für Phöbe nur eine freundliche Übertreibung ist.[2] Er übersieht damit den Unterschied zwischen
einem eigentlichen und einem übertragenen Gebrauch. Daß διάκονος im
eigentlichen Sinn gemeint ist, zeigt sich durch das beigefügte Partizip
οὖσαν und den Namen der Gemeinde. Romaniuk zieht Übersetzungen
vor, die den Amtstitel umschreiben: 'who serves' (GNB), 'one who
holds office' (NEB), gegenüber z.B. 'a deaconess of the church' RSV,
'diaconesse de l'Église' (BJ) (134). Es fällt auf, daß das Partizip meistens
nicht übersetzt wird. Wenn das in einer modernen Sprache, wie auch
im Latein, nicht gut möglich ist, ist die Wiedergabe mit einem Relativsatz angebracht: *'qui est in ministerio'*, 'who is a deaconess', 'qui est
diaconesse', 'die Diakonin ist'. Die Stelle der Phöbe in der Gemeinde
wird dann betont, so wie im griechischen Text. Das Substantiv ὁ/ἡ
διάκονος, männlich und weiblich, ist eine sogenannte 'Vox communis'.

c. Paulus nennt die Phöbe dazu noch eine προστάτις für viele und auch
für ihn selbst: καὶ γὰρ αὐτὴ προστάτις πολλῶν ἐγενήθη καὶ ἐμοῦ αὐτοῦ
ebd. 16.2.[3] Das seltene Substantiv ist Femininbildung zu προστάτης
'Leiter, Vorsteher, Beschützer', abgeleitet von προΐστημι, einem Verb,
das Paulus gebraucht, um die führende Tätigkeit in der Gemeinde zu
umschreiben, 1 Thess 5.12, Röm 12.8. Nichts weist darauf hin, daß

---

[1] H. Schlier, *Der Römerbrief*, Freiburg 1977, ebd. 441. Dort auch ältere Vertreter
dieser Auffassung. Im Altertum hat Origenes Röm 16.1 in dieser Weise verstanden:
et hic locus apostolica auctoritate docet etiam feminas in ministerio ecclesiae constitui In Rom
10.17 PG 14.1278a, gleichfalls Joh. Chrysostomus In Rom 30.2 PG 60.663c und
Theodoret von Cyrus In Rom 16.1–3 PG 82.220a. Schlier verteidigt die Lesart καί
'auch, dazu' aus B C*.
[2] K. Romaniuk, *Was Phoebe in Romans 16.1 a deaconess?* ZNW 81, 1990, 132–134,
ebd. 133. Vgl. auch Elisabeth Schüssler-Fiorenza, *In memory of her,* New York
1985, 47f., 170f.
[3] Über Phöbe und προστάτις Orsolina Montevecchi, *Phoebe prostatis (Rom. 16.2):*
Miscelánea papirológica R. Roca-Puig, Barcelona 1987, 205–216. Nur besagt
Röm 16.2 nicht, daß Phöbe auch in eigener Angelegenheit Rom besuchte (ebd.
215), obwohl man annehmen darf, daß sie eine tüchtige Witwe war (vgl. bei D 16).
Bei geldlicher Hilfe ändert sich die Bedeutung von προστάτις nicht in 'Wohltäterin';
dafür hat das Griechische εὐεργήτις. Vgl. Wendy Cotter, *Women's authority roles in
Pauls's churches:* NT36, 1994, 350–372, ebd. 354. Man kann sich fragen, ob Phöbe
ihren mythologischen Namen von jüdischen Eltern bekommen hatte, aber auch der
Jude Apollos (vgl. Act 18.24) hatte einen solchen.

προστάτις ein Amtstitel war. Als Bezeichnung für die Tätigkeit der Phöbe muß das Wort etwa 'Beschützerin', 'Helferin' bedeuten. Wäre eine 'Leiterin' oder 'Vorsteherin' gemeint, so würde das «καὶ ἐμοῦ αὐτοῦ» beinhalten, daß Phöbe in irgendeiner Weise auch über Paulus die Leitung hatte.

d. Nichttechnische Termini für diese Diakone und Diakoninnen kann man vermuten in: τοὺς κοπιῶντας ἐν ὑμῖν 1 Thess 5.12, ἀντιλήμψεις 1 Kor 12.28,[1] διακονίαν ἐν τῇ διακονίᾳ Röm 12.7, aber wie schon oben bemerkt (C 6a), könnten diese Umschreibungen durch den Zusammenhang veranlaßt sein, wo auch sonstige Tätigkeiten in der Christengemeinde genannt werden. Sie sind deshalb nicht unbedingt eine Vorstufe der technischen Termini.

Außerdem muß man feststellen, daß diejenigen, die, wie gesagt, annehmen, daß der Bericht in Act 6.1 ff. nach späteren Verhältnissen umgestaltet worden ist, nicht erklären, wie das Amt der Diakone mit dem technischen Amtstitel in Phil 1.1 und Röm 16.1 auf einmal vorhanden sein kann.

e. In 1 Tim 3.1–7 werden die Voraussetzungen für die Episkopen genannt. Darauf werden die für die Diakone eingeleitet mit: διακόνους ὡσαύτως 3.8. Für Frauen wird hinzugefügt: γυναῖκας ὡσαύτως 3.11. Die Annahme, es handle sich hier um die Frauen der Diakone, ist schwer zu halten, weil keine Voraussetzungen für die Frauen der Episkopen genannt werden. Wenn es sich um die Frauen der Diakone und der Episkopen handelte, wäre auch der Artikel τάς und nach γυναῖκας eine Ergänzung αὐτῶν zu erwarten. Es kann dann Frauen betreffen, die Episkop oder Diakonin sind bzw. werden, oder ausschließlich Frauen, die Diakonin sind bzw. werden.[2] Die zweite Annahme paßt am besten in die geschichtliche Entwicklung, weil nach der Erwähnung der Phöbe in Röm 16.1 im dritten Jahrhundert die Diakoninnen aus vielen Kirchen des Ostens bekannt sind (s. bei D 3 ff. und F 2).

f. Für das Verständnis der einzelnen Texte ist es nun wichtig, den technischen und den nichttechnischen oder allgemeinen Gebrauch zu unterscheiden. Auch wenn das nicht an allen Stellen mit Sicherheit möglich ist, berechtigt das nicht, den Unterschied zu übersehen. Das trifft ebenfalls zu für die Ableitungen διακονεῖν und διακονία.

---

[1] Besonders 1 Kor hat viele allgemeine Termini; vgl. κόπος 3.8, συνεργός 3.9, ἔργον 3.13 f., διακονία 12.5, 16.15, συνεργέω und κοπιάω 16.16; in 16.15 f. für Stephanas und seine Mitarbeiter.
[2] Vgl. J. ROLOFF, *Der erste Brief an Timotheus,* Neukirchen 1988, 164: 'Daran, daß mit den «Frauen» weibliche Diakone – und nicht etwa die Ehefrauen der in VV 8–10 genannten Diakone – gemeint sind, sollte kein Zweifel mehr möglich sein.'

Man findet διάκονος als nichttechnischen Terminus im allgemeinen Sinn, z.B. für die Diener am Tisch, Joh 2.5, 9, für die Diener eines Königs, Mt 22.13, für die Diener Christi, Joh 12.26, im übertragenen Sinn für die Staatsgewalt als Diener Gottes, Röm 13.4, für Paulus und Apollos, 1 Kor 3.5, für Paulus auch ebd. 6.4, Kol 1.23 und Eph 3.7, für Paulus und seine Gegner als Diener Christi 2 Kor 11.23, für Christus, Mt 20.36, der nicht Diener der Sünde ist, Gal 2.17, und für Diener des Satans, die als Diener der Gerechtigkeit auftreten, 2 Kor 11.15, ferner für die Mitarbeier des Paulus: Tychikus: ὁ ἀγαπητὸς ἀδελφὸς καὶ διάκονος ἐν κυρίῳ, ὃν ἔπεμψα Eph 6.21; τὰ κατ᾽ ἐμὲ πάντα γνωρίσει ὑμῖν Τύχικος ὁ ἀγαπητὸς ἀδελφὸς καὶ πιστὸς διάκονος καὶ σύνδουλος ἐν κυρίῳ, ὃν ἔπεμψα Kol 4.7 f., Epaphras: καθὼς ἐμάθετε ἀπὸ Ἐπαφρᾶ τοῦ ἀγαπητοῦ συνδούλου ἡμῶν, ὅς ἐστιν πιστὸς ὑπὲρ ὑμῶν διάκονος τοῦ Χριστοῦ, ὁ καὶ δηλώσας ἡμῖν τὴν ὑμῶν ἀγάπην ἐν πνεύματι 1.7, Epaphroditus, Phil 2.25 (s.u.), Timotheus, 1 Tim 4.6, als v.l. auch 1 Thess 3.2.

Aus dieser Übersicht dürfte klar sein, daß διάκονος eine weite Bedeutung hat und bei sehr unterschiedlichen Verhältnissen verwendbar ist. Das trifft auch für den Gebrauch in der klassischen Gräzität zu. Lietzmann hat dazu bemerkt: 'Das Wort διάκονος (sowie διακονία, διακονεῖν) kommt in der Literatur von den verschiedensten Dienstleistungen vor, ist aber fast nie technische Bezeichnung des Dieners und begegnet dementsprechend selten auf Inschriften und Papyri.'[1]

D. Georgi, der Lietzmann zustimmt, meint trotzdem die technische Bedeutung 'Bote' feststellen zu können.[2] Die von ihm angeführten Belege beweisen das aber nicht. Thukydides erzählt, daß Pausanias einen ehemaligen Freund zum Perserkönig schickt. Der Bote öffnet den Brief und entdeckt, daß darin um seinen Tod gebeten wird. Sarkastisch nennt er nun seine früheren ohne Betrug erledigten Reisen διακονίαι, denn er hat nur wie die meisten Diener des Pausanias die Ehre, zu sterben: ὡς οὐδὲν ἐν ταῖς πρὸς βασιλέα διακονίαις παραβάλοιτο, προτιμηθείη δὲ ἐν ἴσῳ τοῖς πολλοῖς τῶν διακόνων ἀποθανεῖν 1.133. Das Leben eines Kynikers soll nach Epiktet völlig im Dienst an der Gottheit stehen: ὅλον πρὸς τῇ διακονίᾳ τοῦ θεοῦ, und das bedeutet, daß er sich als Bote, Kundschafter und Herold der Götter an die Menschen wendet: τὸν ἄγγελον καὶ κατάσκοπον καὶ κήρυκα τῶν θεῶν Diss 3.22.69. Der Zusammenhang zeigt nicht, daß διακονία in dieser Philosophie eine neue technische Bedeutung bekommen hat. Auch die anderen von Georgi angeführten Belege zeigen nur, daß διάκονος gelegentlich im nichttechnischen Sinn einen Boten bezeichnen kann. So kann Pollux das Wort unter den partiellen Synonymen aufnehmen, die πρεσβευτής um-

---

[1] H. LIETZMANN, *Zur altchristlichen Verfassungsgeschichte:* K. Kertelge (Hg.), *Das kirchliche Amt im NT,* Darmstadt 1977, 93–143, ebd. 101.
[2] GEORGI, *Die Gegner* 31–34. Siehe auch oben bei C 1.

schreiben: ὁ δὲ πρεσβευτὴς εἴη ἂν καὶ ἄγγελος καὶ διάκονος, ἑτέρας δὲ χρείας κῆρυξ καὶ σπονδοφόρος Onom 8.137.

Wenn Paulus Apollos, sich selbst und Timotheus διάκονος nennt, hat das Wort seine allgemeine Bedeutunng. Möglich ist zwar eine Anspielung auf den aufgrund von Phil 1.1 und Röm 16.1 als bekannt voraus zusetzenden Amtstitel, aber der Zusammenhang bietet keinen direkten Hinweis darauf. Wenn die Mitarbeiter Tychikus und Epaphras διάκονος heißen, könnte das einfach der Amtstitel sein: Sie überbringen Berichte, wie Phöbe. Zu vergleichen sind die Diakone in den Briefen des Ignatius (Eph 2.1; Magn 2.1). Anderswo nennt Paulus seine Mitarbeiter συνεργός in einem allgemeinen, nichttechnischen Sinn. Das wird klar, wenn er für den Bruder Epaphroditus vier Synonyme in dieser Weise nebeneinanderstellt: τὸν ἀδελφὸν καὶ συνεργὸν καὶ συστρατιώτην μου, ὑμῶν δὲ ἀπόστολον καὶ λειτουργόν Phil 2.25. In diesem Sinn findet sich συστρατιώτης auch Phlm 2 und λειτουργός Röm 15.16 für Paulus selbst; anders ebd. 13.6.

Die Vulgata hat in der Übersetzung von διάκονος die Bedeutungen unterschieden, und ist somit ein altes Zeugnis. Sie hat: *diacon* Phil 1.1, *diaconus* 1 Tit 3.8, 12 für die Diakone, und sonst immer *minister*, namentlich auch für Tychikus und Epaphras. Das zeigt, daß der Übersetzer hier wahrscheinlich nicht an den Amtstitel gedacht hat. Die Umschreibung *quae est in ministerio* Röm 16.1 weist nun darauf hin, daß für den Übersetzer – trotz Plinius Ep. 10.96.8 (D 3) – *ministra* sowenig wie *minister* ein Amtstitel war – und daß eine weibliche Form *diacona* ihm noch nicht bekannt war.

Paulus stellt die rhetorische Frage, ob seine Gegner in Korinth Diener Christi sind, denn selbst ist er es dann noch mehr: διάκονοι Χριστοῦ εἰσιν; παραφρονῶν λαλῶ, ὑπὲρ ἐγώ 2 Kor 11.23. Nichts zwingt dazu, hier διάκονος als Amtstitel zu verstehen. Jeder Christ ist ein Diener Christi, und ein Amtsträger soll es um so mehr sein. Da die Gegner des Paulus in Korinth sich nicht gegen die neue Religion kehrten, sondern teilweise eine andere Auslegung verteidigten, darf man annehmen, daß sie weitgehend dieselbe Terminologie hatten und sich auch als Diener Christi verstanden haben. Daraus folgt nicht, daß das Wort bei ihnen ein Amtstitel war. Auch das Gegenteil folgt nicht. Es stört Paulus nur, daß sie diesen Ehrennamen beanspruchen. Wenn er sie falsche Apostel und Superapostel nennt (11.1; 12.11; vgl zu A 2 f 6) und falsche Brüder (11.26), darf man schon annehmen, daß sie sich als Brüder verstanden haben. Ob die führenden Personen auch den Titel Apostel beansprucht haben, oder Paulus nur ironisch den Titel auf sie überträgt, ist nicht sicher zu entscheiden. Im ersten Fall sei die Ironie stärker, meint Georgi (39). Für διάκονος müssen wir nun bei den Gegnern zwischen der allgemeinen Ehrenbezeichnung und dem Amtstitel unterscheiden. Georgi tut das nicht und folgert, daß Paulus 'den Aposteltitel und den Diakonentitel parallel versteht' (31), d.h. als Synonyme.

g. Beim abgeleiteten Substantiv διακονία 'Dienst, Auftrag' finden sich dieselben Bedeutungsunterschiede:
1. Dienst im allgemeinen und namentlich am Tisch, Lk 10.40;
2. Dienst für die Armen, Liebesdienst, Act 6.1, Röm 15.31, 2 Kor 8.4, 9.1;
3. Dienst für die Glaubensverkündigung und das Leben der Gemeinde durch die Apostel, Act 1.17, 25; 6.4, Eph 4.12, durch Barnabas und Saulus, Act 12.25, durch Paulus, Act 20.24, Röm 11.13, 2 Kor 4.1; 11.8, durch Archippus, Kol 4.17, durch Timotheus, 2 Tim 4.5, durch Markus, 2 Tim 4.11, durch alle Gemeindemitglieder: διαιρέσεις διακονιῶν εἰσιν 1 Kor 12.5;
4. Dienst eines Diakons, Diakonenamt: εἴτε διακονίαν, ἐν τῇ διακονίᾳ Röm 12.7. Hier steht, anders als in 1 Kor 12.5, die διακονία in einer Aufzählung nach dem Dienst der Propheten und vor dem der Lehrer, und dann muß vor allem an den Dienst der Diakone gedacht sein, wie den der Phöbe in 16.1;
5. Einmal wird das Wort übertragen auf den Dienst des Gesetzes, der zum Tode führt: ἡ διακονία τοῦ θανάτου, und auf den Dienst des Geistes: ἡ διακονία τοῦ πνεύματος 2 Kor 3.7, 9.

h. Das Verb διακονέω bedeutet:
1. 'dienen' beim Tisch, Mt 8.15, Lk 10.40; einem Herrn dienen, Lk 12.37; 17.8; dem Herrn dienen, Mk 1.13, Mt 25.44; 25.55, Joh 12.26;
2. bei der christlichen Armensorge: διακονεῖν τραπέζαις Act 6.2;
3. bei der Glaubensverkündigung und beim Leben der Gemeinden: durch Paulus, Röm 15.25, 2 Kor 8.19, 20; durch Paulus und die Gemeinde, 2 Kor 3.3, durch Onesimus, Phlm 13, durch Onesiphorus, 2 Tit 1.18; durch Timotheus und Erastus: δύο δὲ τῶν διακονούντων αὐτῷ Act 19.22, durch alle Gemeindemitglieder: διακονοῦντες ὡς καλοὶ οἰκονόμοι 1 Petr 4.10, 11; nicht sicher zu entscheiden ist, ob Timotheus und Erastus zu der Act 19.22 beschriebenen Zeit, und Onesiphorus 2 Tim 1.18 Diakon waren.
4. das Diakonenamt erfüllen: διακονείτωσαν 1 Tim 3.10; οἱ γὰρ καλῶς διακόνησαντες 3.13;
5. durch die alttestamentlichen Propheten: ὑμῖν δὲ διηκόνουν αὐτά 1 Petr 1.12.
6. Das Verb findet sich noch zweimal in einer Aussage Jesu anläßlich des Streites der Jünger um die erste Stelle im Reiche Gottes. Die Fassung bei Markus lautet:
(a) ὃς ἂν θέλῃ μέγας γενέσθαι ἐν ὑμῖν, ἔσται ὑμῶν διάκονος, καὶ ὃς ἂν θέλῃ ἐν ὑμῖν εἶναι πρῶτος, ἔσται πάντων δοῦλος·

(*b*) καὶ γὰρ ὁ υἱὸς τοῦ ἀνθρώπου οὐκ ἦλθεν διακονηθῆναι ἀλλὰ διακονῆσαι
(*c*) καὶ δοῦναι τὴν ψυχὴν αὐτοῦ λύτρον ἀντὶ πολλῶν Mk 10.43–45 (Mt
20.26–28, *c* auch 1 Tim 2.6).
Die Fassung bei Lukas ist anders:
(*a*) ὁ μείζων ἐν ὑμῖν γενέσθω ὡς ὁ νεώτερος, καὶ ὁ ἡγούμενος ὡς ὁ διακονῶν.
(*aa*) τίς γὰρ μείζων, ὁ ἀνακείμενος ἢ ὁ διακονῶν; οὐχὶ ὁ ἀνακείμενος;
(*b*) ἐγὼ δὲ ἐν μέσῳ ὑμῶν εἰμι ὡς ὁ διακονῶν Lk 22.26–27.

In 1 Tim 2.6 und bei Lukas sind die semitisierenden Ausdrücke deutlich korrigiert, was an sich darauf hinweist, daß die Fassung jünger ist.
Für unsere Untersuchung geht es aber um die Frage, was die Bedeutung
der Termini in den neutestamentlichen Gemeinden war.

Bei Mk–Mt (*a*) stehen einander gegenüber μέγας – διάκονος und
πρῶτος – δοῦλος. Daß hier διάκονος im allgemeinen Sinn gemeint ist und
nicht der Amtstitel, ist im Zusammenhang klar, so daß ein Mißverständnis ausgeschlossen ist. Das trifft auch zu für (*b*) διακονηθῆναι –
διακονῆσαι. Die Gemeinde kann nicht an einen Diakon bzw. an den
Herrn als Diakon gedacht haben.

Bei Lukas finden wir: (*a*) ὁ μείζων – ὁ νεώτερος und ὁ ἡγούμενος – ὁ
διακονῶν, (*aa*) ὁ ἀνακείμενος – ὁ διακονῶν und (*b*) ὁ διακονῶν. Der ganze
V. 26 ist durch das Präsens 'nicht mehr eschatologisch verstanden, sondern auf die Gemeindesituation angewendet.' So bemerkt J. Jeremias
mit Recht, und er findet nun in νεώτερος, ἡγούμενοι und διακονῶν die
Gemeindesprache.[1] Man darf im Text eine Anspielung auf die jungen
Männer finden, die in der Gemeinde eine Gruppe bildeten (oben bei
C 19*d*). Das Partizip ἡγούμενοι ist aber Hebr 13.7, 17, 24 nicht Amtstitel
im engen Sinn, sondern ein allgemeines Wort, das alle führenden Personen einschließt (C 6*b*). Eine Anspielung auf die Gemeindeleitung mit
der Gegenüberstellung von ἡγούμενος – διάκονος ist dann nicht gut
möglich, und so versteht man, daß der Text Amtstitel vermeidet, um
ganz allgemein auf die leitenden und dienenden Funktionen in der
Gemeinde anzuspielen. Diese Auslegung wird noch bestätigt durch Mt
23.11. Hier ist ein Mißverständnis ausgeschlossen, weil man den Text
nicht so verstehen kann, daß der Größte in der Gemeinde ein Diakon
sein muß: ὁ δὲ μείζων ὑμῶν ἔσται ὑμῶν διάκονος.

j. In Act 13.5 wird Johannes Markus ein ὑπηρέτης des Paulus und des
Barnabas genannt. Da nicht festgestellt werden kann, daß es sich hier
um einen Amtstitel handelt, ist dem auch ferner nichts über ein Amt des
Markus zu entnehmen. Das gilt auch für das Partizip διακονούντων
19.22 (Vulg. *ministrantibus*), weil nicht zu beweisen ist, daß das Verb
hier 'Diakon sein' bedeutet.

---

[1] J. Jeremias, *Das Lösegeld für Viele (Mk 10.45)*: Judaica 3, 1947, 249–264, ebd. 261/
Abba, Göttingen 1966, 216–229

2. Die Alte Kirche

Die Termini für das Amt der Diakone in der Alten Kirche sind an sich klar und brauchen hier nicht untersucht zu werden. Umstritten sind die Texte über die Diakoninnen. Man findet die Belege bei Kalsbach, Gryson und Martimort gesammelt und besprochen.[1] Diese drei Autoren, dazu auch Davies, sind sich darüber einig, daß man aus Röm 16.1 und 1 Tim 3.11 nicht folgern kann, daß es im NT amtliche Diakoninnen gegeben hat.

Aus dem parallelen Aufbau der Verse 1 Tim 3.8 und 11 schließt Gryson (29–31), daß es sich bei den Frauen um eine dritte Gruppe handelt, die den Episkopen und Diakonen nahe stand, aber noch ohne Amtstitel. Über eine solche Gruppe ist jedoch sonst nichts bekannt. Allerdings müssen die Witwen (χῆραι 1 Tim 5.3 ff.) und die alten Frauen (πρεσβύτιδες Tit 2.2) von den weiblichen Diakonen unterschieden werden. Auch wenn diese Frauen eine Gruppe bildeten, muß festgestellt werden, daß die Termini einen klaren Unterschied machen.

Gryson meint ferner, die Lücke zum dritten Jahrhundert – also zwischen Plinius (siehe D 3) und der Syrischen Didaskalie (D 7) – sei nicht zu überbrücken. Bei dieser Annahme ist aber eine andere Frage unlösbar: Wenn im 3. Jh. die Quellen reicher sind und klar wird, daß die Diakoninnen in den Kirchen des Ostens sehr zahlreich sind, liegt nun die Herkunft völlig im Dunkeln.[2]

3. Pontus und Bithynien

Plinius der Jüngere berichtet als Statthalter von Pontus und Bithynien (um 110–um 112) in einem Brief aus Amastris in Bithynien (vgl. Ep 98.1) oder aus Amisus in Pontus (vgl. Ep 92.1) dem Kaiser Trajan über zwei Sklavinnen, die bei den Christen *ministrae* genannt werden: *ex duabus ancillis, quae ministrae dicebantur* Ep 10.96.8. Diese Frauen erfüllen

---

[1] A. KALSBACH, *Die altchristliche Einrichtung der Diakonissen bis zu ihrem Erlöschen*, Freiburg 1926; DERS. *Diakonisse:* RACh 3, 917–928; R. GRYSON, *Le ministère des femmes dans l'Église ancienne*, Gembloux 1972; A. G. MARTIMORT, *Les diaconesses. Essai historique*, Rom 1982. Eine ausführliche Besprechung der Texte auch in E. D. Theodorou, 'Η «χειροτονία» ἢ «χειροθεσία» τῶν διακονισσῶν: Theologia 25, 1954, 431–469, 576–601; 26, 1955, 57–76. Eine Übersicht in Maria B. VON STRITZKY, *Der Dienst der Frau in der Alten Kirche:* LJ 28, 1978, 136–154, und H. FROHNHOFEN, *Weibliche Diakone in der frühen Kirche:* Stimmen der Zeit 204, 1986, 269–278. Viele Texte in Josephine MAYER, *Monumenta de viduis, diaconissis virginibusque tractantia:* Flor.Patrist. 42, Bonn 1939. Vgl. auch J. G. DAVIES, *Deacons, deaconesses and the minor orders in the patristic period:* JEH 14, 1963, 1–15. C. VAGAGGINI *L'ordinazione delle diaconesse nella tradizione greca e bizantina:* OCP 40, 1974, 145–189, fängt an mit der Didascalia und Nicäa 325.

[2] GRYSON, *Ministère* 22: 'le vide à peu près total'; er nennt ältere Vertreter dieser Meinung 31 Anm. 2. Man beachte das 'à peu près'. Für Martimort s. unten bei D 7.

eine Aufgabe, wofür die Christen, wie das Imperfekt *dicebantur* zeigt, einen Namen haben. Es handelt sich also um ein Amt mit einem Amtstitel. Das lateinische *ministra* bei Plinius entspricht dem griechischen διάκονος in Röm 16.1, wo die Vulgata eine Umschreibung hat (D 1b), in Phil 1.1 und 1 Tim 3.8 ff. Martimort, der im NT nur männliche Diakone gefunden hat, weist diese Auslegung ab: 'c'est évidemment forcer le texte et commettre un anachronisme' (22). Er will nun, wie Gryson (39), eine Verbindung legen zu den Frauen in 1 Tim 3.11, die dann als Frauen der Diakone zu betrachten seien. Aber dennoch ist nicht erklärt, weshalb diese Frauen einen Titel *ministra* tragen.

4. *Römisches Afrika*

Für das römische Afrika erwähnt Tertullian Frauen in den kirchlichen Ämtern, aber ohne Genaueres hinzuzufügen: *quanti igitur et quantae in ecclesiasticis ordinibus de continentia censentur* Exh 13.4. Sie dürfen ähnliche Dienste geleistet haben wie die Diakoninnen im Osten, aber in einer Aufzählung nennt Tertullian nur Witwen und Jungfrauen: *quid ergo, si episcopus, si diaconus, si vidua, si virgo, si doctor, si etiam martyr lapsus a regula fuerit?* Praescr 3.5 (vgl. B 19). Die Frauen der Häretiker haben andere und weit größere Aufgaben, und das entrüstet Tertullian: *ipsae mulieres haereticae, quam procaces! quae audeant docere, contendere, exorcismos agere, curationes repromittere, fortasse an et tingere. ordinationes eorum temerariae, leues, inconstantes* 41.5 f. Es ist unbesonnen, diese Frauen zu weihen. Der Genetiv *eorum* ist männlich und als Genetivus subiectivus auf die Häretiker zu beziehen, nicht auf die Frauen. Tertullian ist nicht einmal sicher, daß die Frauen taufen.

5. *Rom*

Hermas hat das Wort διάκονος für alttestamentliche Diener Gottes, die er neben den Propheten erwähnt: προφῆται τοῦ θεοῦ καὶ διάκονοι αὐτοῦ Past 92.4, und zweimal in einer Aufzählung der Ämter als technischen Terminus für die Diakone der römischen Gemeinde: οἱ ἀπόστολοι καὶ ἐπίσκοποι καὶ διδάσκαλοι καὶ διάκονοι οἱ... διακονήσαντες ἁγνῶς 13.1. Andere Diakone benehmen sich schlecht, indem sie sich in ihrem Amt an Witwen und Waisen bereichern: διάκονοί εἰσι κακῶς διακονήσαντες καὶ διαρπάσαντες χηρῶν καὶ ὀρφανῶν τὴν ζωὴν καὶ ἑαυτοὺς περιποιησάμενοι ἐκ τῆς διακονίας ἧς ἔλαβον διακονῆσαι 103.2. Vgl. B 13. Hermas ist der erste, der das Verb διακονέω in dieser technischen Bedeutung hat (auch 13.1). Vgl. D 1h.

Als eine wichtige Person in der römischen Gemeinde nennt Hermas eine Frau Grapte (vgl. bei C 11). Sie hat wie die Diakone die Sorge für Witwen und Waisen: Γραπτὴ δὲ νουθετήσει τὰς χήρας καὶ τοὺς ὀρφανούς 8.3.Ihr Amt ist also das einer Diakonin. Ob sie auch diesen Amtstitel hatte, zeigt sich nicht. Man muß das auch bezweifeln, weil ein Diakoninnenamt bei Hippolyt und in späteren römischen Quellen nicht bekannt ist. Hippolyt unterscheidet in seiner Apostolischen Überlieferung die Diakone, die durch Handauflegung geweiht werden, und sonst nur Witwen, die eingesetzt (καθίστασθαι), aber nicht geweiht werden (χειροτονεῖν). Siehe ferner bei F 2.

6. Ägypten und Äthiopien

Clemens von Alexandrien erwähnt die zahllosen Mahnungen der Bibel für auserlesene Personen: ὑποθῆκαι εἰς πρόσωπα ἐκλεκτά, und zwar für Presbyter, Episkopen, Diakone und Witwen: αἳ μὲν πρεσβυτέροις, αἳ δὲ ἐπισκόποις ⟨καὶ⟩ διακόνοις, ἄλλαι χήραις Paed 3.97.2 (vgl. auch bei C 18). Nach Martimort (74) fehlen in dieser Aufzählung die Diakoninnen. Es ist aber wahrscheinlich, daß ein Wort διακόνισσα noch nicht existierte. Um männliche und weibliche Diakone zu unterscheiden, hätte Clemens den Artikel τοῖς/ταῖς oder ἀνδράσι/γυναιξί hinzufügen müssen. Ein Beweis für oder gegen Diakoninnen ist diesem Text also nicht zu entnehmen.

An einer anderen Stelle schreibt Clemens über die Frauen der Apostel aus 1 Kor 9.5: Die Apostel haben bei ihrem Dienst (τῇ διακονίᾳ) ihre Frauen mitgenommen, nicht als Ehefrauen, sondern als Schwestern und Gehilfen (συνδιακόνους). Diese haben ja für die Glaubensverkündigung Zutritt in Häuser, die ein Mann nicht betreten darf, ins Frauengemach (εἰς τὴν γυναικωνῖτιν), und das in Übereinstimmung mit allem, was Paulus über die Frauen-Diakone in einem seiner Briefe an Timotheus schreibt: ὅσα... περὶ διακόνων γυναικῶν ἐν τῇ ἑτέρᾳ πρὸς Τιμόθεον ἐπιστολῇ... διατάσσεται Str 3.53.3–4. Vgl. S. 77 Anm. 1.

Clemens meint im Zusammenhang Frauen-Diakone, nicht Frauen der Diakone, und er meint, wie Gryson (59) und Martimort (75) mit Recht gegen Kalsbach (32 f.) bemerken, die Frauen von 1 Tim 3.11, nicht die von 5.9, die ja als Witwen nicht an der Verkündigung beteiligt waren. Es dürfte auch wahr sein, daß Clemens die Frauen-Diakone in der apostolischen Zeit, und nicht die Verhältnisse der eigenen Zeit in Ägypten im Auge hat. Dem ist entgegenzuhalten, daß Clemens die Tatsache als selbstverständlich betrachtet, daß Frauen dieses Amt erfüllen können, also noch immer erfüllen können.

Auch Origenes ist dieser Ansicht. In seiner Auslegung von Röm 16.1 sagt er ausdrücklich, daß es in der Kirche noch immer Diakoninnen gibt (mit Präsens *constitui, haberi*), und welche Frauen für dieses Amt geeignet sind (*tales debere assumi in ministerium*). Der Text ist nur lateinisch erhalten, aber die griechischen Termini sind leicht zu erkennen: γυνὴ διάκονος ist die Umschreibung für das noch fehlende διακόνισσα: *et hic locus apostolica auctoritate docet etiam feminas in ministerio (διακονία) ecclesiae constitui (καθίστασθαι). in quo officio positam Phoeben apud ecclesiam quae est in Cenchris, Paulus cum laude magna et commendatione prosequitur...*

et ideo locus hic duo pariter docet, et haberi (ὑπάρχειν oder εἶναι), *ut diximus, feminas ministras* (γυναῖκας διακόνους) *in ecclesia, et tales debere assumi in ministerium, quae astiterint multis et per bona officia usque ad apostolicam laudem meruerint peruenire. hortatur etiam illud, ut qui bonis operibus in ecclesiis dant operam, uicem recipiant a fratribus et honorem* (τιμή) In Rom 10.17 PG 14.1278ab.

Andere Stellen geben keinen Aufschluß. So die Reihung: χήρας... διακόνου (ohne Artikel)... πρεσβυτέρου... ἐπισκόπου Or 28.4, cf. In Luc 17.10 GCS 49.110, aber die Aufzählung: ὁ ἐπίσκοπος καὶ ὁ πρεσβύτερος καὶ ὁ διάκονος. In Matth 14.22 GCS 40.338, cf. 337 schließt die Diakoninnen aus.

Gryson (60f.) weist mit Recht das Bemühen Kalsbachs (33) ab, in den Frauen-Diakonen nur die Witwen von 1 Tim 5.9f. zu sehen. Er sieht aber nicht, daß διάκονος in dieser Zeit (und viel später) noch Vox communis ist und die Frauen einschließen kann. Ferner meint er, Clemens und Origenes reden immer nur über weibliche Diakone aus der Vergangenheit. Das Präsens im Kommentar des Origenes zu Röm 16.1 macht das Gegenteil wahrscheinlich. Es könnte aber sein, daß Origenes über Diakoninnen spricht, wie er sie bei seinem Aufenthalt in Palästina kennengelernt hat.

Martimort (80–97) hat bei seiner Untersuchung der liturgischen Quellen in Ägypten und Äthiopien keine Belege für Diakoninnen gefunden. U. Zanetti hat aber jetzt eine Stelle aus dem im koptisch erhaltenen Großen Euchologion des Weißen Klosters (10. Jh.) herangezogen.[1] Leider fehlen die Weihegebete, aber in den Fürbitten heißt es in der Übersetzung Zanettis: 'les exorcistes, ceux qui pratiquent la continence (ἐγκρατεύειν), les femmes qui exercent le diaconat (διακονεῖν), les eunuques, les vierges (παρθένος), les veuves (χήρα)' (370). Zanetti weist darauf hin, daß das Koptische das Femininum eines Nomen agentis entweder durch den Artikel oder durch die Beifügung des Wortes *shime* (γυνή oder θῆλυς) bildet (371). Das ʿn-ref-diakoni ʿn-shime des koptischen Textes entspricht also genau dem griechischen διάκονος γυνή 'Diakonin'. Martimort (94) hat das nicht gesehen, weil die Übersetzung von E. Lanne in der Patrologia Orientalis lautet: 'les exorcistes (ἐξορκιστής), ceux qui s'abstiennent (ἐγκρατεύειν) de l'usage (διακονεῖν) des femmes, les eunuques' PO 28.301.

7. *Westsyrien: Die Didaskalie*

Man nimmt an, daß die Didaskalie in der ersten Hälfte des 3. Jh. in Syrien entstanden ist. Nach Martimort (31) finden wir hier 'en quelque sorte l'acte de naissance' der Diakoninnen, und das sogar 'au *limes*

---

[1] U. Zanetti, *Y eut-il des diaconesses en Égypte?* VetChrist 27, 1990, 369–373, ebd. 370.

oriental de l'Empire romain.' Tatsache ist vielmehr, daß die Texte nicht eine Geburt zeigen, sondern eine schon lange existierende Institution.

Die Didaskalie bietet eine Typologie der Ämter, die weiter ausgearbeitet ist als bei Ignatius Magn 6.1 (oben C 16c). Der Bischof, die Diakone, Presbyter, Witwen und Waisen werden alttestamentlichen Personen gleichgestellt: *qui tunc erant ⟨sacerdotes et⟩ leuitae, modo sunt diacones, presbyteri, uiduae et orfani. 4 primus uero sacerdos uobis e[s]t leuita episcopus... hic est rex uester potens.* Dann werden Bischof, Diakon, Diakonin, Presbyter der Reihe nach Gott, Christus, dem Heiligen Geist und den Aposteln gleichgestellt, und Witwen und Waisen dem Altar: *episcopus in typum dei praesidet uobis. 5 diaconus autem in typum Christi adstat... 6 diaconissa uero in typum sancti spiritus honoretur a uobis. 7 presbyteri etiam in typum apostolorum... 8 uiduae et orfani in typum altaris...* Didasc 2.26.3–8.[1]

Daß der Diakon seinen Platz vor dem Presbyter hat, läßt sich aus seiner Stellung als Helfer des Bischofs erklären und aus der Bedeutung der sozialen Fürsorge. In der ersten Typologie wird die Diakonin nicht erwähnt, was nicht beweist, daß der Text entstand in einer Zeit, als sie noch nicht existierte. Die schwache soziale Stellung der Frau könnte eine Erklärung bieten, aber wahrscheinlicher ist, daß der griechische Grundtext das Wort διάκονος als Vox communis für beide Geschlechter hatte.

Der Bischof hat die Pflicht, so betont die Didaskalie, fähige Personen als Diakone und Diakoninnen einzusetzen, d.h. zu weihen (siehe bei H 2). Ihre Aufgaben werden umschrieben. Die Diakonin kann in Häuser kommen, wo ein Diakon keinen Zutritt hat. Ihr obliegt die Krankensorge, und bei der Taufe ist sie unentbehrlich. Der Täufling mußte vollständig nackt ins Wasser absteigen, wie nach jüdischer Sitte bei der *ṭᵉbîlåh*, aber öffentlich oder in der Taufkapelle. Und für die Asiaten galt noch immer, was Herodot schrieb: 'Sogar daß ein Mann nackt gesehen wird, führt zu großer Schande' 1.10.3. Zudem mußte der ganze Leib gesalbt werden:[2] «... *propterea, episcope* (ὦ ἐπίσκοπε)*, constituas* (προχειρίζου) *tibi operarios* (συνεργούς) *iustitiae, adiutores populum tuum ad uitam adiuuantes* (ἐργάτας διακόνους)*. qui tibi placent* (δοκιμάζεις) *ex populo universo, eos eligas ac diaconos constituas, uirum, ut curet res multas necessarias, mulierem ad ministerium feminarum* (εἰς τὰς τῆς διακονίας χρείας

---

[1] F.X. FUNK, *Didascalia et Constitutiones Apostolorum*, Paderborn 1905, 1.102, 104, E. TIDNER, *Didascaliae Apstolorum... Versiones Latinae*, Berlin 1963, 41 f., A. VÖÖBUS, *Didascalia* CSCO 402.100.

[2] Zwischen « » steht die lateinische Übersetzung Funks aus dem Syrischen, wo die alte lateinische Übersetzung fehlt, zwischen ( ) die griechischen Termini aus dem Original, insofern sie in den Apostolischen Konstitutionen erhalten sind; wo sie fehlen, steht (–).

εὐσκύλτους. προχείρισαι δὲ καὶ διάκονον εἰς τὰς τῶν γυναικῶν ὑπηρεσίας). *sunt enim domus, in quas diaconum* (ἄνδρα διάκονον) *ad mulieres non*
potes mittere propter gentiles, mittes autem diaconissas (ἀποστελεῖς οὖν
γυναῖκα διάκονον). 2 *nam et in multis rebus necessarius est locus mulieris*
diaconissae (γυναικὸς χρῄζομεν διακόνου). *primo cum mulieres in aquam*
descendunt, a diaconissa oleo unctionis ungendae sunt (χρίσει ἡ διάκονος
αὐτάς) *in aquam descendentes. et ubi mulier ac praesertim diaconissa* (–) *non*
inuenitur, baptizantem oportet ungere eam, quae baptizatur. ubi uero mulier
est ac praesertim diaconissa (–), *mulieres non decet conspici a uiris; praeterquam*
in manus impositione ungas caput solum... 3 *...ac postea, cum tu baptizas uel*
cum diaconis praecipis baptizare uel presbyteris, diaconissa (–), *ut praedixi-*
mus, ungat mulieres, uir autem pronuntiet super eas nomina inuocationis
deitatis in aqua. et cum ascendit ex aqua, quae baptizatur, eam suscipiat
diaconissa (ὑποδεχέσθω τὴν γυναῖκα ἡ διάκονος) *ac doceat et erudiat infra-*
gile esse sigillum baptismi in castitate et sanctitate. 4 *propterea dicimus ualde*
desiderari et maxime necessarium esse ministerium mulieris diaconissae (–),
quia etiam dominus ac saluator noster a mulieribus ministrantibus ministraba-
tur, quae erant Maria Magdalene» et Maria Iacobi et Iosephi mater et mater
filiorum Zebedaei (Mt 27.55f.). *tu ergo in aliis rebus diaconissam* (–) *necessa-*
riam habebis, et ut eas gentilium domos ingrediatur, ubi uos accedere non
potestis, propter fideles mulieres, et ut eis, quae infirmantur, ministret, quae
necessantur, et in balneis iterum eas, quae meliorant, ut lauet Didasc (Const
Ap) 3.12 (16).1–4, vgl. Tidner 59, Vööbus CSCO 408.156ff.

Der Vergleich der lateinischen und griechischen Termini macht klar,
daß im Orginal das Wort διακόνισσα fehlte. Zum Unterschied zwischen
Männern und Frauen diente der Artikel ὁ/ἡ, und wo das nicht möglich
war, wurde ἀνήρ/γυνή hinzugefügt. Daraus folgt, daß an allen Stellen,
wo aus dem Zusammenhang nicht klar wird, ob διάκονος männlich oder
weiblich ist, das Wort als Vox communis zu betrachten und der Text
auf beide Geschlechter zu beziehen ist.[1]

Martimort (37) weist darauf hin, daß in der Didaskalie die Institution
der männlichen Diakone als selbstverständlich betrachtet, die der weiblichen aber verteidigt wird, und zwar mit διακονοῦσαι aus Mt 27.55, und
nicht mit Röm 16.1 und 1 Tim 3.11 oder 5.9. Das beweist aber wieder
nicht, daß die Institution neu ist. Es ist ohnehin verständlich, daß sie
verteidigt werden mußte gegen Kirchen, die keine Diakoninnen hatten,
namentlich im Westen, in Rom.

---

[1] Tatsächlich werden nur an den zwei besprochenen Stellen die männlichen und die
weiblichen Diakone ausdrücklich unterschieden, aber man dreht die Beweisführung um, wenn man daraus folgert, diese zwei Stellen seien unecht. So H. ACHELIS-
J. FLEMING, *Die syrische Didaskalie übersetzt und erklärt*, Leipzig 1904, 256.

8. Nicäa c. 19: Die Paulianisten

Das 1. Konzil von Nicäa (325) c. 19 enthält eine Bestimmung über die Paulianisten, eine Sekte, die auf Paul von Samosata zurückgeht, der um 260 Bischof von Antiochien in Syrien wurde. Die Paulianisten hatten eine falsche Lehre über die Trinität und mußten deshalb bei der Rückkehr zur katholischen Kirche neu getauft werden. Die Weihen waren selbstverständlich ungültig. Das Konzil bestimmte aber, daß diejenigen, die in der vergangenen Zeit in den Klerus aufgenommen wurden (ἐν τῷ κλήρῳ ἐξητάσθησαν), wieder als solche geweiht werden konnten, falls sie würdig waren: ἀναβαπτισθέντες χειροτονείσθωσαν 19.2. Das kann nur als ein Entgegenkommen für diese ungültig geweihten Kleriker verstanden werden. Ferner wird ausdrücklich bestimmt, daß diese Anordnung für alle gültig ist, die 'in den Rang eingesetzt wurden', namentlich auch für die Diakoninnen: ὡσαύτως δὲ καὶ περὶ τῶν διακονισσῶν (v.l. διακόνων s. unten) καὶ ὅλως περὶ τῶν ἐν τῷ κανόνι ἐξεταζομένων ὁ αὐτὸς τύπος παραφυλαχθήσεται 19.4a.

So wird ausdrücklich festgestellt, daß diese Anordnung auch (ὡσαύτως δὲ καὶ... ὁ αὐτός) in Kraft tritt für die in den Rang (ἐν τῷ κανόνι) eingesetzten Diakoninnen. Es wurde über diese an ihre Stelle (ἐν τῷ σχήματι) eingesetzten Diakoninnen besonders diskutiert: ἐμνήσθημεν δὲ διακονισσῶν τῶν ἐν τῷ σχήματι ἐξετασθεισῶν 19.4b. Der Grund dafür war, daß sie bei den Paulianisten nicht durch irgendeine Handauflegung geweiht wurden und deshalb grundsätzlich zu den Laien gerechnet werden mußten. Weil sie nicht wie die anderen Kleriker eine – wenn auch ungültige – Weihe empfangen hatten, traf die Bestimmung des Kanons formell nicht auf sie zu, und so mußte noch festgestellt werden, daß diese Frauen trotzdem jetzt eine Weihe empfangen konnten: ἐπεὶ μηδὲ χειροθεσίαν τινὰ ἔχουσιν, ὥστε ἐξάπαντος ἐν τοῖς λαϊκοῖς αὐτὰς ἐξετάζεσθαι 19.4c.

Daß etwa 50 Jahre später (um 380) eine Weihe der Diakoninnen durch Handauflegung in Syrien schon lange selbstverständlich war, kann den Apostolischen Konstitutionen 8.21 als sicher entnommen werden (s. unten bei F 2). Weshalb die Paulianisten den Diakoninnen diese Handauflegung untersagt haben, ist nicht bekannt, aber nur bei der Annahme, daß sie das getan haben, wird der Kanon begreiflich.

In dieser Erklärung sind κλῆρος 'Klerus', κανών 'Rang' und σχῆμα 'Stelle' Synonyme. Für κλῆρος und κανών vergleiche man c. 17, wo πολλοὶ ἐν τῷ κλήρῳ ἐξεταζόμενοι bedeutet 'viele im Klerus Angestellte', und καθαιρήσεται τοῦ κλήρου καὶ ἀλλότριος τοῦ κανόνος ἔσται 'er wird aus dem Klerus entlassen und ein anderer wird an seiner Stelle (beim Klerus) stehen.' Also ist κανών mit κλῆρος synonym, das Wort dürfte aber primär auf die Liste hinweisen, in die die Namen der Kleriker eingetragen wurden.

Das Verhältnis zwischen κλῆρος und σχῆμα zeigt sich deutlich ebd. in c. 8. Hier wird bestimmt, daß die Καθαροί, d.h. die Novatianer, nach einer Handauflegung[1] im Klerus bleiben können: χειροθετουμένους μένειν οὕτως ἐν τῷ κλήρῳ. Falls in einem Dorf oder in einer Stadt nur Novatianer sind und keine katholische Gemeinde besteht, können diese Kleriker ihre Stelle beim Klerus behalten: ἐν τῷ κλήρῳ ἔσονται ἐν τῷ αὐτῷ σχήματι. Für die andere Möglichkeit, daß eine katholische Gemeinde existiert, folgen weitere Bestimmungen. Der Text zeigt damit, daß auch bei den Diakoninnen in c. 19 ἐν τῷ σχήματι als 'an ihre Stelle (im Klerus)' zu verstehen ist, also als eine nähere Bestimmung zu ἐν τῷ κλήρῳ. Und das beweist, daß auch die Diakonissen zum Klerus gerechnet wurden. Vgl. auch ebd. c. 3.

Kalsbach (46–49), Gryson (86f.) und Martimort (99–102) wollen c. 19 so verstehen, daß die Diakoninnen weder bei den Paulianisten noch in der katholischen Kirche eine (Weihe durch) Handauflegung empfangen haben. Das macht aber das ὡσαύτως δὲ καὶ... ὁ αὐτός unbegreiflich. Zudem ist das, wie gesagt, gegen ConstAp 8.21.[2]

Martimort (101) versucht zu beweisen, daß κλῆρος, κανών und σχῆμα nicht Synonyme sind und sich auf unterschiedliche Gruppen beziehen. Den Beweis meint er eben in dem c. 17 zu finden, der oben als ein Beleg für die Synonymie angeführt wurde, und in der Aufzählung in c. 16: πρεσβύτεροι ἢ διάκονοι ἢ ὅλως ἐν τῷ κανόνι ἐξεταζόμενοι. Hier werden nach den Presbytern und Diakonen als dritte Gruppe die niedrigen Ränge der Kleriker genannt. Das bedeutet aber nicht, daß κανών hier ein Terminus für diese Gruppe ist, denn das beigefügte Adverb ὅλως 'im ganzen, überhaupt' zeigt gerade, daß die Presbyter, die Diakone und die niedrigen Ränge *alle* zum Kanon gehören, also daß κανών synonym ist mit κλῆρος. Diese Erklärung ergibt keine 'confusion impossible', wie Martimort (ebd.) meint, sondern einen klaren Sinn des Textes, und das ist an sich eine Bestätigung, daß die Erklärung richtig ist. Daß die Witwen nicht erwähnt werden, spricht nicht dagegen, wie Gryson (87) meint. Es zeigt nur, daß in diesem Fall kein Problem vorhanden war, weil für die Witwen ja eine Weihe durch Handauflegung unbekannt war.

---

[1] Gemeint ist eine Handauflegung *in paenitentiam* als Buße. Vgl. J. YSEBAERT, *Baptismal terminology* 260f., 321–325.

[2] Für ältere Auslegungsversuche s. K.J. HEFELE-H. LECLERCQ, *Histoire des conciles* 1.1.616–618. Dazu noch O. CASEL, JLW 5, 1925, 242f.; 11, 1931, 274. Casel (242) weist für seine Erklärung auf das Fehlen des Artikels in: ἐμνήσθημεν δὲ διακονισσῶν τῶν... ἐξετασθεισῶν. Er übersieht, daß hier nach griechischem Sprachgebrauch der Artikel dem Substantiv folgt: '⟨die⟩ Diakoninnen, die... eingesetzt worden sind' = 'die... eingesetzten Diakoninnen.' G. BARDY, Art. *Paul de Samosate*, DThC 12.46–51, ebd. 51 umschreibt richtig: 'De même pour les diaconesses, qui n'ont pas reçu l'imposition des mains, de sorte qu'elles sont comptées parmi les laïques, qu'on les rebaptise et qu'on leur conserve leurs fonctions.'

Nach Vagaggini (157) ist ἐπεί als 'obwohl' zu verstehen, eine Bedeutung, die in Liddell-Scott-Jones fehlt, auch in Lampe PGL s.v. Es fällt freilich auf, daß der Kanon die bei ἐπεί sehr ungewöhnliche Negation μηδέ hat. Darum ist hier ἐπεὶ μηδέ besser zu verstehen als eine Kontamination von ἐπεὶ οὐδέ und εἰ μηδέ, was die Übersetzung ergibt: 'weil sie gar nicht' mit dem Nebengedanken 'falls sie gar nicht'. Einen konzessiven Nebensatz drückt das Griechische aus mit καὶ εἰ oder εἴ περ. Davon findet sich keine Spur.

Vagaggini (158) stellt mit Recht fest, daß es nach c. 19 geweihte und nicht geweihte Diakoninnen gibt. Nichts weist jedoch darauf hin, daß es sie beide in der katholischen Kirche gegeben hat. Wenn aber ἐπεὶ μηδέ eine Kontamination ist, schließt der Text nicht völlig aus, daß es bei den Paulinianisten auch einige Diakoninnen gab, die eine Weihe empfangen hatten.[1]

Falls im 4. Satz des Kanons die Lesart διακόνων statt διακονισσῶν die ursprüngliche ist, kann das Wort im Zusammenhang nur als Vox communis für beide Geschlechter verstanden werden, weil noch einmal διακονισσῶν folgt.[2]

Es sei noch erwähnt, daß H. Cotsonis zur Lösung vorgeschlagen hat, im Satz 4c nach μηδὲ χειροθεσίαν statt τινά zu lesen: τινές. Diese Korrektur erweist sich nun als unnötig.[3]

Weil es eine Sekte in Antiochien betrifft, dürfte man folgern, daß der Kanon 19 ein Beleg für den Terminus διακόνισσα in Syrien ist. Das ist aber nicht unbedingt sicher, denn bei der Diskussion über das Problem in Nicäa hat man wohl das Bedürfnis nach einem Terminus für diese Frauen empfunden, und das könnte die Prägung der Neubildung διακόνισσα veranlaßt haben. Die späteren Belege zeigen auf jeden Fall, daß sich die Neubildung weit verbreitet hat.

9. Epiphanius von Salamis

Epiphanius von Salamis, aus Palästina gebürtig, muß in bezug auf seinen Sprachgebrauch zum syrischen Raum gerechnet werden. An zwei Stellen nennt er die Diakoninnen, und der Terminus ist ἡ διακό-

---

[1] Vagaggini (158 Anm. 2) unterscheidet die Handauflegung *in paenitentiam*: χειροθετουμένους c. 8.1, χεῖρα ἐπιτεθείκασι c. 9, nicht von der der Weihe: χειροτονίαν c. 4, χειροτονηθέντες c. 8.3, ἐχειροτονήθη c. 15, χειροτονῆσαι, χειροτονία c. 16.2, und das macht alles recht kompliziert.

[2] Gelasius von Kyzikos (um 475) zitiert den Kanon mit der Lesart διακόνων ohne Auslegung, HE 2.32.19. So auch Gratian: *similiter autem et circa diaconos* CorpIur c. 1, q. 1, c. 52 PL 187.505a, dagegen findet sich *diaconissis* in der Prisca Nic 19f. PL 56.766a und bei Dionysius Exiguus, CodCanNic 19 PL 67.152a. Vgl. HEFELE-LECLERCQ 1.1.616.

[3] H. COTSONIS, *A contribution to the interpretation of th 19th Canon of the First Ecumenical Council*: REByz 19, 1961, 189–197.

νισσα. Sie bilden ein διακονισσῶν τάγμα Haer 94.3.6, aber Epiphanius
kümmert sich vor allem darum, daß diese Frauen keine priesterlichen
Dienste leisten. Sonst, meint er, hätte sicher die Mutter Gottes das auch
getan: ἔδει μᾶλλον αὐτὴν τὴν Μαρίαν ἱερατείαν ἐπιτελέσαι 79.3.1. Aber ihr
Sohn hat sich nicht von ihr taufen lassen. Keine Frau wurde unter den
Aposteln und ihren Nachfolgern aufgenommen (79.3.2–4). Es ist zwar
klar, daß es Diakoninnen gibt, aber nicht für priesterliche Dienste: διακονισσῶν τάγμα... οὐχὶ εἰς τὸ ἱερατεύειν 79.3.6. Bei der Taufe haben die
Männer ihre heilige Aufgabe (ἀνδρῶν ἱερουργούντων), die Diakonin hat
dabei ihren Dienst (τῆς διακονούσης ebd.). Zu beachten ist, sagt er, daß
Diakoninnen überhaupt nur für die kirchliche Organisation notwendig
sind: παρατηρητέον δὲ ὅτι ἄχρι διακονισσῶν μόνον τὸ ἐκκλησιαστικὸν ἐπε-
δεήθη τάγμα 79.4.1. Dazu nennt (die Kirche) (welche Frauen) Witwen,
und (andere), die älter sind als diese, (nennt sie) alte Frauen (πρεσβύτιδας), aber nirgends hat sie (diese als) Presbyterinnen (πρεσβυτερίδας)
oder Priesterinnen (ἱερίσσας) eingesetzt: χήρας τε ὠνόμασε καὶ τούτων τὰς
ἔτι γραοτέρας πρεσβύτιδας, οὐδαμοῦ δὲ πρεσβυτερίδας ἢ ἱερίσσας προσ-
έταξε. So haben auch die Diakone in der kirchlichen Organisation nicht
die Aufgabe, Mysterien zu feiern, sondern nur bei dem, was gefeiert
wird, zu dienen: καὶ γὰρ οὔτε διάκονοι... ἐπιστεύθησάν τι μυστήριον ἐπιτε-
λεῖν, ἀλλὰ μόνον διακονεῖν τὰ ἐπιτελούμενα ebd.

Diese Umschreibung der Kompetenz ist nicht außergewöhnlich. In
der *Expositio de fide*, die er seinem Hauptwerk beigefügt hat, nennt
Epiphanius nun in einer Betrachtung über die kirchlichen Ämter erst
die Bischöfe, Presbyter, Diakone und Subdiakone: τάξεως ἐπισκόπου καὶ
πρεσβυτέρου καὶ διακόνου καὶ ὑποδιακόνου Exp 21.8. Sie gehören zur
ἱερωσύνη und sind zur Enthaltsamkeit in der Ehe und zum Verzicht auf
eine zweite Ehe verpflichtet. Nicht zur ἱερωσύνη gehören der Reihe
nach die Lektoren, Diakoninnen (διακόνισσαι), Exorzisten, Dolmet-
scher, Totengräber und Türhüter. Zwischendurch werden die unterschiedlichen Gruppen der Unverheirateten und der Verheirateten in
erster oder in zweiter Ehe genannt. Auffallend ist die Stellung der
Diakoninnen. Wenn sie nicht zur ἱερωσύνη gehören, so wird von ihnen
doch Enthaltsamkeit in der Ehe und Verzicht auf eine zweite Ehe gefordert, wie von Männern in der ἱερωσύνη, Exp. 21.10.

Vagaggini (160–163) findet hier einen Beweis dafür, daß Epiphanius
die Diakonin nicht zum Klerus gerechnet hat. Tatsache ist vielmehr,
daß er Angst hat, daß diese Frauen ihre Kompetenz überschreiten und
die christliche Gleichheit zwischen Mann und Frau nach Gal 3.28 so
verstehen würden, daß sie Bischof und Presbyter sein könnten, so wie er
das von einer Sekte gehört hat: ἐπίσκοποί τε παρ' αὐτοῖς γυναῖκες καὶ
πρεσβύτεροι γυναῖκες καὶ τὰ ἄλλα· ὧν μηδὲν διαφέρειν φασίν· «ἐν γὰρ
Χριστῷ Ἰησοῦ οὔτε ἄρσεν οὔτε θῆλυν» Haer 49.2.5, vgl. 49.3.2.

Epiphanius hat in diesen Texten dreimal das Substantiv διακόνισσα

Haer 79.3.6, 79.4.1, Exp 21.10. Dazu kommt einmal in einem Zusammenhang, wo nur die Männer gemeint sein können, διάκονος Haer 79.4.1. Es bleibt dann möglich, in der eben angeführten Aufzählung von Exp 21.8 διάκονος als Vox communis zu verstehen. So bieten die Texte keinen Grund zu der Annahme, daß Epiphanius von Nizäa c. 19 abweichen wollte. Entscheidend ist wieder die Frage, ob diese Diakoninnen durch Handauflegung geweiht wurden. Siehe dazu bei F 2.

10. *Die Apostolischen Konstitutionen*

Der Kompilator der Apostolischen Konstitutionen (um 380) kennt beide Termini: αἱ διάκονοι 2.26.3, 6, 2.57.10, 2.58.6, 3.8.1, 3.16.1ff., 8.13.14[1] und διακόνισσαι 3.11.3, 6.17.4, 8.13.14 (v.l.), 8.19.1f., 8.28.6ff., 8.31.2. Die hier gezeigte Reihenfolge läßt vermuten, daß er allmählich oder dort, wo er nicht von der Didaskalie abhängig war, die Neubildung διακόνισσα bevorzugt hat.[2]

An einigen Stellen ist nicht unmittelbar deutlich, ob bei διάκονοι die Frauen eingeschlossen sind. Wenn der Bischof zum Gebet anregt: ὑπὲρ παντὸς τοῦ πρεσβυτερίου, ὑπὲρ τῶν διακόνων καὶ παντὸς τοῦ κλήρου 8.12.41, und ὑπὲρ... ἐπισκόπων, πρεσβυτέρων, διακόνων, ὑποδιακόνων 8.12.43, müssen wir annehmen, daß διάκονοι wieder als Vox communis aufzufassen ist und die Frauen einschließt. Das gilt auch für διακονία in: ὑπὲρ πάσης τῆς ἐν Χριστῷ διακονίας καὶ ὑπηρεσίας δεηθῶμεν 8.10.9. Mit ὑπηρεσία sind die Subdiakone gemeint. Das Wort ist wie διακονία ein Abstractum pro concreto. Martimort (63f.) meint nun, daß die Diakoninnen bei den Fürbitten nicht erwähnt werden, obwohl sie 8.13.14 bei der Kommunion anwesend sind.[3] Für 8.32.2, 8.46.9–13 müssen wir nun gleichfalls annehmen, daß die Diakoninnen eingeschlossen sind.

Die Diakoninnen wurden wie die Diakonen durch Handauflegung und mit einer Epiklese des Heiligen Geistes geweiht (dazu bei F 2). Das bedeutet nicht, daß sie mit den Diakonen gleichberechtigt waren. Martimort betont mit Recht die schwache Stellung der Diakoninnen. Beim Empfang der Kommunion z.B. ist die Reihenfolge: Bischof, Priester, Diakone, Subdiakone, Lektoren, Sänger, Aszetiker, dann die Frauen: Diakoninnen, Jungfrauen, Witwen, Kinder und zuletzt das ganze Volk (8.13.14). Die Trennung der Geschlechter fällt auf, aber genügt nicht, um Martimort (63) einen Beweis zu liefern, daß die Diakoninnen nicht zum Klerus gehörten.

---

[1] Die Lesart αἱ διάκοναι bei Funk ist ein Satzfehler.
[2] So Martimort (60), der noch auf τὰς ἐν Χριστῷ διακόνους bei Ps.-Ignatius Ant 12.2 (F.X.Funk-F. Diekamp, *Patres Ap.* 2.222) hinweist. Wenn die Stelle vom selben Kompilator ist, wie man vermutet, wäre eher διακονίσσας zu erwarten.
[3] Richtig R. Gryson 108.

Die Stelle der Diakoninnen, wenn sie in die Reihe der männlichen Amtsträger eingefügt werden, variiert, wie Martimort untersucht hat. Hier stehen sie aber einfach und mit Recht bei den Frauen an erster Stelle. Kennzeichnend für die Verhältnisse ist die Bemerkung in Const Ap 2.26.6, daß keine Frau sich ohne die Diakonin an den Diakon oder Bischof wenden kann.

11. *Das Testamentum Domini und die Capita seu quaesita*

a. Das *Testamentum Domini* entstand, wie man annimmt, im 5. Jh. bei den Monophysiten in Syrien. I. E. Rahmani übersetzt in seiner Ausgabe das syrische $m^e šamšonîtô$ mit *diaconissa* (1.19, 23 2mal, 35, 36, 40; 2.40). Das liefert aber keinen Beweis dafür, daß in der Ursprache, die, wie man annimmt, das Griechische war, auch ἡ διακόνισσα und nicht ἡ διάκονος gestanden hat.[1] Wichtig für das Verständnis des Diakoninnenamtes ist die Bestimmung, daß der Diakon zwar den Kranken, aber eine Diakonin einer schwangeren Frau die Osterkommunion ins Haus bringt: *si quis fidelium morbi causa domi maneat, diaconus ipsi deferat sacrificium (i.e. eucharisticam communionem). si mulier praegnans aegrotat... et si nequit accedere (ad ecclesiam), diaconissa ad ipsam deferat communionem* 2.20 (Rahmani 141–143). Die Diakonin tritt also nur auf, falls die Aufgabe für einen Mann weniger passend ist. Aber die Tatsache, daß sie unter gewissen Bedingungen die Kommunion (mit Brot und Wein) austeilt, was Bischöfen, Presbytern und Diakonen vorbehalten ist, beweist, daß sie wirklich die Diakonatsweihe empfangen hat. Gryson (119) und Martimort (46) beachten nicht, daß das Austeilen der Eucharistie vorbehalten war.

Weil keine sozialen Tätigkeiten für die Diakoninnen erwähnt werden, könnte man vermuten, daß das Austeilen der Kommunion ihre wichtigste Aufgabe gewesen ist. Dem entspricht, daß eine Witwe sie beaufsichtigen muß: *diaconissas perquirat* 1.40 (Rahmani 97).[2] Für die Handauflegung bei F 2.

Zweimal werden alte Frauen genannt: *pro presbyteris (feminis) oremus* 1.35, *presbyterae manent apud episcopum* 2.19 (Rahmani 87, 141). Diese Frauen sind von den Witwen, Diakoninnen und Jungfrauen zu unterscheiden. Bleibt, wie Rahmani (166) bemerkt hat, eine Übereinstimmung mit den πρεσβύτιδες in ConcLaod c. 11. Dazu bei D 15.

b. Zu beachten ist in diesem Zusammenhang auch die Antwort, die zwischen 532 und 534 der monophysitische Erzbischof Severus von Antiochien und verbannte Bischöfe mit ihm auf Fragen geben, die aus

---

[1] I. E. Rahmani, *Testamentum Domini nostri Iesu Christi*, Mainz 1899.
[2] Vgl. dazu R. Gryson, *Ministère* 111–119.

dem Osten (Edessa) gestellt wurden. Betont wird, daß der orientalische Brauch beibehalten werden muß, daß eine Äbtissin Diakonin ist und die Eucharistie austeilt: *mos per orientem existens, ut abbatissae sint diaconissae atque mysteria (i.e. eucharistiam) distribuant monialibus sibi subditis, conservetur ubi diaconissa habetur, dummodo in loco illo, in quo mysteria distribuuntur, presbyter aut diaconus minime adsint. si enim pudicus presbyter diaconusue adfuererit, ne hisce praesentibus illae, i.e. abbatissae diaconissae, distribuant mysteria* Capita seu quaesita ab orientalibus exarata c. 9.[1]

Eine Äbtissin kann dieses Recht nur haben, wenn sie tatsächlich die Diakonatsweihe empfangen hat. Der Text enthält also einen Beweis dafür. Der Brauch wird als alt gekennzeichnet, und nicht als ein Sonderfall, wie Martimort (136) betont. Die Beschränkung, daß eine Äbtissin nicht die Eucharistie austeilt, falls ein Priester oder Diakon anwesend ist, ist wieder kennzeichnend für die soziale Stellung der Frau.

12. *Chaldäa und Persien: Die Ritus et canones de ordinationibus*

Die syrischen *Ritus et canones de ordinationibus*, die Rahmani mit einer lateinischen Übersetzung veröffentlicht hat, enthalten Bestimmungen für Amtsträger und zwar für eine Gegend außerhalb des griechischen Kulturkreises, im chaldäischen und persischen Raum. Der altertümliche Text ist nach Vööbus in der erhaltenen Form nicht später als in das 5. Jh. zu datieren. Er kann also aus der Zeit stammen, bevor die ostsyrischen Kirchen zum Nestorianismus übergingen. Der Kanon 2.14 (18 in der Zählung bei Vööbus) schreibt ausführlich über die Tätigkeiten und die Kompetenz der Diakoninnen. Rahmani übersetzt wieder das syrische *mᵉšamšonîtô* als *diaconissa*. Sie werden durch Handauflegung geweiht. Siehe den Text bei F 2.[2]

13. *Kappadokien: Basilius von Cäsarea*

Für Basilius von Cäsarea ist das Amt der Diakonin selbstverständlich. Der Terminus ist ἡ διάκονος. Bestimmt wird eine Buße von sieben Jahre für eine Diakonin wegen Unzucht mit einem Ἕλην, d.h. mit einem Heiden: ἡ διάκονος ἡ τῷ Ἕλληνι συμπορνεύσασα Ep 199 c. 44. Zwar wird ein Kleriker bei Unzucht endgültig entlassen, aber dieser Unterschied läßt sich wieder von der Kultur her erklären und beweist nicht, wie Gryson (90) und Martimort (104) meinen, daß die Diakoninnen nicht zum Klerus gehörten.

---

[1] I. E. Rahmani *Studia Syriaca* 3, Scharfeh 1908, 30–35, ebd. 33; auch in Josephine Mayer, *Monumenta* 52; vgl. A. Vööbus, *Syrische Kanonessammlungen:* Einl. CSCO 307. 167–175; ders. englische Übersetzung CSCO 368.157–168, ebd. 159.
[2] I. E. Rahmani, *Studia Syriaca* 3, 54–66, ebd. 60f.; vgl. A. Vööbus, *Syrische Kanonessammlungen,* CSCO 307.146–156.

14. *Byzanz*

Bei der oben (D 8) genannten Auslegung bestätigt der Kanon 19 von Nicäa (325) indirekt, daß die byzantinische Kirche Diakoninnen kannte, und daß sie durch Handauflegung geweiht wurden. Bekannt ist die Diakonin Olympias. Sie wurde um 368 in einer hochadligen Familie geboren und 384 oder 385 dem Nebridius zur Ehe gegeben. Dieser war oder wurde nachher Stadtpräfekt von Konstantinopel und starb bald darauf, als sie, wie man sagte, noch Jungfrau war (Vita Olymp 2). Sie spendete ihr Geld an die Kirche und die Armen. Kaiser Theodosius versuchte vergebens, sie mit einem Mitglied der kaiserlichen Familie zu verheiraten. Er ließ ihr Vermögen beschlagnahmen, aber 391 bekam sie die Verfügungsgewalt zurück, und sie wurde zur Diakonin der Kirche Konstantinopels geweiht: χειροτονεῖται διάκονος τῆς αὐτῆς ἁγίας τοῦ θεοῦ μεγάλης ἐκκλησίας Vita Olymp 6, und zwar von den Patriarchen Nektarius (381–397), wie Sozomenus HE 8.9.1 berichtet.

Neben der Hauptkirche der Stadt gründete sie ein Monasterium, wo sie mit zwei Schwestern, Martyria und Palladia, mit einer Verwandten, Elisanthia, und ihren 50 Zimmermädchen einzog, und bald zählte das Kloster 250 Nonnen. Johannes Chrysostomus, der 397 Nektarius nachfolgte, weihte die drei Verwandten der Olympias zu Diakoninnen, damit das von ihr gegründete Monasterium für immer vier Diakoninnen habe: ἐπὶ τὸ τὰς τέσσαρας διακονίας εἰς τὸ διηνεκὲς ἔχειν τὸ συστὰν ὑπ᾽ αὐτῆς εὐαγὲς μοναστήριον Vita Olymp 7. Das Substantiv διακονίαι ist leicht als ein Abstractum pro concreto zu erklären. Die Vierzahl ist durch die Verwandtschaft der vier Frauen bedingt. Daß diese Frauen die Verwaltung bildeten, wird nicht ausdrücklich gesagt. Von Olympias übernahm Marina die Leitung und von dieser Elisanthia. Es ist aber denkbar, daß die vier Diakoninnen die Aufgabe hatten an 250 Personen Brot und Wein der Eucharistie auszuteilen.[1]

Kaiser Theodosius hat in einem Erlaß vom 21. Juni 390 das Mindestalter für Diakoninnen auf 60 Jahre festgelegt: *nulla nisi emensis sexaginta annis, cui uotiua domi proles sit, secundum praeceptum Apostoli ad diaconissarum consortium transferatur* Codex Theod 16.2.27 (Mommsen-Meyer 1.2.843 f.). Der Erlaß befaßt sich mit der Erbschaft von Witwen und Diakoninnen, und das in der Zeit, als Theodosius Streit hatte mit Olympias. Der Text versucht nun, die Diakoninnen mit den Witwen aus 1 Tim 5 zu identifizieren, und so das Mindestalter für Witwen in 1 Tim 5.9 auf sie zu beziehen. Ein Mindestalter für Diakoninnen ist neu. Ob ein solcher Erlaß die Praxis unmittelbar ändern konnte, ist schwerlich festzustellen. Chalcedon (451) c. 15 entscheidet sich aber für ein Mindestalter von 40 Jahren, und das sieht

---

[1] Die Erklärungsversuche für διακονίαι findet man bei Anne-Marie MALINGREY, SCh 13 bis z.St.

dann aus wie ein Kompromiß. Der Terminus für das Amt ist noch immer ἡ διάκονος, die Weihe geschieht durch Handauflegung und, falls die Diakonin heiratet, folgt der Kirchenbann: διάκονον (v.l. διακόνισσαν) μὴ χειροτονῆσθαι γυναῖκα πρὸ ἐτῶν τεσσαράκοντα... εἰ δὲ δεξαμένη τὴν χειροθεσίαν... ἑαυτὴν ἐπιδῷ γάμῳ... ἀναθεματιζέσθω.[1]

Martimort (106) macht es sich zu einfach, wenn er sagt, daß das Alter von 60 auf 40 herabgesetzt wurde. Unterscheidet man die Diakoninnen von Witwen, alten Frauen und Jungfrauen, so bleibt wenig übrig: Test Dom 1.40 (D 11c) nennt junge Diakoninnen, Epiphanius fordert Enthaltsamkeit in der Ehe und Verzicht auf eine zweite Ehe, Exp 21.10 (D 9), Chalcedon (451) c. 15 Enthaltsamkeit. Man kann also vermuten, daß man im allgemeinen ältere Frauen und Witwen bevorzugt hat. Für mehr Einzelheiten sei auf Martimort (105ff.) und Gryson (120ff.) verwiesen.

15. *Laodicea (zwischen 341 und 381) c. 11*

Unter den 60 Kanones des Konzils von Laodicea (zwischen 341 und 381) findet sich eine Bestimmung über πρεσβύτιδες. Dieses Wort bedeutet 'alte Frau', nicht 'Diakonin', auch nicht 'Priesterin'. Es handelt sich um Frauen, die einen Platz vorne in der Kirche haben: προκαθημένας. Das Verb bedeutet 'voransitzen', daher aber auch 'vorsitzen, präsidieren'. Diese zweite Bedeutung dürfte hier mitspielen, aber nicht ohne eine gewisse Ironie. Das zeigt der Kanon schon durch das vorangehende λεγομένας 'die sogenannten alten Damen oder (die) Voransitzenden': περὶ τοῦ μὴ δεῖν τὰς λεγομένας πρεσβύτιδας ἤτοι προκαθημένας ἐν ἐκκλησίᾳ καθίστασθαι c. 11.[2]

Möglicherweise hatten sie andere Personen zu beaufsichtigen. Aber nicht ihr Platz vorne in der Kirche steht zur Frage, denn der Kanon warnt nur davor, daß diese Frauen keine Weihe empfangen dürfen. Eine Einsetzung oder Weihe als alte Frau ist völlig unbekannt. Es kann nur eine Diakoninnenweihe gemeint sein. Das Verb καθίστημι könnte statt χειροτονέω gewählt sein, weil es weniger feierlich ist und so die wenig bedeutende Stellung dieser Frauen unterstreicht.

In dieser Auslegung schließt sich der Kanon den vielen anderen Bestimmungen des Konzils an, die in verhältnismäßig milder Weise kleine Angelegenheiten ordnen.[3] Grund ist vielfach die Angst, daß Personen in der Gemeinde ihre Kompetenz überschreiten. So wird in c. 44 Frauen

---

[1] E. SCHWARTZ ACO 2.1.2.161 zieht mit Recht die Lesart διάκονον vor, weil γυναῖκα folgt. – Für die Verbreitung von ἡ διακόνισσα neben ἡ διάκονος sind ferner die epigraphischen Quellen aufschlußreich. Eine Auswahl bietet Kalsbach in JLW 11, 1931, 277–278. Martimort (120–124, 142–144) hat noch mehr Belege, aber erwähnt die griechischen Termini nicht.

[2] Vgl. dazu J. YSEBAERT, *Deaconesses* 426f.

[3] Vgl. dazu G. BARDY, Art. *Laodicée*: DictDroitCan 6.338–343.

untersagt, sich dem Altar zu nähern. In c. 21 wird Subdiakonen verboten, im Raum der Diakone Platz zu nehmen und die heiligen Gefäße anzufassen. Den Diakoninnen, die es sicher gab, wird das Berühren dieser Gefäße nicht untersagt. Möglicherweise war es ihre Aufgabe diese zu reinigen. Das könnte dann allerdings ein Unterschied zu den πρεσβύτιδες sein.

Verwirrung bei der Auslegung des Kanons entsteht dadurch, daß man die Bedeutungen der Termini nicht unterscheidet. Erstens sind ἡ διάκονος/διακόνισσα und ἡ χήρα nicht Synonyme und sind das auch niemals gewesen, weil schon immer Jungfrauen Diakonin sein konnten. Epiphanius (Haer 79.4, oben D 9) unterscheidet Diakoninnen, Jungfrauen, Witwen, und unter den Witwen die πρεσβύτιδες. Das *Testamentum Domini* (1.35; 2.19, D 11) kennt alte Frauen als eine Gruppe. Also handelt Laod c. 11 über alte Frauen, und nicht über Diakoninnen.[1] Das Problem kann nicht gewesen sein, daß diese Frauen einen Segen empfangen oder wie die Witwen ein Institut bilden wollten, um z.B. andere Frauen zu beaufsichtigen, sondern das Überschreiten der Kompetenz, d.h. um Aufgaben der Diakoninnen zu übernehmen.

Im 12. Jh. haben Balsomon und Zonaras den Kanon 11 als ein Verbot ausgelegt, daß alte Frauen andere Frauen beaufsichtigen und sie aufstellen (καθίστημι/-άω Aktiv). Balsamon: γυναῖκές τινες πρεσβύτιδες... καθίστων τὰς λοιπὰς γυναῖκας PG 137.1356d, Zonaras: πρεσβύτιδάς τινας γηραιὰς γυναῖκας... ὥσπερ διδασκάλους καὶ καθιστώσας αὐτὰς πρὸς εὐταξίαν ebd. 1357ab. Nach Hefele-Leclercq (1.2.1003 ff.) ist aber eine besondere Gruppe von Diakoninnen ('diaconesses superieures') gemeint. Als Grund dafür dient ein Hinweis auf die genannte Stelle bei Epiphanius Haer 79.4, wo Diakoninnen und alte Frauen unterschieden werden.

P.II.Lafontaine sieht diesen Unterschied bei Epiphanius, aber vermutet im Kanon 11 ein Verbot, nicht um alte Frauen, d.h. Witwen, zu weihen, sondern um sie unter den Witwen als eine höhere Klasse einzusetzen.[2] Der Kanon sagt jedoch nicht, daß die alten Frauen Witwen sind, und für καθίστασθαι muß in diesem Kontext primär an die technische Bedeutung 'weihen' gedacht werden. Falls nun diese Frauen,

---

[1] In der lateinischen Übersetzung sind diese πρεσβύτιδες zu *presbyterae* geworden: *mulieres quae apud Graecos presbyterae appellantur, apud nos autem uiduae seniores, uniuirae et matriculariae nominantur, in ecclesia tamquam ordinatas constitui non licebit* ConcLaod c. 11 PL 56.716a. Dieser Text auch in Ferrandus, *Breuiatio Canonum* 221 PL 67.960c, wo *matriculae* steht für *matriculariae*. A. BLAISE-H. CHIRAT, *Dictionnaire latin-français des auteurs chrétiens,* Turnhout 1954, s.v. *presbytera*, übersetzt 'veuve servant à l'église', und nennt für diese Bedeutung noch Gregor den Großen Ep 9.198 (197) CCL 140a.755.14, aber dort sind Frauen gemeint, die mit einem Priester verheiratet sind. Dazu J. YSEBAERT, *The deaconesses* 435.

[2] P.H.LAFONTAINE, *Le sexe masculin, condition de l'accession aux ordres, aux IVe et Ve siècles:* RevUnivOtt 31, 1961, 137*–182*, ebd. 166* Anm. 99.

obwohl sie voran sitzen, nicht geweiht werden dürfen, ist an erster
Stelle daran zu denken, daß sie nicht den gestellten Bedingungen ent-
sprechen, z.B. weil sie verheiratet sind oder zweimal verheiratet waren.

16. *Schluß: Diakonat für Männer und Frauen*

Daß der lukanische Bericht über die Einsetzung der Sieben in Act 6.1–6
alt und zuverlässig ist, hat sich dadurch gezeigt, daß für die Sieben ein
technischer Name noch fehlt. Die Ausdrücke διακονεῖν τραπέζαις und
διακονία τοῦ λόγου legen die Wahl des Terminus διάκονος nahe, und
erklären, weshalb man z.B. nicht θεραπευτής genommen hat. In Phil 1.1
und Röm 16.1 wird das Amt der Diakone und Diakoninnen als
bekannt vorausgesetzt. Paulus kann auf dieses Amt mit nichttechnischen Termini anspielen: τοὺς κοπιῶντας ἐν ὑμῖν 1 Thess 5.12, ἀντιλήμψεις
1 Kor 12.28, vgl. Röm 12.7, ohne ein Mißverständnis zu befürchten.

Martimort (z.B. 39) hat sich in seiner großen Untersuchung sehr
darum bemüht, zu beweisen, daß die Diakoninnen den Diakonen nicht
gleichgestellt waren, sondern eine niedrige und unbedeutende Stellung
in der Kirche einnahmen. Dieser Unterschied zu den männlichen Diakonen, der sicher bestand, war aber in der antiken Kultur soziologisch
bedingt. Bei einer Aufzählung der Ämter schwankt ihre Stelle, was
gleichfalls historisch und soziologisch zu erklären ist. Entscheidend ist
ebensowenig, daß, wie Martimort (249) betont, das Weihegebet bei
einer Diakonin niemals dasselbe gewesen ist wie bei einem Diakon.
Nach Vagaggini (188) hat die byzantinische Tradition die Diakonin
immer zur Gruppe der Bischöfe, Presbyter und Diakone gerechnet, und
zwar im Gegensatz zu den Lektoren und Subdiakonen.

Tatsächlich hat man für alle Ämter die Kompetenz umschrieben. So
darf ein Diakon nicht segnen und eine Diakonin nicht taufen, und
überhaupt darf sie viel weniger als ein Diakon. Entscheidend ist aber die
Frage, ob die weiblichen Diakone wie die männlichen eine Weihe
durch Handauflegung und mit Epiklese des Heiligen Geistes empfangen
haben, das heißt theologisch formuliert, ob sie wirklich das Weihesakrament empfingen. Darüber bei F 2. Zudem zeigt die Forderung der
Ehelosigkeit für Diakoninnen, daß es sich um ein Amt handelt, das auf
Lebenszeit verliehen wurde. Für alle Männer und Frauen, die ihre an-
spruchslose Arbeit in der Kirche als eine Lebensaufgabe betrachten, hat
die Kirche dieses Weihesakrament. Es ist erstaunlich, daß eine Kirche
viele Jahrhunderte solche Männer nicht gerade angeregt hat, diese
Weihe zu empfangen, und Frauen zurückweist.

Die Alte Kirche hat die Bischofs- und Presbyterweihe für Frauen
abgelehnt. Der Grund dafür kann nicht gewesen sein, daß im AT nur
männliche Nachkommen Aarons als Priester, d.h. als ἱερεῖς, auftreten
konnten, denn die Amtsträger der christlichen Gemeinden haben sich
nicht als ἱερεῖς verstanden (C 19c, K 1). Die Ablehnung erklärt sich

einfach aus der Tatsache, daß in der antiken Kultur und noch viel später führende Stellen den Männern vorbehalten waren. Darum konnten Frauen nur die Weihe zur Diakonin empfangen. Epiphanius (D 9) versucht diese Tradition theologisch zu begründen.

Die katholische Theologie findet für die Ablehnung einen Beweis im NT: Priester und Diakone müssen predigen und eine Frau muß schweigen. So z.B. das bekannte Handbuch der dogmatischen Theologie von A. Tanquerey.[1] Einen Beweis aus der Tradition liefern Irenäus Haer 1.13.2 (über die Markosier), Epiphanius Haer 34.2.2 (der die Stelle aus Irenäus zitiert) und Augustinus Haer 27 PL 42.30f. (über die Montanisten), weil sie eine solche Praxis der Häretiker ablehnen. Vgl. auch Epiphanius Haer 79.3.1–6 (D 9) und Didasc (ConstAp) 3.9.1f.

Ausführlicher ist S. Many, der die Tatsache anerkennt, daß die Diakoninnen durch Handauflegung und Epiklese des Heiligen Geistes geweiht wurden.[2] Seine Lösung für dieses Problem ist, daß die Kirche nach dem Vorbild der Sakramente Sakramentalien gestaltet hat und dabei auch eine Handauflegung und Epiklese verwenden kann (193). Über das Austeilen der Kommunion, das den Diakonen vorbehalten war, bemerkt er, daß *jetzt* in der lateinischen Kirche im Notfall Laien und somit auch Frauen die Kommunion austeilen können (192 Anm. 1). Das sagt aber nichts aus über die damalige Auffassung in den Kirchen des Ostens. Außerdem wurde das Amt auf Lebenszeit verliehen und Ehelosigkeit gefordert.

Die Mahnungen des Paulus an die Frauen in Korinth über Haartracht, Kopfbedeckung und Schweigen (1 Kor 11.4ff., 14.34f.) zeigen, daß man die Lehre des Apostels über christliche Freiheit und Gleichheit (Gal 3.28) innerhalb der durch die Kultur bedingten Verhältnisse der Zeit zu weit durchgeführt hatten. Darüber hatte Paulus Angst. Aus dieser Sicht soll man die Stellung der Frauen in den paulinischen Briefen beurteilen. Die Phöbe war Diakonin und hatte somit eine führende Stelle in Kenchreä. Sie war sicher nicht das Haupt der Gemeinde, auch nicht wenn die Gemeinde in ihrem Haus zusammenkam. Vermutlich war ihre Hilfe finanzieller Art, aber das Wort προστάτις bedeutet 'Helferin', nicht 'Wohltäterin'. Von den anderen Frauen die Paulus nennt, wissen wir überhaupt nicht, ob sie ein Amt ausübten, weil der Zusammenhang anders als bei Phöbe keinen Anlaß gab, das zu erwähnen. Man bekommt aber den Eindruck, daß für die Verhältnisse der Zeit ihre Freiheit und Tätigkeit auffällig war.

---

[1] A. Tanquerey, *Synopsis theologiae dogmaticae,* 21. Auflage, Paris 1942, ebd. 3.735: *Iure divino soli homines viatores sexus masculini possunt valide recipere sacramentum ordinis. Feminae... sunt prorsus incapaces.*
[2] S. Many, *Praelectiones de sacra ordine,* Paris 1905.

E. Handauflegen und Handaufstemmen

a. Bei einem Ritus der Handauflegung, so wie dieser im NT erscheint, ist nach dem hebräischen Text des AT zwischen Handauflegen und Handaufstützen oder Handaufstemmen zu unterscheiden. Die Wurzel für Handauflegen ist Hebr. *śjm/śwm*, auch *šjt*, für Handaufstemmen *smk*, alle mit Objekt *jd*. Die Septuaginta übersetzt gewöhnlich mit χεῖρα(ς) ἐπιτίθημι.[1]

1. Mit diesem Gestus segnet Jakob die Söhne Josephs. Der griechische Text wechselt hier ab mit ἐπιβάλλω: ἐκτείνας δὲ Ισραηλ τὴν χεῖρα τὴν δεξιὰν ἐπέβαλεν (*šjt*) ἐπὶ τὴν κεφαλὴν Εφραιμ... ἐπίθες (*śjm*) τὴν δεξιάν σου Gen 48.14, 18. Philon erwähnt dieses Ereignis als: τὴν μὲν δεξιὰν ἐπιτίθησι und τὴν τῶν χειρῶν ἐπίθεσιν All 3.90.

2. Ein Gestus des Heilens findet sich in der Naaman-Erzählung. Der Syrer erwartet eine Berührung des kranken Körperteiles durch den Propheten: ἐπιθήσει (*nwp* hi.) τὴν χεῖρα 4 Reg 5.11.

3. Eine kräftige Form des Berührens findet man in der Umfassung des ganzen Körpers bei der Auferweckung eines Verstorbenen durch Elija (3 Reg 17.21) und durch Elischa (4 Reg 4.34).

4. Der Gestus des Handaufstemmens ist eine kräftige Form des Handauflegens, die mit einer Hand, aber auch mit beiden Händen vollzogen wird. Die hebräische bzw. aramäische Wurzel für 'Handaufstemmen' *smk* hat das Objekt *jd* im Singular, Plural oder Dual.

5. An einer Stelle ist ein nichttechnischer Gebrauch belegt. Die Septuaginta übersetzt hier *smk* mit ἀπερείδω χεῖρας: jemand drückt aus Angst oder Ermüdung die Hände gegen die Wand: ὅταν... ἀπερείσηται τὰς χεῖρας αὐτοῦ Am 5.19.

Dieses Verb ἐρείδω ist ionisch und poetisch, und in der attischen Prosa zwar verwendbar, mag aber für einen rituellen Gestus den Übersetzern zu dichterisch erschienen sein. Auf jeden Fall hat man sonst immer χεῖρα(ς) ἐπιτίθημι gewählt, und damit schwindet in der Übersetzung der Unterschied zwischen Handauflegen und Handaufstemmem.

6. Das Handaufstemmen ist der technische Terminus für einen Opferritus: wer ein Opfer bringt, stemmt seine Hand oder seine Hände auf den Kopf des Opfertieres: ἐπιθήσει τὴν χεῖρα Lev 1.4 u.ö. Am Tage der Versöhnung stemmt Aaron beide Hände auf den Kopf des Sündenbockes, Lev 16.21.

Im Falle des Sündenbockes ist die Bedeutung des Ritus klar. Wahrscheinlich muß dann das Handaufstemmen des Opfernden in ähnlicher Weise erklärt werden. Aber das Handaufstemmen durch die Gemeinde auf den Kopf eines Verurteilten vor der Steinigung (Lev 24.14) läßt sich besser als ein Teilnehmen an der Verurteilung verstehen.

---

[1] Vgl. D. DAUBE, *Rabbinic Judaism* 224 ff., J. YSEBAERT, *Baptismal terminology* 227 ff.

Die Rabbiner sind sich später noch dessen bewußt, daß das Hand-aufstemmen beim Opferritus die ganze Kraft (*bkl khw*) des Körpers erfordert. So benützt man ein Tier, was am Sabbath oder an einem Festtage nicht erlaubt ist (Talmud bHag 16b).

7. Dieses Handaufstemmen ist ferner ein Weiheritus.[1] Der Ursprung ist auf den Bericht über die Einsetzung Josuas durch Mose als seinen Nachfolger zurückzuführen (Num 27.19, 23; Deut 34.9). Die hand-schriftliche Überlieferung schwankt zwischen einem Gestus mit einer und mit zwei Händen: ἐπέθηκεν (*smk*) γὰρ Μωυσῆς τὰς χεῖρας αὐτοῦ (*jadâw* du.; v.l. *jadô* sg. 2 Mss., Sam.) ἐπ᾽ αὐτόν Deut 34.9.

Später ist dieser Gestus bekannt als Ritus für die Einsetzung eines Rabbis. Über diese Einsetzung wird berichtet: 'R. Ba (= Abba, um 290) hat gesagt: In früherer Zeit hat jeder einzelne (Gelehrte) seine Schüler ordiniert (*mnh*). So hat Rabban Jochanan b. Zakkai († um 80) den R. Eliezer (b. Hirkanos) und den R. Jehoschua (b. Chananja) ordi-niert (*mnh*), R. Jehoschua den R. Aqiba († 135), R. Aqiba den R. Meïr' Talmud pSanh 1.19a (Billerbeck 2.650), und über den Ritus: 'Dort (in Babylonien) sagt man zu *mînnûjâ'* (= Einsetzung) *s^emîk̲ût̲â'* (= Hand-auflegung)' ebd. (Billerbeck 2.649). Wichtig ist, daß es zwei Termini gibt für dieselbe Sache, also Synonyme, eine Wurzel *mnh/mnj*, um den Akt zu bezeichnen als 'Einsetzung, Weihe, Ordination', und eine Wur-zel *smk*, die den Gestus bezeichnet als 'Handaufstemmen'.

Die Mischna, die auf Rabbi Jehuda (um 200) zurückgeht, erwähnt den Ritus nur einmal: 'Vor ihnen saßen drei Reihen Gelehrtenschüler, und jeder hatte seinen eigenen Platz. Wenn es notwendig war, (auf einen anderen Richter) zu stemmen (*smk*), stemmten (*smk*) sie (auf) ihn aus der ersten Reihe' mSanh 4.4.

L.A. Hoffman hat aus einer Überprüfung der Texte gefolgert, daß es überhaupt kein Handaufstemmen als Weiheritus für Rabbiner im 1. und im 2. Jh. gegeben hat. Er weist darauf hin, daß die Wurzel *smk* in der Mischna an etwa 150 Stellen begegnet, und zwar in verschiedenen Bedeutungen, dazu öfters für den Opferritus und nur einmal für den Weiheritus. Das ist aber nicht so merkwürdig, weil man normalerweise die Einsetzung nennt, ohne den dazu gehörigen Gestus zu erwähnen. Es genügt nicht, um die Authentizität dieser Stelle anzufechten.[2]

Mit Recht betont Hoffman, daß die Übersetzung der Wurzel *mnh* mit 'weihen, ordinieren, Ordination' etwas zu weit geht, weil es sich nur darum handelt, daß Schüler berechtigt werden, in kleinen Angele-

---

[1] Vgl. E. LOHSE, *Die Ordination im Spätjudentum und im NT*, Göttingen 1951, 23–25; DERS. Art. χείρ: ThWNT 9.418; J. YSEBAERT, *Baptismal terminology* 183–185, 227–238; H. MANTEL, *Ordination and appointment in the period of the Temple*: HThR 57, 1964, 325–346; G. KRETSCHMAR, *Ordination* 50–55.
[2] L.A. HOFFMAN, *Jewish ordination on the eve of Christianity*: Studia Liturgica 13, 1979, 11–41, ebd. 15.

genheiten Recht zu sprechen. Wenn er aber schreibt: 'There was just *minuy* which meant other things as well' (36), übersieht er die Tatsache der partiellen Synonymie (M 7). Freilich wird die Wurzel auch in anderen Bedeutungen gebraucht, das schließt aber nicht aus, daß sie in der Bedeutung 'einsetzen' mit *smk* synonym ist.

Ferner ist es wahr, wie Hoffman (31) behauptet, daß in Palästina für die Einsetzung Ableitungen von *mnh* bzw. *mnj*, gebraucht wurden, aber die oben angeführte Aussage 'Dort (in Babylonien) sagt man zu Einsetzung Handauflegung' (pSanh 19a) zeigt auf jeden Fall, daß man sich zu der Zeit der Abfassung in Palästina der Synonymie bewußt war. Man nennt die Einsetzung *mînnûjâ*', weiß aber, daß man auch *semîkûtâ*' sagen kann, weil das Einsetzen ein Handaufstemmen einschließt. Der Text sagt nur, daß *semîkûtâ*' schlechthin als Name für die Ordination in Palästina nicht geläufig war.

Dieser Aussage geht in pSanh 19a eine andere voran: '*semîkût* ist nicht das gleiche wie *semîkâh*.' Die Wörterbücher von Levy und Jastrow[1] haben für das erste Substantiv nur die Bedeutung 'Handaufstemmen' als Einsetzungsritus, für das zweite mehrere Bedeutungen, dazu 'Handaufstemmen' als Einsetzungsritus und als Opferritus. In pSanh 19a wird über die zwei Riten diskutiert, und die Aussage weist so auf den Bedeutungsunterschied hin.

In bSanh 13b lauten Frage und Antwort: 'Was ist *semîkâh* und was ist *semîkât* *zeqenîm*? R. Jochanan sagt: *mîsmak sabê*.' Das heißt, daß der hebräische Ausdruck für 'Handaufstemmen der Ältesten' einfach in das Aramäische (*smk* Ptz.) übersetzt wird. Nach Hoffman (32) hätte Jochanan antworten müssen, daß man dazu in Palästina *mînnûj* sagte. Daß Jochanan das nicht tut, läßt vermuten, daß für ihn der terminologische Unterschied deutlich war.

Hoffman (33) sieht nicht, daß die Ableitungen der Wurzeln *smk* und *mnh/mny* Synonyme sind und auf unterschiedliche Weise denselben Gestus bezeichnen, genau so wie in der Alten Kirche χεῖρα(ς) ἐπιτιθέναι und χειροτονεῖν bzw. *manus/manum imponere* und *ordinare* als Synonyme gebraucht werden (unten bei H 2).

Umstritten ist die Frage, ob die Semika älter ist als R. Jochanan b. Zakkai. Allerdings ist es unwahrscheinlich, daß die Juden einen solchen Ritus von dem jungen Christentum übernommen hätten, während umgekehrt die Christen viele Gebräuche beibehalten haben.

8. Ein Beleg für das Handaufstemmen als Gestus der Heilung findet sich jetzt in 1QGenesis-Apokryphon 20.21–29. Abraham erzählt, daß er gebeten wird, den von einem bösen Geist geplagten Pharao die Hände

---

[1] J. LEVY, *Wörterbuch über die Talmudim und Midraschim*, Berlin 1867/1924, s.v., und M. JASTROW, *Dictionary* s.v.

aufzustemmen: '(damit) ich Hände aufstemme auf ihn (*w'smwk jdj ʿlwhj*)... Und ich stemmte Hände auf seinen Kopf (*wsmkt jdj ʿl [rʾj]šh*) und die Plage wich vom ihm.'[1]

Der Verfasser muß sich in seiner Zeit der technischen Bedeutung des Ausdruckes für den Opferritus bewußt gewesen sein, aber man sieht nicht ein, weshalb er darauf anspielen möchte, auch nicht auf die Einsetzung Josuas oder die eines Rabbis, falls zu seiner Zeit dieser Ritus schon existierte.

An sich hat der Verfasser nur *smk* '(die Hand) aufstemmen' bevorzugt, wo 4Reg 5.11 (s. bei E *a'2*) *nwp* hi. '(die Hand) bewegen/streichen' hat. Das ist eine Entwicklung, die durch die Tatsache veranlaßt sein kann, daß es hier die Krankheit eines Pharaos betrifft.

Außerdem kann ein solcher Gestus nicht als biblisch oder jüdisch charakterisiert werden, sondern er ist vielmehr in allen Kreisen zu erwarten. Auch Asklepios heilt durch das Ausstrecken seiner Hände: ἐπ' ἠπίας σὺ χεῖρας, ὦ ἄναξ, τείνας Herondas 4.18. Die Übersetzung von L. Laloy (Paris 1928) 'par l'imposition de tes douces mains' impliziert eine Berührung und suggeriert im Französischen einen technischen Terminus, Umstände, die beide im Original fehlen. Es gibt zwar Belege für eine Berührung mit der Hand in klassischen Heilungsgeschichten, aber nicht für Handauflegung als technischen Terminus.[2]

Auch kann man nicht, wie Flusser will (108), aus einer vereinzelten Stelle im Genesis-Apokryphon folgern, daß *smk* ein technischer Terminus für einen Heilungsritus geworden sei und auch die Handauflegung im NT so verstanden werden müsse. Die von ihm angeführte Stelle aus Josephus Bell 2.136 über die Heilung von Krankheiten bei den Essenern sagt nichts über eine Handauflegung.

b. An vielen Stellen im NT ist χεῖρα(ς) ἐπιτίθημι synonym mit ἅπτομαι:
1. Für einen Gestus der Segnung und der Beruhigung, z.B. ἵνα αὐτῶν ἅπτηται Mk 10.13 = τιθεὶς τὰς χεῖρας ebd. 10.16 = ἵνα τὰς χεῖρας ἐπιθῇ

---

[1] D. Flusser, *Healing through the laying-on of hands in a Dead Sea Scroll:* IsrExplJourn 7, 1957, 107f.; J.A.Fitzmyer, *The Genesis Apocryphon of Qumran Cave I. A commentary*, Rom 2. Aufl. 1971, 140–141. Insofern die Krankheit des Pharaos und seines Hauses von einem Plagegeist verursacht wird, kann die Heilung auch als Exorzismus betrachtet werden. Vgl. dazu W. Kirchschläger, *Exorzismus in Qumran?* Kairos 18, 1976, 135–153.

[2] Belege in J. Ysebaert, *Baptismal terminology* 183–185. Im Griechischen findet man namentlich für eine Selbstheilung im Asklepieion zu Rom: ἆραι τὴν χεῖρα καὶ ἐπιθεῖναι ἐπὶ τοὺς ἰδίους ὀφθαλμούς SIG 1173, und lateinisch für einen zu vergleichenden Gestus nur in: *manu inposita uenena extrahere corpori* Plinius Nat 7.13, und bei der Einsetzung des Numa Pompilius: (*augur*) *dextra in caput Numae inposita precatus ita est* Livius 1.18.8. H. Braun, *Qumran und das NT,* Tübingen 1966, 1.89f. meint dennoch, daß ἐπιτιθέναι τὰς χεῖρας 'als Terminus der hellenistischen Thaumaturgie entstammt, wo es bestens bezeugt ist.'

Mt 19.13 = ἵνα αὐτῶν ἅπτηται Lk 18.15, und ἁψάμενος αὐτῶν Mt 17.7 = ἔθηκεν τὴν δεξιάν Apk 1.17.

2. Bei einem Gestus des Heilens, z.B. ἵνα ἐπιθῇ αὐτῷ τὴν χεῖρα Mk 7.32 = καὶ πτύσας ἥψατο τῆς γλώσσης αὐτοῦ Mk 7.33, vgl. 8.22f.; weil hier etwas als Salbe verwendet wird, ist in der Handlung eine Salbung mit einbezogen. Ähnlich bei der Lesart ἐπέθηκεν in: ἐπέχρισεν (v.l. ἐπέθηκεν) αὐτοῦ τὸν πηλὸν ἐπὶ τοὺς ὀφθαλμούς Joh 9.6 = ἐπέχρισέν μου τοὺς ὀφθαλμούς 9.11.

3. Der Ritus der postbaptismalen Geistesmitteilung wird nicht mit ἅπτομαι bezeichnet, der Gestus der Handauflegung (Act 8.17, 19; 19.6) ist aber gleichzeitig eine Salbung, weil dies nach einem Bad zu der normalen Körperpflege gehörte. Das Salben wird ausdrücklich erwähnt in 2 Kor 1.21, wo χρίειν, σφραγίζειν und διδόναι τὸν ἀρραβῶνα τοῦ πνεύματος Synonyme für diesen Ritus sind. Daß die Handlung unmittelbar Gott zugeschrieben wird, ist ein bekannter biblischer Sprachgebrauch, der keinen Grund bietet für die ziemlich allgemeine Annahme, daß eine immaterielle Salbung gemeint ist. Für das 2. Jh. ist die materielle Salbung als postbaptismaler Ritus gut bezeugt.[1]

Diese Übersicht zeigt, daß das Hebräische zwischen *śjm/śwm*, auch *śjt*, mit Objekt *jd* für Handauflegen und *smk* für Handaufstemmen unterschieden hat. Das Handaufstemmen ist als Opferritus belegt seit Lev 1.4, als Ordinationsritus bei der Einsetzung Josuas durch Mose, Num 27.19, und seit Rabban Jochanan b. Zakkai († um 80) für Rabbinen. Zu unterscheiden ist dabei zwischen *smk* als Terminus für den Ritus und *mnh/mn'* als Terminus für das Ordinieren.

Der Ausdruck χεῖρα(ς) ἐπιτίθημι bekommt nun in der griechischen Sprache der Bibel eine neue Bedeutung: '(mit der Hand) berühren' zur Segnung, Beruhigung, Heilung und Salbung. Er ist synonym mit ἅπτομαι. Man kann aber sagen, daß χεῖρα(ς) ἐπιτίθημι mit zwei Wörtern etwas feierlicher ist. Außerdem ist der Ausdruck Übersetzung von *smk* mit Objekt *jd* für einen Opfer- und für einen Einsetzungsritus. Obwohl hier ἅπτομαι als Synonym fehlt, schwindet im Griechischen selbstverständlich der Unterschied zwischen Handauflegen und Handaufstemmen.

---

[1] Vgl. J. YSEBAERT, *Baptismal terminology* 254–259 und 341–351. Ich habe hier betont, daß Handauflegung, Salbung und Verleihung des Siegels Bezeichnungen für die gleiche Handlung sind, aber noch ohne von einer (partiellen) Synonymie der Termini zu sprechen.

[2] J. COPPENS, *L'imposition des mains dans les Actes des Apôtres*: J. Kramer (Hg.), *Les Actes des Apôtres*, Gembloux 1979, 406–438, ebd. 415 und Anm. 41, weist auf die Abwechslung der Termini für Berühren und Handauflegen bei der Heilung – also auf die Synonymie –, findet hier aber trotzdem 'un geste de samak'.

F. Der Weiheritus

1. *Das Neue Testament*

In seinem Kommentar zu Act 6.6 bemerkt G. Schneider zu Recht, daß die Septuaginta den Unterschied zwischen Handauflegen und Handaufstemmen nicht kennt,[1] und das trifft auch zu für das griechische NT. Aber die erste Sprache der Zwölf und der Gemeinde in Jerusalem war Aramäisch. Man darf annehmen, daß auch diejenigen unter den Judenchristen, die Griechisch als ihre erste Sprache betrachteten, hinreichend Aramäisch verstanden, um den Unterschied zwischen Handauflegen und Handaufstemmen zu kennen. Alle kannten das Handaufstemmen als Opferritus, und jeder sollte aus der Bibel wissen, daß Mose nicht das Heilige Land betreten hat, wohl aber vor seinem Tod durch Handaufstemmen Josua als seinen Nachfolger eingesetzt hatte. Nicht auszuschließen ist, daß man auch eine rabbinische Gewohnheit kannte, junge Rabbiner mit einem Ritus des Handaufstemmens (Semika) einzusetzen (oben bei E).

E. Ferguson geht davon aus, daß die Ordination der Rabbiner, wenn schon praktiziert vor 70 n.Chr., ihre Blütezeit in den Jahren zwischen 70 und 135 hatte, und betont den juristischen Charakter im Gegensatz zum geistigen der christlichen Ordination, die nicht mehr gewesen sei als ein Segensritus.[2] Dazu weist er auch auf die altsyrische Bibelübersetzung hin. Nun hat die Peschitta wie das Hebräische im AT die Wurzel *smk* für das Handaufstemmen als Opferritus (Ex 29.10) und für *tmk* 'greifen' beim Segen Jakobs in Gen 48.17: ἀντελάβετο (*tmk*) Ιωσηφ τὴν χεῖρα τοῦ πατρός, aber andererseits *sm* 'legen' für das Handauflegen in 1 Tim 4.14.[3] Für dieses *sm* als Terminus der Handauflegung im Weiheritus führt Ferguson weitere Belege an aus der *Doctrina Addai*, Ephräm und Afrahat,[4] aber dàraus läßt sich nur schließen, daß die syrischen Christen bei der Übersetzung des griechischen Ausdrucks χεῖρα(ς) ἐπιτίθημι nicht mehr zwischen *smk* und *sm*, also zwischen Handaufstemmen und Handauflegen unterschieden haben. Siehe auch bei G.

Nehmen wir nun an, daß das Fehlen des Terminus διάκονος in Act 6.1–6 ein Beweis für das Alter dieses Berichtes ist (bei D 1 a), so müssen wir davon ausgehen, daß die Apostel einen Ritus des Handaufstemmens als Weiheritus eingeführt haben.

Daube hat vermutet, daß alle Anwesenden die Hände aufgelegt haben,[5] aber nach der Wahl stellen sich die Sieben vor die Apostel, und

---

[1] G. SCHNEIDER, *Die Apostelgeschichte*, Freiburg 1980, 1.429 Anm. 72.
[2] E. FERGUSON, *Jewish and Christian ordination*: HThR 56, 1963, 13–19.
[3] Vgl. C. BROCKELMANN, *Lexicon Syriacum*, Halle 2. Aufl. 1928 s.v.
[4] E. FERGUSON, *Laying on of hands: its significance in ordination*: JThS 26, 1975, 1–12, ebd. 2.
[5] D. DAUBE, *Rabbinic Judaism* 237ff.

man erwartet dann, daß diese den Ritus vollziehen. Außerdem haben sie sich in V. 3 die Einsetzung vorbehalten. Daß der Wechsel des Subjekts in solchen Fällen nicht ausgedrückt wird, ist nicht ungewöhnlich.[1]

Es handelt sich in diesem Bericht um die Lösung eines Problems bei den Hellenisten in der Jerusalemer Gemeinde. Betont wird, daß die Lösung, also die Einsetzung der Sieben für die Armensorge, neu ist. Die Art und Weise, wie die Sieben gewählt werden, und der Ritus der Handauflegung werden vielmehr als eine schon bekannte Tatsache dargestellt. Es ist wichtig, das festzustellen: Das Amt wird als neu dargestellt, der Einsetzungsritus und auch die vorangehende Wahl als schon bekannt.

Man kann sich vorstellen, daß die Zwölf sich schon vorher beraten hatten über die Frage, wie sie für die wachsende Zahl der Brüder, die nach Act 2.46 in ihren Privathäusern das Herrenmahl feierten, Mitarbeiter einsetzen könnten. Auf jeden Fall wird später für die Gemeinde in Jerusalem die Anwesenheit von προφῆται und πρεσβύτεροι als selbstverständlich erwähnt (Act 11.27, 30; vgl. Did 11.1ff.; oben A 2*h*, B 2 und 5). Es ist also möglich, daß man mit der Einsetzung dieser Amtsträger schon angefangen hatte, bevor das Amt der Sieben gegründet wurde. Daß sie in Act 6.2 nicht genannt werden, so wie das in 15.2ff. der Fall ist, könnte seinen Grund darin finden, daß sie an der Wahl und Weihe der Sieben keinen direkten Anteil hatten.

Daß die Ämter auf Lebenszeit verliehen wurden, wird nirgends ausdrücklich gesagt, wird aber als selbstverständlich vorausgesetzt. Wenn nun die Zwölf sich entschlossen haben, Nachfolger durch den Ritus des Handaufstemmens einzusetzen, ist auch der Gedanke einer fortlaufenden und nicht zu unterbrechenden Reihe, also der apostolischen Sukzession, im wesentlichen gegeben. Ohne diese Annahme ist keine Erklärung zu finden für die Tatsache, daß die Kirche des Ostens und des Westens vom 3. Jh. an den Ritus ohne Diskussion in dieser Weise verstanden hat.

Von den Zwölf wird nirgends gesagt, daß sie die Taufe empfangen haben. Paulus hat sich aber nach seiner Bekehrung taufen lassen (Act 9.18, 22.16), obwohl er sich für seine Sendung immer auf das Ereignis bei Damaskus beruft, wo er den auferstandenen Herrn gesehen hatte (oben A 2 *f*1). Bevor er nun mit Barnabas als herumziehender Gemeindegründer seine Missionsarbeit antrat, hat er auch die Handauflegung empfangen (Act 13.3). Das feierliche Ereignis nach Fasten und Gebet wird so sehr betont, daß es nicht als einfacher Segen zum Abschied aufgefaßt werden kann, um so mehr, als davon sonst nirgends die Rede ist. Die Übereinstimmung mit der Handauflegung in Act 6.6 und die Tatsache, daß der Ritus dort schon als selbstverständlich und bekannt

---

[1] Vgl. z.B ἐγκατελείφθη Act 2.31, ἦσαν 4.13, μετῴκισεν 7.4.

vorausgesetzt wird, kennzeichnen ihn auch in 13.3 als Weiheritus. Vgl.
auch bei G.

Eine Schwierigkeit ist, daß der Bericht nichts sagt über die Person
oder Personen, die den Ritus vollziehen. In 13.1 werden προφῆται und
διδάσκαλοι genannt. Diese Personen sind herumziehende Glaubensverkünder, die also nicht die Verwaltung einer Gemeinde bildeten (vgl. bei
B 2, 3, 5). Das trifft auch zu für Barnabas und Paulus, weil sie sich nur
zeitweilig in Antiochien aufhalten. Außerdem können noch die Propheten dabei gewesen sein, die nach Act 11.27 aus Jerusalem gekommen
waren.[1] Der Weiheritus muß dann von denjenigen unter den Anwesenden vollzogen worden sein, die selbst schon diese Handauflegung empfangen hatten. Dem entspricht, daß später Timotheus daran erinnert
wird, daß er die Handauflegung für die Ältestenwürde von Paulus
empfangen hat (1 Tim 4.14, 2 Tim 1.6; oben C 8 a).

In Did 15.1 werden, wie gesagt (B 2), Gruppen, die noch keine
Amtsträger haben, aufgefordert, sich Episkopen und Diakone zu wählen. Man braucht diese Amtsträger für die Organisation der Gruppen,
und um für die Feier der Eucharistie nicht mehr auf die herumziehenden Propheten und Lehrer angewiesen zu sein. Wie diese herumziehenden Propheten und Lehrer eingesetzt wurden und wie sie die Episkopen
und Diakone eingesetzt haben, wird nicht erwähnt. Daß sie den Ritus
der Handauflegung praktiziert haben, kann man nur aufgrund von Act.
6.6; 13.3 und 1 Tim 4.14 vermuten, dies aber um so mehr, weil der
Gestus noch als ein Handaufstemmen verständlich war. Diese Beobachtung trifft dann auch zu für die Episkopen und Diakone in Phil 1.1 und
für Phöbe in Röm 16.1.

2. Die Alte Kirche

Nur ein Text aus dem 2. Jh. erwähnt die Handauflegung als Weiheritus.
Nach den apokryphen Petrusakten hat der Herr seine Apostel mit diesem
Gestus geweiht: *uos quibus et manus inposuit, quos et elegit* ActPetrSim 10.

Hippolyt von Rom nennt die Handauflegung als Weiheritus für
Episkopen: *qui praesentes fuerint episcopi... inponant super eum manus* Trad
Ap 2, für Presbyter: *inponat manum super caput eius episcopus contingenti-
b(us) etiam praesbyteris* 7, und für Diakone: *inponens manus episcopus
solus... in diacono ordinando solus episcopus inponat manus, propterea quia
non in sacerdotio ordinatur, sed in ministerio episcopi* 8. Hippolyt spricht
dem Subdiakon die Handauflegung ab: *non imponetur manus super sub-
diaconum* 13, gleichfalls dem Lektor: *non autem imponetur manus super eum*
(οὐδὲ γὰρ χειροθετεῖται) 11, der Witwe, denn sie wird nur eingesetzt,
nicht geweiht: *instituatur* (καθίστασθαι) *uidua tantum* 10 (siehe bei H),

---

[1] So E. PETERSON, *La λειτουργία des prophètes et des didascales à Antioche*: RSR 36,
1949, 577–579.

und der Jungfrau, denn sie entscheidet selbst: *non autem imponetur manus super uirginem, sed propositum tantum facit eam uirginem 12.*

Daraus wird klar, daß nach Hippolyt die Handauflegung als entscheidender Weiheritus den drei höchsten Ämtern vorbehalten ist. Im Absatz über die Witwen sagt er das ausdrücklich: Bedingung ist die Aufgabe beim Opfer; nur dann gehört jemand zum Klerus: *non autem imponetur manus super eam* (i.e. *uiduam*), *quia non offert oblationem (προσ-φορά) neque habet liturgiam (λειτουργία). ordinatio (χειροτονία) autem fit cum clero (κλῆρος) propter liturgiam (λειτουργία)* ebd. 10. Für die Aufgaben der Diakone und der Diakoninnen beim Opfer siehe oben D 9–12.

Über Bekenner, die verhaftet waren, sagt Hippolytus, daß sie nicht durch Handauflegung zum Diakon oder Presbyter geweiht werden: *confessor (ὁμολογητής) autem si fuit in uinculis propter nomen domini, non imponetur manus super eum ad diaconatum (διακονία) uel presbyteratum (πρεσβύτερος).* Denn er hat (nur) die Würde eines Presbyters durch sein Bekenntnis: *habet enim honorem (τιμή) presbyteratus (πρεσβύτερος) per suam confessionem (ὁμολογία).* Wird er als Bischof eingesetzt, muß er die Handauflegung empfangen: *si autem instituitur (καθίστασθαι) episcopus, imponetur ei manus* TradAp 9. Der Ton fällt auf das Wort τιμή: der Bekenner bekommt einen Ehrenplatz bei den Presbytern, und in der römischen Gemeinde legte man darauf großen Wert, wie Hermas erzählt, Past 17.7; 43.12.[1]

Ein Problem bei dieser Auslegung bleibt, daß der Text nichts sagt über den Fall, daß ein Bekenner zum Diakon oder Presbyter gewählt wird. Hippolyt läßt diese Möglichkeit außer Betracht. Daß sie als Diakon oder Presbyter auftreten konnten, ist unwahrscheinlich aufgrund der Bedeutung, die Hippolyt diesem Ritus zuschreibt. Man kann deshalb diese Stelle nicht für die These anführen, daß Personen ohne Handauflegung die Feier der Eucharistie geleitet haben.[2]

Wenn die Diakoninnen fehlen, liegt der Grund offensichtlich darin, daß in Rom Frauen wie die von Hermas Past 8.3 genannte Grapte

---

[1] In solchen Fällen wird in der Übersetzung zur Verdeutlichung ein Wort wie 'nur' hinzugefügt. Es handelt sich um eine Ellipse, die man in der klassischen Literatur findet, z.B. bei Euripides: δόξαν λέγω 'ich meine (nur) ein Vermuten' Bacch 629, bei Platon: δραχμῆς '(nur) für eine Drachme' etwas kaufen Apol 26d, ἐξ ἀκοῆς '(nur) vom Hörensagen' Phaed 61d usw., sehr oft bei Seneca: *mortem prospicimus* 'wir sehen den Tod (nur) vor uns' Ep 1.2 usw.

[2] So C. Vogel, *L'imposition des mains dans les rites d'ordination en Orient et en Occident:* La Maison-Dieu 102, 1970, 57–72, ebd. 68. Unter Verweisung nach Vogel auch E. Schillebeeckx, *Kerkelijk ambt. Voorgangers in de gemeente van Jezus Christus,* Bloemendaal 1980 (deutsche Übersetzung *Das kirchliche Amt,* Düsseldorf 1981), ebd. 31, 55f. und 163 Anm. 27, der auch in Did 15.1 eine Ordination (ohne Handauflegung) durch die Gemeinde findet (vgl. bei F 1). Dagegen W. Kasper, *Das kirchliche Amt in der Diskussion. Zur Auseinandersetzung mit E. Schillebeeckx:* ThQ 163, 1983, 46–53, ebd. 51f. Für den Fall Alexandriens bei F 4.

(C 12), die ähnliche Aufgaben wie die Diakoninnen erfüllten, die Weihe nicht empfingen.

Die Auslegung des Kanons 19 von Nicäa (oben D 8) hat gezeigt, daß um 325 für die Väter des Konzils der Weiheritus für Diakoninnen eine Handauflegung enthielt, so wie auch Diakone, Presbyter und Episkopen durch Handauflegung geweiht wurden.

Epiphanius (D 9) erwähnt den Ritus nicht.

Die Apostolischen Konstitutionen (D 10) kennen im 8. Buch einen Weiheritus mit Handauflegung und Epiklese des Heiligen Geistes für Bischöfe (8.4.6), Presbyter (8.16.2), Diakone (8.17.2) und Diakoninnen: ἐπιθήσεις αὐτῇ τὰς χεῖρας παρεστῶτος τοῦ πρεσβυτερίου καὶ τῶν διακόνων καὶ τῶν διακονισσῶν, καὶ ἐρεῖς· «... δὸς αὐτῇ πνεῦμα ἅγιον» 8.19.2, 8.20.2, aber auch für Subdiakone: ἐπιθήσεις ἐπ’ αὐτῷ τὰς χεῖρας... «δὸς αὐτῷ πνεῦμα ἅγιον» 8.21.2f., und Lektoren: ἐπιθεὶς αὐτῷ τὴν χεῖρα... «δὸς αὐτῷ πνεῦμα ἅγιον, πνεῦμα προφητικόν» 8.22.1, 3.[1]

Wenn man diesen Weiheritus hier also auch für die Subdiakone und Lektoren verwendet hat, bedeutet das aus theologischer Sicht, daß man eine Ausbreitung des Weihesakramentes realisiert und wahrscheinlich auch beabsichtigt hat.

Das *Testamentum Domini* unterscheidet sich von der Apostolischen Tradition insofern, daß es neben den Witwen auch die Diakoninnen kennt (D 11), aber wie bei Hippolyt wird die Handauflegung als Weiheritus Bischöfen, Priestern und Diakonen vorbehalten. Die Weihegebete enthalten dazu eine Epiklese des Heiligen Geistes (1.21, 30, 38). Die Einsetzung der Witwen, Subdiakonen, Lektoren, Jungfrauen und der ledigen Männer geschieht ohne Handauflegung und ohne Epiklese (1.41, 44, 45, 46). Über die Diakoninnen wird nichts gesagt. Weil die Aufgabe dieser Frauen sich im allgemeinen auf das Austeilen der Kommunion in Notfällen beschränkte (D 11) und das den Beweis liefert, daß sie die Diakonatsweihe empfangen haben, darf man vermuten, daß der Weiheritus der Diakone gebraucht wurde.

Die *Capita seu quaesita ab orientalibus exarata* (D 11) enthalten nur einen indirekten Hinweis auf eine Handauflegung bei der Weihe einer Diakonin, denn es ist erlaubt, ihr wie dem Diakon bei der Weihe eine Stola über die Schulter zu werfen, und ferner ist von einem Unterschied nicht die Rede: *ordinatio diaconissae fiat iuxta usum loci. innotuit uero nobis episcopis in oriente etiam orarium inicere super illius humerum non aliter ac in ordinatione diaconi c. 11* (Rahmani *Studia* 3.33).

Die *Ritus et canones de ordinationibus* (D 12) enthalten einen Weiheritus mit Handauflegung für Bischöfe, Priester, Diakone und Diakoninnen,

---

[1] Da im Weihegebet für die Diakoninnen der Artikel bei πνεῦμα fehlt: δὸς αὐτῇ πνεῦμα ἅγιον 8.16.2, sagt Martimort (65): ‘on demande pour elle un esprit saint’. Der Artikel fehlt aber genau so im Weihegebet für Priester und Diakone, 8.16.4, 8.18.2.

während die Subdiakone, Lektoren und Exorzisten von diesem Ritus ausgeschlossen werden. Der Chorepiscopus ist ein Priester, nicht Bischof, für die Dörfer; er wird ohne Handauflegung eingesetzt. Er kann aber durch Handauflegung zum Bischof geweiht werden. Und früher hat der Bischof dem Chorepiscopus erlaubt, Subdiakone, Lektoren und Exorzisten einzusetzen, weil das ohne Handauflegung und ohne *oratio* geschieht: *non enim manus ipsi imponitur, neque super eum fit oratio. est ille presbyter... si autem dignus habetur qui fiat episcopus, suscipiat manus impositionem in episcopum... porro ante aliquod tempus episcopus facultatem concedebat chorepiscopo ut per pagos institueret hypodiaconos, lectores et exorcistas, quoniam nequaquam his conferebatur manus impositio* 2.16 (Rahmani *Studia* 3.62).

Die Weihegebete sind nicht überliefert, aber mit der *oratio*, die untersagt wird, dürfte eine Epiklese des Heiligen Geistes gemeint sein. Dem entspricht, daß das Weihegebet der Diakoninnen den Unterschied zwischen Aufgaben der Diakone und Diakoninnen ausdrücken muß: *diaconissam introducunt in diaconicum, ut... episcopus manum capiti ipsius imponens orat super illam orationem notam, minime uero similem orationi propriae ordinationi diaconi* 2.14 (*Studia* 3.60–63).

Aus Kappadokien (D 13) ist kein Text bekannt, der den Ritus erwähnt. Einen Beweis für die Handauflegung als Weiheritus der Diakoninnen in Byzanz bieten Nicäa (325) c. 19 in der oben gegebenen Auslegung (D 8) und Chalcedon (451) c. 15 (D 14). In der byzantinischen Liturgie wurde dieser Ritus erweitert, indem der weihende Bischof bei der Handauflegung dreimal ein Kreuzzeichen macht, ebenso bei der Diakonin: ἐπιτίθησι τὴν χεῖρα αὐτοῦ ἐπὶ τὴν κεφαλὴν αὐτῆς καὶ ποιῶν σταυροὺς τρεῖς ἐπεύχεται ταῦτα· «... κατάπεμψον αὐτῇ τὴν πλουσίαν δωρεὰν τοῦ ἁγίου σοῦ πνεύματος».[1]

Auch die Subdiakone, Lektoren und Sänger empfangen eine Weihe durch Handauflegung mit Kreuzzeichen, im Unterschied zu der Weihe der Bischöfe, Presbyter, Diakone und Diakoninnen fehlt aber die Epiklese des Heiligen Geistes (Goar 195 ff.). Die gleichen Verhältnisse findet man in der von Assemani herausgegebenen Liturgie.[2] Vagaggini (181 ff.) und Martimort (153) haben das nicht bemerkt.

3. *Schluß: Handauflegung mit Epiklese*

Zusammenfassend können wir sagen, daß die aramäisch sprechenden Apostel und Judenchristen den Unterschied zwischen Handaufstemmen und Handauflegen gekannt haben, obwohl das Griechische den Unterschied nicht macht. Ferner ist es wichtig festzustellen, daß Act

---

[1] J. Goar, *Rituale Graecorum*, 2. Aufl. Venedig 1730/Graz 1960, 218.
[2] J. A. Assemani, *Codex liturgicus ecclesiae universae*, Rom 1763/Farnborough 1969, 8.4.103 ff.

6.1 ff. zwar die Wahl und Einsetzung der Sieben als neu darstellt, aber die Weise des Wählens und den Ordinatonsritus als bekannt, d.h. als schon für andere Personen in der Gemeinde praktiziert, vorausetzt. Der Ritus ist in den Texten aus dem 2. Jh. nur einmal belegt, ist aber seit dem 3. Jh. im Osten und im Westen als Ordinationsritus für Bischöfe, Presbyter, Diakone und Diakoninnen allgemein bekannt. Eine Ausnahme bilden nur die Diakoninnen in der Apostolischen Tradition. Wo man aber im Osten diese Liturgie übernommen hat, wurden die Diakoninnen in ähnlicher Weise wie die Diakone geweiht. Wenn andere Personen wie Subdiakone und Lektore durch Handauflegung geweiht werden, fehlt die Epiklese des Heiligen Geistes, mit einer Ausnahme in den Apostolischen Konstitutionen.

G. Die Bedeutungen der Handauflegung

Der Ritus der Handauflegung wird nicht nur bei der Weihe angewendet, sondern auch bei der Taufe, bei der postbaptismalen Geistesmitteilung, bei der Rekonziliation der Büßer und als Gestus des Segnens und des Heilens. Welcher Ritus gemeint ist, muß aus dem Zusammenhang klar werden. Die neutestamentlichen Belege für die Handauflegung (Act 6.6; 8.17; 13.3 usw.) erwähnen zwar keinen Text eines dazu gehörigen Gebets, aber in der Apostolischen Tradition Hippolyts und in ähnlichen Texten ist ein Gebet, das die Bedeutung erklärt, ein selbstverständliches und sogar notwendiges Bestandteil. Eine Handauflegung ohne diese Worte hat keine Wirkung, und man würde dann in das Taufwasser hinabsteigen wie die Juden: ἑκάστου γὰρ ἡ δύναμις τῆς χειροθεσίας ἐστὶν αὕτη ConstAp 7.44.3. Es macht dann wenig aus, daß die nicht aramäisch sprechenden Christen wahrscheinlich nicht oder bald nicht mehr zwischen Handaufstemmen und Handauflegen zu unterscheiden wußten. Wie die unterschiedlichen Bedeutungen auch zu Mißverständnissen führen konnten, zeigt die Diskussion über die Bedeutung des Gestus im Ketzertaufstreit.[1]

Ein allgemeingültiger Grundgedanke für die Handauflegung könnte sein, daß durch die Berührung etwas übertragen wird, und für das Gebet, daß es 'gute Worte' enthält, d.h. griechisch εὐ-λογία und lateinisch *bene-dictio*. Tertullian hat das für die postbaptismale Handauflegung so formuliert: *manus inponitur per benedictionem* Bapt 8.1. Und wenn er nun diesen Gestus mit Ereignissen aus dem AT vergleicht, erwähnt er auch den Segen der Söhne Josephs (8.2). In dieser Weise sagt später Gregor von Nyssa von Brot, Wein und Öl, daß durch den Segen ihr Wert erhöht wird: ὀλίγου τινὸς ἄξια ὄντα πρὸ τῆς εὐλογίας, und von der Weihe: ἡ αὐτὴ δὲ τοῦ λόγου δύναμις καὶ τὸν ἱερέα ποιεῖ σεμνὸν τῇ καινότητι τῆς εὐλογίας BaptChr PG 46.581c.

Eine andere Entwicklung findet man bei χειροθεσία. Im Euchologion des Serapion heißen die Gebete bei der Handauflegung für die Weihe eines Bischofs, Presbyters und Diakons χειροθεσία, aber so werden auch die Gebete für das Segnen des Brots, des Wassers usw. genannt, wo die Handauflegung in der Form eines Kreuzzeichens mit oder ohne Berührung des Gegenstandes ausgeführt wird.[2]

E. Ferguson, der diese und andere Belege anführt, betont zu Recht

---

[1] Vgl. J. YSEBAERT, *Baptismal terminology* 181ff., 254ff., 289ff. und 327ff. Bei der dort genannten Literatur ist hinzuzufügen M.A. SIOTIS, *Die klassische und die christliche Cheirotonie in ihrem Verhältnis:* Theologia (Athen) 20, 1949, 314–334, 524–541, 725–740; 21, 1950, 103–124, 239–257, 452–463, 605–617; 22, 1951, 108–118, 288–293, 725–740.

[2] Vgl. J. YSEBAERT, *Baptismal terminology* 386–387.

die stete Verbindung von Handauflegung und Gebet.[1] Er geht aber
davon aus, daß die technischen Termini für die Handauflegung eindeutig sind, d.h. nur eine einzige Bedeutung zulassen, die alle Fälle einschließt, und zwar die eines Segens.[2] Das heißt aber, daß dieses Wort
'Segen' in einer sehr umfassenden Bedeutung für jegliche Handauflegung bei Exorzismus, Taufe, Geistesmitteilung, Segen im eigentlichen
Sinn usw. verstanden wird. Die Belege, die Ferguson für seine These
anführt, betreffen alle entweder den Weiheritus oder den Segen im
eigentlichen Sinn. Sie reichen darum nicht aus als Beweis dafür, daß
diese zwei Bedeutungen der Handauflegung einfach identisch seien,
und daß der Weiheritus als Segen im eigentlichen Sinn verstanden
werden müsse. Noch weniger wird klar, daß παραδεδομένοι τῇ χάριτι in
Act 14.26 nicht als ein Hinweis auf das ganze Ereignis in 13.1–3, sondern als eine Deutung der Handauflegung im Sinne eines Segensritus zu
verstehen sei.

---

[1] E. FERGUSON, *Laying on of hands* 1–12.
[2] 'A transfer of personality or authority, creating a substitute, or other such explana-
tions fail to cover the multiplicity of occasions where this gesture was felt appro-
priate. If there is any unifying conception it is in terms of a benediction' ebd. 6.

H. Wahlernennung und Einsetzungsweihe

1. Das Neue Testament

Nachdem in Act 6.3 Petrus dazu aufgefordert hat, folgt die Wahl: ἐπισκέψασθε... ἐξελέξαντο 6.3, 5. Ein anderes Verb für 'wählen' neben ἐκλέγω ist χειροτονέω. Es bedeutet ursprünglich 'durch das Ausstrecken der Hand (oder der Hände) wählen, anstellen'. Der Gedanke an einen Gestus mit der Hand ist bei Platon spürbar in der Opposition zwischen χείρ und τύχη in: τὸν χειροτονηθέντα ἢ λαχέντα τύχῃ Politikos 300a, aber kann nicht mehr vorhanden sein, wenn das Subjekt eine einzige Person ist, z.B. in Philon: ὃν ἐχειροτόνησεν ἡγεμόνα VitMos 198, gleichfalls Josephus Ant 6.13.9.

In 2 Kor 8.19 und Did 15.1 kann ein Gestus mit der Hand nicht völlig ausgeschlossen werden, weil es eine demokratische Wahl durch die Gemeindemitglieder betrifft. In 2 Kor 8.19 handelt es sich um einen Mitarbeiter des Paulus, vielleicht Lukas, der wie Barnabas und Paulus (Act 13.1–3) zum herumziehenden Glaubensverkünder gewählt wird: χειροτονηθεὶς ὑπὸ τῶν ἐκκλησιῶν συνέκδημος ἡμῶν 2 Kor 8.19. Als Paulus und Barnabas in Pisidien in jeder Gemeinde Presbyter einsetzen, wird nicht eine Wahl durch die Gemeinde erwähnt, sondern nur die Einsetzung durch Paulus und Barnabas: χειροτονήσαντες Act 14.23. Das Verb ist dann synonym mit καταστήσομεν 6.3 und entspricht *mnh/mnj* im Talmud pSanh 1.19b (oben E *a*7). Ignatius verwendet es dreimal für die Anweisung oder Einsetzung eines Gesandten durch die Gemeinde: χειροτονῆσαι διάκονον εἰς τὸ πρεσβεῦσαι Phld 10.1; vgl. Smyr 11.2, Pol 7.2.

Bei der Einsetzung der Presbyter in Pisidien wird Fasten und Gebet erwähnt wie in Act 13.3. Man hat darum vermutet, daß auch eine Handauflegung zum Ritus gehörte. Das könnte man dann gleichfalls annehmen für 2 Kor 8.19, und das um so mehr, wenn die Apostel die Handauflegung in Act 6.6 als ein Handaufstemmen, also als eine Semika verstanden haben (s. bei F 1).

2. Die Alte Kirche

Auch in den Texten des 3. Jh. bedeutet χειροτονεῖν, wie καθιστάναι, 'einsetzen, weihen', also nicht mehr 'wählen'. Hippolyt hat beide Termini für die Weihe der Bischöfe, Presbyter und Diakone, aber für die niederen Weihen nur καθίστημι und einmal ὀνομάζω, und das dürfte auf einen subtilen Unterschied hinweisen: *uidua (χῆρα) autem cum instituitur (καθίστασθαι) non ordinatur (χειροτονεῖν) sed eligitur* TradAp 10, vgl. 2, 7–9, 11–13. Die lateinischen Äquivalente sind *ordinare* usw. für die Weihe und *manum/manus imponere* usw. für den dazu gehörigen Ritus.

Das Verb προχειρίζειν hat eine umfassendere Bedeutung. Es bezeichnet wie ἐκλέγειν das Wählen, kann aber das Einsetzen, also das χειροτονεῖν mit einschließen und ist so mit beiden Verben partiell synonym

(M 7), z.B. wenn Mose um einen Nachfolger betet: δέομαι, κύριε, προχείρισαι δυνάμενον ἄλλον, ὃν ἀποστελεῖς Ex 4.13, für die Sendung Christi:
ἀποστελῇ τὸν προκεχειρισμένον ὑμῖν χριστὸν Ἰησοῦν Act 3.20, für den
Mann im Gegensatz zur Frau: οὗτος δὲ προχειρίζεται εἰς ἱερωσύνην Const
Ap 3.9.2, für Diakone und Diakoninnen, ebd. 3.16.1.

Die Texte bei Hippolyt genügen schon für den Beweis, daß χειροτο-
νεῖν/*ordinare* usw. und χεῖρα ἐπιτιθέναι/*manum imponere* usw. Synonyme
sind. Die Synonymie ist wieder partiell (M 7), weil derselbe Ritus
bezeichnet wird, aber in unterschiedlicher Weise, genau so wie bei *mnh*
und *smk* (E a 7).

Diese Übereinstimmung und der Unterschied zwischen den Synonymen bleiben auch, wenn z.B. Basilius schreibt: ἐχειροτόνησε τὸν Φαῦ-
στον... ἰδίᾳ χειρί Ep 122 PG 32.541b. Man kann nur sagen, daß durch das
Element χειρ- der Gedanke an den Gestus mit der Hand naheliegt, und
so kann Theodoret von Mopsuestia die Handauflegung durch Paulus in
1 Tim 4.14 umschreiben als: αὐτῷ... ποιουμένῳ τὴν ἐπ' αὐτῷ χειροτονίαν
(Text oben C 16b). In der profanen Sprache hat χειροτονέω die Bedeutung 'einsetzen' erhalten.[1] In ähnlicher Weise hat das französische
'ordonner' auch profane Bedeutungen, während das englische 'to
ordain' vorwiegend in der kirchlichen Bedeutung erhalten ist.

G. M. van Rossum hat für seine These, daß die Handauflegung in der
katholischen Theologie das Wesen des Weihesakramentes ist, bei seiner
Untersuchung den Unterschied nicht gemacht und, obwohl die Belege
für die Handauflegung genügt hätten, die für χειροτονέω und Ableitungen schlechthin hinzugefügt.[2]

Nach C. Vogel wird in der Sprache der griechisch-orthodoxen
Kirche heutzutage genau unterschieden zwischen einer χειροτονία als
Weiheritus durch Handauflegung für Bischöfe, Priester und Diakone,
und einer χειροθεσία für die niedrigen Ränge.[3] Belege für diese späte

---

[1] Belege in LAMPE PGD s.v. A 1.

[2] G. M. VAN ROSSUM, *De essentia sacramenti ordinis. Disquisitio historico-theologica*,
Freiburg i.B 1914, 2. Aufl. Rom o.J. (1931).

[3] C. VOGEL, *Chirotonie et chirothésie. Importance et relativité du geste de l'imposition des
mains dans la collation des ordres:* Irénikon 45, 1972, 7–21, 207–238, ebd. 7. Tatsächlich
hat sich die Terminologie auch in den Kirchen des Ostens nicht wesentlich geändert.
Zonaras (um 1150) umschreibt die χειροτονία als das Zustandebringen (τελεσιουργία)
der Gebete für die Weihe (καθιέρωσις) dessen, der das Priesteramt bekommt (τοῦ
ἱερᾶσθαι λαχόντος), und die Epiklese des Geistes: νῦν μὲν χειροτονία καλεῖται ἡ τῆς
καθιερώσεως τοῦ ἱερᾶσθαι λαχόντος τελεσιουργία τῶν εὐχῶν καὶ τοῦ ἁγίου πνεύματος
ἐπίκλησις. Das Wort χειροτονία wird gebraucht, weil der Bischof bei der Handauflegung die Hand ausstreckt, um den Weihling zu segnen: ἀπὸ τοῦ τὸν ἀρχιερέα τείνειν
τὴν χεῖρα εὐλογοῦντα τὸν χειροτονούμενον. Er ist sich also der etymologischen Bedeutung bewußt. Früher, sagt er, wurde die Vokabel auch für die Wahl gebraucht:
πάλαι δὲ καὶ αὐτὴ ἡ ψῆφος χειροτονία ὠνόμαστο CommCanApost 1 PG 137.37ab.
Dazu zitiert er ConcLaod (zwischen 341 und 381) c. 5, der verbietet, Zuhörer bei
einer Abstimmung zuzulassen: περὶ τοῦ μὴ δεῖν τὰς χειροτονίας ἐπὶ παρουσίᾳ ἀκροω-

Entwicklung werden nicht gegeben, aber Vogel geht davon aus, daß χειροτονία und χειροθεσία in der griechischen Liturgie technische Termini für zwei unterschiedliche Weiheriten sind, und zwar schon in der Alten Kirche. Wenn Eusebius beide Termini und Ableitungen als Synonyme gebraucht, z.B.: καθίστανται δι᾽ εὐχῆς καὶ χειρῶν ἐπιθέσεως... ἅμα τῇ χειροτονίᾳ HE 2.1.1, ist das nach Vogel eine 'imprécision du vocabulaire qui subsista longtemps encore' (*Imposition* 60 und Anm. 12). So schafft er sich sehr komplizierte Verhältnisse, die er ab 300 n.Chr. zu verfolgen versucht. Er wundert sich dann (65), daß die lateinische Kirche in den entsprechenden Termini *ordinare* und *manum/-us inponere* diesen Unterschied nicht gemacht hat. Grundsätzlich ist das Problem wieder die Synonymie.

Für die 'ambiguïté dans l'emploi des termes' weist Vogel (62) auf ConstAp 8.28.2, aber hier werden die Aufgaben eines Bischofs deutlich umschrieben, namentlich: segnen, (bei unterschiedlichen Riten) die Hand (oder Hände) auflegen, weihen und opfern: ἐπίσκοπος εὐλογεῖ, οὐκ εὐλογεῖται· χειροθετεῖ, χειροτονεῖ, προσφέρει. Der Terminus χειροθετέω ist also umfassender als χειροτονέω, weil es bei vielen Riten eine Handauflegung gab.[1]

Die Wahl der Sieben ist im wesentlichen ein demokratisches Verfahren, freilich nicht in dem Sinne, daß eine Mehrheit der Stimmen die Macht bekommt, sondern die Apostel verleihen der Gemeinde das Recht, Kandidaten aufzustellen, und versprechen, diejenigen einzusetzen, die die vorher festgestellten Voraussetzungen erfüllen. Im Vergleich mit der Wahl des Matthias (Act 1.15ff.) zeigt das Vorgehen eine Entwicklung, denn man verzichtet darauf, die letzte Entscheidung dem Los zu überlassen. In dieser neuen Form hat das System im Altertum lange Zeit standgehalten. Nach 2 Kor 9.19 und Did 15.1 verweisen

---

μένων γίνεσθαι. Symeon von Thessalonike († 1429) unterscheidet die höheren (ἐξαίρετοι) Weihen (Bischof, Priester, Diakon), die im Heiligtum stattfinden, und die niedrigen (Lektor, Subdiakon) außerhalb des Heiligtums: δύο μὲν οὖν εἰσι χειροθεσίαι ἔξω τοῦ βήματος, ἡ τοῦ ἀναγνώστου καὶ ὑποδιακόνου. εἰσὶ δὲ καὶ ἄλλαι...· ἐξαίρετοι δὲ χειροτονίαι ἐντὸς τοῦ βήματος... τρεῖς SacrOrd 156 PG 155.361d. Also bedeutet χειροτονία noch immer 'Weihe' als Name für den Ritus und ist partiell synonym mit χειροθεσία. Nach M.A. SIOTIS, *Cheirotonie*, 20, 1950, 730, 739 ist jetzt in der griechisch-orthodoxen Kirche ἱερωσύνη der Name für 'Priestertum' (*ordo in esse*) und χειροτονία für 'Weihe' (*ordo in fieri*).

[1] Für jüdische Verhältnisse verweist M.A. SIOTIS, *Cheirotonie*, 21, 1950, 612, auf einen Bericht bei Josephus über die Wahl eines Hohenpriesters nach dem Tode des Alkimus: τελευτήσαντος δὲ τούτου τὴν ἀρχιερωσύνην ὁ λαὸς τῷ ᾽Ἰούδᾳ δίδωσιν Ant 12.414; der Bericht ist aber nicht zuverlässig; vgl. H. ST. J. THACKERAY-R. MARCUS, Loeb 365 z.St. Siehe ferner R. GRYSON, *Les élections ecclésiastiques au IIIe siècle*: RHE 68, 1973, 353–404. Die 'Demokratie der Apostel' bleibt außer Betracht in J. RATZINGER-H. MAIER, *Demokratie in der Kirche. Möglichkeiten, Grenzen, Gefahren*, Limburg 1970; ebd. 43f. Vgl. auch N. GREINACHER, *Demokratisierung der Kirche*: ThQ 170, 1990, 253–266.

darauf noch viele Texte, wie: συνευδοκησάσης τῆς ἐκκλησίας πάσης
1 Clem 44.3; auch Hippolyt: *episcopus ordinetur electus ab omni populo*
Trad Ap 2.1 usw. Für Cyprian ist das göttliches Recht: *quod et ipsum*
uidemus de diuina auctoritate descendere, ut sacerdos plebe praesente sub
omnium oculis deligatur Ep 67.4.1, vgl. 68.2. Damit wird nicht ausgeschlossen, daß die Verhältnisse manchmal komplizierter gewesen sind.
Ein Beispiel bieter der Fall Alexandriens.

3. *Der Fall Alexandriens*

a. Hieronymus versucht, wie schon gesagt (C 1 *a*), mit Belegen aus dem
NT die Presbyter mit Bischöfen gleichzusetzen. In seinem Kommentar
zu Titus schreibt er: *idem est ergo presbyter qui et episcopus*. Als Erklärung
für die Verhältnisse seiner eigenen Zeit fügt er hinzu, daß schon damals
die Eifersucht dazu gezwungen hat, für die ganze Welt den Entschluß
zu fassen, anstelle der gemeinsamen Führung der Presbyter einen Presbyter als Haupt zu wählen: *et antequam diaboli instinctu studia in religione*
fierent, et diceretur in populis: Ego sum Pauli, ego Apollo, ego autem Cephae
(1 Kor 1.12) *communi presbyterorum concilio ecclesiae gubernabantur. post-*
quam uero unusquisque eos quos baptizauerat suos putabat esse, non Christi, in
toto orbe decretum est, ut unus de presbyteris electus superponeretur ceteris In
Tit 1 PL 26.597ab. Hieronymus sagt nicht, wer diesen Entschluß gefaßt
hat und wann. Darüber ist sonst auch nichts bekannt.

In seinem Brief an Evangelus geht er von dieser Identität aus, um den
Anspruch einer nicht namentlich genannten Person zu bestreiten, daß
die Diakone höher sind: *audio quendam in tantam erupisse uecordiam, ut*
diaconos presbyteris, id est, episcopis anteferret. nam cum apostolus perspicue
doceat eosdem esse presbyteros quos episcopos... Er fügt nun hinzu, daß man
bei dieser Identität um der Einheit willen den einen Bischof gewählt
hat. Als Beispiel nennt er den Fall Alexandriens. Dort haben seit Markus
dem Evangelisten bis zu den Bischöfen Heraclas (232–248) und Dionysius (248–265) die Presbyter immer einen Nachfolger aus ihrem Kreis
ernannt, und zwar so, wie Soldaten einen Heerführer und die Diakone
einen Archidiakon ernennen: *...in quo manifestissime conprobatur eundem*
esse episcopum atque presbyterum... quod autem postea unus electus est, qui
ceteris praeponeretur, in scismatis remedium factum est, ne unusquisque ad se
trahens Christi ecclesiam rumperet. nam et Alexandriae a Marco euangelista
usque ad Heraclam et Dionysium episcopos presbyteri semper unum de se
electum et in excelsiori gradu conlocatum episcopum nominabant, quomodo si
exercitus imperatorem faciat aut diaconi eligant de se, quem industrium noue-
rint, et archidiaconum uocent. quid enim facit excepta ordinatione episcopus,
quod presbyter non facit? Ep. 146.1.

Diese Behauptung ist Gegenstand vieler Untersuchungen gewesen.
Man hat den Bericht als unwahrscheinlich angefochten (so vor allem
Lécuyer (1969), oder man hat hier eine Presbyterialverfassung ohne

3. Der Fall Alexandriens

Weihe gefunden, die aber mit der apostolischen Sukzession verbunden war (so Telfer 12).[1]

Formal sagt Hieronymus nur, daß die Presbyter die Gewohnheit hatten, jemand zu ernennen (*nominabant* Imperfekt, nicht *consecrabant* 'weihen'), wie ja auch die Diakone den Archidiakon wählten bzw. ernannten, aber nicht weihten. Weil er jedoch im Zusammenhang die Identität der Presbyter mit den Bischöfen beweisen will, weckt er den Eindruck, daß bei der Wahl die Weihe eingeschlossen ist. Er kann das um so leichter tun, weil er seine Aussage auf die Vergangenheit bis Heraclas und Dionysius (einschließlich?) beschränkt. Die Aussage ist raffiniert und irreführend. Der Kirchenvater hätte aber zu seiner Verteidigung anführen können, er habe nicht den Weiheritus im Auge gehabt. Ja, er habe doch am Ende deutlich gesagt, daß nur ein Bischof die Weihe vollziehen kann: *quid enim facit excepta ordinatione episcopus.* Der Gedanke, daß der Bischof sich nur dadurch von den Presbytern unterscheidet, daß ihm die Leitung obliegt und daß ihm das Weihen der Amtsträger vorbehalten ist, ist ziemlich selbstverständlich.

Eine solche Erklärung des Textes hat schon F. Prat vorgeschlagen, und A. Forget stimmt ihm zu. Es verwundert, wenn Lécuyer diese Lösung kurzweg ablehnt, weil sie nicht in den Zusammenhang passe.[2] K. Müller ist der Meinung, daß 'bei Irenäus, der doch mit Rom in naher Verbindung lebt, der Bischof von den Presbytern noch nicht wesentlich verschieden (ist)' und folgert, daß auch in Rom 'die Bischofsweihe, d.h. die feierliche Handauflegung' anfangs 'nur von Presbytern vollzogen worden sein (kann)' (293). Lécuyer vermutet zum Schluß, daß in den Gemeinden und vielleicht sogar in Alexandrien alle Presbyter Bischöfe waren: 'dans cette hypothèse... tous les presbytres auraient reçu la plénitude du sacrement de l'Ordre, et donc il leur aurait suffi d'élire l'un d'entre eux pour l'établir chef de l'église, évêque' (1969, 98 f.). Zudem werden Wahl, Ernennung, Einsetzung und Weihe nicht unterschieden. Das führt dazu, daß man sehr komplizierte Verhältnisse findet.

Bleibt die Frage zu beantworten, was Hieronymus zu diesem Be-

---

[1] Vgl. K. MÜLLER, *Die älteste Bischofswahl und -weihe in Rom und Alexandrien:* ZNW 28, 1924, 274–305, mit Angabe der älteren Literatur; W. TELFER, *Episcopal succession in Egypt:* JEH 3, 1952, 1–13; DERS. *Meletius of Lycopolis and episcopal succession in Egypt:* HThR 48, 1955, 227–237; E. W. KEMP, *Bishops and Presbyters at Alexandria:* JEH 6, 1955, 125–142; J. LÉCUYER, *Le problème des consecrations épiscopales dans l'Église d'Alexandrie:* BLE 65, 1964, 241–257; DERS. *La succession des évêques d'Alexandrie aux premiers siècles:* BLE 70, 1969, 80–99; R. GRYSON *Les élections:* RHE 68, 1973, 353–404. Eine Übersicht mit Angabe der Literatur bietet A. VILELA, *Condition collégiale,* 173–179.
[2] F. PRAT, Art. *Évêques:* DThC 5.2.1685, A. FORGET, Art. *Jérôme:* DThC 8.1.973 f. Lécuyer dazu: 'mais cette interprétation ne cadre pas avec le contexte' 1969, 85 A. 16.

richt über Alexandrien veranlaßt hat. An sich wäre es möglich, daß der
Gebrauch der Vokabel πρεσβύτερος im umfassenden Sinn beim Klerus
in dieser Stadt ein Mißverständnis verursacht hat. Nur fehlt dafür ein
Beweis. Es gibt andererseits Hinweise dafür, daß in Alexandrien eine
alte Gewohnheit existiert hat, um nach dem Tod des Bischofs unmittelbar seinen Nachfolger zu wählen. Die Presbyter haben dann Riten
entwickelt, um diese Wahl für die Gemeinde zu bestätigen und so den
Frieden zu fördern. Die Weihe folgte dann später. Daß man die Zahl
der Presbyter auf zwölf gestellt hat, geht möglicherweise auf eine alte
Tradition zurück, denn Ignatius hat die Presbyter einem Apostelkollegium gleichgestellt. Siehe bei C 16*c*, für die Didascalie D 7 und für
Jerusalem H 4 *f.*

b. Der Diakon Liberatus von Karthago, der viele Städte und darunter
auch Alexandrien besucht hat, beschreibt zwischen 555 und 566 in
seinem *Breviarium* solche Riten anläßlich der Einsetzung des Theodosius
in 536. Der neuerwählte Bischof hält Wache bei der Leiche seines
Vorgängers, legt dessen Hand auf sein Haupt, beerdigt ihn eigenhändig,
bekleidet sich mit dem Pallium des hl. Markus und ist dann rechtsgültig
Bischof: *consuetudo quidem est Alexandriae illum, qui defuncto succedit,
excubias super defuncti corpus agere, manumque dexteram eius capiti suo
imponere, et sepulto manibus suis, accipere collo suo beati Marci pallium, et
tunc legitime sedere* Brev 20 PL 68.1036e.
    Nun sagt Liberatus nicht, daß keine Weihe folgte, und das hätte ihm
doch auffallen müssen. Er sagt nur, daß die Alexandriner Presbyter
Riten entwickelt haben, um die Autorität des neuen Bischofs unmittelbar für alle deutlich kennbar zu machen. Das schließt nicht aus und
ermöglicht es sogar, daß man mit der Weihe gewartet hat, bis die
eingeladenen Bischöfe eingetroffen waren. Vgl. dazu unten bei Severus.

c. Dieses Verfahren versteht man um so besser, wie K. Müller (280)
bemerkt hat, wenn man darauf achtet, daß Alexandrien bis zu Demetrius (189–231/2) der einzige Bischofssitz Ägyptens war und daß erst
Demetrius drei weitere Bischöfe geweiht hat, dann Heraclas (231/2–
247/8) zwanzig. Das berichtet der melchitische Patriarch von Alexandrien Eutychius (877–940) in seiner Kirchengeschichte. Der nur arabisch
erhaltene Text lautet in lateinischer Übersetzung: *ab Hanania, quem
constituit Marcus evangelista patriarcham Alexandriae, usque in tempora
Demetrii patriarchae... nullum fuisse in provinciis Aegypti episcopum; nec
patriarchae ante eum crearunt episcopos. Ille autem factus patriarcha tres constituit episcopos. Et primus fuit hic patriarcha Alexandrinus qui episcopos fecit.
Mortuo Demetrio suffectus est Heraclas patriarcha Alexandrinus, qui episcopos
constituit uiginti* Annales PG 111.982d, über Demetrius auch 989a. Man
mußte also bis zu Demetrius für eine Weihe auf Bischöfe aus anderen

Ländern warten, und bei der isolierten Lage Ägyptens kostete das Zeit.[1]

Andere Belege, die in der Diskussion herangezogen und unterschiedlich erklärt worden sind, werden nun leicht verständlich.

d. Origenes, dessen Schüler die von Hieronymus genannten Bischöfe Heraclas und Dionysius waren, weiß von einer Weihe durch Presbyter nichts, namentlich nicht in zwei Stellen, Cels 3.30 und HomNum 22.4, wo er die Gelegenheit hatte, auf eigenartige Verhältnisse in Alexandrien hinzuweisen. Schon Ch. Gore hat das betont.[2] Nun ist ein *argumentum ex silentio* zwar nicht stark, aber in einer Homilie zu Leviticus anläßlich der Weihe Aarons und seiner Söhne unterscheidet Origenes die Wahl (*eligitur*), die Einsetzung (*constituitur*) und die Weihe (*ordinando*) eines Bischofs. Er legt großen Wert darauf, daß die Wahl in Anwesenheit des Volkes vorgenommen wird, damit später bei niemandem Zweifel oder Sorge aufkomme. Der Vergleich mit Aaron führt dazu, daß Ableitungen von ἱερός gebraucht werden. Die vermutlichen griechischen Termini sind in der hier folgenden Übersetzung Rufins hinzugefügt: *uideamus ergo, quali ordine pontifex* (ἀρχιερεύς) *constituitur* (καθίστασθαι)... *Requiritur enim in ordinando* (χειροτονεῖν) *sacerdote* (ἱερεύς) *et praesentia populi, ut sciant omnes et certi sint quia qui praestantior est ex omni populo..., ille eligitur* (ἐκλέγεσθαι) *ad sacerdotium* (ἱερωσύνη) *et hoc adstante populo, ne qua postmodum retractatio cuiquam, ne quis scrupulus resideret* Hom Lev 6.3.

Daß die Anwesenheit des Volkes bei der Weihe (*et praesentia populi*) erwünscht ist, dürfte selbstverständlich sein, aber der Grund, den Origenes anweist, ist gerade, daß alle dessen sicher sein sollen, daß die fähigste Person aus dem ganzen Volk gewählt wird. Der Grund liegt also bei der Wahl. Diese muß geschehen, während das Volk dabeisteht (*et hoc adstante populo*). Es wird nicht gesagt, daß das Volk wählt. Betont wird nur, daß die Menschen dabei sind, offenkundig damit man sich davon überzeugen kann, daß die Wahl regelmäßig vorgenommen wird und niemand später darüber Zweifel oder Sorge haben kann.

Vergleichen wir diesen Text mit der Aussage des Hieronymus in Ep 146.1, so dürfte es klar sein, daß beide einander ergänzen. Hieronymus redet von einer Gewohnheit, die bis zu Heraclas und Dionysius existiert hat. Das *usque ad* ist sicher nicht zwingend einschließlich zu verstehen. Es können also schon seit der Wahl des Heraclas in 232 Änderungen durchgeführt worden sein. Origenes sagt nichts über die Zahl der Per-

---

[1] Man vergleiche die typisch römische Tradition bei der postbaptismalen Salbung: der taufende Priester salbt vorläufig, der Bischof endgültig. Dazu J. YSEBAERT, *Baptismal terminology* 353–355.

[2] Ch. GORE, *On the ordination of the early bishops of Alexandria:* JThS 3, 1902, 278–282, ebd. 280f.

sonen, die das Wahlrecht hatten. Er plädiert für die Anwesenheit des Volkes zur Kontrolle des Wahlverfahrens, nicht für ein Wahlrecht, und er wünscht, daß die fähigste Person *ex omni populo* gewählt wird.

In einer Homilie zu Numeri nennt Origenes das Vorbild des Mose, der zwar die siebzig Ältesten gewählt, aber sich für die Wahl eines Nachfolgers auf Gott verlassen hat. Deshalb tadelt er ganz allgemein Bischöfe, die einen Nachfolger aus der Verwandtschaft durch Testament zu ernennen versuchen: *discant ecclesiarum principes successores sibi non eos, qui consanguinitate generis iuncti sunt, nec qui carnis propinquitate sociantur, testamento signare neque hereditarium tradere ecclesiae principatum..., sed dei iudicio totum de successoris electione permittere.* Das Volk läßt sich bei der Wahl durch Geschrei und vielleicht sogar durch Geld beeinflussen, aber niemand aus dem Volk oder gar aus den Priestern (*sacerdotes*) darf sich dazu fähig achten, wenn es ihm nicht im Gebet vom Herrn offenbart wird: *quis erit qui audeat uel ex plebe, quae saepe clamoribus ad gratiam, aut ad pretium fortasse excitata, moueri solet, uel ex ipsis etiam sacerdotibus quis erit, qui se ad hoc idoneum iudicet...?* NumHom 22.4. Origenes denkt an eine Wahl, die durch das Volk beeinflußt werden kann, und stellt demgegenüber, daß eine Offenbarung Gottes im Gebet entscheidend sein soll.

e. Die *Vita Petri Alexandrini* ist eine Lobrede, die der Patriarch Alexander (312–328) angeblich auf seinen zweitnächsten Vorgänger Petrus (300–311) gehalten hat, die aber jünger ist. Der Text erwähnt, wie der Patriarch Theonas (281/2–300) vor seinem Tod, um das Volk zu beruhigen, Petrus als seinen Nachfolger angewiesen hat. Als er gestorben ist, folgt die Einsetzung. Der griechische Text ist nur koptisch erhalten und lautet in der Übersetzung Hyvernats: *Et c'est ainsi qu'il s'en alla à Celui qu'il avait aimé... Après ces événements saint Pierre, par l'élection (tipsyphos* = ἡ ψῆφος) *de Dieu tout-puissant, fut établi (aythemso:* Passiv zu *hmoos* 'sitzen') *sur le trône de l'Archiprêtrise.*[1] Die Wahl des Petrus wird unmittelbar Gott zugeschrieben, und wir vernehmen nichts über die Beteiligung der alexandrinischen Presbyter. Der Text sagt aber, daß Petrus eingesetzt, also geweiht wurde. Telfer nennt keinen Grund für seine Vermutung, daß 'this might be the Coptic versionist's evasion of something less conventional in his Greek original' (7).

f. In den *Apophthegmata Patrum* vernehmen wir, daß Häretiker Athanasius (328–373) vorgeworfen haben, er sei als Bischof von Presbytern geweiht worden: ὅτι παρὰ πρεσβυτέρων ἔχει τὴν χειροθεσίαν Apophth

---

[1] H. Hyvernat, *Actes des Martyres d'Égypte*, Paris 1886/Hildesheim 1977, 257. Ich danke der hochw. Priorin Karin Lelyveld in Egmond-Binnen für die Erklärung und Transskription des koptischen Textes.

Patr 78 PG 65.341b). Der Vorwurf ist sicher falsch, wie aus der Apologie des Athanasius hervorgeht. Die Arianer behaupteten, er sei von einigen Bischöfen heimlich geweiht worden, aber das ganze Volk hatte ihn zum Bischof ausgerufen: ἐξ ἢ ἑπτὰ ἐπισκόπων λάθρα καὶ ἐν παραβύστῳ χειροτονοῦσιν αὐτόν... ὅτι δὲ πᾶν τὸ πλῆθος καὶ πᾶς ὁ λαός... Apol Sec 6 PG 25.257d. Die bei Liberatus (H 3*b*) beschriebenen Riten können eine Erklärung für das Entstehen der Verdächtigung bieten.

g. Epiphanius (315–403) kennt die alexandrinische Tradition, daß um des Friedens willen und um Unruhe zu vermeiden nach dem Tod eines Patriarchen unmittelbar der Nachfolger gewählt und eingesetzt wird (καθίστασθαι): ἔθος δὲ ἐν Ἀλεξανδρείᾳ μὴ χρονίζειν μετὰ τελευτὴν ἐπισκόπου τοὺς καθισταμένους, ἀλλὰ ἅμα ⟨τὴν κατάστασιν⟩ γίνεσθαι εἰρήνης ἕνεκα Haer 69.11.5. Epiphanius erzählt das in einem Bericht über die Einsetzung des Athanasius. Dieser war als Diakon vom Patriarchen Alexander (312–328) als Nachfolger angewiesen, aber bei dessen Sterben zum kaiserlichen Hof geschickt worden. Dadurch erfolgte die Weihe drei Monate später, und Lécuyer (1969, 87) bemerkt zu Recht, daß Epiphanius sich irrt, wenn er Achillas, der als Vorgänger Alexanders drei Monate Patriarch war und starb, in die Lücke nach dem Tod Alexanders einsetzt. Epiphanius ist nicht Historiker, und offenkundig versucht er, wie Kemp (132) bemerkt hat, eine Ausnahme von der alexandrinischen Gewohnheit zu beseitigen: παύεται Ἀλέξανδρος τοῦ βίου καὶ διαδέχεται αὐτὸν Ἀχιλλᾶς... τότε διαδέχεται Ἀχιλλᾶν τὸν ἐπίσκοπον ποιήσαντα μῆνας τρεῖς Ἀθανάσιος 69.11.4, vgl. Eusebius HE 7.32.30. So enthält der Bericht doch eine Bestätigung der alexandrinischen Gewohnheit.

h. Man hat darauf hingewiesen, daß die *Canones Hippolyti*, die als ein ägyptisches Dokument aus dem 4. Jh., aber mit alten Vorlagen, betrachtet werden,[1] bei der Weihe für Bischöfe und Presbyter das gleiche Gebet enthalten: *si autem ordinatur presbyter, omnia cum eo similiter agantur ac cum episcopo, nisi quod cathedrae non insideat* 4.30; *etiam eadem oratio super eo oretur tota ut super episcopo cum sola exceptione nominis episcopatus* 4.31 (TU 6.4 S. 61 Achelis). Der Text unterscheidet klar zwischen den beiden Ämtern. Die Formulierung dürfte sich aus der hervorragenden Stellung der Presbyter erklären, kann aber nicht die ursprüngliche Gleichheit beweisen.

j. Der sogenannte Ambrosiaster erwähnt den Fall Alexandriens, wenn er über die Bedeutung der Vokabel *episcopus* schreibt. Jetzt, sagt er,

[1] Vgl. dazu B. Botte, *L'origine des Canons d'Hippolyte*: Mélanges M. Andrieu, Strasbourg 1956, 53–63, ebd. 62.

predigen die Diakone nicht mehr und nur die Kranken können noch an
jedem Tag getauft werden. So stimmen einige Anordnungen nicht
mehr mit denen des Apostels überein, eben weil diese aus dem frühen
Beginn stammen. So nennt Paulus Timotheus, den er zum Presbyter
angestellt hat, einen Episkopen, weil ursprünglich die Presbyter Episkopen genannt wurden, damit der eine dem anderen nachfolgen
könnte: *quia primi presbyteri episcopi appellabantur, ut recedente eo sequens ei
succederet.* Als Beweis dafür nennt er die Gewohnheit in Ägypten, daß
die Presbyter bei Abwesenheit eines Bischofs die *consignatio* mitteilen.

Die Termini *consignare/consignatio* bedeuten das Bezeichnen mit einem
Kreuzzeichen, besonders beim Ritus der postbaptismalen Geistverlei-
hung, die im Westen dem Bischof vorbehalten war, sind aber nirgends
Namen für den Weiheritus: *denique apud Aegyptum presbyteri consignant,
si praesens non sit episcopus.*[1] Weil es aber Presbyter gab, die nicht würdig
waren, die erste Stelle innezuhaben, hat man nach Beratung eine Änderung durchgeführt, damit nicht die Reihe, sondern die Kompetenz für
die Bischofswahl entscheidend sei: *sed quia coeperunt sequentes presbyteri
indigni inueniri ad primatus tenendos, immutata est ratio prospiciente consilio,
ut non ordo, sed meritum crearet episcopum multorum sacerdotum iudicio con-
stitutum* Ad Eph 4.12 CSEL 81.2.100.

Die zwei Argumente des Ambrosiaster beschränken sich also auf die
ursprüngliche Synonymie der Termini πρεσβύτερος und ἐπίσκοπος und
das Vorbehalten der postbaptismalen Geistesmitteilung im Westen.

Daß 1 Tim 3.8 nach den Episkopen die Presbyter nicht erwähnt,
meint der Ambrosiaster, hat seinen Grund darin, daß es sich nur um
eine Weihe handelt, denn Episkop und Presbyter sind beide *sacerdos*,
aber der Episkop hat die erste Stelle inne, und deshalb ist nicht jeder
Presbyter ein Episkop: *quare, nisi quia episcopi et presbyteri una ordinatio
est? uterque enim sacerdos est, sed episcopus primus est, ut omnis episcopus
presbyter sit, non tamen omnis presbyter episcopus.* Die erste Stelle macht
also jemanden zum Bischof. Paulus hat Timotheus (nur) zum Presbyter
geweiht, und weil niemand über ihm stand, war er Episkop: *hic enim
episcopus est, qui inter presbyteros primus est. denique Timotheum ordinatum
presbyterum significat, sed quia ante se alterum non habebat, episcopus erat.*
Man könnte nun versucht sein, zu folgern, daß ein Episkop nur gewählt
wird und nicht ordiniert. Was Ambrosiaster dazu sagt, ist nicht unmittelbar klar, und der Grund dafür dürfte sein, daß die Folgen seiner
These nicht mit den Verhältnissen der eigenen Zeit übereinstimmen. Er
sagt nun, daß Paulus deshalb (*unde*), d.h. implizit durch die Presbyterweihe des Timotheus, gezeigt hat, wie er einen Episkopen weihte, denn
auf keinen Fall darf ein Untergebener einen Vorgesetzten weihen: *unde
et quemadmodum episcopum ordinet ostendit. neque enim fas erat aut licebat, ut*

---

[1] Vgl. Blaise–Chirat s.v. und J. Ysebaert, *Baptismal terminology* 438 s.v. *signum.*

inferior ordinaret maiorem. Nemo enim tribuit quod non accepit Ad 1 Tim 3.10 CSEL 81.3.267.

In den dem Ambrosiaster zugeschriebenen pseudoaugustinischen *Quaestiones* findet sich dieselbe These: Ein Presbyter ist auch Episkop. Das beweist Paulus, indem er Timotheus zum Presbyter ordiniert und ihn lehrt, wen er als Episkopen einsetzen muß: *presbyterum autem intellegi episcopum probat Paulus apostolus, cum quando Timotheum, quem ordinauit presbyterum, instruit, qualem debeat creare episcopum.* Weil Timotheus *primus presbyter* war, war er selbstverständlich *episcopus* und *summus sacerdos: quid est enim episcopus, nisi primus presbyter, hoc est summus sacerdos?* Ein Episkop kann seine Mitarbeiter Mitpresbyter, Mitpriester und Mitdiakon nennen: *denique non aliter quam conpresbyteros hos uocat et consacerdotes; numquid et ministros condiaconos suos dicit episcopus?* Das erinnert an die Ausführung des Chrysostomus über die Synonymie (C 2). Ein Bischof spricht bestimmt nicht so, weil er sie viel geringer achtet, fährt der Ambrosiaster fort, und es ist keine Schande für einen Richter, daß er seinen nächsten Mitarbeiter den ersten Bürogehilfen nennt: *non utique, quia multo inferiores sunt et turpe est iudici dicere primiscrinium.* Dann wiederholt er den Beweis aus der *consignatio* in Ägypten: *nam in Alexandria et per totam Aegyptum, si desit episcopus, consignat presbiter* Ps.-Aug. Quaest 101.5 CSEL 50.196.

k. Der monophysitische Patriarch Severus von Antiochien (um 465–538) schreibt während seiner Verbannung (518–538), die er größtenteils in Ägypten verbrachte, in einem nur Syrisch erhaltenen Brief: *The bishop also of this city (Alexandrien) renowned for its orthodox faith... was in old times appointed by presbyters. But in modern times, in accordance with the canon which has prevailed everywhere, the solemn institution of their bishops is performed by bishops...*[1] Eine mögliche Erklärung würde auch hier sein, daß die von Liberatus (H 3 b) beschriebenen Riten als eine Einsetzung durch Weihe betrachtet wurden.

l. Der schon genannte Patriarch Eutychius (H 3 c) ist noch ausführlicher. Seit dem Evangelisten Markus habe es in Alexandrien ein Kollegium von zwölf Presbytern gegeben. Diese haben aus ihrer Mitte den Patriarchen gewählt und durch Handauflegung geweiht: *constituit autem evangelista Marcus una cum Hanania patriarcha duodecim presbyteros, qui nempe cum patriarcha manerent, adeo ut cum vacaret patriarchatus, unum e duodecim presbyteris eligerent, cuius capiti reliqui undecim manus imponentes ipsi benedicerent et patriarcham crearent.* Diese Gewohnheit blieb, sagt Eutychius, bis zum Patriarchen Alexander (312–328) und das Konzil der

---

[1] E. W. Brooks, *The Sixth Book of the Select Letters of Severus Patriarch of Antioch in the Syriac version of Athanasius of Nisibis*, London 1903, 2.1.213.

318 Väter (Nicäa): *neque desiit Alexandriae institutum hoc... usque ad tempora Alexandri patriarchae Alexandrini qui fuit ex numero illo trecentorum et octodecim.* Er bestimmte, daß die Bischöfe zusammenkommen müßten, um den Patriarchen zu weihen (*ordinarent*): *decrevit ut mortuo patriarcha convenirent episcopi qui patriarcham ordinarent.* Sie müssen den Fähigsten wählen (*eligerent*): *decrevit item ut... eligerent ex quacumque tandem regione... virum aliquem eximium* Annales PG 111.982bc. So sei durch diese Anordnung die Wahlernennung und die Einsetzungsweihe Aufgabe dieser Bischöfe geworden. Ob und wie das Volk an der Wahl beteiligt war, sagt der Bericht nicht. Das Verfahren bei der Einsetzungsweihe wird mit Nicäa (325) c. 4 in Übereinstimmung gebracht: Der Bischof muß durch alle (Bischöfe) der Provinz *eingesetzt* werden: ἐπίσκοπον προσήκει μάλιστα μὲν ὑπὸ πάντων τῶν ἐν τῇ ἐπαρχίᾳ καθίστασθαι. Über die Wahlernennung sagt der Kanon nichts und die Übersetzung 'doit être choisi' in Hefele-Leclercq 1.1.539 ist nicht richtig.

Lécuyer (1964, 244; 1969, 91) betont, daß in diesem Bericht Einzelheiten nicht mit dem des Hieronymus übereinstimmen und daß Eutychius ein unzuverlässiger Historiker ist. Es sieht tatsächlich so aus, als habe er einen Bericht über die Riten bei der Wahl mit einer Handauflegung als Weiheritus durch die zwölf Presbyter erweitert.

m. Demgegenüber stellt Lécuyer die Berichte des Severus Ibn-al-Muqaffa, Bischof von Hermopolis, im 10. Jh. Dieser um seine Gründlichkeit gepriesene Historiker stützt sich aber für die älteste Geschichte auf Eusebius und erwähnt die Wahl und Weihe der Alexandriner Patriarchen nur in konventionellen Worten der eigenen Zeit : *When the evangelist Mark, the apostle of the Lord Christ, died, Annianus (62–85) was enthroned as patriarch after him... He ordained some of them priests and deacons... Then the orthodox people assembled and consulted together and took a man named Avilius (Abilios 85–98), and elected him patriarch... So they took Cerdo (Kerdon 98–109) and appointed him to the see of Alexandria...* PO 1.149f. B. Evetts, vgl. Eusebius HE 2.24; 3.14, 21. Es fällt auf, daß Severus das Volk die Einsetzungsweihe vornehmen läßt. Das tut er in ähnlicher Weise bei den fünf nächsten Patriarchen und erzählt dann über Agrippinus (167–180): *Then the people assembled again with one consent, and laid their hands upon a man... and they ordained him patriarch,* und über Julianus (180–189): *So a body of bishops of the synod assembled together with the orthodox laity... So they laid their hands upon him, and appointed him patriarch* 153f., vgl. Eusebius HE 4.19; 5.9. Über die nächsten Patriarchen weiß Severus schon mehr zu berichten, aber ist nun kürzer über ihre Wahl und Einsetzung. Über den Papst Fabianus (236–250) sagt er: *So they took him and made him patriarch of Rome* 174. Es muß klar sein, daß Severus, wie Kemp bemerkt hat (133), ungenau formuliert und nicht die Absicht hat, mitzuteilen, was der

Anteil des Volkes und der Bischöfe bei der Wahlernennung und der Einsetzungsweihe war.

Severus berichtet ausführlicher über die Einsetzung des Patriarchen Theodosius in 535, weil der Archidiakon Gaianus, der dabei anwesend war, ein Schisma verursachte, indem er sich gleichfalls zum Patriarchen weihen ließ. Deshalb erwähnt er die Ordination und ausnahmsweise vernehmen wir, daß es üblch war, dabei eine Urkunde abzufassen: *For there was a man who was old and advanced in age, and whose name was Gaianus; and he was archdeacon of the church of Alexandria; and he was standing, at the time of the ordination of the Father Theodosius as patriarch, among the bishops and priests and chief man of the city, until they had ordained him, and written his diploma of consecration, and promoted him to the degree of primate over the apostolic diocese, and ratified his appointment with the consent of all Christians and God-loving people* ebd. 456.

4. *Die Nachfolge in Rom und in anderen Städten*

a. Ab dem 2. Jh. hat man für die wichtigsten Städte und namentlich für Rom in Bischofslisten die Nachfolge der Apostel festzulegen versucht. In einem Fragment aus seiner *Hypomnemata*, das Eusebius bewahrt hat, berichtet der Judenchrist Hegesipp, daß er auf einer Reise nach Rom die Gemeinde in Korinth besucht hat, die unter einem uns sonst unbekannten Bischof Primus die Orthodoxie bewahrte: καὶ ἔμεινεν ἡ ἐκκλησία ἡ Κορινθίων ἐν τῷ ὀρθῷ λόγῳ μέχρι Πρίμου ἐπισκοπεύοντος ἐν Κορίνθῳ ap. Eus. HE 4.22.2. In Rom hat Hegesipp eine διαδοχή 'Liste'[1] bis auf Anicetus (um 154–165), Soter (um 165–174) und Eleutherus (um 174–189) aufgestellt: γενόμενος δὲ ἐν Ῥώμῃ, διαδοχὴν ἐποιησάμην μέχρις Ἀνικήτου· οὗ διάκονος ἦν Ἐλεύθερος, καὶ παρὰ Ἀνικήτου διαδέχεται Σωτήρ, μεθ' ὃν Ἐλεύθερος 4.22.3. Hegesipp hat bei jeder Liste in jeder Stadt die Übereinstimmung mit dem Gesetz und den Propheten (des AT) und mit dem Herrn feststellen können: ἐν ἑκάστῃ δὲ διαδοχῇ καὶ ἐν ἑκάστῃ πόλει οὕτως ἔχει ὡς ὁ νόμος κηρύσσει καὶ οἱ προφῆται καὶ ὁ κύριος ebd. Siehe auch bei H 5.

Harnack hat schon bemerkt, daß Eusebius, der gerne aus den *Hypomnemata* des Hegesipp zitiert, die Listen sicher völlig abgeschrieben hätte, wenn er sie in dieser Schrift gefunden hätte.[2] Trotzdem meint man die römische Liste des Hegesipp bei Epiphanius gefunden zu haben. Siehe die Literatur bei *c* und für Epiphanius bei *g*.

b. In römischen Texten heißt der zweite Nachfolger der Apostel immer Cletus, was eine Kurzform für Ana-cletus, Lat. (*Re*)*vocatus* ist.

---

[1] Diese Auslegung ist vom Herausgeber E. SCHWARTZ in GCS 9.1 z.St. und anderen angefochten worden. Dazu G. BARDY in seiner Ausgabe des Eusebius, SCh 31 z.St.
[2] A. HARNACK, *Altchristliche Literatur, 2 Die Chronologie* 1.182.

Das Wort kann sich wenig ehrenvoll auf einen Sklaven beziehen, der zur Pflicht zurückgerufen wird. Die Kurzform ist aber christlicher Ehrenname, Röm 1.6 u.ö, den Cletus selbst offenbar als Bischof benutzt hat. Sie begegnet immer im römischen Messekanon und im *Liber Pontificalis*. Die Form Ἀνέγκλητος 'Unbescholten, Tadellos' sieht freundlicher aus, dürfte aber als Sklavenname eine spöttisch gemeinte Variante sein. C.H.Turner (1917, 113), der das bemerkt hat, weist dazu auf die Namen Tryphäna und Tryphosa 'Üppig, Lustig', aber auch 'Stolz' in Röm 16.12. Ein anderes Beispiel ist der Papstname Anicetus 'Unbesiegt, Unbesiegbar'.

c. Es wäre zu weitläufig, sagt Irenäus, die apostolische Nachfolge aller Kirchen aufzuzählen, und deshalb beschränkt er sich auf die von den Aposteln Petrus und Paulus begründete Gemeinde in Rom: *a gloriosissimis duobus apostolis Petro et Paulo Romae fundatae et constitutae ecclesiae...* Haer 3.3.2. Es gibt Hinweise, daß Petrus auf einer Missionsreise um das Jahr 42 Kleinasien, Korinth und auch Rom besucht hat.[1] Der Anteil des Paulus ist dann vor allem in seiner römischen Gefangenschaft zu suchen. Nachdem Irenäus die besondere Stelle der römischen Kirche erwähnt hat, fährt er weiter, daß die Apostel, d.h. Petrus und Paulus, nachdem sie die Gemeinde gegründet und aufgebaut hatten, Linus die ἐπισκοπή übertragen haben. Der griechische Text ist hier bei Eusebius erhalten: θεμελιώσαντες οὖν καὶ οἰκοδομήσαντες οἱ μακάριοι ἀπόστολοι τὴν ἐκκλησίαν, Λίνῳ τὴν τῆς ἐπισκοπῆς λειτουργίαν ἐνεχείρισαν. Diesen Linus, sagt Irenäus, erwähnt Paulus: τούτου τοῦ Λίνου Παῦλος ἐν ταῖς πρὸς Τιμόθεον ἐπιστολαῖς (2 Tim 4.21) μέμνηται. Sein Nachfolger war Anencletus: διαδέχεται δ' αὐτὸν Ἀνέγκλητος (über den Namen bei *b*). Nach ihm kam an dritter Stelle, also nach Linus und Anencletus und ohne die Apostel mitzurechnen, Clemens: μετὰ τοῦτον δὲ τρίτῳ τόπῳ ἀπὸ τῶν ἀποστόλων τὴν ἐπισκοπὴν κληροῦται Κλήμης 3.3.3, ap. Eus. HE 5.6.1f. Der Satz fängt mit zwei Partizipien an, die die Gründung und Einrichtung der Gemeinde durch die Apostel umschreiben, und nennt dann die drei Nachfolger der Gründer, Linus, Anencletus und Clemens. Nach den Verhältnissen der eigenen Zeit meint Irenäus eine Nachfolge des Linus und des Anencletus nach deren Tod. Daraus folgt nicht, daß Linus den Aposteln erst nach deren Tod nachgefolgt ist. Irenäus sagt, daß die Apostel nach der Gründung und Einrichting der römischen Gemeinde Linus als Bischof eingesetzt haben: ἐνεχείρισαν/*tradiderunt*, also zu ihren Lebzeiten. Normalerweise ist τρίτῳ τόπῳ als eine nähere Bestimmung des vorangehenden μετὰ τοῦτον, d.h. nach Anencletus, zu verstehen. Hätte Irenäus gemeint 'an dritter Stelle (unmittelbar) nach Petrus und Paulus', so hätte er sich ganz anders ausdrücken müssen.

---

[1] Vgl. S. Dockx, *Chronologies* 136–139.

Der Text sagt also, daß Clemens nach Linus und Anencletus der dritte Nachfolger der Apostel ist, und zwar nach der Gründung durch die Apostel, nicht nach deren Martyrium.

Diese Auslegung findet darin eine Bestätigung, daß man auch für die anderen Bischofssitze, wie wir unten bei *f*, *g* und *h* sehen werden, den ersten Bischof schon zu Lebzeiten der Apostel erwähnt, und die Zählung mit diesem als dem ersten Bischof der Stadt 'nach dem Gründer' anfängt. Für Rom tut Irenäus das hier, und er führt die Liste bis zu der eigenen Zeit weiter: 4. ist Euarestus, 5. Alexander, 6. Xystus, 7. Telesphorus, 8. Hyginus, 9. Pius, 10. Anicetus, 11. Soter, 12. Eleutherus: τὸν δὲ Κλήμεντα τοῦτον διαδέχεται Εὐάρεστος καὶ τὸν Εὐάρεστον Ἀλέξανδρος, εἶθ' οὕτως ἕκτος ἀπὸ τῶν ἀποστόλων καθίσταται Ξύστος, μετὰ δὲ τοῦτον Τελεσφόρος... ἔπειτα Ὑγῖνος, εἶτα Πίος, μεθ' ὃν Ἀνίκητος. διαδεξαμένου τὸν Ἀνίκητον Σωτῆρος, νῦν δωδεκάτῳ τόπῳ τὸν τῆς ἐπισκοπῆς ἀπὸ τῶν ἀποστόλων κατέχει κλῆρον Ἐλεύθερος 3.3.3.

Durch die Tatsache, daß die Gründer Petrus und Paulus auch in Rom das Martyrium erlitten haben, weckt eine solche Liste ohne Jahreszahlen leicht den Eindruck, daß Linus der erste Bischof nach dem Tod der Apostel war. Schon Eusebius (unten bei *f*) hat das so verstanden, und seine Auslegung ist ziemlich allgemein geworden.

M. Bévenot hat nun versucht gegen diesen Consensus den Text so zu verstehen, daß Clemens der dritte ist, nicht nach Linus und Anencletus, sondern nach Petrus und Paulus.[1] Dazu hat er den Ausdruck ἀπὸ τῶν ἀποστόλων untersucht und mit μετὰ τοὺς ἀποστόλους verglichen. Er folgert, daß ἀπό hier inclusive zu verstehen ist, also 'an dritter Stelle ab 1. Petrus und 2. Paulus', und daß μετά und ἀπό identisch sind ('practically interchangeable' 107). D. F. Wright hat seine These angefochten.[2]

Bévenot (102–104) nennt einige Stellen, wo ἀπό inklusive Bedeutung hat: ἀπὸ τῆς ἡμέρας τῆς ὀγδόης καὶ ἐπέκεινα 'am achten Tag und von dann an' Ez 43.27, auch: πέμπτον ἀπὸ Αβρααμ Job 42.17c LXX, Aëtios: ἀπὸ τῆς μονάδος 1.3.8 (Diels-Kranz Vorsokr. 58 B 15), und Irenäus selbst: ἀπὸ τοῦ ἄλφα Haer 1.16.2 (zweimal).[3] Daraus folgt aber nicht, daß die

---

[1] M. Bévenot, *Clement of Rome in Irenaeus's succesion-list:* JThS 17, 1966, 98–107. Die Bischofslisten sind untersucht worden von C. H. Turner, *The early episcopal lists:* JThS 1, 1900, 181–200, 529–553; 18, 1917, 103–134; J. Flamion, *Les anciennes listes épiscopales:* RHE 1, 1900, 645–678; 2, 1901, 209–238 und 503–528; J. Chapman, *La chronologie des premières listes épiscopales:* RevBen 18, 1901, 399–417; 19, 1902, 13–37 und 145–170; und E. Caspar, *Die älteste römische Bischofsliste. Kritische Untersuchungen zum Formproblem* usw.: Schriften der Königsberger Gelehrten Gesellschaft 2.4, Berlin 1926/1975. Diese drei Autoren gehen für Rom von der Liste aus, wie Eusebius sie verstanden hat. Bévenot über Caspar: 'In spite of the many hard things he there said of Eusebius as an historian, he never really questioned Eusebius' intepretation of Irenaeus's list' (99).
[2] D. F. Wright, *Clement and the Roman succession in Irenaeus:* JThS 18, 1967, 144-154.
[3] Wright (146 Anm. 4) weist noch auf Irenäus: ἀπὸ τῆς Ἀρχῆς, τουτέστιν τοῦ Υἱοῦ,

inklusive Bedeutung, wenn sie möglich ist, auch notwendig ist. In Haer 3.3.3 ist diese Bedeutung schon deshalb ausgeschlossen, weil, wie gesagt, τρίτῳ τόπῳ mit dem vorangehenden μετὰ τοῦτον, also mit Anencletus und indirekt mit Linus zu verbinden ist. Tatsächlich ist das Problem nicht die inklusive oder exklusive Bedeutung der Präposition, sondern die Frage, ob ἀπό hier bedeutet 'ab/nach dem Tode' oder 'ab/nach der Abreise jemandes', d.h. ab/nach der Gründung der Gemeinde. Wright macht diesen Unterschied ebensowenig wie Bévenot.

Zu beachten ist, daß es zwar für die Zählung der römischen Bischöfe nichts ausmacht, wenn man statt Linus und Cletus Petrus und Paulus mitzählt, nur war es üblich, in den Bischofslisten die Apostel und andere Gemeindegründer nicht mitzuzählen. Das drückt Irenäus aus mit ἀπὸ τῶν ἀποστόλων 3.3.3, auch 1.27.1 (Text unten). Dazu kommt, wie wir sehen werden, die alte Tradition, daß diese zu ihren Lebzeiten den ersten Nachfolger eingesetzt haben.

Für diese Weise der Zählung gibt es eine Ausnahme bei Irenäus und eine bei Hieronymus (unten *k*). Nennt Irenäus Haer 3.3.3 Hyginus den 8. Bischof, an zwei anderen Stellen wird dieser der 9. genannt, einmal in dem bei Eusebius erhaltenen griechischen Text und in der lateinischen Übersetzung: ἐπὶ Ὑγίνου ἔνατον κλῆρον τῆς ἐπισκοπῆς κατὰ διαδοχὴν ἀπὸ τῶν ἀποστόλων ἔχοντος 1.27.1 ap. Eus. HE 4.11.2; *sub Hygino, qui nonum locum episcopatus per succesionem ab apostolis habuit* ebd. An einer zweiten Stelle heißt Hyginus der 9. im griechischen Text und der 8. in der lateinischen Übersetzung: ἐπὶ Ὑγίνου, ὃς ἦν ἔνατος ἐπίσκοπος Haer 3.4.3 ap. Eus. HE 4.11.1, *sub Hygino qui fuit octauus episcopus* ebd. Ein Vergleich dieser fünf Belege macht es wahrscheinlich, daß der lateinische Übersetzer in 3.4.3 einen Fehler berichtigen wollte. Anzunehmen ist, daß Irenäus einmal bei inklusiver Zählung mit Petrus angefangen hat. So auch Hieronymus (bei *k*).

d. Bei einer Besprechung der Zeugnisse in chronologischer Reihenfolge kommt nach Irenäus Tertullian. Er wirft den Häretikern vor, daß sie ihre Nachfolge nicht unmittelbar oder durch einen *primus episcopus* auf die Apostel zurückführen können: *euoluant ordinem episcoporum suorum, ita per successionem ab initio decurrentem ut primus ille episcopus aliquem ex apostolis uel apostolicis uiris, qui tamen cum apostolis perseuerauerit, habuerit auctorem et antecessorem* Praescr 32.1. In dieser Weise hat Smyrna Polykarp, von Johannes eingesetzt, und Rom Clemens, von Petrus ordiniert: *hoc enim modo ecclesiae apostolicae census suos deferunt, sicut Smyrnaeorum ecclesia Polycarpum ab Iohanne collocatum refert, sicut Romanorum Clementem a Petro ordinatum est* (corr. *edit*) ebd. 32.2. Einen

---

καὶ τοῦ Λόγου τὴν διδασκαλίαν ποιεῖται Haer 1.8.5, und ἀπὸ τοῦ Ζαχαρίου τοῦ ἱερέως θυμιῶντος 3.11.8, wo die Präposition deutlich inklusive zu verstehen ist.

Gegensatz zu der Aussage des Irenäus (*c*), die Tertullian bekannt gewesen sein muß, ist nicht nachweisbar. Tertullian läßt Linus und Anencletus, die nur im Auftrag des Petrus die Kirche verwaltet haben, für die Nachfolge außer Betracht, betont aber, daß Petrus Clemens ordiniert hat. Daß er Paulus nicht erwähnt, ist an sich auch richtig.

e. In der nicht genau zu datierenden pseudoclementinischen *Epistula Clementis ad Iacobum* erzählt Clemens selbst, wie Petrus ihn geweiht hat und sagte, daß er ihm seinen Lehrstuhl anvertraute: ἀκούσατέ μου, ἀδελφοί, ... Κλήμεντα τοῦτον ἐπίσκοπον ὑμῖν χειροτονῶ, ᾧ τὴν ἐμὴν τῶν λόγων πιστεύω καθέδραν Ep Clementis ad Iac 2.2 GCS 42.6. Die Art dieser Literatur erklärt, daß Linus und Anencletus außer Betracht bleiben. Eine Weihe des Clemens durch Petrus berichten auch Epiphanius Haer 27.6.4 und Const Ap 7.46.6 (unten *g* und *h*). Die drohenden Worte des Clemens, daß ein Korinther, der nicht gehorchen will, sich zurückziehen soll: εἰπάτω· ... ἐκχωρῶ, ἄπειμι 1 Clem 54.2, werden nun auf Clemens bezogen. Er habe sich nach seiner Weihe auf eigenen Wunsch zurückgezogen: προσπεσὼν ἐδεόμην αὐτοῦ παραιτούμενος τὴν τῆς καθέδρας τιμήν τε καὶ ἐξουσίαν Ep Clementis ad Jac. 3.1.

f. Eusebius erwähnt in seiner Chronik, die zu seinen ältesten Schriften gerechnet wird, in der Armenisch erhaltenen Fassung die Einsetzung der wichtigsten Bischöfe. Für das 19. Regierungsjahr des Tiberius (32 n.Chr.), drei Jahre nach der Auferstehung, die in das 16. Regierungsjahr gelegt wird, berichtet er: 'Als der Jerusalemiten erster Episkopos empfängt von den Aposteln die Handauflegung Jakobus, der Bruder unseres Herrn Jesus Christus.' Für das 1. Regierungsjahr des Claudius (beginnend im Januar 41) meldet die Chronik: 'Markos der Evangelist, der Dolmetsch des Petrus, zog nach Egiptos...', und für das nächste Jahr: 'Als erster wird zu Antioch als Episkopos eingesetzt Euodios.' Für das 7. Jahr Neros (60) wird die Nachfolge des Markus durch Ananios (= Anianos) und des Jakobus durch Sim(e)on erwähnt, für das 12. Regierungsjahr Neros (65) heißt es: 'In der Römer Kirche folgte nach Petros im Bistum Linos, 14 Jahre.' Für das nächste Jahr wird das Martyrium der Apostel Petrus und Paulus erwähnt: 'Neron erregte... eine Verfolgung der Christen, unter welcher Petros und Paulos, die Apostel, zu Rom Zeugnis ablegten.' Für das 1. Regierungsjahr des Titus (angefangen im Juni 79) heißt es: 'In der Römer Kirche folgte als zweiter in das Bistum Linos, Jahre 8.' Der Übersetzer und Herausgeber J. Karst vermutet in Linus eine spätere Fälschung für Ἀνίγκλητος (Sync.)/Anacletus (Hieronymus). Für das 7. Jahr Domitians (87) erwähnt die Chronik: 'In der Römer Kirche folgte als dritter in das Bistum Klemes, Jahre 9' GCS 20.213–217.
Die Chronik nennt also eine Reihenfolge und fängt die Zählung

immer bei dem *ersten* Nachfolger der Apostel oder des Gemeinde-gründers an, mit Jakobus, Evodius, Ananios und Linos

Die lateinische Fassung des Hieronymus ist kürzer und damit zuver-lässiger. Die Zählung fängt, wo sie genannt wird, bei dem ersten Nach-folger an. Im 4. Jahr des Claudius (44 n. Chr.): *primus Antiochiae episco-pus ordinatur Euodius.* Im 8. Jahr Neros (62): *post Marcum euangelistam primus Alexandrinae ecclesiae ordinatur episcopus Annianus, qui praefuit annis XXII.* Im 14. Jahr Neros (68): *post Petrum primus Romanam eccle-siam tenuit Linus ann. XI.* Im 2. Jahr des Titus (80): *Romanae ecclesiae secundus constituitur episcopus ⟨Anen⟩cletus ann. XII.* Im 12. Jahr des Domi-tianus (92 n.Chr.): *tertius Romanae ecclesiae episcopus praefuit Clemens ann. VIIII.* Der Herausgeber R. Helm (GCS 47) korrigiert ⟨Anen⟩cletus, weil Hieronymus sonst diese Form hat.

Aufschlußreich ist hier der Bericht über Jakobus. Der Herrenbruder ist kein Apostel (vgl. dazu A 2*f*4), wurde aber einige Jahre nach der Auferstehung durch Handauflegung zum Bischof geweiht. Für Euse-bius und wahrscheinlich schon für seine Quelle ist es also selbstverständ-lich, daß die Apostel durch Handauflegung Nachfolger für die Lei-tung der Gemeinden eingesetzt haben. Das trifft gleichfalls zu für Rom, insofern Linus bzw. Clemens im Jahr vor dem Martyrium der Apostel eingesetzt wurde. Wie die römische Gemeinde vorher bei Abwesenheit der Apostel verwaltet wurde, vernehmen wir nicht. Die acht Jahre für Linus reichen nicht einmal bis zur Einsetzung des Anencletus. Man bekommt den Eindruck, daß diese Daten ziemlich willkürlich in die Chronik aufgenommen worden sind.

In seiner Kirchengeschichte erwähnt Eusebius die Einsetzung dieser Bischöfe meistens ohne Jahreszahlen. Für Jerusalem nennt er ohne Jahr den Herrenbruder und zitiert dazu Clemens von Alexandrien: Πέτρον γάρ φησιν καὶ Ἰάκωβον καὶ Ἰωάννην... Ἰάκωβον τὸν δίκαιον ἐπίσκοπον τῶν Ἱεροσολύμων ἑλέσθαι Frgm. 10, HE 2.13 (oben C 18). Er geht also davon aus, daß die Apostel einen Bischof für die Stadt eingesetzt haben. Daß Jakobus die Leitung hatte während der Gefangenschaft des Petrus, deu-tet Act 12.17 an (vgl. C 16*a*). In HE 3.11 und 3.22 erwähnt Eusebius die Wahl des Symeon als Nachfolger. Das war kurz nach der Zerstörung Jerusalems, und die noch lebenden Apostel waren anwesend. In 4.5.3 folgt die vollständige Liste, und Eusebius fügt hinzu: τοσοῦτοι καὶ οἱ ἐπὶ τῆς Ἱεροσολύμων πόλεως ἐπίσκοποι ἀπὸ τῶν ἀποστόλων 4.5.4. Das ἀπό ist also exklusiv, aber bezeichnet einen Zeitpunkt während der Anwesen-heit des Petrus, nicht einmal nach seiner Abreise und sicher nicht 'nach dem Tod'.

Die Nachfolge enthält für Eusebius auch ein Problem. Symeon habe das Martyrium im Alter von 120 Jahren erlitten, im 10. Jahr des Trajan (107 n.Chr.), so zitiert er aus Hegesipp, HE 3.32.3, 6, ebenso in der Chronik. Sein Nachfolger war ein Judenchrist, Justus, HE 3.35, Chronik ebd. Die Jahreszahlen der folgenden Bischöfe hat Eusebius nirgends schriftlich überliefert gefunden, HE 4.5.1. Die Überlieferung will tatsächlich, daß sie nur kurz gelebt haben, und aus schriftlichen Texten, die er nicht näher bestimmt, weiß Eusebius, daß es insgesamt fünfzehn judenchristliche Bischöfe gegeben hat bis zur Belagerung der Stadt unter Hadrian in 132: τοσοῦτον ἐξ ἐγγράφων παρείληφα, ὡς μέχρι τῆς κατὰ Ἁδριανὸν Ἰουδαίων πολιορκίας πεντεκαίδεκα τὸν ἀριθμὸν αὐτόθι γεγόνασιν ἐπισκόπων διαδοχαί 4.5.2. Es folgen die 15 Namen, 4.5.3.

Zur Erklärung dieser vielen Namen für eine so kurze Zeit hat Ph. Carrington vermutet, daß dem dritten Bischof die Namen eines Kollegiums von zwölf Presbytern beigefügt worden sind.[1] Ein solches Mißverständnis ist nun um so leichter begreiflich, wenn man daran denkt, daß auch die Bischöfe als πρεσβύτερος bezeichnet werden konnten (oben C 10ff.).

R. van den Broek hat zur Unterstützung dieser Erklärung darauf hingewiesen, daß bei Ignatius (oben C 16c) und in ConstAp (Didasc) 2.28.4 (D 7) das Presbyterkollegium dem Apostelkollegium gleichgestellt wird, und zwar weil an eine Zwölfzahl gedacht wird.[2] In den Clementinen wird ausdrücklich ein Kollegium von zwölf Presbytern erwähnt als Mitarbeiter des Petrus und des von ihm geweihten Bischofs Zachäus von Cäsarea, Recogn 3.68, und des von Petrus eingestezten Bischofs Mar(th)ones von Tripolis in Phönizien, 6.15.4, Hom 11.36.2, auch im *Testamentum Domini* 34, 40 (Rahmani 83, 99), und siehe für Alexandrien bei H 3c. Van den Broek (58) findet nun sechs der zwölf Namen aus HE 4.5.3 in dem wenig bekannten apokryphen Brief des Jakobus an Quadratus 10: 'Aber Philippus und Senikus und Iustus und Levi und Aphre und Juda, angesehene Schriftgelehrte der Juden, kamen, zusammen mit ihren anderen Genossen, wieder zu mir und bekannten Christus und empfingen die Taufe.' Ob Jakobus oder ein Nachfolger diese Schriftgelehrten bekehrt und zum Presbyter geweiht hat, ist damit nicht sichergestellt, aber die Liste bei Eusebius dürfte auf eine Tradition zurückgehen, die davon ausging, daß die Jerusalemer Bischöfe mit einem Kollegium von zwölf Presbytern umgeben waren.

Für Ägypten nennt Eusebius Markus: τοῦτον δὲ Μάρκον πρῶτόν φασιν... HE 2.16.1, im 8. Regierungsjahr Neros (61) Annianus: πρῶτος μετὰ Μάρκον... Ἀννιανὸς... διαδέχεται 2.24, nach 22 Jahren, im 4. Jahr des Domitian (84) Avilius, 3.14. Ferner nennt er Kerdon als dritten: τρίτος οὗτος τῶν αὐτόθι μετὰ τὸν πρῶτον Ἀννιανὸν προέστη 3.21, und Primus als

---

[1] PH. CARRINGTON, *The Early Church*, Cambridge 1957, ebd. 1.419.
[2] R. VAN DEN BROEK, *Der Brief des Jakobus an Quadratus und das Problem der judenchristlichen Bischöfe von Jerusalem (Eusebius HE 4.5.1–3)*: Festschrift A.F.J.Klijn, Kampen 1988, 56–65, ebd. 62f.

vierten: τέταρτος δ' ἀπὸ τῶν ἀποστόλων τὴν τῶν αὐτόθι λειτουργίαν κληροῦται Πρῖμος 4.1. Bévenot (106) weist auf die Synonymie von ἀπό und μετά, aber es handelt sich darum, ob μετὰ Μάρκον 2.24 bedeutet 'nach dem Tod' des Markus, was allerdings nicht sicher ist. Wenn Primus der Vierte ἀπὸ τῶν ἀποστόλων genannt wird, dürfte Markus als Gemeindegründer bei den Aposteln einbegriffen sein.

Für Antiochien erwähnt Eusebius ohne Jahreszahlen als Gemeindeleiter: 1. Evodius, 2. Ignatius, 3. Heron, 4. Cornelius, 5. Eros, 6. Theophilus: Εὐοδίου πρώτου καταστάντος δεύτερος... Ἰγνάτιος ἐγνωρίζετο 3.22. Ignatius ist der zweite Nachfolger des Petrus: τῆς κατὰ Ἀντιόχειαν Πέτρου διαδοχῆς δεύτερος... 3.36.2, vgl. 3.36.15, Θεόφιλος ἕκτος ἀπὸ τῶν ἀποστόλων ἐγνωρίζετο 4.20. Bei Πέτρου διαδοχῆς und ἀπὸ τῶν ἀποστόλων denkt Eusebius nicht an eine Nachfolge, die erst beim Martyrium der Apostel angefangen hat, sondern als – oder sogar bevor – die Gemeindegründer weiterzogen.

Über die Nachfolge in Smyrna siehe unten bei *h*.

Für Rom nennt Eusebius an verschiedenen Stellen Linus als Nachfolger der Apostel und nach ihm Anencletus und Clemens. Das erste Mal formuliert er genau, daß die Nachfolge 'nach dem Martyrium der Apostel Petrus und Paulus' stattgefunden hat: τῆς δὲ Ῥωμαίων ἐκκλησίας μετὰ τὴν Παύλου καὶ Πέτρου μαρτυρίαν πρῶτος κληροῦται τὴν ἐπισκοπὴν Λίνος HE 3.2. Mit der Präpostion μετά kennzeichnet er die Reihenfolge: Λίνος δὲ... πρῶτος μετὰ Πέτρον...· ἀλλὰ καὶ ὁ Κλήμης... 3.4.8; τρίτος ἐπίσκοπος καταστάς 3.4.9. Wie wir das verstehen müssen, macht er eindeutig klar, wenn er Jahreszahlen hinzufügt. Im 2. Regierungsjahr des Titus (80 n.Chr.) hat Linus nach 12 Jahren (also ab 68) sein Amt Anencletus übertragen: Λίνος ἐπίσκοπος τῆς Ῥωμαίων ἐκκλησίας δυοκαίδεκα τὴν λειτουργίαν ἐνιαυτοῖς κατασχών, Ἀνεγκλήτῳ ταύτην παραδίδωσιν 3.13 (14). Nach 12 Jahren und im 12. Regierungsjahr des Diocletian (92 n.Chr.) folgt Clemens: τῆς Ῥωμαίων ἐκκλησίας Ἀνέγκλητον ἔτεσιν ἐπισκοπεύσαντα δεκαδύο διαδέχεται Κλήμης 3.15. Zweimal die Zahl 12 für die Jahre des Linus und die des Anencletus ist an sich verdächtig, und läßt eine spätere Verteilung dieser Jahre vermuten. Vgl. dazu unten bei *g*.

Eusebius formuliert noch einmal, daß Clemens die dritte Stufe der dortigen Bischöfe nach Petrus und Paulus hat, offenkundig nach deren Martyrium, und zwar nach Linus und Anencletus: Κλήμης ἡγεῖτο, τρίτον καὶ αὐτὸς ἐπέχων τῶν τῇδε μετὰ Παῦλόν τε καὶ Πέτρον ἐπισκοπευσάντων βαθμόν. Λίνος δὲ ὁ πρῶτος ἦν καὶ μετ' αὐτὸν Ἀνέγκλητος 3.21.

Wenn Eusebius nun HE 5.6.1–2 Irenäus Haer 3.3.3 (oben *c*) zitiert, müssen wir wegen HE 3.2 annehmen, daß er auch hier ἀπό/μετά als 'ab/nach dem Tode' verstanden hat, obwohl es unklar ist, wie er schreiben kann, daß die Apostel nach ihrem Tode noch dem Linus das Bischofsamt übertragen konnten: Λίνῳ τὴν τῆς ἐπισκοπῆς λειτουργίαν ἐνεχείρισαν Haer 3.3.3 ap. Eus. HE 5.6.1. Man dürfte vermuten, daß er einfach den Text übernimmt, so wie er ohne nachzurechnen Hyginus fälschlich den 9. Bischof sein läßt, HE 4.11.1; 5.6.4 (vgl. oben *c*), und Victor in einem Zitat richtig den 13. nennt: τρισκαιδέκατος ἀπὸ Πέτρου ἐν Ῥώμῃ ἐπίσκοπος 5.28.3.

Grund für das Mißverständnis bei Eusebius sind also nicht die Präpositionen, sondern die Komplikation, die durch die Tatsache entstanden ist, daß Petrus und Paulus die römische Gemeinde begründet und in Rom das Martyrium erlitten haben.

g. Wie leicht ein solches Mißverständnis entstehen konnte, sieht man auch bei Epiphanius. Dieser stellt fest, daß für Rom die Apostel Petrus und Paulus selbst auch die ersten Bischöfe waren: ἐν Ῥώμῃ γὰρ γεγόνασι πρῶτοι Πέτρος καὶ Παῦλος οἱ ἀπόστολοι αὐτοὶ καὶ ἐπίσκοποι Haer 27.6.2. Dann folgen Linus, Cletus und Clemens. Dieser Clemens war ein Zeitgenosse des Petrus und des Paulus, der ihn in seinem Römerbrief (tatsächlich in Phil 4.3) erwähnt: εἶτα Λίνος, εἶτα Κλῆτος, εἶτα Κλήμης, οὗ ἐπιμνημονεύει Παῦλος... ebd. Man braucht sich nicht darüber zu wundern, fährt er weiter, daß vor ihm (Clemens) andere (Linus und Cletus) von den Aposteln das Bischofamt empfangen haben, während doch dieser (Clemens) ein Zeitgenosse des Petrus und des Paulus war: καὶ μηδεὶς θαυμαζέτω ὅτι πρὸ αὐτοῦ ἄλλοι τὴν ἐπισκοπὴν διεδέξαντο ἀπὸ τῶν ἀποστόλων, ὄντος τούτου συγχρόνου Πέτρου καὶ Παύλου 27.6.3. In der Tat war er ein Zeitgenosse der Apostel: καὶ οὗτος γὰρ σύγχρονος γίνεται τῶν ἀποστόλων ebd. Ob er noch zu Lebzeiten der Apostel von Petrus die Bischofsweihe empfangen hat und sich dann auf eigenen Wunsch zurückgezogen hat... oder nach dem Tod der Apostel vom Bischof Cletus eingestezt wurde, weiß Epiphanius nicht ganz sicher: εἴτ᾽ οὖν ἔτι περιόντων αὐτῶν ὑπὸ Πέτρου λαμβάνει τὴν χειροθεσίαν τῆς ἐπισκοπῆς καὶ παραιτησάμενος ἦργει... ἤτοι μετὰ τὴν τῶν ἀποστόλων τελευτὴν ὑπὸ τοῦ Κλήτου τοῦ ἐπισκόπου οὗτος καθίσταται, οὐ πάνυ σαφῶς ἴσμεν 27.6.4. Der Grund für diese Unsicherheit ist die drohende Aussage des Clemens in 1 Clem 54.2, daß er sich zurückziehen wird: λέγει γὰρ ἐν μιᾷ τῶν ἐπιστόλων αὐτοῦ «ἀναχωρῶ, ἄπειμι...» ebd. Epiphanius hat also diese Aussage falsch verstanden, aber er hat die Auslegung in irgendeiner Schrift gefunden, sagt er: εὕρομεν γὰρ ἔν τισιν ὑπομνηματισμοῖς τοῦτο ἐγκείμενον ebd. Der Gedanke ist in den Clementinen zu finden: προσπεσὼν ἐδεόμην αὐτοῦ παραιτούμενος... Ep Clementis ad Iac 3.1 (oben *e*). Mit Recht bemerkt der Herausgeber K. Holl z.St. (GCS 25.309), daß ὑπομνηματισμοί ein allgemeiner Name für eine Schrift ist, und an sich nicht die Ὑπομνήματα des Hegesipp bezeichnen muß. Trotzdem dürfte die römische Form Κλῆτος darauf hinweisen, daß die Liste aus Rom stammt.

Epiphanius fährt weiter und stellt fest, daß die Apostel wegen der vielen Reisen überall Bischöfe eingesetzt haben, und so auch in Rom:

μὴ δύνασθαι δὲ τὴν τῶν Ῥωμαίων πόλιν ἄνευ ἐπισκόπου εἶναι... Haer 27.6.5 (vgl. Rufin unten bei *j*). Er vermutet nun, ist aber nicht sicher, daß Clemens nach seiner Ablehnung und nach dem Tod des Linus und des Cletus, als jeder von beiden 12 Jahre Bischof gewesen war, und nach dem Martyrium der Apostel im 12. Regierungsjahr Neros, dazu aufgefordert wurde, das Bischofsamt zu übernehmen: ἐγχώρει δὲ μετὰ τὸ κατασταθῆναι Κλήμεντα καὶ παραιτήσασθαι (εἴ γε οὕτως ἐπράχθη· διανοοῦμαι γάρ, οὐχ ὁρίζομαι) ὕστερον μετὰ τὸ τετελευτηκέναι Λίνον καὶ Κλῆτον, ἐπισκοπεύσαντας πρὸ δεκαδύο ἔτη ἕκαστον μετὰ τὴν τοῦ ἁγίου Πέτρου καὶ Παύλου τελευτὴν τὴν ἐπὶ τῷ δωδεκάτῳ ἔτει Νέρωνος γενομένην (vgl. Eus. HE 3.2; 3.13, 15, 21, oben bei *f*), τοῦτον αὖθις ἀναγκασθῆναι τὴν ἐπισκοπὴν κατασχεῖν Haer 27.6.6. Dennoch, sagt er, ist die Reihenfolge der römischen Bischöfe Petrus, Paulus, Linus usw.: ὅμως ἡ τῶν ἐν Ῥώμῃ ἐπισκόπων διαδοχὴ ταύτην ἔχει τὴν ἀκολουθίαν· Πέτρος καὶ Παῦλος, Λίνος καὶ Κλῆτος, Κλήμης Εὐάρεστος Ἀλέξανδρος Ξύστος Τελέσφορος Ὑγῖνος Πίος Ἀνίκητος 27.6.7. Und so bleibt der Grund für das Mißverständnis.

Es fällt auf, daß in dieser Liste die Namen Linus und Cletus wie Petrus und Paulus mit καί verbunden sind, während die übrigen Namen asyndetisch nacheinander folgen. Falls diese Formulierung alt ist, dürfen wir darin eine Erinnerung an die eigentümliche Stelle finden, die sie hatten, weil sie vor dem Martyrium der Apostel Bischof der Stad gewesen waren. Die zweimal 12 Jahre, die Epiphanius wie Eusebius HE 3.13 (14) (oben bei *f*) Linus und Cletus zuweist, sind als eine künstlerische Aufteilung der etwa 24 Jahre zwischen der Ankunft des Petrus in Rom um 42 (Dockx 146) und dem Martyrium im 12. Regierungsjahr Neros zu betrachten. Eusebius HE 3.13 (14) (oben bei *f*) verbindet diese zweimal 12 Jahre mit dem 12. Regierungsjahr des Diocletian. So hat man mit der Zahl 12 gespielt.[1] Tacitus erwähnt bessere Rechenmeister für dieselbe Zeit, Ann 15.41.2.

h. In ConstAp 7.46 läßt der Verfasser Petrus die Bischöfe nennen, die er und die anderen Apostel geweiht haben. Es handelt sich um 19 Bischofssitze, und folgerecht beginnt die Zählung immer mit dem ersten Nachfolger der Apostel bzw. des Gründers, so in Jerusalem mit Jakobus und in Alexandrien mit Annianus nach Markus. Für Rom sind das Linus und Clemens: τῆς δὲ Ῥωμαίων ἐκκλησίας Λῖνος μὲν ὁ Κλαυδίας

---

[1] J.B. LIGHTFOOT, *The Apostolic Fathers*, 1. *Clement of Rome*, London 1890/Hildesheim 1973, 327–333, hat auf die römische Form Cletus hingewiesen, und findet eine Verbindung ('a strong affinity' 331) zwischen Epiphanius und den überlieferten Hegesippfragmenten. Andererseits versucht er, wahrscheinlich zu machen, daß Epiphanius für die Liste von Irenäus und Eusebius unabhängig ist. Lightfoot vermutet nun, daß die Hegesippliste schon eine Angabe der Bischofsjahre enthielt, für Linus und Cletus je 12, und ähnliche Angaben für ihre Nachfolger. Vgl. HARNACK, *Altchristliche Literatur*, 1 *Die Überlieferung* 485, und oben bei *a*.

πρῶτος ὑπὸ Παύλου, Κλήμης δὲ μετὰ τὸν Λίνου θάνατον ὑπ᾽ ἐμοῦ Πέτρου δεύτερος κεχειροτόνηται 7.46.6. Daß nicht Paulus seinen Mitarbeiter Clemens geweiht hat, sondern Petrus, stimmt überein mit H 4*d, e*. Es ist aber undeutlich, weshalb Cletus fehlt. Für Alexandrien hat Markus Annianus als seinen Nachfolger geweiht und der Evangelist Lukas Abilius: Ἀννιανός πρῶτος ὑπὸ Μάρκου τοῦ εὐαγγελιστοῦ κεχειροτόνηται, δεύτερος δὲ Ἀβίλιος ὑπὸ Λουκᾶ καὶ αὐτοῦ εὐαγγελιστοῦ 7.46.5. Die Reihe wird fortgesetzt, auch wenn nach dem Tod eines Bischofs noch ein Apostel anwesend ist. So wird Timotheus genannt als Bischof von Ephesus, geweiht durch Paulus, und als sein Nachfolger ein Johannes, geweiht durch den Apostel Johannes: τῆς δὲ Ἐφέσου (*sc.* κεχειροτόνηται) Τιμόθεος μὲν ὑπὸ Παύλου, Ἰωάννης δὲ ὑπ᾽ ἐμοῦ Ἰωάννου 7.46.7.

Für Smyrna werden drei Namen genannt, Ariston, Strataias und wieder ein Ariston. Der erste dürfte mit dem Aristion bei Papias (C 15) identisch sein, aber es fällt auf, daß Polykarp fehlt. Nun sagen die Zeugnisse über Polykarp nicht, daß er der erste Bischof war. Irenäus berichtet, daß dieser Polykarp, den er noch gekannt hat, von den Aposteln, also noch zu deren Lebzeiten, als Bischof eingesetzt wurde, aber wieder nicht, daß er der erste Bischof war: ὑπὸ ἀποστόλων κατασταθείς... ἐπίσκοπος, ὃν καὶ ἡμεῖς ἑωράκαμεν Haer 3.3.4. Tertullian sagt, daß er vom Apostel Johannes eingesetzt wurde: *Polycarpum a Iohanne collocatum* Praescr 32.3 (vgl. bei *d*). Eusebius erwähnt, daß Polykarp noch mit den Aposteln verkehrte, und drückt mit der Präposition πρός aus, daß er das Bischofsamt 'in Anwesenheit der' und 'durch die' Augenzeugen und Diener des Herrn empfangen hat: τῶν ἀποστόλων ὁμιλητὴς Πολύκαρπος, τῆς κατὰ Σμύρναν ἐκκλησίας πρὸς τῶν αὐτοπτῶν καὶ ὑπηρετῶν τοῦ κυρίου τὴν ἐπισκοπὴν ἐγκεχειρισμένος HE 3.36.1. In der unter dem Namen des Pionius überlieferten *Vita* (um 400) hat Polykarp einen Vorgänger Bucolus: ὁ μὲν οὖν Βουκόλος, ὁ πρὸ αὐτοῦ ἐπίσκοπος Vita Polyc. 10.2 (Funk, Patres Apost. 2.291 ff.; Lightfoot, Apostolic Fathers 2.1015), so auch in der Suda s.v. und vgl. Funk in seiner Ausgabe zu ConstAp 7.46.

j. Rufin weist in seinem Vorwort zu den *Recognitiones* auf die oben bei *e* zitierte Stelle aus der *Epistula Clementis ad Iacobum* hin, weil man sich bisweilen fragt, wie Clemens von Petrus zum Bischof geweiht sein kann, während schon vor ihm Linus und Anencletus Bischof waren: *quidam enim requirunt quomodo, cum Linus et Anencletus in urbe Roma ante Clementem hunc fuerint episcopi, ipse Clemens ad Iacobum scribens, sibi dicat a Petro docendi cathedram traditam.* Rufin hat als Erklärung gehört, daß diese zwei zwar Bischöfe gewesen sind, aber noch zu Lebzeiten des Petrus, der nach der Gründung weitergezogen war: *cuius rei hanc esse accepimus rationem, quod Linus et Anencletus fuerint quidem ante Clementem episcopi in urbe Roma, sed superstite Petro, uidelicet ut illi episcopatus curam*

gererent, ipse uero apostolatus inpleret officium. Als Beispiel dafür nennt
Rufin Zachäus, den obersten Zolleinnehmer aus Lk 19.2, den Petrus
zum Bischof von Cäsarea geweiht habe: *sicut inuenitur etiam apud Caesa-*
ream fecisse, ubi cum ipse esset praesens, Zacchaeum tamen a se ordinatum
habebat episcopum Prol in Clem Recogn CCL 20.282.

k. Hieronymus verfaßte 12 Jahre nach der Übersetzung der Chronik
(bei *f*) seine Schrift *De uiris illustribus.* Er nennt Clemens nach Petrus,
Linus und Anencletus bei inklusiver Zählung als vierten Bischof, kennt
aber auch eine westliche Tradition, die Linus und Cletus ausschließt, so
wie Tertullian (*d*) und Rufin (*j*) das tun, und nennt dann Clemens bei
inklusiver Zählung nach Petrus den zweiten Bischof: *Clemens, de quo*
Paulus ad Philippenses..., quartus post Petrum Romae episcopus: siquidem
secundus Linus fuit, tertius Anencletus, tametsi plerique Latinorum secundum
post apostolum putent fuisse Clementem VirIll 15.

l. Daß Linus und Cletus einander abwechselten, wie Bévenot (105)
vermutet, zeigt sich nirgends. Irenäus sagt nur, daß sie einander nach-
folgten, und das weist auf eine Sukzession. Das macht auch
wahrscheinlich, daß eine Person die Verwaltung über alle Hauskirchen
in der Stadt hatte. Diese Person war dann tatsächlich nach Petrus, als
dieser weiterzog, der erste monarchische Bischof der Stadt Rom. Dagegen kann man nur einwenden, daß Irenäus den Bericht nach den Verhältnissen der eigenen Zeit umgestaltet habe. Aber für andere Städte
und Bischofssitze finden wir die gleichen Verhälntisse, und nirgends
eine Spur davon, daß es je anders gewesen ist. So haben wir schon
vermutet, daß die tägliche Verwaltung der Gemeinde in Jerusalem dem
Jakobus oblag, auch wenn Petrus nicht im Gefängis oder verreist war,
und daß diese Verhälntisse Modell gewesen sind für die in anderen
Städten (C 16*a*).
    Diese Neigung zur Umgestaltung zeigt sich besonders, wenn man
berichtet, daß die Gemeindegründer *nach ihrem Tod* einen monarchischen Bischof als Nachfolger eingesetzt haben. Demgegenüber steht für
unterschiedliche Städte eine Tradition, daß diese das zu ihren Lebzeiten
und zwar vor der Abreise getan haben.

m. Die Termini, die Irenäus und die anderen Schriftsteller nach ihm
zur Bezeichnung des Amtes dieser Bischöfe verwenden, sind die ihrer
eigenen Zeit, und zwar mit der Bedeutungsdifferenzierung des Ignatius
(C 16*b*), die Clemens noch unbekannt war.
    Der Bischof von Rom heißt nun ἐπίσκοπος/*episcopus* wie die anderen
Bischöfe, denn man konnte nicht wie in der modernen Terminologie
sagen, daß Linus, Cletus und vor dem Martyrium der Apostel auch
Clemens zwar Bischöfe von Rom waren, aber nicht 'Päpste'.

Der Name πάππας ist anfangs ein gemütlicher Ehrentitel aus der Familiensprache, der für Bischöfe und Priester gebraucht wird. Siehe die Belege in Lampe PGL und in Blaise-Chirat s.v. In Alexandrien wird das Wort emphatisch Ehrentitel für den Patriarchen der Stadt: παρὰ τοῦ μακαρίου πάπα ἡμῶν Ἡρακλᾶ Dionysius ap. Eus. HE 7.7.4. In der *Passio Perpetuae* ist es der Titel des Bischofs Optatus: *non tu es papa noster, et tu presbyter?*/οὐχὶ σὺ πάππας ἡμέτερος εἶ...; PassPerp 13. Tertullian verwendet das Wort neben *pastor* in scharfer Ironie für den Bischof von Rom: *bonus pastor et benedictus papa contionaris* Pud 13.7. Cyprian tut das mit Ehrfurcht: *gloriosissime papa* Ep 30.8, aber das Wort kann noch lange Zeit jeden Bischof bezeichnen. Vgl. *libros papae Ambrosii* Augustinus Ep 31.8, neben: *Siricius papa* Siricius Ep 6 PL 13.133. Für ἀρχιερεύς und *pontifex* siehe K 2.

5. *Die apostolische Sukzession*

Für das historische Interesse an der Nachfolge oder Sukzession konnten die Christen in einigen Berichten bei Josephus ein Beispiel finden, und R.M.Grant hat bemerkt, daß dieser für die Nachfolge der jüdischen Hohenpriester die gleiche Terminologie benützt als die Christen für die Sukzession der Apostel, nämlich Vokabeln wie: διαδοχή, καθίστημι, ἀποδείκνυμι, ἀποφαίνω, παραδίδωμι und ἐγχειρίζω.[1] Es handelt sich jedoch um allgemeingriechische Wörter, die für solche Verhältnisse jedem zur Verfügung standen.

A. Brent hat neuerdings auf die Übereinstimmung des christlichen Sukzessionsbegriffes mit dem in den Philosophenschulen hingewiesen, wo selbstverständlich die Übertragung der Lehre betont wird.[2]

Das Interesse an der Nachfolge ist bei Hegesipp deutlich mit dem Bewahren der Orthodoxie verbunden (H 4a). Irenäus verbindet seine Liste in Haer. 3.3.3 mit Lehrsätzen und historischen Einzelheiten (H 4c). Tertullian betrachtet die Sukzession als einen Beweis für die Orthodoxie gegen die Häretiker, Praescr 32.1 (H 4d). Clemens wird durch die Probleme in der Gemeinde zu Korinth dazu geführt, über die Sukzession der Apostel nachzudenken, 1 Clem 42–44. Einmal hat er das Verb διαδέχομαι: ὅπως... διαδέξωνται ἕτεροι... τὴν λειτουργίαν αὐτῶν 44.2. Die Nachfolge ist hier vor allem wichtig, um die Autorität des Clemens und der Gemeindeleiter zu begründen.

Wesentlich für eine Diskussion über die Nachfolge muß immer die Frage gewesen sein, ob die Wahlernennung und die Einsetzungsweihe rechtsgültig stattgefunden hatten. Daß wir darüber in den Texten unter H 4 nichts gefunden haben, kommt gerade durch die Selbstverständlichkeit.

---

[1] R.M.GRANT, *Episcopal succession* 180. Vgl. auch A. EHRHARDT, *Apostolic Succession* 35–82, besonders 44ff.
[2] A. BRENT, *Diogenes Laertius and the Apostolic Succession:* JEH 44, 1993, 367–389.

R.M.Grant (179ff.) hat sich gefragt, ob es bei der Bischofswahl in verschiedenen Gegenden Unterschiede gegeben hat. Er meint, vier Arten unterscheiden zu können, und zwar in Jerusalem, Antiochien, Rom und den Fall Alexandriens. Nun gab es sicher kleine Unterschiede, und die Frage kann nur sein, ob beim Verfahren das Wesentliche überall gleich war, und was die Apostel und ihre Nachfolger als das wesentliche Moment betrachtet haben. Dürfen wir davon ausgehen, daß die Apostel in ihrer Muttersprache den Unterschied zwischen *smk jd* und *śjm/śjt jd* und dazu die Geschichte der Einsetzung Josuas durch Mose kannten (oben bei E), so ist es mindestens sehr wahrscheinlich, daß für sie bei der Sukzession das Übertragen des Geistes durch Handaufstemmen das Wesentliche war. Die in F 1 und 2 besprochenen Weiheriten, auch die Texte über Nachfolge im NT (H 1), in der Alten Kirche (H 2), in Alexandrien (H 3) und in Jerusalem (H 4*d*) nennen, insofern sie einen Ritus erwähnen, die Handauflegung als das wesentliche Moment.

6. Schluß: Entstehung des Monepiskopats

Es hat sich als sehr aufschlußreich erwiesen, beim Wahlverfahren für Amtsträger die einzelnen Vorgänge zu unterscheiden: Der Kandidat wird gewählt (ἐκλέγειν/*eligere*, auch χειροτονεῖν/*constituere/ordinare*) und daraus ergibt sich seine Ernennung (καθιστάναι/*constituere*, auch wieder χειροτονεῖν). Die Einsetzung oder Weihe erfolgt durch einen Ritus der Handauflegung. Dieser Ritus wird mit χεῖρα(ς) ἐπιτιθέναι/*manum(-s) imponere* bezeichnet, die Einsetzungsweihe heißt καθιστάναι, χειροτονεῖν/ *ordinare*. Man sieht, wie leicht der Gebrauch von καθιστάναι und mehr noch von χειροτονεῖν Mißverständnisse verursachen kann. Tatsächlich werden in der Literatur nicht immer Wahlernennung und Einsetzungsweihe folgerichtig unterschieden. Hieronymus hat in einem Bericht über die Nachfolge in Alexandrien den Unterschied absichtlich nicht klar dargestellt, um zu beweisen, daß ein Presbyter auch Bischof ist.

Schon früh hat man versucht, für die Städte Bischofslisten aufzustellen, namentlich für Jerusalem, Antiochien, Alexandrien und Rom. Als man damit angefangen hat, war es schon zu spät, um die Jahreszahlen genau eintragen zu können. Die Listen stimmen aber alle darin überein, daß als erster Bischof auf der Liste jemand aufgeführt wird, der von dem Gemeindegründer vor oder bei seiner Abreise, also während seines Lebens, eingesetzt wurde. Für Rom hat das ein Problem verursacht, weil Petrus und Paulus beide als Gründer genannt werden, und vor allem, weil sie beide ihr Martyrium in Rom erlitten haben. Die Reihenfolge in der römischen Bischofsliste 1. Linus, 2. Cletus, 3. Clemens konnte man nach dem Gebrauch der eigenen Zeit nun so verstehen, daß Linus erst nach dem Tod der Apostel Bischof der Stadt geworden sei. Eine Untersuchung der Quellen hat aber gezeigt, daß die Einsetzung des Linus nach der Gründung erfolgt ist, und daß Clemens schon Bischof der Stadt war, als Petrus das Martyrium erlitt. Der Brief des Clemens an die Korinther muß in die Zeit vor der Zerstörung Jerusalems datiert werden. Dazu bei L 5.

Der technische Terminus für die Nachfolge ist das Verb διαδέχομαι mit dem Substantiv διαδοχή, Vokabeln, die in gleicher Weise für die Nachfolge der Hohenpriester, in den Philosophenschulen und bei der Staatsverwaltung gebraucht werden.

Das allgemeine Bild bei der Entstehung der kirchlichen Organisation kann nun kurz in folgender Weise zusammengefaßt werden.

Wenn Petrus aus dem Gefängnis kommt, läßt er die Nachricht an Jakobus und die anderen Brüder überbringen, Act 12.17 (C 16a, C 18, H 4f). Dieser hat die tägliche Leitung der Gemeinde in Jerusalem, wenn die übrigen Apostel abwesend sind, aber auch wenn einige von ihnen zeitweilig da sind, Act 15.1ff., 21.18, und übt als Apostel (Gal 1.19, A 2f4) und Haupt der Jerusalemer Gemeinde auch in Antiochien seinen Einfluß aus (Act 15.1, Gal 2.12: L 3).

Diese erste Gemeinde hat sich als eine Stadt mit Synedrium verstanden, nicht als eine Synagoge (C 1–20). Die führenden Personen bekommen wie der Laienadel im Synedrium den Titel πρεσβύτερος (C 1 und 7a), nicht γραμματεύς und sicher nicht ἱερεύς (dazu bei K 1). Wenn wir den Titel in Act 11.30, 14.23, 15.2 usw. finden, ist er schon alt und selbstverständlich. Neue Bezeichnungen für einzelne Funktionen kommen bald auf. Die Wandermissionare außer den Aposteln heißen προφῆται und, falls sie nicht Charismatiker sind, einfach διδάσκαλοι, vereinzelt ποιμένες und εὐαγγελισταί (B 2–6).

In den örtlichen Gemeinden heißen die führenden Personen ἐπίσκοποι und διάκονοι (B 2, C 3). Diese Amtsträger und namentlich die ἐπίσκοποι konnten auch πρεσβύτεροι genannt werden. Beide Titel bezeichneten ebenso den Gemeindeleiter, der der Nachfolger des Gemeindegründers war. Ignatius hat mit seinen Briefen erreicht, daß der Titel ἐπίσκοπος für den Gemeindeleiter reserviert wurde und πρεσβύτερος, πρεσβυτέριον für das Verwaltungsgremium, wie schon in Act 21.18, vgl. Jak 5.14 (C 16b). Wir dürfen annehmen, daß diese πρεσβύτεροι die Hausgemeinden betreuten.

Für Antiochien muß zwischen den zeitweilig anwesenden Propheten und Lehrern (Act 15.1), und der nicht erwähnten örtlichen Gemeindeverwaltung unterschieden werden (B 5).

Die Wahl der Amtsträger wird Act 6.3 als ein schon in der Gemeinde bekanntes Verfahren erwähnt, ebenso die Handauflegung als Einsetzungweihe, ebd. 6.6, und man hat den Gestus als ein Handaufstemmen verstanden (D 1a, E).

Bei der Beurteilung der Didache ist die Zeit der Endredaktion nicht wichtig. Es kommt darauf an, daß die alten Traditionsstücke für die Zeit ihrer Entstehung herangezogen werden. Das alte Stück Did 11-13,

15 wendet sich an kleine zerstreute Gruppen, die noch keine Amtsträger haben, also noch keine Gemeinde gebildet haben, und das dürfte sich daraus erklären, daß diese Personen nach der Steinigung des Stephanus aus Jerusalem geflüchtet sind (A 2*h*).

Ignatius nennt das Presbyterkollegium ein Apostelkollegium und umgekehrt, kommt aber nicht dazu, den Bischof von Rom als das Haupt eines Episkopenkollegiums zu betrachten.

Die gefundene Grundstruktur der Kirche ist so bis in die ersten Jahre, und zwar bis vor der Wahl der Sieben, zurückzuverfolgen. Bei der Weihe der ersten Diakone wird die Handauflegung als ein schon praktizierter Ritus dargestellt, und weil man ihn noch als ein Handaufstützen verstanden hat, war damit der Gedanke einer ununterbrochenen Nachfolge, also der apostolischen Sukzession, im wesentlichen schon gegeben.

J. Die Territorialeinteilung und der Konflikt des Ignatius in Syrien

a. Ein Hinweis auf eine Verteilung der Aufgaben ist im NT zu finden, wenn Petrus und Paulus nach Gal 2.9 ihr Gebiet abgrenzen als 'Beschneidung' und 'Heidentum' (vgl. bei A 3 *b*). Man fragt sich, ob das geographisch oder ethnographisch gemeint war, aber die Verabredung ist an sich nicht klar, weil wir nicht vernehmen, ob und wie der Grundgedanke weiter ausgearbeitet wurde. Prinzip des Paulus war es, nicht zu arbeiten in einer Stadt, wo andere schon die Verkündigung angefangen hatten (Röm 15.20). Man vergleiche ferner die wenigen Angaben, namentlich Röm 15.23f., Act 16.6f. und 1 Petr 1.1.[1]

b. Ignatius sagt in seinen Briefen nichts Näheres über ein Problem in seiner eigenen Gemeinde in Syrien. Er schreibt nur, daß es gelöst worden ist. Den Adressaten seiner Briefe genügt das. Sie kennen also das Problem. Und die in Antiochien gefundene Lösung ist sogar sehr wichtig, denn Ignatius hofft, sie werden Abgeordnete senden, um diese Tatsache zu feiern. Es handelt sich also um mehr als das Ende einer Verfolgung, wie gewöhnlich angenommen wird. Einen Hinweis auf das Problem und seine Lösung bieten vielmehr die Stellen, wo Ignatius sein Amt und seine Position als Bischof umschreibt.

In den Briefen aus Smyrna nennt er seine Gemeinde ἡ ἐκκλησία ἡ ἐν Συρίᾳ bzw. ἡ ἐν Συρίᾳ ἐκκλησία Eph 21.2, Magn 14.1 (2mal), Trall 13.1, und sich selbst τὸν ἐπίσκοπον Συρίας Röm 2.2. Das hat sich aber geändert, wenn er aus Troas schreibt. Seine Gemeinde hat nun Frieden, heißt aber nicht mehr 'die Gemeinde in Syrien', sondern 'die Gemeinde im syrischen Antiochien: ἡ ἐκκλησία ἡ ἐν Ἀντιοχείᾳ τῆς Συρίας Phld 10.1, Smyr 11.1, Pol 7.1. Sie umfaßt also nur noch die Stadt und nicht mehr das ganze Gebiet.

Eine solche Änderung fällt um so mehr auf, weil Ignatius immer die Stellung des Bischofs betont. Dürfen wir einen Zusammenhang mit dem Gemeindeproblem vermuten, so hat man sich nach der Abreise des Ignatius, aber mit seiner Zustimmung, darüber geeinigt, daß der Bischof Antiochiens nicht mehr Bischof Syriens ist, also daß die Gemeinden in den Städten außer Antiochien, die von Presbytern betreut werden, in Zukunft ihren eigenen Bischof wählen können. Der Frieden ist dann dadurch erreicht, daß Ignatius auf seine Kompetenz in den Nachbargemeinden ganz oder – wahrscheinlich – teilweise verzichtet hat. Für andere Gemeinden ist es wichtig, diese Vereinbarung kennenzulernen, Phld 10.1f., Smyr 11.1f., Pol 7.1f.

Ist diese Annahme richtig, dann führte Ignatius Verhältnisse ein, die

---

[1] Vgl. S. DOCKX, *Chronologies* 80 Anm. 93, 84 Anm. 97 und 136f.

er im Westen Kleinasiens vorfand, wo jede Stadt ihren Bischof hatte, während in Ägypten der Patriarch Alexandriens bis um 200 der einzige Bischof war (vgl. H 3 *c*).

Wurde die Vereinbarung erreicht kurz, nachdem Ignatius seinen Brief an die Römer geschrieben hatte, so darf man nicht erwarten, daß der Bischof unmittelbar seine Theologie über Bischof und Presbyterkollegium weitergeführt hat und sich als Patriarch eines Episkopenkollegiums in Syrien verstanden hat.

Das Wort 'monarchisch', das die moderne Literatur gebraucht, um die Stellung des Ignatius zu bezeichnen, besagt nicht, daß die Struktur undemokratisch war. Auf jeden Fall ist für den Bischof, wenn er die Gemeinden anregt Boten für eine Gesandtschaft nach Syrien zu wählen, ein demokratisches Verfahren selbstverständlich: χειροτονῆσαι διάκονον εἰς τὸ πρεσβεῦσαι Phld 10.1, auch Smyr 11.2, Pol 7.2.

K. Ἱερεύς und Ableitungen. Χάρισμα

1. Die Herkunft der Termini. Das Vermeiden von ἱερεύς

Die Apostel, die sonstigen Glaubensverkünder und die Gemeindeleiter heißen im NT nicht ἱερεύς. Daß dieser Terminus nicht Amtstitel geworden ist, weist darauf hin, daß sie ihre Aufgabe nicht so verstanden haben, als seien sie 'jemand, der mit dem Tempel und namentlich mit dem Opferdienst zu tun hat', also als 'Opferer'. Der Terminus bezeichnet den Herrn als 'Opferer' Hebr 5.6 u.ö., wird aber für Amtsträger vermieden.[1]

Die Übersetzung von ἱερεύς durch das von πρεσβύτερος abgeleitete Wort 'Priester' im Deutschen und ähnlicherweise in anderen modernen Sprachen kann so ein Mißverständnis verursachen. Theodoret von Cyrus unterscheidet die zwei Bedeutungen von πρεσβύτερος, indem er sie umschreibt mit ἱερεύς und γεγηρακώς 'alter Mann': οὐ τὸν ἱερέα ἐνταῦθα λέγει, ἀλλὰ τὸν γεγηρακότα In 1 Tim 5.1 PG 82.815d.

Auch ein alttestamentlicher Amtstitel wie λευΐτης wird anfänglich nicht übernommen. Ausnahme ist eigentlich nur προφήτης, das, wie διδάσκαλος, zwar allgemeingriechisch ist, aber als Titel für die Charismatiker unter den Glaubensverkündern stark an den technischen Terminus im AT erinnert.

2. Ἱερεύς und ἀρχιερεύς im übertragenen Sinn

Wenn nun, wie gesagt, Christus ἱερεύς und ἀρχιερεύς genannt wird, Hebr 5.6; 2.17ff., wird ein alttestamentlicher Amtstitel auf ihn übertragen. In ähnlicher Weise werden solche Titel allmählich auf christliche Amtsträger übertragen.

In einem alten Stück der Didache (dazu bei A 2h und B 2) werden die Gemeindemitglieder aufgefordert, die herumziehenden Propheten und Lehrer durch Abgabe der Erstlingsfrüchte zu unterstützen.[2] Um dieses alttestamentliche Recht der Priester für die Propheten zu begründen, werden diese mit den Hohenpriestern gleichgestellt: αὐτοὶ γάρ εἰσιν οἱ ἀρχιερεῖς ὑμῶν 13.3. Damit wird der Terminus auf die Propheten übertragen, ist aber noch nicht ein Amtstitel.

In der Johannesapokalypse wird der Titel ἱερεύς auf die Gemeindemitglieder übertragen: ἐποίησεν ἡμᾶς βασιλείαν, ἱερεῖς 1.6, auch eschatologisch: ἐποίησας αὐτοὺς τῷ θεῷ ἡμῶν βασιλείαν καὶ ἱερεῖς 5.10, ἔσονται ἱερεῖς τοῦ θεοῦ 20.6 (vgl. bei K 3a).

---

[1] Vgl. G. SCHRENK, Art. Ἱερεύς, ἀρχιερεύς: ThWNT 3.257–284; A. SAND, Art. Ἱερεύς: EWNT 2.427–429.
[2] Vgl. dazu M. DEL VERME, Die Didache and Judaism: the ἀπαρχή of Didache 13.3–7: E. A. Livigstone (Hg.) Studia Patristica 26, 1993, 113–120.

Die Alte Kirche hat dieses Verfahren weitergeführt. Clemens von Rom unterscheidet die Aufgaben des ἀρχιερεύς, der ἱερεῖς, der λευῖται und des λαϊκὸς ἄνθρωπος 1 Clem 40.5. So will er mit den alttestamentlichen Namen auf die neutestamentlichen Amtsträger und die Gliederung in der christlichen Gemeinde anspielen. Damit werden die Termini auf die Bischöfe, Presbyter und Diakone übertragen, was aber nicht bedeutet, daß die alttestamentlichen Titel für ihn schon Amtstitel geworden sind.[1]

In gleicher Weise sagt Tertullian, daß der Bischof als Hohepriester das Recht hat zu taufen: *summum habet ius summus sacerdos, si qui est, episcopus; dehinc presbyteri et diaconi* Bapt 17.1. Bei den Häretikern wechseln die Ämter von Bischof, Presbyter, Diakon und Lektor, sagt er, und nun bezieht er das Adjektiv *sacerdotalis* 'priesterlich' auf alle diese Ämter: *itaque alius hodie episcopus, cras alius; hodie diaconus qui cras lector; hodie presbyter qui cras laicus. nam et laicis sacerdotalia munera iniungunt* Praescr 41.8; gleichfalls: *non permittitur mulieri... sacerdotalis officii sortem sibi uindicare* Virg 9.1.

Die gleiche Entwicklung zeigt sich bei Hippolyt. Die Aufgaben eines Bischofs werden im Weihegebet mit ἀρχιερατεύειν und ἀρχιερατικός/ *primatus sacerdotii* umschrieben: ἀρχιερατεύειν σοι ἀμέμπτως/*primatum sacerdotii tibi exhibere sine reprehensione...* τῷ ἀρχιερατικῷ πνεύματι/ *sp(irit)u[m] primatus sacerdotii* TradAp 3. Die lateinische Übersetzung gebraucht das Wort *sacerdotium* auch, um das Amt der Presbyter von dem der Diakone zu unterscheiden: *quia (diaconus) non in sacerdotio ordinatur* TradAp 8. Vgl. Origenes in der Übersetzung Rufins (H 3 *d*).

Dieser metaphorische Gebrauch von (ἀρχ)ιερεύς und (*summus*) *sacerdos* hat nun allmählich dazu geführt, daß diese Vokabeln christliche Amtstitel geworden sind. Aufschlußreich für diese Entwicklung ist, daß in ähnlicher Weise griechische Termini aus der Gnosis und aus den Mysterienreligionen und lateinische aus der römischen Religion übernommen wurden. Mit der Zeit haben sich dann die Gemeindeleiter als Priester im kultischen Sinn der Juden und Heiden verstanden.

3. *Die königliche Priesterschaft*

a. ἱεράτευμα

Zweimal werden im NT die Gemeindemitglieder ein ἱεράτευμα 'Priesterschaft' genannt, 1 Petr 2.5 und 9.[2] Das Wort ist Ex 19.6 entnommen.

---

[1] Das meint H. BRAUN, *Qumran und das NT* 2.329.
[2] Vgl. J.H.ELLIOTT, *The Elect and the Holy. An exegetical examination of 1 Peter 2.4–10 and the phrase* βασίλειον ἱεράτευμα, Leiden 1966, auch J. COPPENS, *Le sacerdoce royal des fidèles; un commentaire de 1 Petr. 2.4–10:* Festschrift A.M.Charue, Gembloux 1969, 61–75, mit einer Übersicht der Literatur und der wichtigsten Auslegungen. Ferner G. SCHRENK, Art. ἱεράτευμα: ThWNT 3.249–251; P. SANDEVOIR, *Études sur la première lettre de Pierre*, Paris 1980, 219–229.

Die Septuaginta hat hier die hebräischen Worte *mamlækæṯ kohᵃnîm* 'Königreich (von) Priestern' übersetzt als βασίλειον ἱεράτευμα 'königliches Priesterkollegium', und so bilden diese Vokabeln mit den folgenden καὶ ἔθνος ἅγιον (*wᵉḡôj qāḏôš*) einen Chiasmus: ὑμεῖς δὲ ἔσεσθέ μοι βασίλειον ἱεράτευμα καὶ ἔθνος ἅγιον, gleichfalls 23.22 LXX und vgl. τὸ βασίλειον καὶ τὸ ἱεράτευμα καὶ τὸν ἁγιασμόν 2 Makk 2.17.

Das seltene Wort ἱεράτευμα ist in der klassischen Gräzität nicht belegt. Die auffällige Umstellung einer zu erwartenden Übersetzung βασιλεία ἱερέων 'Königreich von Priestern' in βασίλειον ἱεράτευμα, anscheinend um mit dem folgenden ἔθνος ἅγιον einen Chiasmus zu bilden, und die Bildung eines Wortes ἱεράτευμα sind also sehr wahrscheinlich dem Übersetzer zuzuschreiben. Die Substantive auf -μα sind Nomina rei actae, wie z.B. von ποιέω 'machen, dichten' ποίημα 'das Gedicht', wenn auch eine strenge Abgrenzung von den Nomina actionis wie ποίησις 'das Dichten, die Dichtung' nicht immer möglich ist.[1] Für ἱεράτευμα als Ableitung von ἱερατεύω 'Priester sein' ergibt das die Bedeutung 'Priesterschaft, Priesterkollegium', obwohl das Wort als Nomen actionis auch 'das Handeln als Priester, das Priestertum' bedeuten könnte. In Ex 19.6 ist im Zusammenhang und namentlich durch den Chiasmus mit ἔθνος sicher die erste Bedeutung gemeint.

Philon von Alexandrien zitiert Ex 19.6 zweimal, und zwar in einem geistigen Sinn. Er ändert den Text insofern, als er βασίλειον substantiviert. So kann er sagen, daß die Königschaft (das Königliche), die Priesterschaft und das Volk eine erhabene und erstrebenswerte Trias bilden, obwohl sie eine einzige Gestalt genannt werden: τὴν δὲ περίσεμνον τριάδα καὶ περιμάχητον ἑνὸς εἴδους ἐπιλεγομένου «βασίλειον καὶ ἱεράτευμα καὶ ἔθνος ἅγιον» οἱ χρησμοὶ καλοῦσι Abr 56, vgl. τῶν δώδεκα ὑπάρχει φυλῶν, ἃς οἱ χρησμοὶ «βασίλειον καὶ ἱεράτευμα θεοῦ» φασιν εἶναι Sobr 66. Das Substantiv ἱεράτευμα ist wieder Nomen rei actae 'Priesterkollegium'.

Diese Bedeutung ist auch die einzig mögliche in 1 Petr 2.9 und gleichfalls in 2.5 bei der Lesart mit Komma und ohne εἰς, weil dann ἱεράτευμα Apposition zu οἶκος ist. Im anderen Fall sind beide Bedeutungen möglich: οἰκοδομεῖσθε οἶκος πνευματικὸς[,] εἰς ἱεράτευμα ἅγιον. Ein solcher Gebrauch eines Wortes in zwei Bedeutungen ist nicht so ungewöhnlich wie Coppens meint, aber er bemerkt zu Recht, daß der Unterschied nicht groß ist (70). Ein Beispiel bietet θεός 'Gott' und 'Abgott' in 1 Kor 8.4 (oben A 2 *f* 4).

Schon die Tatsache, daß ἱερεύς im NT kein Titel für die Amtsträger der Gemeinden ist (K 1), macht es unwahrscheinlich, daß ἱεράτευμα ein Titel für die Gemeindemitglieder ist, insofern sie einen kultischen Dienst, namentlich die Feier der Eucharistie, leisten. Die Adressaten

---

[1] Vgl. dazu E. BORNEMANN, *Griechische Grammatik* 312.

werden angeregt, sich als lebendige Steine in ein geistiges Haus einzufügen, wo der Herr der Eckstein ist, um so eine Priesterschaft zu bilden, sogar eine königliche Priesterschaft, und diese bringt geistige Opfer (πνευματικὰς θυσίας) dar.

Das Wort ἱεράτευμα ist Ex 19.6 (und 23.22 LXX, 2Makk 2.17) entnommen, und so wird ein Bild aus dem Opferdienst auf christliche Verhältnisse übertragen. Der Verfasser des Briefes und jeder Jude und Judenchrist seiner Zeit muß bei ἱεράτευμα an eine Verbindung mit dem alttestamentlichen Priestertum gedacht haben, und Priestertum heißt Opferdienst. Die Gemeindemitglieder werden dem alttestamentlichen Priesterkollegium, und ihre Aufgaben als Christen dem Opferdienst gleichgesetzt. Das Wort bekommt so einen neuen geistigen, nicht-liturgischen Inhalt. Ähnlich gibt Paulus einen Hinweis auf den priesterlichen Opferdienst, wenn er seine Arbeit umschreibt als: ἱερουργοῦντα τὸ εὐαγγέλιον τοῦ θεοῦ Röm 15.16, d.h. ʿdas Evangelium verkünden, wie ein Priester ein Opfer darbringtʾ. Das gleiche Bild begegnet in der Johannesapokalypse für die Christen und die Seligen (K 1).

Freilich bezieht sich Ex 19.6 nicht ausdrücklich auf einen levitischen Dienst, aber entscheidend ist, daß ἱεράτευμα an sich, so wie auch ἱερεύς, darauf hinweist. Daraus folgt, daß es keinen Sinn hat, wie es Elliott (169ff., vgl. Coppens 69) versucht hat, zwischen solchen Stellen zu unterscheiden, wo unmittelbar auf levitische Dienste hingewiesen wird und anderen, wo das nicht der Fall ist. 1Petr 2.4–10 enthält mit οἶκος und ἀνενέγκαι θυσίας in V. 5 diesen Hinweis, Röm 15.16 mit λειτουργόν und ἡ προσφορὰ εὐπρόσδεκτος.

Tatsächlich beruht der Gedanke an ein Priestertum für alle Gläubigen auf einem Mißverständnis, indem man ἱερεύς und ἱεράτευμα als ʿPresbyterʾ und ʿPresbyter-schaftʾ und somit als christliche Amtsbezeichnungen verstanden hat. Die Vulgata übersetzt mit *sacerdos* und *sacerdotium*. Geht man von dieser Übersetzung aus, dann ist das Mißverständnis vorgegeben. Für Justin war der Unterschied noch klar, als er die Christen ein hohepriesterliches Volk nannte: ἀρχιερατικὸν τὸ ἀληθινὸν γένος ἐσμέν Dial 116.3.

Eine relativ späte Parallele bietet Didasc 3.12.2. Bei der Taufe einer Frau gießt die Diakonin das Öl über sie aus, der Bischof aber vollzieht die Handauflegung in derselben Weise, wie ehemals Priester und Könige gesalbt wurden: *quemadmodum olim sacerdotes* (ἱερεῖς) *ac reges in Israel ungebantur.* Der Constitutor weist auf das terminologische Problem hin, indem er hinzufügt, daß der Getaufte nur in einem übertragenem Sinn Priester wird: οὐχ ὅτι καὶ οἱ νῦν βαπτιζόμενοι ἱερεῖς χειροτονοῦνται, und zitiert dann 1Petr 2.9 und 1Tim 3.15: ἀλλ᾽ ὡς ἀπὸ τοῦ Χριστοῦ Χριστιανοὶ «βασίλειον ἱεράτευμα καὶ ἔθνος ἅγιον, ἐκκλησία θεοῦ, στῦλος καὶ ἑδραίωμα» ConstAp 3.16.3.

b. βασίλειον

Es bleibt noch die Frage, ob βασίλειον in 1 Petr 2.9 adjektivisch oder substantivisch zu verstehen ist. Das substantivierte Adjektiv im Singular, τὸ βασίλειον, aber meistens im Plural τὰ βασίλεια, bedeutet 'königliches Gebäude, Palast', so auch in der Septuaginta einmal im Singular: ὥσπερ τεθεμελιωμένον βασίλειον (hebr. *'armôn* 'Wohnturm') Prov 18.19, sonst im Plural: Esth 1.9, 2.13, Nahum 2.6 (7), EpJer 58. Man findet ferner τὸ βασίλειον in der Bedeutung 'königliche Macht, Königschaft': ἔρρηξα σὺν τὸ βασίλειον ἀπὸ τοῦ οἴκου 3 Reg 14.8 Aq., vgl. 4 Reg 15.19 Aq., 1 Chron 28.4 (hebr. *nāḡîḏ* 'Vorsteher'), 1 Esdr LXX 4.40, 43, Weish 1.14, Dan LXX 4.34 u.ö., 2 Makk 2.17, aber geläufiger hierfür ist ἡ βασιλεία.

Nun ist es freilich möglich, ein solches substantiviertes Adjektiv auch ohne Artikel zu gebrauchen, es muß dann aber aus dem Zusammenhang klar werden, daß ein Substantiv gemeint wird. In Prov 18.19 zeigt sich das durch das beigefügte Partizip und in den zwei bei K 3 *a* aus Philon angeführten Stellen durch das Polysyndeton mit καί. Andererseits findet man βασίλειον mit Artikel: τὸ βασίλειον καὶ τὸ ἱεράτευμα καὶ τὸν ἁγιασμόν 2 Makk 2.17, und gleichfalls ἡ βασιλεία in dieser Bedeutung: βασιλείαν, ἱερεῖς Apk 1.6, βασιλείαν καὶ ἱερεῖς 5.10.

Nach Elliott (149–154) ist nun βασίλειον in 1 Petr 2.9 substantivisch zu verstehen als 'Königshaus, Palast' ('royal residence, dwelling house'), also wie in Prov 18.19. Es muß jedoch als ausgeschlossen betrachtet werden, daß der Verfasser bzw. sein Sekretär, der offensichtlich die griechische Sprache gut beherrschte, hier die Absicht hatte, βασίλειον und ἱεράτευμα als zwei Substantive asyndetisch zu verbinden. Erstens wäre ein solches Asyndeton stilistisch nicht schön. Wichtiger ist aber, daß wir nicht das Recht haben, anzunehmen, daß dieser Sekretär hier ein Adjektiv auf so ungeschickte Weise als Substantiv gebrauchen wollte. Er hatte ja einfache Mittel, um sich besser auszudrücken. Er hätte wie Philon καί hinzufügen können oder für die Bedeutung 'Königshaus' die Mehrzahl βασίλεια und für die Bedeutung 'Königschaft, Königtum' das weibliche βασιλεία wählen können. Die Anspielung auf Ex 19.6 wäre dann weniger deutlich gewesen, aber noch gut erkennbar. Entscheidend ist aber die Tatsache, daß jeder antike gebildete Leser hier unmittelbar mußte, daß Substantive und Adjektive absichtlich in einem dreifachen Chiasmus abgewechselt werden: γένος ἐκλεκτόν – βασίλειον ἱεράτευμα – ἔθνος ἅγιον.

Elliott (16–49) sagt in seiner Analyse von 1 Petr 2.4–10 nichts über die Stilformen in diesem Abschnitt,[1] führt aber (161) für seine Erklärung als erstes Argument an, daß der Verfasser nicht an Rhythmus und Stil interessiert ist. Sonst hätte er für λαὸς εἰς περιποίησιν das gewöhnlichere λαὸς περιούσιος gewählt. Für περιούσιος gibt es tatsächlich fünf Belege in der Septuaginta, Ex 19.5 usw., und einen in Tit 2.14, dagegen für

περιποίησις nur drei Stellen im NT und nirgends in Verbindung mit
λαός. Elliott erklärt nicht, weshalb ein guter Stilist das Gewöhnlichere
('the more common phrase') wählen muß. Stilistisch betrachtet wäre
aber ein vierfacher Chiasmus eine Übertreibung gewesen und ein Zeichen schlechten Geschmacks, um so mehr, wenn wegen der Stilfigur
περιούσιος unmelodisch vor das Substantiv λαός gestellt wäre. Nun wird
ein viertes Adjektiv durch das ungewöhnliche, aber melodische εἰς περιποίησιν vermieden, und mit ἔθνος ἅγιον entsteht so ein Parallelismus.[1]

An zweiter Stelle führt Elliott, weil er den Chiasmus übersieht, nun
an, daß βασίλειον als Adjektiv die Ordnung Substantiv-Adjektiv von
γένος ἐκλεκτόν und ἔθνος ἅγιον durchbrechen würde, und das wäre stilistisch nicht folgerichtig ('a stylistic inconsistency').

Außerdem ist Elliott der Meinung, daß βασίλειον nicht als Adjektiv
('modifier') vor einem Substantiv stehen kann, und er weist dazu auf
Blaß-Debrunner §270 hin. F.W.Danker hat dagegen zu Recht bemerkt, daß es dort um etwas ganz anderes geht, nämlich um die Stellung eines attributiven Adjektivs oder Partizips vor bzw. nach einem
mit Artikel versehenen Substantiv.[2] Man vergleiche für diese Stellung
des Adjektivs mit Artikel: τὸ θαυμαστὸν αὐτοῦ φῶς 1 Petr 2.9, und ohne
Artikel: πνευματικὰς θυσίας 2.5, und natürlich βασίλειον ἱεράτευμα selbst
in Ex 19.6.

N. Brox[3] übersetzt 'ein Königshaus, eine Priesterschaft' und wirft
F. W. Danker vor, daß dieser βασίλειον 'adjektivisch versteht, indem er
eine ganze Reihe von vagen atl. Assoziationen geltend macht', läßt
aber die Kritik an dem Verweis auf Blaß-Debrunner §270 außer

---

[1] Die Stilelemente werden meistens wenig beachtet. 1 Petr 2.1 enthält ein Polysyndeton mit viermal καί, und eine Anapher mit drei Adjektiven, die emphatisch vor
dem Substantiv stehen: πᾶσαν, πάντα, πάσας. In 2.3 enthält χρηστός ein Wortspiel
spiel mit Χριστός (Aussprache η als ι). Noch einen dreifachen Chiasmus durch
Stellung der Adjektive bietet 2.5: οἶκος πνευματικὸς – ἱεράτευμα ἅγιον – πνευματικὰς
θυσίας. Eine parallele Stellung von drei Genetiven steht in 2.7 f.: γωνίας – προσ-
κόμματος – σκανδάλου, dazu eine Variation (variatio, μεταβολή) durch grammatische
Abwechslung von ἐγενήθη, das mit der Präposition εἰς und mit einem Prädikatsnomen verbunden wird. Antithesen sind zu finden in 2.4: ὑπὸ ἀνθρώπων – παρὰ δὲ
θεῷ; in 2.7: τοῖς πιστεύουσιν – ἀπιστοῦσιν δέ; in 2.9: ἐκ σκότους – εἰς τὸ... φῶς, und
zweimal in 2.10: ποτε οὐ λαός – νῦν δὲ λαός, und οὐκ ἐλεημένοι – ἐλεηθέντες. Einen
Parallelismus bilden ἔθνος ἅγιον – λαὸς εἰς περιποίησιν 2.9, und der Aufbau von 2.10a
und 2.10b. Vgl. z.B. Ch.D.MYERS Jr. Chiastic inversion in the argument of Romans
3–8: NT 35, 1993, 30–47, ebd. 32 Anm. 14, und L.V.ROUX, 'n Stilistiese analise van
die Ad Diognetum, Bloemfontein 1993. Der moderne Leser, der nicht darauf achtet,
bekommt doch eine Ahnung. So schreibt J. COPPENS, Sacerdoce royal 71, über 'une
meilleure construction et lecture rythmique du v. 9.'
[2] F.W.DANKER, Brief Study: Besprechung der Arbeit Elliotts: Concordia Theologi-
cal Monthly 38, 1967, 329–332, ebd. 331.
[3] N. BROX, Der erste Petrusbrief, Zürich 1979, ebd. 94 und 98 Anm. 326.

Betracht. Nun weist Danker namentlich auf Einflüsse von Mal 1.6–2.9 (329), und diese sind nicht entscheidend. Brox (98 Anm. 326) lehnt ferner die stilistischen Gründe für die adjektivische Auffassung, wie er diese bei L. Cerfaux findet, ab, aber auch Cerfaux weiß nichts von einem Chiasmus.[1]

Brox findet nun mit einem Verweis auf J. B. Bauer, 'exakt die griechische Spiegelung der Stilform des Urtextes' (ebd.). Bauer vergleicht den hebräischen Text von Ex 19.6 (wörtlich) 'Königreich (von) Priestern und ein Volk heiliges' mit anderen Stellen, wo immer zwei asyndetisch verbundene Substantive stehen oder ein Substantiv, dem eine Apposition an die Seite tritt, nämlich:

hårîm gab̠nunnîm
ὄρη τετυρωμένη
–buchstäblich übersetzt–: 'Berge, (und zwar) Kuppen' Ps 68(69).17;
d^eb̠årîm t̠ôb̠îm d^eb̠årîm niḥumim
ῥήματα καλὰ καὶ λόγους παρακλητικούς
'gute Worte, (und zwar) Worte (der) Tröstungen' Zach 1.13,
'ajjælæt̠ 'ᵃhåb̠îm w^eja'ᵃlat̠-ḥen
ἔλαφος φιλίας καὶ πῶλος σῶν χαρίτων
'Hinde, (und zwar) Liebesfreuden und Gemse (von) Anmut' Prov 5.19.[2]
In den letzten zwei Stellen hat die Septuaginta einen Parallelismus mit zwei Adjektiven bzw. zwei Genetiven. Es ist aber nicht einzusehen, wie die griechisch sprechenden Adressaten aus solchen Stellen verstehen konnten, daß in 1 Petr 2.9 die chiastische Struktur durchbrochen wird.

4. *Amt und Charisma*

Zum Problem des Verhältnisses zwischen Amt und Charisma genügt es hier, 1 Petr 4.10 f. heranzuziehen. Der Verfasser mahnt alle: Das Ende der Welt ist nahe; jeder soll das Charisma, das Gott ihm geschenkt hat, zum Wohl der anderen einsetzen: ἕκαστος καθὼς ἔλαβεν χάρισμα, εἰς ἑαυτοὺς αὐτὸ διακονοῦντες 4.10. Wer so verfährt, ist ein treuer Verwalter (οἰκονόμος) der reichen Gnade (ποικίλης χάριτος) Gottes. Nicht nur die Amtsträger haben also ein Charisma empfangen, aber sie auf jeden Fall. Dann ist hier χάρισμα nicht identisch mit 'Amt', und διακονοῦντες beschränkt sich nicht auf die Erfüllung eines Gemeindeamtes, sicher nicht auf das Amt der Diakone.

Zwei Fälle werden nun näher ausgearbeitet: εἴ τις λαλεῖ..., εἴ τις διακονεῖ... 4.11. Für den Glaubensunterricht an sich hätte der Verfasser ohne Mißverständnis διδάσκειν statt λαλεῖν gebrauchen können. Das folgende ὡς λόγια θεοῦ enthält also die Mahnung, das charismatische Reden muß

---

[1] L. Cerfaux, *Regale sacerdotium*: RecSPhTh 28, 1939, 5–39 ebd. 24f./*Recueils L. Cerfaux*, Gembloux 1954, 2.283–315, 301 f.
[2] J. B. Bauer, *Könige und Priester, ein heiliges Volk (Ex 19.6)*: BZ 2, 1958, 283–286.

auf den Glaubensunterricht bezogen sein. Der Zusammenhang macht klar, daß diese Charismatiker sicher nicht alle Amtsträger sind. Aus diesem Grund muß διακονεῖ im allgemeinen Sinn verstanden werden, und nicht nur von Amtsträgern, noch weniger ausschließlich von Diakonen.

Für unsere Untersuchung ist die Feststellung wichtig, daß ein Charismatiker nicht notwendigerweise Amtsträger ist. Daß alle Amtsträger Charismatiker sind, wird auch nicht ausdrücklich gesagt. Für Bischöfe war es aber doch ziemlich selbstverständlich, wenn Ignatius einen Bischof verteidigen muß, dem diese Begabung fehlt, Eph 6.1.[1]

5. *Schluß: Amtsverständnis und Priesterschaft*

Die urchristliche Gemeinde hat den Herrn als ἱερεύς und ἀρχιερεύς bezeichnet, aber diesen Titel für die Apostel, Wandermissionare und Gemeindeleiter vermieden. Das heißt, daß diese sich nicht als Opferpriester mit einer kultischen Aufgabe verstanden haben. Zum ersten Mal wird Did 13.3 der alttestamentliche Titel ἀρχιερεύς im übertragenen Sinn für christliche Amtsträger gebraucht, und zwar als Aufforderung zur Unterstützung der Wanderpropheten. Auch bei Clemens von Rom ist der Gebrauch noch metaphorisch. Tertullian und Hippolyt zeigen, wie man allmählich ἱερεύς/*sacerdos* und Ableitungen für das christliche Amt gebraucht.

Weil ἱεράτευμα 1 Petr 2.5, 9 sich auf die alttestamentliche Priesterschaft bezieht und die neutestamentlichen Amtsträger sich nicht als alttestamentliche Priester verstanden haben, muß die sogenannte allgemeine Priesterschaft der Gläubigen unbedingt vom neutestamentlichen Amt unterschieden werden.

Der dreifache Chiasmus in 1 Petr 2.9 macht eindeutig klar, daß βασίλειον hier adjektivisch mit ἱεράτευμα zu verbinden ist.

---

[1] So P. MEINHOLD, *Studien zu Ignatius von Antiochien,* Wiesbaden 1979, ebd. 21.

L. Datierungsprobleme

Um eine Petitio principii in der lexikographischen Untersuchung zu vermeiden (s. auch bei M 3), müssen die Ausgangspunkte so gewählt werden, daß sie möglichst unabhängig von bestehenden Unsicherheiten sind, namentlich auch im Hinblick auf Autorschaft und Datierung der Texte. Nachher kann dann festgestellt werden, daß eine Erklärung besser als die andere in den Bedeutungsverlauf der Vokabeln paßt. Nur für die Didache mußte oben (A 2*h*) zur Erklärung die frühe Datierung eines Traditionsstückes vorausgesetzt werden.

1. *Die Didache*

Obwohl Abfassungszeit und Herkunft der Didache umstritten sind, wird der archaische Charakter einzelner Stücke allgemein anerkannt. Dieser Charakter zeigt sich deutlich in der Analyse von Rordorf-Tuilier (34–80); A. Tuilier hat neuerdings auf das hohe Alter der eucharistischen Gebete in Did 9–10 im Verhältnis zu 1 Kor 11.23–34 hingewiesen.[1]

Der Textteil über Wandermissionare und die Organisation der Gemeinden entspricht, wie gesagt (A 2*h*, B 2), sehr gut den Verhältnissen, die nach der Steinigung des Stephanus und der Flucht der hellenistischen Brüder aus Jerusalem entstanden. Um diese zerstreuten Brüder, die, wie man annehmen muß, zu Verwandten gingen, neue Bekehrungen machten und kleine Gruppen bildeten, zu besuchen, brauchte man auf einmal viele Wandermissionare und neue Richtlinien für deren Besuch.

Sehr altertümlich ist Did 7.1–4. Der Taufende spendet nur die Wassertaufe. Infusion im Notfall ist (noch) kein theologisches Problem. Das Verleihen der Geistesgabe durch Handauflegung wird nicht genannt. Philippus war dazu in Samaria (Act 8.14–17) nicht berechtigt, und die Didache dürfte sich gerade auf solche Verhältnisse beziehen.

Wie Schöllgen zu Recht betont, ist die Didache eine Kirchenordnung mit einer lockeren Komposition.[2] Das veranlaßte leicht Zusätze wie Kap. 16 und Änderungen, um den Text z.B. beim Vaterunser neuen Verhältnissen anzupassen. Widersprüche und Brüche in der Gedankenführung sind aber schwer nachzuweisen, und das plädiert für eine im Ursprung einheitliche Schrift bzw. für eine gute Verarbeitung des Materials durch den Didachisten.

Audet (104–120) vermutet Brüche beim Wechsel von der 2. Person Pl. zur 2. Person Sg. in 1.4; 4.11; 5.2b; 6.1; 7.2; 13.3, 5. Schöllgen[3] findet

---

[1] A. TUILIER, *La liturgie* 200.
[2] G. SCHÖLLGEN, *Kirchenordnung* 22.
[3] G. SCHÖLLGEN, *Frühes Zeugnis,* 140 Anm. 3.

in Did 13 zwei Redaktionsebenen, die sich durch diesen Übergang unterscheiden. Aber dieser ist hier so gut wie an den anderen Stellen inhaltlich und stilistisch völlig gerechtfertigt. Man erwartet z.B. nicht den Plural im Gebot, nicht zu töten, keinen Ehebruch zu treiben: οὐ φονεύσεις, οὐ μοιχεύσεις... 2.2. Auch eine Aufforderung wie ἀγαπήσεις 1.2, und ἀπέχου τῶν σαρκικῶν 1.4, hört sich besser an im Singular und wendet sich so an jeden persönlich. Der Verfasser fordert aber alle auf, die Feinde zu segnen, für sie zu fasten und, falls sie Sklaven sind, zu gehorchen: εὐλογεῖτε... προσεύχεσθε... νηστεύετε... 2.3, ὑμεῖς οἱ δοῦλοι ὑποταγήσεσθε 4.11.

Der Abschnitt über die Taufe formuliert in der gleichen Weise die allgemeine Regel in der 2. Person Pl.: οὕτω βαπτίσατε... βαπτίσατε εἰς τὸ ὄνομα 7.1, und geht zur 2. Sg. über für den Sonderfall, daß man kein fließendes Wasser hat: : ἐὰν δὲ μὴ ἔχῃς ὕδωρ ζῶν... βάπτισον... ἔκχεον 7.2f. Im Plural wendet sich der Verfasser wieder an die ganze Gemeinde für den Empfang der Wandermissionare: θέλων καθῆσθαι πρὸς ὑμᾶς 13.1, aber bei der Aufforderung zur Abgabe der Erstlingsfrüchte viermal im Sigular an jedes Mitglied persönlich: λαβὼν δώσεις 13.3; ἐὰν σιτίαν ποιῇς..., λαβὼν δός 13.5, ἀνοίξας... λαβὼν δός 13.6, λαβὼν... ὡς ἄν σοι δόξῃ, δός 13.7. Die Begründung und der Ausnahmefall, daß es keine Propheten gibt, beziehen sich dagegen auf alle Mitglieder, und dann findet man den Plural: αὐτοὶ γάρ εἰσιν οἱ ἀρχιερεῖς ὑμῶν. ἐὰν δὲ μὴ ἔχετε προφήτην, δότε... 13.4.

Ist diese Abwechslung in der Zwei-Wege-Lehre noch ziemlich selbstverständlich zu nennen, bei den Richtlinien für das Spenden der Taufe und für den Empfang der Wandermissionare spürt man die Hand eines Verfassers oder Redaktors, der mit einfachen Mitteln einen guten Stil schreibt.

Nach Ph. Vielhauer waren die Propheten und Lehrer in den paulinischen Gemeinden noch ortsansässig, und gehören die reisenden Prediger der Didache in eine spätere Zeit.[1] Die rasche Verbreitung der neuen Lehre ist aber nur bei der Tätigkeit vieler Wandermissionare, und zwar vom Anfang an, d.h. nach der Steinigung des Stephanus, begreiflich. Paulus selbst versteht sich als einer von ihnen.

Vor allem weil eine Auseinandersetzung mit dem Judentum fehlt (außer einem Hinweis auf das Fasten in 8.1f.), datiert Vielhauer die Traditionsstücke in die Zeit nach der Zerstörung Jerusalems. Es fehlt aber auch ein Hinweis auf diese Zerstörung. In beiden Fällen trifft zu, daß der Verfasser in seiner kurzen Schrift nicht notwendigerweise daran referieren mußte. Auf jeden Fall muß bei der Erklärung von der Entstehungszeit der einzelnen Stücke ausgegangen werden, nicht von einer Endredaktion, die Vielhauer an den Anfang des 2. Jh. verlegt (737).

---

[1] Ph. VIELHAUER, *Geschichte der urchristlichen Literatur*, Berlin 1975, ebd. 135f.

2. Der erste Petrusbrief

Die Lesart ἐπισκοποῦντες '(als ein Episkop) beaufsichtigen' in 1 Petr 5.2 bietet durch die Anspielung auf das Substantiv ἐπίσκοπος einen Beleg für die Synonymie mit πρεσβύτερος ebd. 5.1, 5, und Übereinstimmung in der Terminologie mit Act 20.17, 28 und Tit 1.5, 7 (oben C 1). Man sieht nicht ein, weshalb ἐπισκοποῦντες hinzugefügt wurde, es kann aber gestrichen worden sein in einer Zeit, als ἐπίσκοπος nicht mehr synonym mit πρεσβύτερος war (C 3 b).

Gegen die Authentizität des Briefes wird die Qualität des Griechischen angeführt und der Name Babylon in 5.13. Dagegen spricht, daß Silvanus genannt wird in 5.12 und möglicherweise als Sekretär den Brief geschrieben hat. Der Name 'Babylon' für Rom war auch vor 70 n. Chr. als Anspielung auf die Babylonische Gefangenschaft möglich und nach der Eroberung Palästinas in 63 v. Chr. leicht auszudenken. Wenn κακοποιοί in 1 Petr 2.12 einen Hinweis auf die Verfolgung der Christen enthält, so sind dafür schon die ersten Erfahrungen in Jerusalem (Act 4.1 ff., 5.17 ff., 8.1 ff.) ausreichend. Man verfolgt ja Personen, die einer bösen Tat verdächtig sind, also κακοποιοί.

Im Hinblick auf eine späte Datierung des ersten Petrusbriefes hat J. B. Bauer auf die Übereinstimmung zwischen dem Katalog in 1 Petr 4.15: μὴ φονεύς..., μὴ κλέπτης, und dem bekannten Brief des Plinius über die Christen: *ne furta, ne latrocinia... committerent* Ep 10.96.8 hingewiesen.[1] Um einen Terminus post quem zu finden, sollte er jedoch beweisen, daß der Autor vor der Zeit des Plinius so etwas nicht schreiben konnte. Eher ist das Umgekehrte der Fall. Der Autor richtet seinen Brief an die Provinz, wo Plinius von ca. 110 bis ca. 112 Statthalter ist. Wenn dieser solche Allgemeinheiten in der christlichen Lehre über Mord und Diebstahl nicht selbst feststellen konnte, hätte er sie in diesem Brief lesen können.

3. Die Apostelgeschichte

Zur Datierung der Apostelgeschichte dürfte ein Vergleich mit dem Geschichtswerk Herodots aufschlußreich sein. Herodot fängt mit einer allgemeinen Geschichte an, beschränkt sich dann auf die Perserkriege, die er mit der Geschichte des Jahres 478 v. Chr. abschließt. An verschiedenen Stellen erwähnt er aber spätere Ereignisse, und zwar in 3.160; 6.91; 7.114, 137, 233; 9.73 noch aus den Jahren 431 und 430. Für den Abschluß seiner Arbeit ergibt das einen Terminus post quem. Der Acta-

---

[1] J. B. BAUER, *Der erste Petrusbrief und die Verfolgung unter Domitian:* Festschrift H. Schürmann, Freiburg 1977, 513–525. Vgl. E. G. SELWYN, *The first Epistle of St. Peter*, London 2. Aufl. 1946, 7 ff.; C. P. THIEDE, *Babylon, der andere Ort: Anmerkungen zu 1 Petr 5.13 und Act 12.17:* Biblica 67, 1986, 532–538.

Verfasser fängt in ähnlicher Weise mit einer allgemeinen Geschichte der jungen Kirche an, soweit ihm die Daten bekannt sind, beschränkt sich dann aber auf Paulus und dessen Reise nach Rom. Er hatte trotzdem an vielen Stellen, namentlich wenn er über Jerusalem oder Rom spricht, die Gelegenheit, auf spätere Ereignisse, wie den jüdischen Krieg und die Zerstörung Jerusalems, eine Reise des Paulus nach Spanien, die Christenverfolgung unter Nero, den Tod der Apostel Petrus und Paulus, hinzuweisen, und vor allem hätte er z.B. bei der Abreise des Paulus aus Jerusalem auf einen guten Ablauf des Prozesses in Rom anspielen können.

Für einen Terminus post quem der Apostelgeschichte hat man auf Apg 20.25–31 hingewiesen. Man kann den Text so lesen, daß der Verfasser 'schon auf eine gewisse nachpaulinische Zeitspanne zurückblickt.'[1] Der Zusammenhang zwingt aber dazu nicht.

Man gründet eine späte Datierung des lukanischen Doppelwerkes besonders auf die Prophetie über die Zerstörung Jerusalems, Lk 21.5ff., als Terminus post quem. Dagegen betont B. Reicke, daß der Krieg schon zur Zeit Jesu drohte, während die Zerstörung in sehr generellen Worten beschrieben wird, die nicht zwingen, den Text als ein *vaticinium ex eventu* zu verstehen.[2]

'Die Gesamttendenz der Apostelgeschichte erweckt nicht den Eindruck, als sei die Gemeinde eine *ecclesia pressa*.' So G. Schneider (1.120), der daraus folgert, daß die Abfassungszeit vor den Verfolgungen unter Domitian zu stellen ist. Er läßt dann die Verfolgung unter Nero und das Martyrium der Apostel Petrus und Paulus außer Betracht.

Das Schweigen des Acta-Verfassers über jedes Ereignis nach der Ankunft des Paulus in Rom versucht Schneider daraus zu erklären, daß er nicht weiter interessiert war; man soll nur nicht 'mit paulusbiographischen Erwartungen' an den Text herangehen (1.119 Anm. 89). Eher sollte man jedoch einen Grund aufweisen, weshalb ein Verfasser, der um das Jahr 80 schreibt, mit großer Sorgfalt jede Anspielung auf Ereignisse nach der Ankunft des Paulus in Rom vermieden hat. Auf jeden Fall hat er dann den falschen Eindruck erwecken wollen, daß er bald nach dieser Ankunft geschrieben hat.

Eine Erklärung wäre noch darin zu finden, daß er die Absicht hatte, die Kirchenordnung der eigenen Zeit bis in die ersten Jahrzehnte der Kirche zurückzuführen. Falls er für diesen Zweck Act 6.1ff. (D 1a) die

---

[1] So G. SCHNEIDER, *Apostelgeschichte* 1.119 Anm. 86. Dort ältere Literatur.
[2] B. REICKE, *Synoptic prophecies on the destruction of Jerusalem*: Festschrift A. Wikgren, Leiden 1972, 121–134, Vgl. auch J.A.T.ROBINSON, *Redating the New Testament*, London, 1976, 86f., bes. 114f., und E.E.ELLIS, *Die Datierung des Neuen Testaments*: ThZ 42, 1986, 409–430. Anders C. FOCANT, *La chute de Jérusalem et la datation des Évangiles*: RThL 19, 1988, 17–37.

Wahl und Weihe der Sieben umgestaltet hat, und 20.17, 28 (C 4) zwei
Gemeindestrukturen zu verbinden versucht, hätte er z.B. in 13.1; 14.23
und 15.2 die Gelegenheit benützen können, sich über Wahl, Weihe und
Amt klarer auszudrücken. Die Einzelheiten werden nun als bekannt
voraugesetzt. Zudem konnten wir den sehr altertümlichen Charakter
des Stückes Act 6.1–6 feststellen, und nirgends haben wir einen Hinweis
darauf gefunden, daß πρεσβύτερος und ἐπίσκοπος jemals in der urchristlichen Gemeinde nicht (partiell) synonym gewesen sind, also unterschiedliche Gemeindestrukturen bezeichnet haben (C 1–4, 7). Daraus
folgt, daß sich bei einer späten Datierung der Acta und der Pastoralbriefe für die Amtsterminologie und die kirchliche Organisation
nichts ändert.

Paulus hat normalerweise von den Briefen, die er einem Sekretär
diktierte (H 2), das Autograph bei sich behalten. Wir dürfen annehmen,
daß er diese Dokumente mit anderen aufbewahrte (vgl. 2 Tim 4.13). Er
konnte sie in Vasen vor Regen und Seewasser schützen. In der
Annahme, daß der Acta-Verfasser sein Werk in Rom während des
Hausarrests des Paulus geschrieben hat, versteht man, daß er den Apostel befragen und seine Dokumente benützen konnte. Je später man die
Acta datiert, desto unsicherer wird es, woher er seine Kenntnis über das
Leben des Paulus gewinnen konnte.

Für die Wir-Stücke als Teil der Quellenfrage hat J. Wehnert darauf
hingewiesen, daß sie als ein Stilmittel aus einer jüdischen Tradition zu
verstehen sind.[1] Diese Passagen sind dann redaktionell, aber das schließt
nicht aus, meint er zu Recht, daß sie auf eine bestimmte Quelle zurückgehen, und zwar, wie er vermutet, auf Silas. Wehnert sieht nun die
Wir-Passagen als ein Mittel beim Bemühen des Verfassers um ἀσφάλεια
'Zuverlässigkeit', wie er das in Lk 1.4 vorausgesetzt hat. 'Lukas nennt als
Garanten für die Zuverlässigkeit und Authentizität seiner Darstellung
nicht Paulus selbst, sondern einen Paulusbegleiter,' folgert Wehnert.
Der Grund dafür sei, daß dieser Begleiter 'eine wichtige Rolle bei der
Vermittlung der Überlieferung gespielt hat, die Lukas in die Apg einar-
beitete, nicht hingegen Paulus, den Lukas ergo nicht persönlich kannte'
(186). Dieses Argument kann man umkehren, denn, falls Lukas in dieser
Weise die Quelle der Wir-Stücke verhüllt, braucht er auch Paulus nicht
ausdrücklich zu nennen.

Leider erwähnt Wehnert nur in einem Literaturnachtrag (288) die
Arbeit von S. Dockx.[2] Dieser geht davon aus, daß δέσμιος Phlm 1 und
9, vgl. 10 und 13, sich auf den zweijährigen Hausarrest des Paulus in

---

[1] J. WEHNERT, *Die Wir-Passagen der Apostelgeschichte. Ein lukanisches Stilmittel aus
jüdischer Tradition*, Göttingen 1989.
[2] S. DOCKX , *Luc a-t-il été le compagnon d'apostolat de Paul?* NRTh 103, 1981,
385–400.

Rom bezieht (396), was übrigens nicht unbedingt sicher ist, weil das Adjektiv δέσμιος auch auf eine richtige Gefangenschaft hinweisen kann, z.B. in Act 23.18; 25.14. Die Personen, die Phlm 1 und 23f. in der Gesellschaft des Apostels genannt werden, sind die gleichen wie in Kol 1.1 und 4.7–14, unter ihnen Onesimus, Timotheus, Markus und Lukas, nicht aber Silas/Silvanus. Lukas wird als Mitarbeiter (Phlm 23) und als ein geliebter Arzt (Kol 4.14) gekennzeichnet. Dockx macht wahrscheinlich, daß die Wir-Passagen nicht von Lukas selbst stammen, sondern von Timotheus, der bei dieser Annahme Paulus auf drei Seereisen begleitete.[1]

Dockx datiert den Hausarrest des Paulus in Rom in 56–58. In dieser Zeit hat der Acta-Verfasser, also nach alter Tradition (Irenäus Haer 3.14.1, *Canon Muratori*) Lukas, mit Paulus verkehrt, und so muß er den Galaterbrief und 1 Kor 8–10 gekannt und auch mit Paulus darüber gesprochen haben. Bei dieser Hypothese wird klar, daß er Act 11.27–30 Paulus korrigiert, oder gar, daß Paulus sich korrigieren läßt, denn in Gal 2.1 hatte er seinen Besuch an Jerusalem mit der Kollekte übersehen.

Deutlich wird auch, wie stark Lukas betont, was beim Apostelkonvent in Jerusalem verabredet worden ist, und so indirekt auch, was nicht festgelegt wurde. Er nennt den Kompromißvorschlag des Jakobus mit den vier Punkten im Hinblick auf Opferfleisch, Blut, Ersticktes und Blutschande (d.h. Ehen zwischen nahen Verwandten) Act. 15.20, und wiederholt diese in dem offiziellen Brief, 15.29, und noch einmal in 21.25. Es wurde also nichts anderes, namentlich nicht, wie man aufgrund von Gal. 2.7f. (A 3 *a* und J) denken könnte, über eine Arbeitsverteilung für die Mission unter Juden und Heiden in einem Dokument belegt, aber vor allem nichts über das für Paulus wesentliche Problem der Rechtfertigung durch den Glauben. Auch die Anerkennung seines Evangeliums, so wie er das aus dem Kompromiß abgeleitet hat, Gal 2.2ff., wurde nicht dokumentiert. Lukas hätte das alles sicher abgeschrieben. Die Behauptung von Gal 2.8, daß man Paulus keine Auflagen gemacht hat, muß dahin korrigiert werden, daß der Vorschlag des Jakobus angenommen wurde. Auch hier läßt Paulus sich berichtigen. Die vier Beschränkungen sind Lev 17.8–10, 15; 18.26 entnommen, und sie ermöglichten es Juden, ohne levitisch unrein zu werden, im jüdischen Land mit Heiden zu verkehren, nicht aber mit ihnen unreine Speisen zu essen (Billerbeck 2.729f.).

Wie das bei einem mühsam erreichten Kompromiß nicht ungewöhnlich ist, konnten beide Parteien ihn in unterschiedlicher Weise auslegen.

---

[1] Man versteht besser, daß Onesimus aus Kolossä nach Rom gekommen ist, wenn er nur flüchtete, um einen Fürsprecher aufzusuchen, der 'ein gedeihliches *Weiterleben* im Hause des Herrn ermöglichen' konnte. So P. LAMPE, *Keine «Sklavenflucht» des Onesimus*: ZNW 76, 1985, 135–137.

Als Petrus in Antiochien war, haben Boten von Jakobus ihn davon überzeugt, daß die Vereinbarung dahin zu verstehen sei, daß Tischgemeinschaft mit Heidenchristen, also ein Liebesmahl mit unreinen Speisen, untersagt blieb, Gal 2.11ff. Daß Petrus nachgab, hat Paulus enttäuscht, und für ihn hatte der Kompromiß damit aufgehört. Daß Teilnahme am heidnischen Kultus und Blutschande unzulässig waren, war ja an sich selbstverständlich.

Paulus nuanciert seine Gedanken über Opferfleisch in 1 Kor 8 und 10: Man soll nicht skrupulös sein, denn es geht nur darum, daß man nicht am heidnischen Opferkultus beteiligt ist. Um das Jahr 110 berichtet Plinius mit Zufriedenheit dem Kaiser Trajan, daß seine Maßnahmen gegen die Christen dazu geführt haben, daß wieder Opferfleisch verkauft wird: *passimque uenire ⟨carnem⟩ uictimarum, cuius adhuc rarissimus emptor inueniebatur* Ep 10.96.10.[1] Plinius war Statthalter von Pontus und Bithynien, und aufgrund von 1 Petr 1.1 und Act 16.6 ist anzunehmen, daß das Missiongebiet des Petrus war.

Lukas bietet, ohne selbst eine Diskussion zu beginnen, weiteres Material zur Beurteilung des Apostelkonvents. Paulus verkündet überall die Bestimmungen, schreibt er Act 16.4, und mit Rücksicht auf die Juden läßt er Timotheus beschneiden, 16.2. Mit einem kurzen Bericht über ein Nasiräatsgelübde des Paulus, 18.18, zeigt er, wie der Apostel selbst noch mit den jüdischen Traditionen verbunden ist, und so bereitet er 21.23 vor. Wegen dieses Gelübdes mußte Paulus ein Opfer im Tempel zu Jerusalem darbringen (vgl. Billerbeck 2.749). Deshalb ging er nach der Landung in Cäsarea zu Fuß hinauf (ἀναβάς 18.22), d.h. im Zusammenhang nach Jerusalem, und besuchte die Gemeinde. Er sprach also mit Jakobus, und wie wir annehmen dürfen, über den Kompromiß, der in Antiochien nicht standgehalten hatte. Bei seinem nächsten Besuch (21.17ff.), erzählt ihm Jakobus, wie die Judenchristen sich alle noch streng an die Thora halten. Er hat aber den Heidenchristen schriftlich (ἐπεστείλαμεν 21.25) die Vereinbarung mit den vier Beschränkungen mitgeteilt und man versteht, daß die zwei Gruppen keine Tischgemeinschaft hatten. Für die guten Verhältnisse findet er Paulus bereit, sich vier Männern am Ende ihres Nasiräatsgelübdes anzuschließen und die Kosten für das Opfer im Tempel zu übernehmen. Der Bruch mit der jüdischen Tradition erfolgt nur langsam.

Selbst bei der Annahme, daß Lukas drei Seereisen mit Paulus gemacht hat, hat man nicht das Recht zu postulieren, daß er völlig wie der Apostel denken mußte. Lukas ist an Wundererzählungen interessiert. Sein Vorbild sind die Geschichtsschreiber des AT und mehr noch der Historiker-Erzähler Herodot. Das zeigt sich schon im Proömium Lk Arzt 1.1–4. Der aus Antiochien (Eusebius HE 3.4.6; Act 11.28 v.l. D)

---

[1] Die Lesart *carnem* ist eine gute Konjektur von A. Körte, Hermes 63, 1928, 480-484.

war Heidenchrist (Kol 4.11, 14) und kannte die strenge pharisäische
Lebensweise, aber nur wie ein Außenstehender. Daß die Thora in die
Sünde führt (Gal 3.19), beeindruckte ihn weiniger. Er wiederholt nicht,
was Paulus schon geschrieben hat, namementlich über den Konflikt mit
Petrus in Antiochien (Gal 2.11 ff.), sondern ergänzt, wie Paulus als Nazir
noch in dieser strengen Tradition steht, und auch wie er zu Kompro-
missen bereit war, beim Apostelkonvent, bei Jakobus und bei der Beschneidung des Timotheus (Act 15.30; 18.22; 21.18; 16.3). Haenchen
(99–103) hat Lukas in seiner Beziehung zu Paulus sehr gut charakterisiert, nur folgert er, daß eine solche ganz andere Persönlichkeit nicht
mit Paulus zusammen existieren konnte, und datiert ihn deswegen
einige Jahrzehnte später.

W.A. Strange hat aus einer Überprüfung der Varianten im Codex
Bezae (D) gefolgert, daß diese lukanisch und deshalb dem Verfasser
selbst zuzuschreiben sind.[1] Der Text der Apostelgeschichte hat anders
als der des Lukasevangeliums Unvollkommenheiten, die sich daraus
erklären lassen, daß die letzte Hand des Verfassers gefehlt hat. Strange
vermutet nun, daß bei einer postumen Publikation die Herausgeber
Lesarten, die im Autograph des Verfassers am Rande gestanden haben,
aufgenommen und sonstige Änderungen durchgeführt haben. Nun ist
ein solches Verfahren an sich gut denkbar, es findet aber keinen
Anhaltspunkt bei den bekannten historischen Fakten. Der Befund entspricht eher der Annahme, daß Lukas wegen des Prozesses gegen Paulus
seine Arbeit mit zu viel Eile abschließen mußte und nachträglich im
Autograph noch kleine Verbesserungen an den Rand geschrieben hat,
wie ἐν οἷς für ὅ τε in 13.1, die später im westlichen Text aufgenommen
wurden. Wir finden für diese Varianten so den 'Sitz im Leben'. Wenn
das auch nicht die Erklärung für alle Änderungen bietet, so doch den
Anlaß für spätere Korrekturen.

4. Die Pastoralbriefe

J. Jeremias hat darauf hingewiesen, daß seine Erklärung des Wortes
πρεσβυτέριον in 1 Tim 4.14 einen wichtigen Grund gegen die frühe
Datierung der Pastoralbriefe vorwegnimmt.[2] Nun ist sein Verweis auf
Sus 50 v.l. zwar nicht zu halten, der Grund fällt aber ohnehin weg, weil
der Genetiv τοῦ πρεσβυτερίου sich als ein Semitismus mit der Bedeutung
'um Presbyter zu werden' erklären läßt (C 8b).

Ein anderes Wort, das gegen eine frühe.Datierung der Pastoralbriefe
angeführt wird, ist παλιγγενεσία Tit 3.5. Die Wiedergabe in der Vulgata durch *regeneratio* hat in den modernen Sprachen die Übersetzungen
'régénération' und 'Wiedergeburt' veranlaßt, und weil diese Metapher

---

[1] W.A. Strange, *The problem of the text of Acts,* Cambridge 1992, bes. 185-189.
[2] J. Jeremias, *Zur Datierung:* ZNTW 52, 1961, 101f.

nicht paulinisch, sondern johanneisch ist, ein schwerwiegendes Argument gegen die Authentizität der Pastoralbriefe geliefert. Da beim Verb γίγνομαι der Gedanke an eine Geburt zwar möglich, aber nicht notwendig ist, ist dieser auch für die Ableitung παλιγγενεσία nicht von vornherein sicher. Eine Untersuchung der Belege zeigt, daß die Vokabel in hellenistischer Zeit ein Modewort war, das neben Synonymen wie περίοδος, ἀνακατάστασις, ἀναβίωσις verwendet wird, bisweilen in einem Hendiadyoin. So läßt sich feststellen, daß παλιγγενεσία immer die Bedeutung 'ein neues Werden, Neuanfang' hat, und erst in den hermetischen Schriften den Gedanken an eine Geburt enthält und damit die Bedeutung 'Wiedergeburt' bekommt. Für das NT folgt daraus, daß παλιγγενεσία Mt 19.28 nur 'Neuanfang, Wiederherstellung' bedeutet und gleichfalls in Tit 3.5, wo der Hendiadyoin διὰ λουτροῦ παλιγγενεσίας καὶ ἀνακαινώσεως πνεύματος ἁγίου schon an sich diese Bedeutung sicher stellt.[1] Die Reihenfolge der Wörter bildet dazu noch einen allerdings etwas gekünstelten Chiasmus.

Die Vokabeln πρεσβυτέριον 1 Tim 4.14 und παλιγγενεσία Tit 3.5 sind ungewöhnlich. Weil Paulus nach antiker Gewohnheit seine Briefe diktierte (2 Thess 3.17, Röm 16.22 usw.), muß die Verwendung einem Sekretär zugeschrieben werden. Und das kann für beide Briefe dieselbe Person gewesen sein, denn nach der Rekonstruktion der Chronologie und der Reiseroute durch S. Dockx hat Paulus sie im Sommer 65 in Mazedonien (Philippi) geschrieben. Auch das Argument, daß die Angaben der Reiseroute sich nicht miteinander in Übereinstimmung bringen lassen, ist damit hinfällig.[2]

5. *Der erste Clemensbrief*

Der erste Clemensbrief wird meistens um das Jahr 95 datiert. Neuerdings hat aber Th.J. Herron, ohne auf das Problem der Nachfolge einzugehen, eine bedeutend frühere Datierung vorgeschlagen.[3] Er gründet seine Meinung darauf, daß das Präsens in der Beschreibung des Tempeldienstes zu Jerusalem, ebd. 40–41, z.B. προσφέρονται θυσίαι 41.2, nicht ein Präsens historicum sein kann, und folgert, daß dieser Dienst noch vorgenommen wurde, als Clemens schrieb. Das muß dann vor

---

[1] Die Belege für das Substantiv im klassischen Altertum sind gesammelt worden von J. DEY, *Παλιγγενεσία. Ein Beitrag zur Klärung der religionsgeschichtlichen Bedeutung von Tit 3.5,* Münster 1937. Für die Bedeutungen J. YSEBAERT, *Baptismal terminology* 90ff. und 130ff. P. TRUMMER, Art. *παλιγγενεσία:* EWNT 3.18, stellt sich das Problem nicht, wenn er von 'Arten von *Wiedergeburt* bzw. Erneuerung' spricht. Über die Autorschaft der Pastoralbriefe ausführlich C. SPICQ, *Les Épitres pastorales* 1, Paris 4. Aufl. 1969, 157–214.
[2] S. DOCKX, *Chronologies* 119–128.
[3] TH.J. HERRON, *The most probable date of the first Epistle of Clement to the Corinthians:* E.A. Livingstone (Hg.) *Studia Patristica* 21, 1989, 106–121, ebd. 108–110.

der Zerstörung des Tempels in 70 gewesen sein. Herron hat insofern
recht, daß ein Präsens historicum in diesem Zusammenhang unmöglich
ist, weil dann ein einmaliges Ereignis aus der Vergangenheit als gegen-
wärtig dargestellt würde. Aber durch ein Präsens können auch eine
Gewohnheit und eine sich wiederholende Handlung aus der Vergangenheit wiedergegeben werden. Clemens zeigt das, wenn er im
Präsens das Erscheinen des Phönix in Ägypten erzählt: τοῦτο μονογενὲς
ὑπάρχον ζῇ ἔτη πεντακόσια... σηκὸν ἑαυτῷ ποιεῖ 25.2. Dazu kommt noch,
daß Clemens die Absicht hat, unter dem Bild des Tempeldienstes das
Leben der christlichen Gemeinde zu beschreiben. Vgl. bei C 11.

Allerdings muß bei der Annahme, daß Clemens der unmittelbare
Nachfolger des Petrus war (H 4), der Brief beträchtlich früher als um
das Jahr 95 datiert werden. Beweist nun das Präsens nicht, daß der
Tempeldienst noch stattfand, so schließt es das auch nicht aus, und es ist
wahrscheinlicher, daß Clemens in dieser Weise vor der Zerstörung als
kurz danach geschrieben hat. Zudem weist Herron auf Einzelheiten hin,
die an sich nicht zwingend sind, aber besser zu der frühen Datierung
passen. Das hat auch A.E. Wilhelm-Hooijbergh getan.[1]

Bei den alten Traditionsstücken der Didache ist der Übergang von der
2. Person Sing. nach der 2. Person Pl. völlig aus dem unmittelbaren
Kontext zu erklären. Dieser bietet deshalb keinen Grund, um zwei
Redaktionsebenen zu unterscheiden.

Die Argumente, die man von der Lexikographie her gegen eine frühe
Datierung des 1. Petrusbriefes und der Pastorabriefe angeführt hat,
haben sich als nicht stichhaltig erwiesen. Die Lesart ἐπισκοποῦντες 1 Petr
5.2 muß als ursprünglich betrachtet werden.

Die Tatsache, daß der Acta-Verfasser keine der vielen Möglichkeiten,
um Ereignisse nach der Ankunft des Paulus in Rom zu erwähnen,
benutzt, ist bei einer späten Datierung unerklärlich. Der Heidenchrist
und Arzt Lukas ist eine völlig andere Persönlichkeit als Paulus. In seiner
Weise bemüht er sich, die Gegensätze zwischen den Judenchristen und
Paulus und das Mißlingen des Kompromißvorschlages zu erklären. Er
betont vor allem, wie wenig in Jerusalem verabredet wurde, und auch
noch, daß es wenig genutzt hat. Damit erklären sich auch die Aporien,
die man zwischen Acta, Galaterbrief und 1 Kor gefunden hat.

Ist Clemens von Rom nach dem Martyrium des Petrus dessen unmit-
telbarer Nachfolger, wie bei H 4 gezeigt wurde, so ist die Datierung des
1. Clemensbriefes um das Jahr 94 nicht haltbar. Dazu zeigen interne
Kriterien, daß er vor der Zerstörung Jerusalems geschrieben wurde.

[1] A.E. WILHELM-HOOIJBERGH, *A different view of Clemens Romanus:* Heythrop Jour-
nal 16, 1975, 266–288.

M. Die Methodik der Lexikographie

Im Vorwort dieser Arbeit wird auf die Prinzipien der Lexikographie hingewiesen. Es gibt Handbücher der Lexikographie und der Semasiologie,[1] aber diese werden nicht geschrieben, um Theologen auf die praktischen Probleme, die sich bei der Feststellung von Wortbedeutungen in neutestamentlichen und patristischen Texten stellen, hinzuweisen. Deshalb folgt hier versuchsweise eine Übersicht der wichtigsten Grundlagen.

1. *Wort und Begriff*

Die Lexikographie untersucht nicht die Begriffe, d.h. nicht deren Inhalt bzw. deren Inhaltsentwicklung, sondern die Wortbedeutungen bzw. deren Bedeutungswandel. Es ist aber fraglich, inwiefern es möglich ist, Begriffe und Wortbedeutungen zu unterscheiden.[2] Wer z.B. den *Begriff* 'Wiedergeburt' im NT untersuchen will, muß zuvor feststellen, ob παλλιγγενεσία in Tit 3.5 'Wiedergeburt' bedeutet oder 'Erneuerung' (oben bei L 4). Im zweiten Fall scheidet die Stelle für die Untersuchung aus. In dieser Weise scheint es einfach, den Unterschied zu machen. Tatsächlich untersucht man die Bedeutungen der griechischen Wörter, die das NT für den Begriff 'Wiedergeburt' verwendet. Man sieht dann, daß viele Wörter im Laufe der Jahre neue Bedeutungen bekommen und alte verlieren.

Eine andere Frage ist, ob der Begriff 'Wiedergeburt' sich geändert hat oder unverändert geblieben ist. Und so kann man sich auch bei Begriffen wie 'Gerechtigkeit', 'Friede', 'Gnade' oder 'Theologie' die Frage stellen, ob der *Inhalt* sich geändert hat. Dieser Inhalt wird genau so wie die Bedeutung eines Wortes umschrieben, und wo die Lexikographie von 'Vokabel', 'Wort', 'Terminus' und 'Wortbedeutung' spricht, sagen andere 'Begriff', meistens weil das Interesse weit über die lexikographische Umschreibung eines Wortes hinausgeht. 'Wort' und 'Begriff' sind dann Synonyme, aber nur partiell (M 7).[3]

---

[1] Vgl. z.B. H. KRONASSER, *Handbuch der Semasiologie. Kurze Einführung in die Geschichte, Problematik und Terminologie der Bedeutungslehre*, 2. Aufl. Heidelberg, 1968, B. SCHRAEDER, *Lexikographie als Praxis und Theorie*, Tübingen 1981. Viele praktische Bemerkungen findet man in der Einleitung bei J.P. LOUW-E.A. NIDA, *Greek-English Lexicon of the NT based on semantic domains*, 1 *Introduction and domains*, 2 *Indices*, New York 1988.

[2] Dazu ausführlich G. FRIEDRICH, der Herausgeber des ThWNT, in einer Besprechung von J. BARR, *The semantics of biblical language*, Oxford 1961, deutsche Übersetzung München 1965: *Semasiologie und Lexikologie*: ThLZ 94, 1969, 801–816; vgl. auch DERS. *"Begriffsgeschichtliche" Untersuchungen im Theologischen Wörterbuch zum NT*: Archiv Begriffsgesch. 20, 1976, 151–177. Dort auch ältere Literatur.

[3] Zu dieser Auffassung neigt auch FRIEDRICH (*Untersuchungen* 171), der dafür alte und moderne Sprachwissenschaftler anführt.

Die Besprechungen der einzelnen Vokabeln im ThWNT bieten hier ein Beispiel, weil sie weit über die üblichen Grenzen einer lexikographischen Untersuchung hinausgehen. Der Titel 'Theologisches Wörterbuch' sagt das ausdrücklich aus, und der Benützer ist also von vornherein gewarnt. Man darf aber fordern, daß der lexikographische Teil in der richtigen Weise abgehandelt wird und daß die Ergebnisse bei der theologischen Untersuchung ausgenützt werden.

2. Die Etymologie

Im ThWNT fehlt bei den Stichwörtern eine Angabe der Etymologie und tatsächlich nützt bei vielen allgemein geläufigen Vokabeln eine Untersuchung der Etymologie nicht. Es gibt aber Ausnahmen. Ein Beispiel bietet στίγμα. Die etymologischen Wörterbücher weisen auf Verwantschaft von στίγμα/στίζω mit Vokabeln in anderen Sprachen hin, die alle 'stechen', 'Stich' bedeuten, so lateinisch *instigare* 'stacheln', althochdeutsch *stih, stehhan* usw. Das weist an sich schon darauf hin, daß στίζω als technischer Terminus das Spritzen einer Tinte in die menschliche Haut, also 'tätowieren', aber nicht 'brandmarken' bedeutet. Daher ist στίγμα Gal 6.17 entweder im eigentlichen oder im übertragenen Sinn eine 'Tätowierung'. Liddell-Scott-Jones hat in der 9. Auflage s.v. die Bedeutung 'brandmarken' getilgt. Man findet diese trotzdem im ThWNT und im EWNT. Die technische Termini für 'brandmarken' sind χαράσσω, χάραγμα Apk 13.16 u.ö.[1]

Zur etymologischen Untersuchung gehört auch, daß geprüft wird, ob ein Schriftsteller sich z.B. bei den Termini ἐπίσκοπος und πρεσβύτερος noch der Grundbedeutung 'Aufseher' bzw. 'älterer Mann' bewußt ist.

3. Der Kontext und die Gefahr einer Petitio principii

In der Lexikographie ist es, um eine Petitio principii zu vermeiden, unbedingt notwendig, daß bei der Feststellung von Wortbedeutungen und Bedeutungswandlungen immer nur von möglichst einfachen und sicheren Voraussetzungen ausgegangen wird. Erst wenn in dieser Weise die Hauptbedeutungen der Vokabeln festgestellt worden sind, können die Texte auf ihren Inhalt weiter untersucht werden. Bei den vorangehenden Untersuchungen mußte öfter auf Verstöße gegen diesen Grundsatz hingewiesen werden.

---

[1] Vgl. J. B. HOFFMANN, *Etymologisches Wörterbuch des Griechischen*, München 1950/Darmstadt 1966 s.v., P. CHANTRAINE, *Dictionnaire étymologique de la langue grecque*, Paris 1968–1980 s.v., J. YSEBAERT, *Baptismal terminology*, 187–189, 284, O. BETZ, Art. στίγμα: ThWNT 7.657–664, ebd. 657, N. WALTER, Art. στίγμα: EWNT 3.661–663, ebd. 661.

4. Mehrdeutigkeit. Eigentliche und übertragene Bedeutungen

Viele Vokabeln haben mehrere Bedeutungen. Das sollte an sich ziemlich selbstverständlich sein, aber man verstößt gegen diese einfach festzustellende Tatsache, wenn man z.B. ohne irgendeinen Beweis annimmt, daß ἀπόστολος bei Paulus nur eine Bedeutung haben kann. Vgl. oben A 2 f.

Die Lexikographie fängt normalerweise damit an, die eigentlichen und die übertragenen Bedeutungen zu unterscheiden. Beide können meistens wieder aufgeteilt werden. Für jeden Zusammenhang muß wieder mit möglichst einfachen und sicheren Mitteln untersucht werden, welche Bedeutung der Verfasser für das Wort beabsichtigt hat.

Ein treffendes Beispiel bietet der Ausdruck βαπτίζειν (ἐν) πνεύματι neben βαπτίζειν (ἐν) ὕδατι. Hier wird die Bedeutung 'untertauchen in Wasser' im eigentlichen Sinn auf 'untertauchen in Geist', also auf etwas, das mit Wasser gleichgestellt wird, übertragen. Die Opposition ist zwischen Wasser und Geist, und daraus folgt, daß die Geistestaufe gerade nicht die Wassertaufe ist. Der Ausdruck ist in den vier Evangelien überliefert, Mt 3.11 Parr., und in Act 1.5. Er war mithin in der apostolischen Zeit allgemein bekannt, und zwar, abgesehen von kleinen Nuancen, nur in einer Bedeutung. In Act 1.5 wird klar, daß die Geistestaufe sich auf das Ausgießen des Geistes am Pfingstfest bezieht. In der christlichen Literatur ist der Anonymus *de Rebaptismate* der erste, der das nicht mehr verstanden hat.[1]

Eine Übertragene Bedeutung entsteht namentlich dadurch, daß das Subjekt oder Objekt einer Handlung auf eine andere Person oder Sache übertragen wird: der Wind pfeift. Ein sehr frequentes Beispiel in der biblischen Sprache, das aber wenig beachtet wird, ist der Fall, daß eine

---

[1] Den übertragenen Sinn von βαπτίζω in diesem Ausdruck unterscheidet richtig W. BAUER, *Wörterbuch* s.v. 3 b, nicht LIDDELL-SCOTT-JONES s.v. 3, auch nicht F. R. ADRADOS *Dicconario Griego-Español,* Madrid 1991– s.v. II 1. ADRADOS s.v. ἀπόστολος II 2 nennt für den christlichen Terminus an erster Stelle die übertragene Bedeutung in Hebr 3.1. Vgl. auch J. YSEBAERT, *Baptismal terminology* 56–62, und über den Anonymus 328. Zu trennen sind die Ausdrücke für die Wirkung des Geistes bei der Wassertaufe und das Geben oder Ausgießen des Geistes bei der Geistestaufe, ebd. 262–271. Paulus unterscheidet beide, auch wenn er schreibt, daß die Liebe Gottes in uns durch (die Wirkung) des Geistes ausgegossen ist: ἡ ἀγάπη τοῦ θεοῦ ἐκκέχυται ἐν ταῖς καρδίαις ἡμῶν διὰ πνεύματος ἁγίου. Er fügt hinzu, daß der Geist uns (auch) gegeben worden ist: τοῦ δοθέντος ἡμῖν Röm 5.5 (271). Zu beachten ist der Artikel τοῦ vor dem Partizip. Ohne Artikel und mit dem Artikel vor πνεύματος würde der Satz bedeuten, daß die Liebe ausgegossen ist 'durch die Geistesgabe'. Weil im Lateinischen ein Artikel fehlt, hat die Vulgata das Partizip richtig mit einem Relativsatz übersetzt: *per spiritum sanctum, qui datus est nobis.* Vgl. BLASS-DEBRUNNER-REHKOPF §270, oben B 6 bes. S. 44 Anm. 1, und J. YSEBAERT, *Baptismal terminology* 135, 269.

menschliche Tätigkeit unmittelbar Gott oder dem Heiligen Geist zugeschrieben wird. Der Heilige Geist hat die Episkopen eingesetzt: ὑμᾶς τὸ
πνεῦμα τὸ ἅγιον ἔθετο ἐπισκόπους Act 20.28, vgl. 14.23. Gott salbt die
Bekehrten 1 Kor 1.21 f.[1]

5. *Emphase, der emphatische (oder prägnante) Gebrauch*

Ein Wort kann in einer bestimmten Bedeutung emphatisch gebraucht
werden. So kann 'groß' die Bedeutung bekommen 'zu groß', und
bedeutet z.B.: ὁ ἔχων, οἱ ἔχοντες 'die viel Habenden, die Reichen'
Sophokles Ai 147, Euripides Alc 57 u.ö. (oben A 3), vgl. auch ὁ
ἀπόστολος 'der wahre Apostel' (A 2 f 7), οἱ δοκοῦντες (A 3 a), πολλοί
(B 6).

Durch den emphatischen Gebrauch kann sich ein Wort ohne weiteres
auf eine bestimmte Person oder Sache beziehen, so 'der Bürgermeister',
'mein/das Rad', 'die Pille' (D 1 a). In der klassischen Gräzität ist βασιλεύς
ohne Artikel Bezeichnung des Perserkönigs. Der Absender des 2. und 3.
Johannesbriefes nennt sich ohne weiteres ὁ πρεσβύτερος (C 7 c). Er ist
nicht nur Presbyter wie die Presbyter bei den Adressaten, sondern in
einem besonderen Sinn. Vokabeln wie διάκονος bekommen in dieser
Weise eine neue Bedeutung (D 1 a). Der unmittelbare Kontext muß
zeigen, ob und inwiefern ein Autor diese Bedeutung bei seinen Adressaten als bekannt voraussetzt und somit, daß sie sich innerhalb einer
Gruppe verbreitet hat.

Diese Emphase (oder Prägnanz) wird zu wenig beachtet und es dürfte
bezeichnend sein, daß der Terminus im Sachregister zu Blaß-Debrun-
ner(-Rehkopf) fehlt.

6. *Technische Termini*

In derselben Weise wie beim emphatischen Gebrauch muß festgestellt
werden, ob und inwiefern ein Wort ein technischer Terminus geworden ist, und bei unserer Untersuchung z.B. ob διάκονος in Röm 16.1
eine Amtsbezeichnung ist. Zu beachten ist, daß normalerweise erst eine
neue Funktion oder ein neues Produkt erfunden wird und dann ein
Name dazu. Daher erklärt sich das Fehlen von διάκονος in Act 6.1 ff.
(D 1 a).

Der technische Gebrauch eines Wortes führt dazu, daß man sich
allmählich der eigentlichen Bedeutung nicht mehr bewußt ist. Das läßt
sich auch in den modernen Sprachen feststellen, z.B. bei 'Birne' für
'Glühlampe' und bei Eigennamen wie Kohl, Richter, Schmidt. So auch
bei ἐπίσκοπος und πρεσβύτερος. Man wird sich der eigentlichen Bedeutung bewußt, wenn darauf angespielt wird. Vgl. bei C 7 b, c, C 19 d,
C 20 c, d).

---

[1] Vgl. dazu J. Ysebaert, *Baptismal terminology* 263, 265.

7. Synonymie und Bedeutungsdifferenzierung

Es ist eine Aufgabe der Lexikographie, die Synonymie der Vokabeln zu untersuchen. Diese Synonymie ist eine Übereinstimmung in der Bedeutung, die total sein kann, wie in Wort – Vokabel, Reich Gottes – Himmelreich, meistens aber nur partiell zu nennen ist, weil kleine Unterschiede bleiben, wie in Frau – Weib, Haus – Wohnung, Weg – Pfad, Gebot – Befehl, englisch – britisch usw. Jede Sprache hat solche Synonyme. Wer nicht sieht, daß Samstag und Sonnabend Synonyme sind, schafft sich das Problem einer achttägigen Woche.

Für das NT wird diese Tatsache manchmal vernachlässigt. Ohne (lexikographische) Untersuchung geht man einfach davon aus, daß Vokabeln nicht Synonyme sind. Das brachte schon Loofs zu seinem Seufzer über das Kaleidoskop (oben Vorwort).

Ein deutsches Wörterbuch wie der Duden bietet z.B. unter dem Stichwort 'alt' 9 Bedeutungen, die meistens wieder unterteilt werden.[1] Diese Bedeutungen werden mit Synonymen bezeichnet oder sonst mit Periphrasen erklärt, und dieser Zwang, Synonyme zu suchen, fehlt selbstverständlich in einem Wörterbuch, das die Wörter in eine andere Sprache überträgt. Es ist darum zu bemerken, daß Cremer-Kögel in ihrem Wörterbuch der neutestamentlichen Gräzität,[2] Vorläufer des ThWNT, ein 'Verzeichnis der verglichenen Synonyma' aufgenommen haben, dazu ἐπίσκοπος – πρεσβύτερος. Zu ergänzen wären οἱ δώδεκα – οἱ ἀπόστολοι – οἱ δοκοῦντες (A 1–3), ἀνακαίνωσις – παλιγγενεσία (L 4), προφήτης – διδάσκαλος (B 2–3), die nichttechnischen Amtsbezeichnungen (B 4, C 6), und für einen Gestus des Berührens ἅπτομαι – χεῖρας ἐπιτίθημι – χρίω – σφραγίζω (E b3).

Jeder kennt ohne weiteres die üblichen Synonyme in seiner Muttersprache. Für eine Fremdsprache und besonders für eine tote Sprache stellt sich die Frage nach dem Beweis. Die Tatsache, daß zwei Vokabeln wie πρεσβύτεροι und ἐπίσκοποι Act 22.17, 28 auswechselbar sind, liefert allerdings den besten Beweis. Wir konnten für diese Synonymie noch vier ähnliche Beweise hinzufügen (C 1a–e). Meistens wird für eine Synonymie der Amtsbezeichnungen darauf hingewiesen, daß die Amtsträger die gleiche Arbeit leisten. Vgl. oben S. 60, Anm. 1. An sich ist dieser Beweis gültig. Aus diesem Grund ist für uns klar, daß die Vokabeln Metzger und Fleischer Synonyme sind. Das trifft auch zu für προφήτης und διδάσκαλος (B 2, 3), m^ebaqqer und pāqîd (C 20b). Daß zwei Synonyme ursprünglich nicht synonym waren, ist an sich möglich. Aber das ist dann zu beweisen.

[1] DUDEN, *Deutsches Universalwörterbuch A–Z*, 2. Aufl. Mannheim 1989.
[2] H. CREMERS–J. KÖGEL, *Biblisch-theologisches Wörterbuch der neutestamentlichen Gräzität*, 10. Aufl. Gotha 1915, ebd. 1203–1207. Vgl. auch R. CH. TRENCH, *Synonyms of the New Testament*, 8. Aufl. London 1880/Grand Rapids 1958.

Wenn zwei Vokabeln als total synonym nebeneinander gebraucht werden, wie 'Telefon' und 'Fernsprecher', wird meistens eines von beiden allmählich bevorzugt. Auch besteht die Möglichkeit, daß die Bedeutungen auseinandergehen, so daß eine Bedeutungsdifferenzierung entsteht, wie bei 'Frau' und 'Weib'. Vgl. bei C 16*b*.

8. *Verknüpfung der Bedeutungen*

Das Wort ἐπίσκοπος ist in der klassischen Gräzität mit Tätigkeiten verbunden, wofür das Deutsche Wörter wie Direktor und Inspektor hat, obwohl die Beschäftigungen dieser Personen sehr unterschiedlich sein können. Nicht richtig ist es deshalb, Tätigkeiten, die z.B. πρεσβύτεροι, ἐπίσκοποι, διάκονοι oder ἡγούμενοι in der klassischen oder alttestamentlichen Umwelt erfüllten, auf die christlichen Gemeindeleiter zu übertragen, als hätten sie etwas getan, weil ein heidnischer ἐπίσκοπος, ein *mᵉbaqqer* in Qumran oder ein jüdischer πρεσβύτερος das taten.

9. *Stilfiguren*

Die Stilfiguren in den neutestamentlichen Schriften können ein Mittel sein um die Bedeutung eines Wortes festzustellen. Wenn der Chiasmus in Tit 3.5 die Synonymie von ἀνακαίνωσις und παλιγγενεσία nicht völlig sicherstellt (L 4), der dreifache Chiasmus in 1 Petr 2.9 schließt an sich schon die Möglichkeit aus, hier βασίλειον substantivisch zu verstehen (K 3*b*). Auch die Ironie in οἱ δοκοῦντες (A 3*a*) ist ein Stilmittel. Siehe ferner das Verzeichnis der grammatischen Termini, unten S. 23.

10. *Vermeidung und Übersetzung von Termini*

Die ersten Christen haben ihre Amtsträger nicht als Opferpriester betrachtet und deswegen für sie den Titel ἱερεύς vermieden (K 1). Sie haben für ἐκκλησία als Bezeichnung der christlichen Gemeinde das Synonym συναγωγή vermieden (C 9).

Der Verfasser des Johannesevangeliums nennt sich μαθητής und vermeidet so seinen Titel ἀπόστολος (A 2*g*). Er vermeidet auch seinen Namen, indem er ihn umschreibt mit εἷς ἐκ τῶν μαθητῶν αὐτοῦ... ὃν ἠγάπα Joh 13.23 u.ö. Das trifft auch zu für ὁ πρεσβύτερος in 2 Joh 1, 3 Joh 1 (C 7*c*).

Ein anderes Verfahren besteht darin, daß man ein hebräisches oder aramäisches Wort, das man nicht vermeiden kann, übernimmt und erklärt: ῥακά Mt 5.22, Μεσσίας Joh 1.5, Ἀκελδαμάχ Act 1.19. Vgl. auch Κηφᾶς statt Πέτρος (A 3*b*).

11. *Die Oratio recta der Geschichtsschreibung*

Die Historiker des klassischen Altertums haben als Stilmittel die Gewohnheit, die Gedanken der Hauptpersonen in Anreden, also in der Oratio recta, wiederzugeben. Dabei sprechen bei bei Herodot die Perser

Griechisch und bei Livius die Griechen Latein. Der Acta-Verfasser verfährt in der gleichen Weise, wenn er schon am Anfang die Gedanken des Petrus in einer Anrede wiedergibt und ihn das aramäische Wort ʿΑκελδαμάχ ins Griechische übersetzen läßt, Act 1.19 (M 10).[1] Bei der Beurteilung des Sprachgebrauchs und der historischen Zuverlässigkeit muß diese antike Gewohnheit mit einbezogen werden.

12. *Bedeutungsentwicklung: Chronologie und Geographie*

Wenn die Entwicklung der Wortbedeutungen untersucht wird, handelt es sich um Geschichte, und es sollte selbstverständlich sein, daß die Texte möglichst in ihrer historischen Reihenfolge untersucht und besprochen werden. Auch eine geographische Einteilung ist wo möglich zu beachten.

13. *Das Funktionieren einer Sprache*

Man muß von der Annahme ausgehen, daß die Benützer einer Sprache, auch innerhalb einer Gruppe wie der der ersten Christen, einander verstanden haben, daß also die Sprache normal funktioniert hat. Auch wenn ein Mißverständnis entsteht, sollte sich das in den Quellen zeigen. Wer eine Wortbedeutung in dem unmittelbaren Zusammenhang untersucht, muß berücksichtigen, daß ein guter Schriftsteller sich dessen bewußt ist, was für seine Leser verständlich ist, aber auch daß ein Text von einem Menschen mit Vernunft und Gefühl geschrieben worden ist. So versteht man die Ironie bei Paulus (A 3 *a*), aber auch daß er sich von Lukas berichtigen läßt, daß die Verabredung beim Apostelkonvent sich nicht halten konnte und daß Lukas als Heidenchrist seine eigene Meinung über diese Ereignisse gebildet hat und auf eigene Weise zeigt (L 3). Die Bestätigung für die gefundene Lösung liegt dann darin, daß alles stimmt. Vgl. auch A 2*f* 5 Ende u.ö.

Zur Verdeutlichung dieser Prinzipien sei hier noch auf einige Untersuchungen hingewiesen.

H. Bruders hat 1904 seiner Arbeit über die Verfassung der Kirche eine Wortliste beigefügt (336–397) und so die Notwendigkeit einer lexikographischen Untersuchung anerkannt.[2] Auffällig ist z.B., daß er die weite Verbreitung der Vokabel πρεσβύτερος feststellt und dann folgert, daß die christliche Bedeutung sich nur aus der allgemeinen von 'älterer Mann' entwickelt hat: 'nicht vom technisch-jüdischen, auch nicht vom technisch-heidnischen Sinne aus fand die Umbildung statt, sondern von

---

[1] Darüber wundert sich G. SCHNEIDER, *Lukas* 76f.
[2] H. BRUDERS, *Die Verfassung der Kirche von den ersten Jahrzehnten der apostolischen Wirksamkeit an bis zum Jahre 175 n.Chr.*, Mainz 1904.

der allgemeinen, nicht-technischen Bedeutung, die ganz zu Anfang ein wenig christlich spezialisiert wurde als 'älterer Angehöriger der neuen Lehre' (383).

Bruders meint zu Recht, daß die Christen diesen Amtstitel nicht unmittelbar dem Sprachgebrauch in Ägypten oder Sparta entnommen haben, beachtet aber nicht, daß die Christen beim Gebrauch von πρεσβύτερος als Amtstitel sich unbedingt dessen bewußt waren, daß das Wort und sein semitisches Äquivalent schon ein jüdischer Amtstitel waren. Man verwendet also einen schon geläufigen Amtstitel und es ist zu untersuchen, inwiefern man sich dabei noch der eigentlichen Bedeutung bewußt war. Vgl. bei C 7*b,* 19*d* und M 6).

Im Vorwort wurde gesagt, daß aus der umfangreichen neueren Literatur solche Arbeiten heranzuziehen seien, die die Wortbedeutungen untersuchen. Dazu gehört leider nicht die große Arbeit von J.N. Collins über die Diakonie.[1] Um nur ein Beispiel zu nennen, Collins beschreibt die Tätigkeit der Phöbe, untersucht aber nicht, ob das Wort διάκονος Röm 16.1 eine Amtsbezeichnung ist.

Ganz anders verfährt K. Stalder, indem er versucht, zu beachten, wie eine Sprache überhaupt funktioniert.[2] Er fängt seine Untersuchung über Episkopos damit an, beispielsweise zu bemerken, daß die etymologische Ableitung des Wortes 'Pfarrer' aus πάροικος wenig hilft, um das Wort im heutigen Sprachgebrauch zu verstehen (200). Das trifft sicher zu. Zu beachten ist aber, daß an einigen Stellen im NT auf die etymologische Grundbedeutung von πρεσβύτερος angespielt wird, und zwar mit νεώτερος 1 Petr 5.5, und auf die von ἐπίσκοπος mit ποιμήν 1 Petr 2.25 und mit ἐπισκοποῦντες in 5.2. Dieses Bewußtsein dürfen wir auch bei anderen Schriftstellern vermuten, auch wenn sich das nicht im Zusammenhang zeigt, und sogar bei den Amtsträgern, die sich Presbyter oder Episkop nannten. Auch bei der Annahme einer Synonymie wissen wir nicht, ob die Presbyter in Jak 5.14 ebenfalls Episkop hießen, und können wir nicht feststellen, wie es Stalder versucht (220f.), ob sie den Krankendienst als 'Weiden der Herde' und somit als ἐπίσκοπος-Handeln verstanden haben. Wir müssen aber annehmen, daß sie mit der Synonymie vertraut waren.

Mit Recht weist Stalder darauf hin, daß für das Feststellen der Wortbedeutung der Zusammenhang entscheidend ist, und er fängt mit Phil 1.1 an, weil es die älteste Fundstelle ist, meint aber, daß hier dem Kontext nichts zu entnehmen ist. Er übersieht damit, daß das Fehlen

---

[1] J.N. Collins, *Diakonia. Re-interpreting the ancient sources,* New York 1990, ebd. 224f., 228f. Diese Bemerkung trifft auch zu für A. CAMPBELL, *The Elders of the Jerusalem Church:* JThS 44, 1993, 511–528.
[2] K. STALDER, *Episkopos:* IntKirchZ 61, 1971, 200–232, ebd. 223.

einer Erklärung im Kontext darauf hinweist, daß ἐπίσκοπος und διάκονος schon Amtstitel und technische Termini sind, weil die Bedeutung als
bekannt vorausgesetzt wird (202 f.). Er läßt die Möglichkeit offen, daß
καί epexegetisch verstanden werden muß. Siehe bei C 3 a und D 1 a.

Für Act 20.17, 28 stellt er sich, ohne ein Wort wie 'synonym' zu
gebrauchen, tatsächlich die Frage, ob die Synonymie total oder partiell
ist. Er vermutet eine partielle Synonymie, denn 'es ist ungeschickt,
wenn ein und dieselbe amtliche Funktion gleichzeitig mit zwei verschiedenen Bezeichnungen benannt wird' (204). Stalder untersucht
dazu nicht die übrigen neutestamentlichen Belege der beiden Termini,
sondern geht von einer Unterscheidung aus, die E. Haenchen z.St. (525)
versucht hat: mit πρεσβύτεροι wird das Kollegium bezeichtnet, dem die
Leitung einer Gemeinde obliegt, mit ἐπίσκοποι die einzelnen Mitglieder. Im Zusammenhang zeigt sich dieser Unterschied nicht und, um
wahrscheinlich zu machen, daß πρεσβύτεροι nur ein Kollektivbezeich-
nung war, müßte man beweisen, daß bei diesem Amtstitel die Einzahl
nicht gebraucht werden konnte und warum. Siehe bei C 4.

Bei den Ausführungen Stalders (204 f.) über die Komparativform
πρεσβύτερος ist zu bemerken, daß das Griechische wie das Lateinische
den Komparativ emphatisch (M 5) gebrauchen kann, um ein Übermaß
auszudrücken: νεώτερός εἰμι 'ich bin zu jung (um den Bogen zu span-
nen)' Homer φ 132, ὕστερον ἧκον 'sie kamen zu spät' Thukydides 7.27.2,
aber auch für das Gegenteil, also abschwächend 'ziemlich, ein wenig': ἐκ
παλαιτέρου 'schon seit längerer Zeit, ziemlich lange' Herodot 1.60.3, εἰ
καὶ γελοιότερον εἰπεῖν 'einigermaßen lächerlich' Platon Apol 30e. Ausführlich in Kühner–Gerth 2.2.305–307. Belege für das NT in Blaß–De-
brunner–Rehkopf §244.1.

Stalder nimmt an, daß die Ältesten von Act 20.28 genauso wie die
von 14.23 durch Paulus eingesetzt wurden, aber in der Zuschreibung
dieser Tätigkeit in 20.28 an den Heiligen Geist findet er nicht den
biblischen Sprachgebrauch (M 4), sondern eher einen Hinweis auf die
charismatische Begabung (207 f.).

Stalder (211) stellt zu Recht fest, daß die πρεσβύτεροι und die ἐπίσκοποι in Act 20.17, 28 die gleichen Personen sind. Die Synonymie ist dann
insofern total. Er sucht nun eine Differenzierung, weil es unwahrscheinlich sei, daß 'für die Träger ein und desselben Amtes zwei verschiedene
«Amtstitel» in Gebrauch gewesen wären' (213, vgl. 204). Er sieht also
nicht, daß die Bedeutung von πρεσβύτερος umfassender ist und die
Synonymie nur partiell (M 7). Er übersieht gleichfalls, daß in Tit 1.5, 7
der Singular ἐπίσκοπος gegenüber dem Plural πρεσβύτεροι sich aus dem
unmittelbaren Kontext erklären läßt. Er hat jedoch recht, wenn er bei
Synonymen eine Differenzierung erwartet, sucht sie aber nicht bei
Ignatius (C 16 b), sondern schon im NT und zwar von der Etymologie
her (221).

Zusammenfassung

Es gibt einige alte *cruces* in den Texten des NT und der Apostolischen Väter, für die die Lexikographie eine Lösung bietet. Untersucht wird dabei nicht der Inhalt der Begriffe, sondern die Bedeutung bzw. die Bedeutungsentwicklung der Vokabeln. In erster Linie muß festgestellt werden, ob ein Wort im eigentlichen oder im übertragenen Sinn gebraucht wird, dann, ob und inwieweit ein Wort in einer bestimmten Bedeutung ein technischer Terminus geworden ist und ob bestimmte Vokabeln Synonyme sind (dazu bei M).

So hat sich gezeigt, daß das Wort ἀπόστολος als technische Amtsbezeichnung sich bald auf die Zwölf (A 1), und bei Paulus auf die Zwölf und ihn selbst, beschränkt hat, daß es dann aber als Ehrenname – also nichttechnisch – auf andere Personen übertragen wurde. Es bedeutet aber nirgends 'Wanderapostel' und bezeichnet auch nicht einen Herrenbruder, der nicht zu den Zwölf gehörte (A 2).

Das Partizip οἱ δοκοῦντες Gal 2.2 ff. ist ein ironisierender Name, den Paulus und sein Kreis für die führenden Personen in Jerusalem gebraucht haben, besonders nachdem die Verweigerung der Tischgemeinschaft durch Petrus in Antiochien und durch Jakobus den Kompromiß des Apostelkonvents unmöglich gemacht hatte (A3a, L 3).

Die Termini προφήτης und διδάσκαλος sind Synonyme für herumziehende Glaubensverkünder, mit dem Unterschied, daß der erste Terminus auf die charismatische Begabung hinweist (B 2–3). Gleichfalls sind ἐπίσκοπος und πρεσβύτερος Synonyme für die leitenden Personen in den örtlichen Gemeinden (C 1a). Das letztere Wort kann aber in einer umfassenden Bedeutung alle führenden Personen einschließen (C 7). Die Wahl dieser Vokabel lag nahe, weil die nachösterliche Gemeinde sich als eine Art Synedrium verstanden hat (C 19b, c). In der Alten Kirche kann πρεσβύτερος als Ehrenname auch die Apostel und die Bischöfe bezeichnen.

Es hat demnach niemals zwei unterschiedliche Gemeindestrukturen gegeben, und Ignatius hat nichts daran geändert. Er hat nur den Titel ἐπίσκοπος für denjenigen reserviert, der nach der Gründung einer Gemeinde von dem Gründer, bevor dieser weiterzog, die führende Position bekommen hatte (C 16b, H 4), und für den es bis dann keinen Amtstitel gab. Den Beweis dafür liefern der erste Clemensbrief, Hermas und der Polykarpbrief, die eine monarchische Struktur aufweisen, aber die Erneuerung in der Terminologie durch Ignatius noch nicht übernommen haben.

Daß der Bericht über die Sieben in Act 6.1 ff. alt und zuverlässig ist, wird gerade dadurch bestätigt, daß die Sieben noch nicht Diakone genannt werden, weil man ja erst ein neues Amt einführt und nachher einen Amtstitel dafür sucht (D 1a).

Der Ausdruck χεῖρα(ς) ἐπιτίθημι ist als Terminus für einen Gestus des Segnens synonym mit ἅπτομαι und σφραγίζω, und wenn eine Salbung impliziert ist, auch mit χρίω. Die Apostel und ihre Jerusalemer Gemeinde, die Aramäisch sprachen, kannten den Unterschied zwischen *smk* und *šjt/šjm* und waren sich also dessen bewußt, daß die Handauflegung als Weiheritus ein Handaufstemmen war, um die eigene Person oder den eigenen Geist auf jemand zu übertragen. Diese Übertragung gewährt eine Qualität und verleiht eine Aufgabe auf Lebenszeit (E).

Durch Handauflegung mit Epiklese des Heiligen Geistes wurden Bischöfe, Presbyter und Diakone geweiht, und auch Frauen als Diakonin. Act 6.6 erwähnt diese Handauflegung als eine schon existierende Praxis. Die Apostolischen Konstitutionen enthalten den Ritus auch für Subdiakone und Lektoren, und zwar mit Epiklese. Der byzantinische Ritus macht einen Unterscheid, indem bei der Handauflegung für Subdiakone und Lektoren die Epiklese fehlt (F 2).

Das Verb χειροτονέω bedeutet als Synonym von ἐκλέγομαι '(durch Händeaufheben) wählen' und als Synonym von καθίστημι 'einsetzen'. Daher wird χειροτονέω/-ία im christlichen Sprachgebrauch ein technischer Terminus in der Bedeutung '(durch Handauflegung) einsetzen, weihen, ordinieren', und ist dann synonym mit χεῖρα(ς) ἐπιτίθημι/χειροθεσία, insofern beide den gleichen Ritus bezeichnen (F 2).

Es ist wichtig die Wahlernennung und die Einsetzungsweihe zu unterscheiden. Im bekannten Fall Alexandriens sagt Hieronymus, daß die Presbyter den Patriarchen gewählt, nicht daß sie ihn geweiht haben. Die Bischofslisten, die man ab dem 2. Jh. für die wichtigsten Bischofssitze aufgestellt hat, gehen gegen die Gewohnheit der eigenen Zeit davon aus, daß die Gemeindegründer unmittelbar einen monarchischen Bischof eingesetzt haben. So waren Linus und nach ihm Cletus Bischof der Gemeinde in Rom vor dem Martyrium der Apostel Petrus und Paulus unter Kaiser Nero. Der Ritus der Handauflegung schließt den Gedanken einer ununterbrochenen Reihenfolge ein und somit im wesentlichen eine apostolische Sukzession. Bei dieser Sukzession wird aber immer das Bewahren der Orthodoxie betont (H).

Ignatius von Antiochien nennt sich, als der Konflikt in Syrien gelöst ist, nicht mehr Bischof von Syrien, sondern nur noch von Antiochien, und zeigt so, daß er den Frieden erreicht hat, indem er auf seine Macht über das ganze Gebiet, wenn auch wahrscheinlich nur teilweise, verzichtet hat (J).

Im NT wird ἱερεύς als Titel für christliche Amtsträger vermieden. Man hat aber alttestamentliche Amtstitel, namentlich ἱερεύς und ἀρχιερεύς, auf christliche Verhältnisse übertragen: in Did 13.3 und 1 Clem 40.5 auf christliche Amtsträger (K 2) und Apk 1.6 auf alle Auserwählten. Diese werden 1 Petr 2.5, 9 als ein ἱεράτευμα bezeichnet. Weil man den Unterschied zwischen ἱερεύς/*sacerdos*, ἱεράτευμα/*sacerdotium* und πρεσβύτερος/*presbyter* nicht beachtet hat, konnte der Gebrauch von ἱερεύς/*scerdos* und ἱεράτευμα/*sacerdotium* dazu führen, daß man in der Ehrenbezeichnung dieser Metapher einen Amtstitel für alle Christen gesehen hat (K 3 *a*).

Auch Termini aus heidnischen Religionen wurden immer mehr übernommen in einem Prozeß, den wir heutzutage als Inkulturation bezeichnen.

Register

Die Zahlen verweisen auf die Seiten, hochgestellte Zahlen auf die Anmerkungen.

AUTORENREGISTER

Achelis H. 138¹ 173
Adler, N. 71
Adrados, F.R. 215¹
Agnew, F. 5²
Aland, K. 68²
Assemani, J.A. 161¹
Audet, J.P. 18¹ 18² 19² 203
Aus, R.D. 25
Bardy, G. *Eusèbe* 54 81¹ 177¹
 Aux origines 111¹
 Art. *Jean le Presbytre* 81¹
 Art. *Paul de Samosate* 140²
 Art. *Laodicée* 147³
Bârlea, O. 60¹
Barr, J. 213²
Barrett, C.K. 17²
Bauer, J.B. *Könige* 201²
 Der erste Petrusbrief 205
Bauer, W. 47¹, 215¹
Benoit, P. 60¹
Best, E. 62³, 70¹
Betz, O. 214¹
Bévenot, M. 179 183 187
Beyer, H.W. 60¹ 69³ 116³
Bienert, W.A. 54²
Billerbeck, P. 22 25 85 114¹ 152 208 209
Blaise, A.-Chirat, H. 148¹, 174¹
Blaß, F.-Debrunner, A.,-Rehkopf, F.
 14² 15¹ 32² 38¹ 40³ 44¹ 63 64 65 70³
 77¹ 97 200 215¹ 216 221
Blinzler, J. 14¹
Boismard, M.-E. 78¹
Bonsack, B. 80
Bonwetsch, G.N. 16¹
Bornemann, E. 82¹ 197¹
Bornkamm, G. 60¹ 69³ 74² 81² 85 113
 113¹
Botte, B. *La Tradition apostolique* 52 96
 L'origine 173¹
Brant, A. 106⁰
Braun, H. 154² 196¹
Brent, A. 189
Brightman, F.E. 95
Brockelmann, C. 156³
Broek, R. van den 183
Brooks, E.W. 175¹
Brox, N. *Der Hirt* 51 93 94 95
 Der erste Petrusbrief 200 201

Bruders, H. 73 219 220
Bühner, J.-A. 4¹
Campbell, A. 220¹
Campenhausen, H. von 6¹
Carrington, Ph.C. 183
Casel, O. 140¹
Caspar, E. 179¹
Cerfaux, L. 17 201
Cervin, R.S. 15¹
Chantraine, P. 214¹
Chapman, J. 179¹
Collins, J.N. 220
Colson, J. 101¹
Connolly, R.H. 120¹ 137¹
Conybeare, F.C.-A.J. Maclean 121³
Conzelmann, H. 114¹
Coppens, J. *L'imposition* 155²
 Le sacerdoce 196² 197 198
Cotsonis, H. 141
Cotter, Wendy 127³
Cousineau, A. 72
Cramer, J.A. 62¹
Cremer, H.-J. Kögel 217
Culmann, O. 26²
Danker, F.W. 200
Dassmann, E. 100¹, 102¹
Daube, D. *Evangelisten* 85¹
 Rabbinic Judaism 85 86 115 151¹ 156
Davies, J.G. 133¹
Denzinger, H.J. 121³
Deussen, G. 21 103¹
Dey, J. 211¹
Diels, H.,-Kranz, W. 179
Dockx, S. *Chronologies* 8 14 77¹ 126
 126² 126⁴ 178 186 193 211
 Luc 207 208
Domagelski, B. 125
Duden 217
Dupont, J. *Le discours* 68
 Nouvelles Études 3¹ 8¹ 43³ 68²
Ehrhardt, A. 16 114
Elliott, J.H. *Ministry* 116²
 The Elect 196² 198 199 200
Ellis, E.E. 206²
Evetts, B. 176
Fedwick, P.J. 95
Ferguson, E. *Ordination* 156
 Laying on of hands 156 163 164¹

WÖRTERVERZEICHNIS (Auswahl)

Römische Zahlen verweisen auf Wortbedeutungen I. im klassischen Altertum, II. im AT und in der jüdischen Literatur, III. im NT und in der Didache, IV. in der christlichen Literatur.

syn. mit = (partiell) synonym mit – Abl. = Ableitungen

HEBRÄISCH/ARAMÄISCH

bjn hi. 'unterweisen' 31
   syn. mit *jrh* hi. und *lmd* pi. 31
bqr pi. 'untersuchen' 118
   me̱baqqer 'Aufseher' 118ff.
   syn. mit *pāqîd̠* 118
jrh hi. 'lehren' 31
   syn. mit *bjn* hi. und *lmd* pi. 31
lmd pi. 'lehren' 30f.
   syn. mit *bjn* hi. und *jrh* hi. 31
   me̱lammed̠ 'der Lehrende' 30
mal'ā̱k 'Bote, Engel' 21
maśqil 'Lehrer' 121
   syn. mit *môræh* 121
me̱baqqer: s. bei *bqr*
me̱lammed̠ s. bei *lmd*
mismak̠ s. bei *smk*
mnh/mnj 'einsetzen, ordinieren' 152f.
   minnûjā' 'Einsetzung' 152f.
   syn. mit *se̱mîk̠ût̠å*' 153
môræh 'Lehrer' 31
   syn. mit *maśqil* 31
pqd 'einsetzen' 117f.
   pāqid̠ 'Beauftragter' 117f.
   syn. mit *me̱baqqer* 118
   pe̱quddåh 'Betrauung, Amt' 86 116f.
rab̠, rabbî '(mein) Lehrer' 31f.
sab̠ 'alt': Pl. *sab̠ê* s. *smk*
smk mit Obj. *jd* 'Hand/Hände aufstemmen' 85 151ff.
   se̱mîk̠åh 'Handaufstemmen' 153
   se̱mîk̠åt̠ ze̱qenîm 'Handaufstemmen zu
   Ältesten', nicht 'der Ältesten 85 153
   syn. mit *mismak̠ sab̠ê* 153
   se̱mîk̠ût̠å' 'Handaufstemmen' 152 153
   syn. mit *minnûjå*' 153
ṣôp̄æh 'Wächter, Späher' 120
šjm mit Obj. *jd* 'Hand auflegen' 151
šjt mit Obj. *jd* 'Hand auflegen' 151
šlḥ q. 'gehen lassen, schicken' 4f., 11
   šåliaḥ 'Gesandter' 5 11 15 21
zåqen, Pl. *ze̱qenîm* , cs. *ziqnê* 'alter
   Mann, Ältester' 113ff.

SYRISCH

me̱šamšonît̠ô 'Diakonin' 144f.
qšjš' Pl. 'Presbyter' 86³
qšjšwt' 'Presbyteramt' 86³
sm (Hand/Hände) auflegen 156
smk (Hand/Hände) aufstemmen 156

KOPTISCH

hmoos 'sitzen', Pass. 'eingesetzt werden'
   172
'*n-ref-diakoni* '*n-shime* διάκονος γυνή 136
tipsyphos Wahl 172

GRIECHISCH

ἄγγελος ὁ II. III. 'Bote' 22
   III. Amtstitel 21
ἀδελφοί I. bei ἄνδρες 4
   III. bei πρεσβύτεροι 77¹
ἀλλοτριεπίσκοπος ὁ III. 68
ἁμαρτάνων ὁ I. 'Sünder' 63 III. 70f.
ἁμαρτωλός III. 'sündhaft' 71
ἀναγινώσκων ὁ IV. statt ἀναγνώστης
   'Lektor' 95
ἀνακαίνωσις ἡ 'Erneuerung' 211
   syn. mit παλιγγενεσία 211
ἀνήρ I. bei ἀδελφός 4
   bei διάκονος 135 138
ἀντίλημψις ἡ III. 'Hilfeleistung': Abstractum pro concreto, nichttechnicher
   Terminus für Diakone 39 101 128
ἀπαρχή ἡ III. 'Erstlingsfrucht, erster
   Bekehrte', nicht syn. mit Presbyter
   107³, IV. 89, vgl. III. 19 195 204
ἀπό IV. nach der Abreise, nach dem
   Tode jmds. 179
ἀποστολή ἡ III. syn. mit ἐπισκοπή 86
ἀπόστολος (ὁ) I. II. 'Bote' 4ff.
   III. 'Apostel', syn. mit οἱ δώδεκα 5f.
   für Barnabas 8
   Beziehung zu μάρτυς 9
   Beziehung zu μαθητής 9f. 17
   Vermeidung 9 17
   Bedeutungsentwicklung bei Paulus
   10ff.
   in den Briefadressen 11
   die Zwölf (Elf) ohne/mit Paulus

LATEIN

Siehe auch bei den griechischen Äquivalenten

apostolus IV. im breiten Sinn 16
benedictio IV.'Segen' mit Handauflegung 163
confessor IV. 159
consignare, consignatio IV. postbaptismale 'Geistesmitteilung', nicht 'Weihe' 175
constituere IV. 'einsetzen' 57, 'weihen' 127[1] 135 137 148[1] 171 174 182 190
diacon, diaconus III. 'Diakon' 130
docere IV. emphatisch 'Glaubensunterricht geben' 56
doctor IV. Gemeindelehrer 52 55ff. einschließlich Presbyter 52 55 abwertend IV. 55[1]
  presbyter doctor 57f.
  doctor audientium 58
episcopatus IV. 'Bischofsamt' 106
episcopus IV. 'Bischof' 106
explorator IV. 'Wächter' 122
instituere IV. 'einsetzen, weihen' 159
manum(-us) imponere IV. 'Hand/Hände auflegen' syn. mit *ordinare* 158
minister 'Diener' III. 130
ministerium III. 'Diakoninnenamt' 130
ministra I. 'Diakonin' 133f.
ordinare, ordinatio IV. 'weihen, Einsetzungsweihe' 158ff. 166 171 174 182 syn. mit *manus imponere* 158 166
papa 57 189
pastor IV. 94
peccator 72
pontifex IV. 'Hohepriester' 171 202
presbyter doctor IV. 56f.
presbytera IV. 'Alte Frau' 148[1]
-que, I. epexegetisch 'und zwar' 63
sacerdos IV. 'Priester' 171
  summus sacerdos IV. 'Hohepriester' 196
sacerdotalis IV. 'priesterlich' 196
sacerdotium IV. 'Priesterschaft' 158
  primatus sacerdotii IV. 'Hohepriesteramt' 196
speculator IV. 'Wächter 122
uidua 'Witwe' IV. 134 159
  uidua senior 148[1]

VERZEICHNIS DER GRAMMATISCHEN TERMINI